▶广播影视艺术编导系列丛书

Communication in Pursuit of Understanding

传必求通
——主持传播艺术概论

毕一鸣 著

南京师范大学出版社
NANJING NORMAL UNIVERSITY PRESS

图书在版编目(CIP)数据

传必求通——主持传播艺术概论/毕一鸣著.—南京:南京师范大学出版社,2009.11
(广播影视艺术编导系列丛书)
ISBN 978-7-5651-0051-2/J·103
Ⅰ.传… Ⅱ.毕… Ⅲ.①广播节目－主持人－研究 ②电视节目－主持人－研究 Ⅳ.G222.2

中国版本图书馆 CIP 数据核字(2009)第 211663 号

书　　名	传必求通——主持传播艺术概论
作　　者	毕一鸣
丛书策划	徐　蕾　王　涛
责任编辑	王　涛
出版发行	南京师范大学出版社
地　　址	江苏省南京市宁海路 122 号(邮编:210097)
电　　话	(025)83598077(传真)　83598412(营销部)　83598297(邮购部)
网　　址	http://press.njnu.edu.cn
E－mail	nspzbb@njnu.edu.cn
印　　刷	溧阳市金宇包装印刷有限公司
开　　本	787×1092　1/16
印　　张	18.25
字　　数	459 千
版　　次	2009 年 11 月第 1 版　2020 年 10 月第 5 次印刷
书　　号	ISBN 978-7-5651-0051-2/J·103
定　　价	33.00 元
出 版 人	张志刚

南京师大版图书若有印装问题请与销售商调换
版权所有　侵犯必究

前　言

广播电视节目主持人是媒介塑造的公众人物,其所具有的社会影响力有时不仅会关乎媒介的生存,也会影响、引导舆论走向。对于这样一位社会公众人物,应该怎样培养?这绝不仅仅是几本教科书、几节课堂讲授所能完成的。主持人所受到的教育和培养应该是多方面的,当然也包括许多专业知识,这种专业知识更主要是表现在主持实践中的一些基本规律。如何把握这些基本规律,使自己进入自如的主持状态,是《传必求通——主持传播艺术概论》所要阐述的主要内容。

目前高等院校的播音主持专业教学存在一些不适应实践需要的课程内容,在某种程度上已经脱离了广播电视改革后的传播实践。近几年,理论学术界对播音主持的一系列问题展开了深入的探讨和研究,出版了许多著作。这些探讨主要集中在两个方面:一是对主持人的语言能力提出的思考,侧重从传统学科——应用语言学的角度研究主持人的语言表达艺术;二是从节目讯息传播的需要,借助传播学的基本规律研究主持人有效的传播方法。鉴于这样的考虑,拟将本书从两个部分论述:一是主持人的传播原理;二是主持人的传播艺术。

作为最重要的传播手段,毫无疑问,主持人需要加强语言表达能力的训练,提高自己语言的表达能力和艺术的表现能力。提高语言能力的重点是需要按照广播电视媒介特性,力争吐字清晰、表意畅达;形象生动、悦耳动听。

此外,广播电视的任何节目形式都是一种传播现象,作为主持人节目的传播学特征就更为明显。主持人实际上是处在广播电视传播最重要的环节上,不仅对自己的语言要负责,对自己的传播行为也要负有重要的责任。譬如:在访谈节目中,由于"话不投机",嘉宾拂袖而去,导致节目的中断,这样的传播过程应该说是失败的。但是,只要主持人善于应变,还可以把这个传播过程延续下去,以保持节目的完整播出等等。所以主持人更需要驾驭节目的传播过程,以维持节目的权威性、真实性、亲切感和交流感。主持人是支撑这个节目的核心人物,全部工作就是驾驭节目的传播过程,以追求最好的传播效果。

本书对广播电视主持艺术进行概要性论述。主要借助语言学和传播学的最新理论来加以研究和分析,并尽可能用实践中的例证加以证明。这与过去仅仅从应用语言学角度着手研究的方法有所不同,这样的研究摆脱了那种非此即彼、形而上学的思维方法。注重从实践的、辩证的角度来分析主持人节目和节目主持人的内涵,既兼顾国情,也顺应潮流,既注重现状,也展望未来,希望它更加符合现代广播电视发展的实际需要,使大家能够学有所得、学以致用。

目 录

前　言 ……………………………………………………………………………… (1)

第一章　主持人概述 ……………………………………………………………… (1)
第一节　主持人节目的本源 ……………………………………………………… (3)
第二节　播音、主持的基本含义 ………………………………………………… (7)
第三节　主持人的未来发展 ……………………………………………………… (10)

第二章　主持人节目的传播学规律 ……………………………………………… (15)
第一节　符合交流需要的节目形态 ……………………………………………… (17)
第二节　擅长沟通与协调的主持人 ……………………………………………… (27)

第三章　主持人的科学用声 ……………………………………………………… (37)
第一节　提高清晰度的吐字技巧 ………………………………………………… (39)
第二节　增强表现力的发声方法 ………………………………………………… (42)
[附录1]　主持人的发声训练 …………………………………………………… (49)

第四章　主持人的演播工具 ……………………………………………………… (55)
第一节　演播的物理特性 ………………………………………………………… (57)
第二节　演播的声学环境 ………………………………………………………… (58)
第三节　演播的电子器具 ………………………………………………………… (59)
第四节　媒介语言的可懂度与清晰度 …………………………………………… (63)
[附录2]　主持人的演播技术训练 ……………………………………………… (68)

第五章　主持人的心理塑造 ……………………………………………………… (71)
第一节　主持人的审美心理 ……………………………………………………… (73)
第二节　主持人的创作心理 ……………………………………………………… (75)
第三节　主持人的传受心理 ……………………………………………………… (80)
[附录3]　主持人心理能力训练 ………………………………………………… (84)

第六章　寻求沟通的主持艺术 …………………………………………………… (87)
第一节　主持人"传播"的方法 ………………………………………………… (89)
第二节　主持人"求通"的途径 ………………………………………………… (101)

第七章　整合节目的主持艺术 …………………………………………………… (131)
第一节　整合节目的传播学原理 ………………………………………………… (133)

第二节　具有人际交流特点的主持人节目 ················ (137)
第三节　具有群体互动特点的主持人节目 ················ (139)
第四节　具有广泛参与特点的主持人节目 ················ (143)

第八章　引导舆论的主持艺术 ························ (149)
第一节　主持人节目是富集民意的"舆论场" ············· (151)
第二节　主持人是引导民意的"舆论领袖" ··············· (152)
第三节　引领公众意见导向既定的社会目标 ·············· (154)

第九章　主持人的语言传播艺术 ······················ (167)
第一节　朗读艺术 ·································· (169)
第二节　阐说艺术 ·································· (187)
第三节　谈话艺术 ·································· (210)
[附录4]　主持人的语言表达训练 ····················· (234)

第十章　主持人的非语言传播艺术 ···················· (255)
第一节　无声动态的非语言艺术 ······················ (257)
第二节　无声静态的非语言艺术 ······················ (262)
第三节　有声的非语言——类言语艺术 ················· (273)
第四节　非语言运用的基本原则 ······················ (279)
[附录5]　主持人的非语言表达训练 ··················· (281)

第一章

主持人概述

　　主持人节目并非只要某位主持人在节目中出现，就都变成了主持人节目，也不是任由名流雅士来随意调侃，就可以主持好节目。主持人节目的形成和发展有它自身的规律，只有遵循这个客观规律，才能够创作出这种节目形式，也只有熟练驾驭节目规律的传播者，才能成为名副其实的节目主持人。

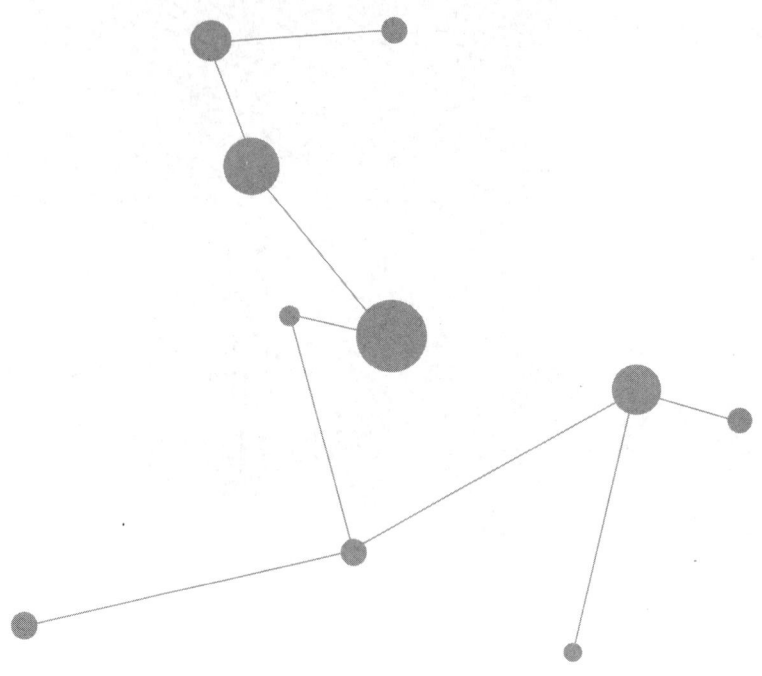

　　"主持人节目"是符合广播电视规律的节目,"主持人"是驾驭广播规律的人,只有努力去驾驭广播电视规律的人才称得上是真正的"主持人"。随着广播电视的发展以及人们对广播电视规律的不断认识,"主持人节目"本身也在不断地完善,它绝不会只是一种固定不变的模式,只要是符合客观发展规律的,它就会获得强大的生命力。

　　"主持人节目"与其说是我们引进了一种节目形式,倒不如说我们引进了一种传播理念。这种传播理念就是追求信息双向交流的效果,以期达到传受双方信息充分共享的目的。实际上,"主持人节目"就是按照传播学的理念,在广播电视情境中创造的一种社会交流形式,它有效延伸了人们参与社会活动的范围和方式。

◎ 本章要点

◆ 主持人节目所体现的广播电视规律
◆ 播音与主持的科学概念
◆ 主持人将成为电子大家庭的主人公

第一节　主持人节目的本源

人们对"节目主持人"这种"外来的"称谓曾有过种种解释,归纳起来,无非形成了这样三种基本的认识:一种认为主持人是采、编、播全过程的操持者;一种认为主持人是由固定的真实人物出场,并以个人身份(第一人称)进行交流的主播者;还有一种,认为主持人是串接节目各个部分的演播者。对节目主持人的认识角度不一,也就反映出对主持人节目的理解各不相同;从对节目主持人这三种不同的认识出发,就可以追溯到主持人节目形成的三个不同的源头。

按照第一种理解,人们普遍认为1952年美国哥伦比亚广播公司(CBS)的资深记者沃尔特·克朗凯特首先在电视报道中创造了"节目主持人"这一角色。当时正值美国34届总统大选,美国三大广播公司都派出了最佳阵容投入这场异常激烈的新闻竞争,竞争的目标就是要达到最高的时效和最全面的报导。在这种竞争压力下,哥伦比亚广播公司(CBS)负责这次报道的唐·休伊特别出心裁,设计了一种独特的报导方式:他在电视演播室安排了一个最强有力的记者取代播音员,以便迅速汇总从各地、各个方面传来的竞选消息,编串报导进行综合评述。休伊特把这种安排比作"接力赛跑",其中最强的队员跑最后一段赛程被称做"殿后"(anchorman),而克朗凯特果然不负众望,显示了强大的"冲刺力",以后"殿后"就作为新闻节目主持人的同义语而被沿用下来了。[①]

第二种理解,有人认为早在1928年荷兰对外广播曾举办一个名为《快乐电台》的节目,艾迪·斯达兹就用一种最富有个人独特风格和亲如家人的方式进行广播。他不再是照本宣科式地播讲,而是同听众娓娓交谈,"多以听众一家为对象,语言生动、自然、亲切而富有人情味儿。他取得了成功,赢得许多听众"。也许类似的事例在各国广播电视史中还可以举出许多,它们都有一个共同的特点,就是广播中的人物个性鲜明,与听众之间有着浓郁的交流感,很类似于家庭氛围中的主客关系,由此人们很自然地会把这种"广播人"称为"主人"(host)。

第三种理解,是人们从广播电视"杂志型"节目中得出的印象。据说最早的"杂志型"节目出现在1953年,即美国全国广播公司(NBC)的《今天》和《今晚》新闻节目。但是直到1968年美国哥伦比亚广播公司(CBS)在创办《60分钟》电视节目时,才有意识地吸收大型杂志的长处,把若干选题编织在一档节目里,开创了这种新的节目形式。有人做了一个绝妙的比喻说:"如果把《60分钟》比作一盘好菜的话,节目主持人的个性和风格便是不可缺少的调味品,而新闻内容本身却始终是令人注目的主菜本身",更确切地说是主持人烹调了这盘"好菜"。这种编排节目的方式又被其他节目广泛采用,特别是综艺类节目运用得更加出神入化,往往还带有一些演播的特点。因此,人们也常常把主持人称作"报幕员"(announcer)。

综上所述,主持人节目都把传播者从被动转述的地位解放出来,放在了一个支配广播电视的主动位置上。

一、主持人节目符合广播电视的传播规律

媒介人物的变化,反映出节目形态的变化,节目形态的变化又反映出人们对广播电视传

[①] 毕一鸣.西方传播学理论与主持人节目.中国广播电视学刊,1990(4)

播规律认识的不断深化。可以说广播电视正是在不断认识自身特点、探求自身规律的过程中,形成和发展了主持人节目。江河之水,非一源之水,涓涓细流方汇成了大江大河。试图对人们所做过的这种努力,简单地做出"非此即彼"的判断,只会导致以偏概全的结果。那么主持人节目的形成和发展都揭示了哪些基本的规律呢?大致可以从两个方面来加以认识。

(一)在发挥广播电视优势中所揭示的规律

1. 追求最迅捷的时效

"先睹为快,先声夺人"是媒体普遍的要求,因此追求最高的时效也就成为各种新闻媒介共同努力的方向。广播电视是现代电子传播媒介,本应在时效上占有较大的优势,但是,长期在"办报模式"下形成的编播体制,使得制播过程复杂化了,从而影响了时效的发挥。简化这些繁琐的制播环节来提高时效,关键是要选择好一个强有力的"把关人"。这个"把关人"可以集多种责任于一身(采、编、播以及终审等等),以使信息加速流转,迅速传播。

大众传播不同于"口耳相传"的人际传播,它影响和引导着社会舆论。因此,这样的"把关人"应该具有强烈的社会责任感,熟知政策法规,明确报导要求,掌握背景材料,既富文才,更具口才,能够对突发的重大新闻事件迅速做出反应,判断新闻价值、选择报导角度、把握发布时机。为了便于说明问题,我们仍以克朗凯特为例。1963年11月23日下午1点40分,美国哥伦比亚广播公司(CBS)新闻部的值班编辑突然被告知,"(约翰·肯尼迪)总统遇刺了!"克朗凯特以他锐利的新闻敏感一把抓住新闻简报说:"还编写什么!还等谁?我马上播送。"凭着他良好的职业素养,在整个编辑部慌乱失措的气氛中,在大量简报内容相互矛盾的情况下,克朗凯特尽可能连贯地报道了总统遇刺的前前后后。由此可见,这样的报导方式,就使广播电视发挥了最高的时效。而这个"把关人"则起到了关键的作用,克朗凯特作为资深记者应该说是堪当重任的。①

2. 达到最真实的效果

生动传真,感染力强,也是广播电视的一大优势。这不仅仅是指音响和画面可以使人如临其境,获得直观印象,还在于播报新闻的方式可以给人以很强的真实感和感染力,产生十分贴近的感觉。这种表现形式也完全符合新闻客观、真实的本质要求。世界广播电视发展史也昭示了人们探求这一规律的历程。仅以日本朝日新闻(NHK)的电视新闻的变化就很能说明这个问题。

1953年2月,朝日新闻(NHK)电视台开始播出新闻,一面播放照片、图表,一面由播音员朗读。这样的新闻报道形式当然无法与报纸上的新闻相抗衡。

1957年8月,他们首先把播音员"朗读新闻"改为"会谈新闻",即由两人面对面交谈来播报新闻,增加了新闻播报的亲切感。

1962年4月,朝日新闻(NHK)开辟《新闻之窗》节目,"会谈新闻"改为"解说员新闻",记者在现场向观众解释新闻事件。开始出现新闻节目主持人以谈话形式播报新闻。

1964年4月,朝日新闻(NHK)《木岛则夫早晨节目》,开创了由节目主持人主持新闻节目的新形式。

可以看出,努力赶超报纸新闻是电视新闻的发展方向和出路。应该说,从媒介特性出发,创造别具一格的视觉新闻形式是电视新闻的正确发展途径。

3. 创造最生动的情境

社会宣传、信息传播、人际交流总是在一定的环境背景下进行的,环境因素直接制约着

---

① [美]埃里克·巴尔诺.美国广播电视简史.赵淑萍.北京:北京广播学院新闻系,1985(内部发行)

人们的交流方式。所以广播电视要提高宣传效果,不能不考虑环境因素的影响,也就是在什么情境下开展传播最为有效。广播电视再现情境与创造情境的能力是其他媒介难以企及的,这也是它独有的优势之一。广播史上令人津津乐道的"围炉恳谈",就提供了有力的佐证。美国32届总统富兰克林·罗斯福热衷于广播演讲。但他的演讲与众不同,他向负责安排广播的人说,他希望讲得亲切自然一些,就像坐在自己家里,邻居也坐在他们的起居室里,双方随意交谈那样。"人们觉得罗斯福就好像在单独同他们每一个人谈话,回答他们关心的问题,对他们的情况了如指掌。他面带笑容,好似坐在人们的客厅里围坐在壁炉旁举行家庭讨论会一样。"罗斯福在广播中成功地创设了一种亲如家人、炉边闲话的生动情境。

美国著名评论家李普曼在《舆论》一书中就曾描述过媒介所起到的这种创设环境的作用,并认为这是人和他的外部环境之间插进的"拟态环境"。如今我们所看(听)到的主持人节目往往正是那种一对一、面对面的"拟态环境"。靳羽西小姐在谈到自己的体会时说:"我主持节目就像面对一个人谈话,而不是许多人,不是像在大会上讲话。因为做电视节目主持人,你就是坐到人家家里去了,坐在人家面前,就像我和你坐在家里交谈一样。"当然,广播电视所要创设的并不仅仅是家庭的氛围,而是根据不同的传播目的,创设不同的情境氛围。譬如:政府公告当然适宜在庄严、肃穆的场合发布;综艺节目则应创设轻松、活泼的游艺环境等等。既然广播电视具有创设情境的独特能力,就应尽量发挥它的这种优势,在运用音响和画面的效果上予以足够的重视。①

(二)在克服广播电视劣势中所揭示的规律

众所周知,与印刷媒介等相比较,广播电视存在着一些不容忽视的弱点,那就是转瞬即逝、难以保留、线性传播、不便选择。针对这些问题,世界各国的广播电视机构都在千方百计地扬其之长,补其之短。

1. 克服易逝性,增强保留性

广播电视信息依次呈现,瞬息而过,它只能留给人们短时的记忆。心理学家分析说,人的记忆广度有限,要将外界输入到感觉记忆、短时记忆系统的全部信息转入长时记忆,必须进行"组块"等信息加工,所以当传播者对整体内容有了并不很明确的大概印象后,应及时分类、总结、概括,经过这种加工制作过程,信息就比较清晰条理化,容易纳入人的长时记忆系统,与已有的认知结构同化。

为了克服广播电视这种信息传播的易逝性,迫使我们更多地从节目"组块"编排上去想办法、觅良策。比如,有意地将几条不同内容的节目从一个共同的角度或支点组接贯穿起来,形成内在的联系,以强化同一主题的印象。再如,有意地将几条内容完全相反的信息并列在一起产生强烈的对比效果,给人以深刻的印象等等。这样的"组块"编排就可以使节目层次分明、条理清晰、前后呼应,有效地加深了节目的总体印象。这也正是节目主持人编串节目的基本原则。正如美国全国广播公司(NBC)《晚间新闻》著名节目主持人约翰·钱塞勒所说的:"我们每天晚上竭力去做的事情就是要使各种事件具有某种连贯性。"他还说:"主持人所要做的事,就是把所有的消息综合起来。"可以说,主持人节目的成功与否,很大程度上就取决于这种"组块"能力。

这种编串节目的思路在60年代后期得到了进一步发展。不仅仅是不同节目内容的组合,还引申为不同节目主题的拼缀,形成"板块结构",也就是我们通常所说的"杂志型节目"。这些节目的组合,既包容了多种信息,又有一定的内在联系,衔接自然、融合贯穿,使人耳目

---

① [美]西奥多·怀特.美国的自我探索.北京:中国对外翻译出版公司,1985:429

一新。在这种编排中,主持人发挥着重要的作用,有时需要他随机把不同内容、不同体裁、不同声音、不同音乐的素材融会于一炉,使主题、内容之间的转换、铺垫、穿插、过渡和谐自然,形成有序的整体效果。这样灵活的播出方式往往需要节目主持人具有临场应变和巧发奇中的口才能力。

2. 克服顺序性,提高选择性

广播电视节目按照时间顺序播出,不像报刊版面在空间排列可供随意选择。那么能不能克服这种不足,给予受众更多的选择余地呢?人们想到了"信箱"、"点播"、"热线电话"等等。创造种种条件来让受众选择节目、参与节目,这些都促使广播电视正日益成为充满活力的双向传播系统。著名传播学者马歇尔·麦克卢汉甚至认为:"那些包含了需由观众来完成某些过程的电视节目是最有效的。"既然受众有了选择和参与广播电视节目的可能,就要处理好两种关系,一是传受之间的平等关系,再就是传受之间的主客关系。

首先,平等关系是建立在民主参与的基础之上的,在很大程度上它又是一种对等的关系。"我们"与"你"或"我"与"你们"不能说是对等的关系,只有那种一对一、面对面交流式的"我"与"你"的关系,才有助于形成和谐、民主的氛围。而这个"我"又必须是真实的、具体的,因为虚假的人物之间是不可能有真诚的交流的。

其次,任何传播媒介都是服从一定的社会需要而产生,负有不可推卸的社会责任。因此当大众媒介与人际交流这种形式结合的时候,传播者不能放弃自己"主人"的职责,并应完全主导这种交流。主与客既是平等的关系,又是主从的关系,主邀客至,客随主便。任由别人反客为主,甚至随声附和、漫无边际,那只能说明他是一个不称职的"主人"。

二、主持人节目并非就是舶来品

目前大家普遍认为主持人节目是起源于西方的节目形式。不能否认,激烈的媒介竞争使得西方的广播电视在探索自身规律、发挥自身优势方面比我们积累了更多的经验,但我们在借鉴这些经验时,既不要妄自菲薄,更不能舍本逐末。如前所述,广播电视自身的规律孕育了主持人节目,主持人节目的形成与发展,均源自于人们对这一客观规律的不断认识和探索。但这并不意味着过去我们没有主持人节目,就是没有按照广播电视规律办事。只要认真地总结历史的经验就会发现,在我们的广播实践中曾不止一次地做过这方面的探索,也有过不少成功的经验。仅以四十多年前,江苏电台农村节目曾进行过的那场改革为例,就很能说明问题。《中国广播电视大事记》上说:"这次改革是江苏电台'自己走路'的第一次尝试,在全国广播界产生了广泛的影响。"韩泽同志在回顾六十年代初这项改革时总结说:"当时的努力集中表现在两个方面。一是人民广播本质的回归,力求按照它的宗旨——为人民服务,为社会主义服务去做……;二是对广播传播规律的探索。不只研究工具自身,还包括了对于对象的研究,对于广播与对象如何相互作用的研究,以及对各类语言传播形式的研究。"当时这个节目中设有固定的人物——"王大姐",这是一个"待人和气、善于开导、亲切、体贴、知心、通情达理"的农民的贴心朋友。节目采用"谈心会"的形式并形成了一种参与交流的氛围。"王大姐"这个人物是真实的、个性化的,尽管当时我们并不把它叫做"主持人节目",但是,它的确与那种外来的节目形式有着异曲同工之妙,其原因无非是它们都遵循着共同的客观规律,探求着新鲜的广播特点。至于怎样称呼这个节目,这并不重要了。与此同时,全国各地也都先后做过许多这方面的尝试,如中央台的"小喇叭",上海台的"阿福根"等等。当时也有一些电台采用过"说新闻"的形式,曾大受群众的欢迎。本应把这些经验很好地加以总结和完善,但是在那个把受众当"靶子",把宣传当"说教"的特殊年代,却把它们统统贬入"冷宫",在传播方法上,我们只把"播音再创造"奉为金科玉律。需要说明的是,这种方法并非完

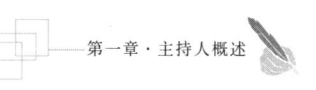

全不可取,关键在于它并不是反映广播电视规律的唯一手段,朗读化的语言有时只会远离朴素的生活现象,使广播电视异化为"报纸的有声版"。正是因为这样的一些原因,使得我们在探索广播电视规律的同时,没有教会主持人如何主动去支配广播电视规律,如何自觉运用广播规律,从而成为真正意义上的节目主持人。由此我们可以说,"节目"是符合广播规律的节目,"人"是驾驭广播规律的人,只有努力去驾驭广播电视规律的人才称得上是真正的"主持人"。随着广播电视的发展以及人们对广播电视规律的不断认识,主持人节目本身也在不断地完善,它绝不会只是一种固定不变的模式。但只要是符合客观发展规律的,它就会获得强大的生命力,如同汩汩流淌的千溪百流都将汇入大江大河一样,它将是一部源远流长、生生不息的人类传播史。

第二节 播音、主持的基本含义

何谓"播音"?何谓"主持"?曾引起过学术界的长期争论。于是,在学术上形成了两个研究团体(即播音学研究会和主持人研究会),业务上也存在着两套评价标准("播音主持奖"、"金话筒奖")。它们之间的主要分歧在于究竟是"播音员涵盖主持人",还是"主持人取代播音员"。如果说这两个问题只是逻辑判断问题,那么可能问题就出在"播音"、"主持"这两个基本的概念上。"播音"是约定俗成的习惯性用语,而"主持"则由外来语引进。由于它们的内涵和外延都不够确定,就很容易让人想起战国末年的思想家公孙龙曾写过的《白马论》那篇文章,他在文章中要证明的论题是"白马非马"。为了使这个论题成立,他列举了许多理由,其中一条是:"求'马','黄''黑'马皆可致,求'白马','黄''黑'马不可致",最终得出了"白马非马"的错误结论。从逻辑概念来分析,"马"是属概念,"白马"是种概念,公孙龙在这里正好颠倒了它们的属种关系,于是导致了一种似是而非的争论。

一、播音的来龙去脉

概念是反映事物本质属性的思维产物,它是借助于语词而存在,并通过语词来表达的。那么"播音"的语词概念是怎样形成的呢?按照字面来理解,"播音"就是"播出声音"的意思。最初的"播音"就是指"广播",因为电视绝不仅仅是声音的播出,还有画面的输出。在广播初创时期,人们把"广播"和"播音"看做是同位概念。据说1924年12月,著名学者叶恭绰出任北京临时政府的交通总长。当时上海的南京东路一家洋行为招徕顾客,开设了一间小型无线电放音台,每天播放西洋音乐唱片。一个偶然的机会,叶恭绰听到了这家放音台的音乐。他认为,放音台可播放音乐,那么也可以用国语将各地的新闻、各处的歌曲传播开去,向民众传播通俗文化和商情广告。不久,叶恭绰派人将原设于北京、天津两处电话局里的无线电话机加以整修、改装,公开向民众播放。可是,却找不到适当的名词来称呼它,有人提议用日本所用的"放送"一词,叶恭绰考虑再三,又组织有关专家研究,最后由他确定用"广播"一词来称呼。那时负责播放唱片和打开"话匣子"说话的人,就被称为"广播员"。[①] 那时候的广播员不仅使用"麦克风"说话,也负责播放唱片。随着广播机构日益庞大,内部实现了进一步的专业化分工,即广播员只负责"说话",于是"播音"便有了狭义的概念——"话筒前的语言艺

---

① 周末,1997-08-22

术"。当电视出现,我们需要解释视觉形象中的传播行为时,我们又有了引申义,就是"播音员和主持人运用有声语言和副语言,通过广播、电视等传播媒介所进行的传播信息的创造性活动"。① 在这里,不是声音的因素"副语言"也被看作是播音的内容了,这就引申出了体态语、眼语、服饰语、类语言等非声音因素。当然,它还和传统的制播体制有关,因为广播电视机构曾长期参照报社体制,实行"采、编、播"截然分离、严格分工的。在这种情况下,按照各司其职的岗位现状来研究它的专业特点,有其一定的合理性。因此,播音员(主持人)的岗位职责就是完成广播电视最后一环的工作——"播出声音",并按照这样的岗位规范,确定了专业研究的范畴,形成了播音学科。

二、主持的科学概念

我们又应该如何理解"主持"呢?从汉语语词概念中,我们得到的解释是:主持就是掌管。最早见于《孟子·万章上》:"使之主事而事治。"②现在的问题是,它并不是来源于汉民族的语汇,而是取自于外来语,即使是在创造这个语词概念的国家,也并非只用一个词语来表述这种传播行为。譬如:在美国,新闻节目主持人称"anchorman"(anchorwoman);现场播出活动的主持人称"commentator";谈话节目主持人称为"talk-master";热线电话节目主持人称为"hot-liner";流行音乐节目主持人称为"disc jokey";智力竞赛节目主持人称为"question master";气象节目主持人称为"weathergirl"(weatherman)等等。在英国用"presenter"来表示,意为"展示者";在俄国用"kommehtatop"表示,意为"注释者、评述者";在日本,认为"播报员"(caster)与"播音员"(announcer)有区别,虽然同样都是新闻的播报者,但播音员的主要任务是准确、清晰地朗读播出稿,而播报员在理解新闻的内容之后,不光是单纯地朗读原稿,还要将其大意转换成自己的语言进行传播,因此就需要具备特殊的能力。这些词汇中有些与汉语的"主持"有相近的含义,但大多数都相去甚远。如果我们牵强附会地去解释它们,可能只会得出似是而非的结论。显然这不是一个科学的概念,因为它们只能说明主持人的某些特点,而不能涵盖所有的主持行为。我们知道,不同文化背景和民族语言之间的沟通并不是一件容易的事情,有时很难找到完全对应的词语来准确表达。所以近代启蒙思想家、翻译家严复先生曾经提出过,外文翻译要讲求"信、达、雅","信"就是准确,"达"就是畅达,"雅"就是优雅。他要求既要忠实准确地表达原意,又能通顺流畅、文辞优美、可读性强,切不可囫囵吞枣、食洋不化。

同时我们也清楚地看到,由于国情不同,体制各异,主持人在节目中所发挥的作用也是完全不一样的,甚至出现许多以我们的"播音标准"无法说明的传播现象。譬如:谈话交流、即席评论、掌控播出、间或演播等等。这样一些情况说明,虽然主持人起源于西方,但是西方并没有提供成熟的理论来界定这类传播的规律,基本上是各有说辞。盲目地效仿西方,只会脱离我们的国情,误导我们的认识。所以,对外来的东西,还是要"洋为中用",切不可"全盘西化"。

三、播音与主持的辩证关系

如前所述,"播音""主持"都是一种能够会意、但不够准确的语词概念,还需要深入探讨、周密论证才能形成严格的科学定义,任何一门学科都必须建立在一系列科学概念的基础之上。从人类认识世界的历史过程来看,科学的概念是成学立说的基础,概念不准确,就会导

---

① 张颂主编.中国播音学.北京:北京广播学院出版社,2003:2
② 秦建,李俊.日本广播电视手册.北京:中国广播电视出版社,2002:220

致一系列理论认识的歧误,难以自圆其说。但是对科学问题的探讨和认识会有一个过程,我们不能等概念形成以后再去发展这门学科,只能是边实践、边总结。在这个过程中,对总结出的实践经验尽可能做出科学的解释。

播音与主持除了概念不同、各有侧重以外,也还存在着更多的共同点。譬如:主持人在话筒前说话,那就是"播音"。所以我们认为,播音应该有更为宽泛的含义,它不仅仅是有稿播音,还应该包涵无稿播音,无稿播音就涵盖了多种口头语体的表达方式。不仅播音员、主持人需要掌握话筒前的语言技能,广播电视记者在现场报道时也需要这种语言能力。我们说"主持"是节目的传播艺术,是因为主持除了需要运用语言传播以外,还需要把握更多的非语言传播技巧。因此,"播音"是不能涵盖声音以外的传播行为的,而"主持"也不可能取代所有的"播音"方法。否则,我们的广播电视语言岂不是从一种单调,又走向了另一种单调了吗?

"主持人节目"是我们 20 世纪 80 年代从国外引进的一种节目形式。与其说是我们引进了一种节目形式,倒不如说我们引进了一种传播理念。这种传播观念就是追求信息双向交流的效果,以期达到传受双方信息充分共享的目的。实际上,主持人节目就是按照传播学的理念,在广播电视情境中创造的一种社会交流形式,它有效延伸了人们参与社会活动的范围和方式。所以大家才感到它亲切、贴近、平等,充分体现了一种和谐的社会关系,受到群众的欢迎。这类节目还在发展,只要我们遵循广播电视的基本传播规律,在思想上贯彻"三贴近"的原则,就可以创造出更多为老百姓所喜闻乐见的节目形式。尽管我们现在还难以给出一个严格的定义,但无论是"播音"还是"主持"都应看作是一种传播行为,追求传播致效是它们共同的目标。在 2004 年"第三届中国传播论坛——世界华语播音学术研讨会"上英国广播公司(BBC)的代表说得好:"作为一个广播者,我们应该把播音放在传播的整体流程中进行关照,密切联系文化和社会背景、受众心理和受众期待、媒体定位和媒体机制、媒体经营、节目生产、效果反馈等环节。"[①]从传播过程来分析,"主持"需要借助播音的语言表达手段,"播音"也需要补充主持的非语言传播方式。但是播音的语言手段需要极大地丰富起来,不仅要善于有稿播音,也需要研究无稿播音。或者说不能满足于转述式的朗读,也需要重视并发展叙述式的谈话和阐述式的评说等语言传播形式。"主持"是我们目前认为比较理想的一种传播方式,它不仅运用语言手段,还运用了许多非语言手段,传播的信息量大,信息共享程度比较高。但是,我们不能武断地认为"主持人节目"是现在和今后广播电视唯一的节目形式,如果那样来认识问题,我们的广播电视也就无法发展了,节目就太单调了。一些概念是在发展中形成的,昨天被称为"播音员",今天就成了"主持人",说不定明天又成了"网络秀"……。现代传媒需要的传播者是多种多样的,不能以一种固定模式来强行规范,检验的标准就是社会传播实践。因为科学的殿堂并不是依靠浮华的辞藻、玄奥的谬理堆砌起来的,学科建设的方向也必须是那种经得起实践检验的科学体系。所以学科建设一定要讲求科学性和系统性,不可以其昏昏,使人昭昭。只要我们发扬科学的精神和求实的态度,播音主持艺术必将成为学无止境的艺术宝库。

---

① 张政法.世界话语播音的现状及发展状态.中国广播电视学刊,2004(3)

第三节　主持人的未来发展

19世纪波兰伟大的爱国诗人密茨凯维支在他的著名诗作《青春颂》中曾寄托了他的美好理想：

嘿！肩并着肩吧！在这地球上，
我们要用链子联系着我们，
我们的思想集中于唯一的焦点，
在这焦点上，也集中我们的灵魂！
你这古老的地球！去吧！
离开你的地盘！
我们要推着你走向新的路程，
一直到你脱下霉烂的皮壳，
记起了你的鲜绿的时辰！

如果说，这还仅仅是19世纪的梦想，那么21世纪的到来，将会出现一条维系着五洲四海、亿万个灵魂的"链子"——大容量、高速光纤电缆，推动着古老的地球在"信息高速公路"上走向新的里程，使这个两百多年前的愿望梦想成真。在英格兰东部宁静的凯斯格雷夫村，1994年岁末，这个村庄的六十户村民率先进入了现代信息社会。这里成为世界上第一个进行交互式电视大范围试验的场所。生活在这里的人们可以随心所欲地选看他们喜欢的电影和电视节目，预约当地娱乐中心的时间，订购外卖食品，甚至还可以预订休假的交通食宿安排。这个交互式电视的中心是视频点播，不管有多少观众，只要在他们的遥控器上拨出号码，就可以点播在中心数据库储存的约四百个小时的主要影片中的任何一部。观众还能够控制视频图像，就像观看自己的录像带一样，随时可以倒带，使画面定格……这个成功的试验，使英国政府下决心在更大的范围内逐步加以推广。今天的凯斯格雷夫村，为我们初步展示了一幅未来社会生活的图景。人们把它称作是"第二次信息革命"，这场革命对未来世界经济和社会发展将产生深远的影响，甚至还会改变人们现行的生活和工作方式。一位美国专家曾这样来描绘：

"它也许使许多目前我们正在做的事变得更加容易些，更加便捷些。电视会议将使你在家里工作，或去通过终端设备进行远距离工作，不用挤完地铁再挤公共汽车；用不着一个个地去通知你的朋友聚会延期了，你只需及时给每位发出一个简单的电子邮递信息就可以了；也用不着挤在一个大的阶梯教室里听课，因为你可以在家里通过终端设备接受一个或多个优秀教师的授课；没有时间的话，你大可不必去购物，按一下电脑，马上看到你所需要的商品及价格，很快就会有人送货上门。有些事也会成为可能，比如医疗方面，你住在远离大医院的乡村地区，通过可视电话可以远距离地让异地专家为你会诊；某地眼科专家也可以观察到距他千里之外的眼科手术，并对手术医生提出建议……哎呀呀！这不就是二、三十年前人们通过科学幻想小说看到的令人神往的奇事吗！"

一、未来的广播电视

随着新世纪的到来,广播电视已不再是单纯的大众媒介,它们将融入多媒体,与电讯、电脑等一起组成一个全方位的声光传播系统。尽管广播电视将会怎样生存下去,仍有着许多不确定的因素,但是诸媒介并合起码会出现两个显而易见的特点。

(一)被动受传变为主动选择

传统广播电视主要服务于人们的闲暇生活,因此形成了"黄金时间"的概念,也就是说人们收听(看)广播电视的时间是由传播者排定的,无法更移的。而进入多媒体的广播电视节目则由人们自主选择时间来求知、娱乐、交流和消遣,不必担心会错过播出的时间。它将通过一个自选视像系统,只要按一下遥控器,就可以选看电影、新闻、纪录片和教育节目等,取出节目的时间只需三秒钟,观众还可以控制视频图像,任意倒带、定格,而不会影响收看同一节目的其他观众。这个自选系统使观众永远摆脱了节目播出表的限制,自由选择时间,自主编排节目。

多媒体的运用,改变了人们的工作、生活方式,也改变了时间的结构。有人预测,借助多媒体,人们的工作时间还会大大缩减,年总劳动时间只有1 000小时,比目前劳动时间最少的德国人还少600小时。而学生在增加30%学习内容的情况下,学习时间反而减少了40%。这就是说人们在提高劳动生产率的同时,几乎还可以释放出一倍的闲暇时间,人们将根据各自的需要来安排自己的闲暇生活,他们的交友、娱乐、求知的方式会因人、因时而异。而广播电视则会给人们提供一个更大的选择余地,节目将会更加丰富多彩。

(二)单向传播变为双向传播

大家都知道,广播电视是一种广而告之式的大众媒介,只能你听它的,不能它听你的。虽然我们的节目中也有了"点歌、热线电话"等交流形式,但这只是一种极为有限的参与活动。怎样最大限度地调动社会舆论,充分表达民众的意见和愿望,一直是民主社会孜孜以求的目标,融入多媒体的广播电视则可以满足人们的这个要求。美国未来学家阿尔温·托夫勒在访问华纳有线电视广播公司奎勃系统时看到:"这是世界上最先进的商用双向有线电视系统。它向用户提供一个看上去像袖珍计算机的开关,人们可以按一下它的按钮,就能和电台讲话。用户也可以按一下所谓的'热钮'和奎勃的演播室,或它的计算机联系。用户可以通过它在地方政治辩论中发表自己的意见,出售汽车间的旧货,参加慈善机构的拍卖竞争……任何一位乔先生或珍妮女士可以盘问一位顾客,用它来表示赞成或提出反对意见。"[①]

法国电视三台也曾试验过这种交互式电视,有的节目你不爱看你可以只看五分钟的摘要,而另一些你喜欢的节目则可看的时间长些。如果你在看某一个著名演员主演的影片时想了解有关他的更多的情况,你可以要求电视台播放他的生平,他所演过的电影的片名以及他的生活爱好等。还有一种可能,就是让观众参与到某些节目的剧情中去,电视观众将不仅成为节目的编排者,而且还将成为视听节目的主人公和制作者。

二、未来的节目主持人

未来的广播电视将会产生如此巨大的变化,那么作为广播电视中的媒介人物——节目主持人又将面临什么样的命运呢?大家知道,"早在电视出现很久以前,媒介就证明它们所具有的、创造深入传播对象心目中人物的特殊的能力"。这是因为新闻媒介的权威性和新闻

---

① [美]阿尔温·托夫勒.第三次浪潮.朱志焱等译.北京:三联书店,1984:238

事件的重要性极大地提高了新闻发布者——节目主持人的社会地位,成为受人瞩目、令人敬佩的媒介人物。如果离开了媒介的影响,节目主持人不可能产生这样的魅力。美国依阿华洲功率最大的电台的一个晚间新闻节目主持人,他有着动人的语调,但并无政治经验,他竞选国会议员,竟一次次都被选上。这就提出了一个问题,媒介究竟是怎样才能建立起媒介人物的威望的! 著名传播学家威尔伯·施拉姆一针见血地指出:"似乎是电视的报道重新排列了美国受众欢迎的英雄的顺序。"①这说明节目主持人的社会地位是由媒介所选定的。然而,当交互性网络形成以后,情况就发生了变化。选择什么样的主持人,以什么样的方式来发挥作用,最终将由受众来做出决定。那么,究竟什么样的节目主持人在未来社会中具有存在价值并受到欢迎呢?

1. 众望所归的"意见领袖"

"意见领袖"本来只存在于人际传播的过程中,但是当交互网络形成以后,大众传播与人际传播之间已经没有必然的界限。由于人们的兴趣爱好、价值观念、行为方式各不相同,从而形成了志趣相向的社会群体。这些社会群体主要是通过电子网络来加强联系,也会很自然从这个网络中去寻找自己的"意见领袖",节目主持人当然是最理想的人选。他(她)们既能反映群众的意见,又可以满足大家的要求,社会各界都广泛存在着这些不同群体的"意见领袖"。人们对他(她)们往往是言听计从,把他(她)们的意见看得比任何人的主张都重要。他(她)们之所以能够被公认为"意见领袖"将取决于三方面的条件。首先,他(她)是"价值的化身",也就是说他(她)与这个群体有着共同的价值取向,有着共同的利益关系,并被公认为是该群体最具代表性的人物。其次,"意见领袖"还必须在他(她)的领域内被公认是见多识广或有能力的。那些看来对自己所谈问题一无所知的人,其意见是很难受到注意的。另外,"意见领袖"还必须有一定的社会地位,这个社会地位,一方面是指他的人格、品行、学识、修养等得到人们的敬重和爱戴,能发挥一定的社会影响;另一方面是指他能够与社会保持着多方面的联系,以便获得群体所关心的各种信息。②

未来传播媒介中的节目主持人已不再是面向大众的传播者。他们将分属于不同的社会群体,并成为这个群体中的"意见领袖"。在这个交互式的网络中,他与受众之间确确实实是一对一、面对面的人际交流关系,并随时接受对方的咨询,提供个别的服务。节目主持人在与受众交往的过程中,只有当他被这个群体公认为"意见领袖"时,才真正获得了存在的价值。

2. 释疑解惑的良师益友

未来的信息社会又是一个令人十分困惑的社会。多媒体带给人们过量的信息,人们淹没在信息的海洋里茫然不知所措,"整个信息社会的重点,于是从供给转为选择"。多媒体给人们开辟的多种信息渠道,也提供了更多的选择机会。由于知识的高度分化,"隔行如隔山"。要做出正确的选择,人们不但需要熟练地掌握信息加工技术,条分缕析、把握真谛,更需要专业权威人士的帮助。人们整天与媒介网络打交道,最方便不过的就是向网络中的各种媒介人物,尤其是节目主持人去请教。而这时的节目主持人已不再是只会打趣逗哏的"串场人物",他们也已经高度专业化,并享有崇高的威望。东京股票市场的变化究竟说明了什么问题?人们揿一下按键,马上就得到了经济学博士、金融节目主持人明确的回答;玛雅文化遗址的新发现意味着什么?人们又得到了历史学博士、文化节目主持人的详细解释;非洲民权运动对世界有什么影响?人们就向政治评论员、国际关系学教授、新闻节目主持人请教

---

① [美]威尔伯·施拉姆.传播学概论.陈亮等译.北京:新华出版社,1984
② [美]沃纳丁·塞弗林.传播学的起源、研究和应用.陈韵昭译.福州:福建人民出版社,1985

一番,听听他是怎么说的……这些节目主持人不仅学有所长,而且善解人意,他们可以随时为你提供咨询服务,热心为你指点迷津,并成为你工作、学习、生活中的良师益友。

3."电子大家庭"的主人

在英语中,节目主持人被称为"主人"(host)。人们曾对它有着多种解释。但是当你坐在电视机前、收音机旁与节目主持人倾心交谈时,确确实实地感觉到了"主人"的存在。因为此刻节目主持人又重新为你创造了一种"家庭氛围",电视机、收音机前的观(听)众都成了这个"家庭"中的成员。这种情况还会发展下去,以至于形成了被美国未来学家阿尔温·托夫勒称之为"电子大家庭"的概念。他在预测这个发展趋势时说:"明天的电子共同体可能成为很有工作效率的稳定的家庭模式。进而言之,这种电子大家庭并不是妨碍个人的生活方式,也不是以炫耀为目的的,而是经济体制中的不可分割的重要组成部分,因此,它存在的可能性就大大提高了。我们确实可能看到这样的大家庭互相组织起来成为一个工作网。这种工作网可以提供某些必要的商业和社会服务,共同合作进行商业活动,成立自己的贸易协会。……这种新的大家庭模式,并不是必不可少的典型,也不与其他家庭模式比高低,它不过是许多新的家庭模式中的一例。在明天复杂的社会生态中,这些家庭模式可能找到适合它的存在之处。"[①]当这样的"电子大家庭"出现以后,最有可能成为"家长"的就是节目主持人。因为他享有最丰富的信息资源,他有最广泛的联系网络,同时他还具有最高尚的人格魅力和最有效的社会活动能力。人们需要有这样的一个人物来组织"电子大家庭",并以此来适应现代信息社会的需要。这个"电子大家庭"实际上就是一个利益共同体。信息资源是这个家庭的共同财产,也是他们的利益所在,为了共同的工作目标和生活目标,他们互通有无、共享信息。"主人"既有义务保护这个家庭的利益,也有权利代表这个家庭的利益;"主人"与家庭成员的关系是一种民主的、平等的关系,但同时又具备一定的权威性。人类依赖信息而生存的共同利益,把这个家庭紧紧地维系在一起。

密茨凯维支大概不会想到,人们就是这样把地球"推上新的路程"的。21世纪展示了光辉灿烂的前景,人类社会也将面临深刻的变革。所有这些变化都是人们所始料不及的。直到今天我们还不可能十分准确地描绘未来社会生活的种种变化。但是有一点可以肯定的,那就是节目主持人不会消亡,其在信息社会中的作用仍然是举足轻重的。只是它的存在方式变了,已经不是传统意义上的媒介人物了。

思考题

1. 主持人节目的形成和发展都揭示了哪些基本的规律?
2. 为什么说主持人节目是按照传播学的理念创作的节目形式?
3. 请说明"播音"与"主持"的辩证关系。
4. 未来的广播电视将会是什么样的图景?
5. 怎样理解"电子大家庭"的主人?

---

① [美]阿尔温·托夫勒.第三次浪潮.朱志焱等译.北京:三联书店,1984:308

第二章 主持人节目的传播学规律

传播学是20世纪中叶出现的一门新兴边缘学科,它与新闻学、社会学、心理学、文化人类学等许多学科都有着千丝万缕的联系,彼此渗透,相互影响。它研究人类社会的一切传播现象,特别是现代电子媒介——广播电视更是它重点研究的对象,不仅分析它的"渠道特性",也研究传播者和信息内容(节目)。广播电视中主持人节目的出现与现代传播思想形成的年代相近,它们之间是否存在某种因果关系,我们已经无从查考。然而,主持人节目的形成与发展受到传播学理论的深刻影响,却是见诸公论而无疑义的了。目前我们对主持人及节目的认识,大多还是从传统学科——语言学或应用语言学的角度来进行分析的。诚然,主持人的语言行为也是一种传播现象,但是仅仅研究主持人的语言传播行为,已经受到了很大的局限。譬如:电视中的许多信息内容就不仅仅是语言现象,而更多表现为非语言讯息,并追求"传通、共享"的目的;主持人不仅传播信息,还要接受反馈,建立双向交流关系;不仅善于言说,还要用心倾听,调控节目流程、"设置议程"等等,这些都和传播学原理密切相关。

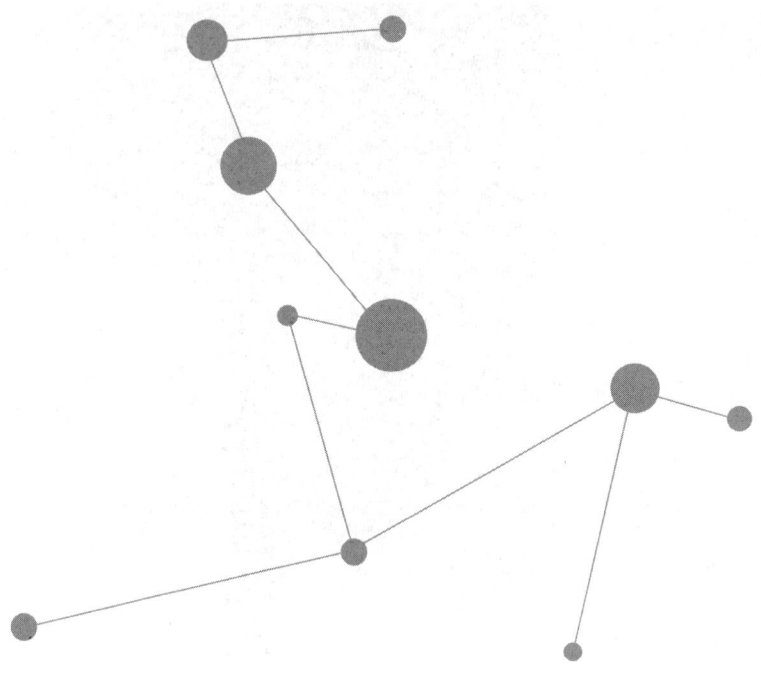

　　主持人节目就是一种很独特的传播现象。它借助广播电视这个大众传播媒介,把人类传播的多种形式都融合进去,从而形成了一些新的传播现象。每一类传播方式都会优劣并存,当三种传播形式相融合的时候,主持人应努力去扬长避短,恰当取舍,把人际传播的情感效应、群体传播的从众效应和大众传播的权威效应充分地调动起来,剔除人际传播中的随意性、群体传播的排他性和大众传播的刻板性,只有这样才能充分发挥主持人节目的优势,取得最佳的社会传播效果。

　　分析主持人节目的传播过程,可以看到,节目主持人所发挥的作用恰似这样的现代传播者:一方面他需要搜集大量的相关信息来维持自己的"领袖地位",同时他需要创造出人际交流的情境,以取得深入人心的效果。他们必须具备四项基本能力:善解人意的交流协调能力;善自为谋的综合分析能力;善为说辞的口头表达能力;善于人交的社会活动能力。

◎ **本章要点**

◆ 主持人节目是符合交流需要的传播形态
◆ 节目主持人是擅长沟通协调的媒介人物

第一节　符合交流需要的节目形态

究竟应该怎样认识主持人节目？它的准确定义是什么？曾是一个长期争论不休的问题。早期我们对这类节目的认识主要依据于礼厚先生的阐释，即："主持人形式的节目，是有固定的主导人物，并以个人身份与听众（观众）直接交流，主持固定的广播电视节目。"[1]这个定义初步揭示了主持人节目是一种交流活动，并强调了"固定"的特点。1999年9月，全国主持人节目研究委员会在天津召开的会议上，对"主持人节目"的概念确定了四条标准：一是传播者在节目中以主持人身份出现；二是体现主持人在节目过程中的驾驭能力；三是语言表达方式以谈话体为主；四是具有直接的话语交流情态。[2] 这四条标准只是对主持人及其行为方式做了界定，并没有说明人与节目的关系，也就是说，"主持"始终是一个不太清晰的概念，对主持人节目做出的定义大多是一种无效的循环定义。

如果我们换一种思维方式，从传播学的角度来分析主持人节目与传统节目之间的实质性区别，可能就比较容易得出清晰的判断。"广播"与"传播"只有一字之差，但是含义却大不一样。广播含有"面向大众，广而告之"的意思，显然不存在交流的意图。然而"传播"的本义则来源于英文"communication"，作为传播学意义上的"communication"，应该译作"交流"。因为"交流"是对传播学的研究对象——各种各样的"人类交流"现象——最本质、最具有兼容性的概括。如果说改革任何一种广播电视节目形式都是在追求一种传播效果，那么主持人节目是在追求一种什么样的传播效果呢？毫无疑问，那就是"双向交流"，这就是它与传统节目那种"单向广播"模式的本质区别。传播学的一个重要原则就是"信息是共享的"，有效的传播是一个双向的过程，只有不断地修正"传"与"受"之间的关系，才有可能达到"共享"的目的。如何在大众传播的过程中创造出"交流情境"几乎是所有主持人节目的努力方向。从这样的认识角度我们就得到了许多合理的解释，譬如：主持人的所谓"人格化"、"个性化"是由于真情交流的需要，因为人格就是魅力、个性意味着真实，面对不真实的人就不可能展开积极的交流；交流的情境自然就是双向的，交谈又总是在平等的"主客关系"中进行的；日常生活中的人际交流和团体互动一般都会有一个操持者（如家庭主人或会议主持等），把这类交流形式引入广播电视，当然就必须带进这个"主持人"，如此等等。

20世纪40年代发展起来的传播学是研究人类一切传播行为的科学，它不但阐明了现实生活中的传播现象，也揭示了传播活动的一般规律。马克思在《关于费尔巴哈的提纲》中论及人的本质时曾经说："人的本质不是单个人所固有的抽象物。在现实性上，它是一切社会关系的总和。"这实际上说的就是人的社会存在方式。人在社会中生活，必然要与社会的方方面面发生各种联系和交流，用传播学的观点来看，人处在传播网络中，既是受传者，又是传播者，可以说一切社会联系都是一种传播过程。传播学家们把社会传播活动区分成三种基本类型，这就是大众传播、群体传播（团体传播或组织传播）和人际传播。这三种传播方式，各有各的作用范围，各有各的传播功能。广播电视作为大众传播媒介，能发挥广布天下的社会功能，自然是典型的大众传播。但是现代广播电视发展的实践表明，在它的传播过程中已

---

[1] 于礼厚.主持人节目的特征.北京广播学院学报,1983(4)
[2] 中国广播电视主持人节目研究委员会编.金话筒月报（总19期）

经融入了多种传播形态,这些都是通过具体的节目形式表现出来的。可以说,主持人节目就是一种很独特的传播现象。它借助广播电视这个大众传播媒介,把人类传播的多种形式都融合进去,从而形成一些新的传播现象。

一、面向大众的人际传播交流

人际传播(personal communication)是个人与个人之间的交流活动,它是社会生活中最直观、最常见、最丰富的传播现象。彼此交谈、书信往来、电话联系、电子邮件等等,都属于人际交流与传播的范畴。人际传播的内容十分丰富,既包括关于环境变化的实用信息交流,也可以彼此交换各自的一些看法和意见,并满足个人的社会性心理需求,沟通人与人之间的感情等。虽然形式多样,但大致可以分为两种,一种是借助某种有形的物质媒介(如信件、电话、电报等)的传播,另一种是面对面的传播。可以说,这两种人际交流传播形式在广播电视主持人节目中都得到了广泛的运用。这里需要说明的是,人际交流一般是在人们的"私密空间"进行的,但是一旦进入到大众媒介,它就自动失去"个人的隐私",变成完全公开的内容。

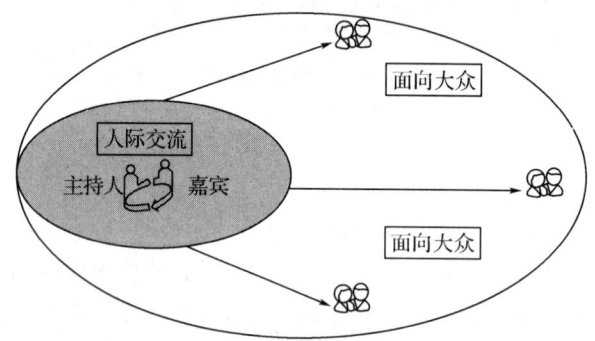

图 1-1　面向大众的人际传播交流(访谈类节目)

(一)物质媒介的人际交流

所谓物质媒介就是需要借助一定的传播渠道来实现交流,而这种渠道就是书信、电话等一些物质媒介。

1. 信箱节目

这是主持人节目兴起时,运用得比较多的一种节目形式。例如:1981年元旦,中央人民广播电台对台部从对台湾同胞广播的实际需要出发,率先开办了《空中之友》节目。这也是我们国家出现的第一个主持人节目,徐曼则成为第一位节目主持人。这个节目主要就是以通信往来为主要特点的。譬如:《致台湾一位女中学生》中徐曼一开始就说:

"亲爱的台湾同胞,您好!我是徐曼,感谢您收听我主持的《空中之友》节目。

现在,我不知听众朋友当中有没有那位给我来信的台湾女学生?四月底,我收到了一封没有署名的听众来信。只是在读完这封信之后,我才知道,写信人是一位女学生,在台湾一所很有名气的中学读书,今年只有十几岁。

……

听众朋友,给我来信的那位小妹妹,看了您的信,我想了好多啊,脑子里一会儿浮现出许多台湾中学生单纯稚气的笑脸,并猜测着您的模样,一会儿呢,又想起我十几岁的时候,在中学里读书的情景,那是一段多么愉快的时光啊!……"

这个节目仅开播二十几天,就收到了大量从国外辗转寄来的岛内来信,来信之多是对台广播开办十几年来所没有的。于礼厚先生在谈到这个节目的创作体会时说:"主持人节目的引题和各单元的解说是至关重要的。这是主持人与听众进行交流的话……引题的作用是一开始就能形成主持人与听众交谈的气氛,一开始就能使听众对主持人的谈话发生兴趣。"①可见,主持人节目的首次尝试就已经考虑到建立人际交流关系的重要性。

领此风气之先的广东人民广播电台,也在1981年4月开办了《大众信箱》节目。主持人李一萍、李东以"一对一"的方式和听众谈心,帮助青年人解决思想、学习、生活上的实际困难,广受好评。节目播出不到20天,就收到1 800多封听众来信。到后来,据说平均每天都能收到四千多封来信。这样的节目形式在全国起到了示范作用,各地纷纷加以效仿。四川台的《农村信箱》、上海台的《尉兰信箱》、江苏台的《故乡与亲人》、武汉台的《听众信箱》等等都在本地产生了不小的影响。甚至在一些电视中也借鉴了这种节目形式。需要说明的是,一些在广播电视中并非因通信往来而建立的人际交流关系,我们仍然认为它是主持人节目的形式。首先因为它的交流方式是"一对一"式的,彼此间以"你"、"我"相称、相待;其次它的反馈渠道,主要还是书信(听/观众来信),只是在广播电视中虚拟了一种"面对面"的交流情境。

个人通信往来是典型的日常生活交流活动,它虽然是一个缓慢的交流过程,传受之间的反馈过程比较长,但同样具备人际间坦诚相见、直抒胸臆的特点。基本保持了那种"一问一答"的对等交流形式,具有浓郁的感情色彩。当时这种节目形式一出现,立刻给人耳目一新的感觉,几乎无一例外地成为听众来信最多、反应最热烈的一类节目。

2. "热线电话"直播

借助电话与受众连通直接交流,这种节目形式在国外出现的比较早。这与生活水平的提高,电话的普及程度有关。率先改革开放的广东珠江经济台首先在"板块节目"中运用了这种形式,仅在1987年的一年中,珠江经济台就收到听众来信超过100万封,绝大部分是寄给主持人的;珠江经济台接到听众电话七万多个,其中有三千多个是直接与主持人在"热线"中交谈的。随后不久成立的南京经济台、杭州"西湖之声"电台则大量采用电话参与的节目形式,取得了较好的传播效果。他们甚至认为:"广播是人际交流借助于现代技术的扩大……人际交流,交流什么? 第一是交流信息,第二是交流人的感受,而后者比前者更重要。"②1992年10月28日成立的上海东方广播电台,则把"热线电话"直播节目的优势发挥到淋漓尽致,其中包括热线点播、热线专访、热线谈话、热线投诉等等。全天候综合节目24小时都由主持人直播,都用热线电话随时与听众联系。"切入"听众的声音,谈论热门话题、谈心聊天、做游戏,接受听众投诉、播出点歌节目……这些节目吸引了大量听众参与广播。据上海市电话局定时测定,上海东方广播电台热线开通时,每分钟有2 000到4 000个电话试图打入。在5分钟的"东方大哥大"节目期间,每10秒钟就有800多个电话拨打"东方大哥大"热线。"热线电话"节目"炒火"了广播,被学者们称为"东广效应"。

在美国,20世纪80年代就出现了现代的"广播对话",它给广播事业注入了活力,而且在美国社会中成为一支社会政治力量。"1989年美国国会企图给自己加薪51%,全美国成千上万的听众打电话给节目主持人,表达他们的愤慨,并让主持人将这些电话的信件转送国会办公室以抗议国会给自己加薪,迫使国会让步。众议院在1990年提高了薪金,但远远低于原

---

① 于礼厚. 主持人节目的特征——开办空中之友节目以来的实践心得. 北京广播学院学报,1983(4)
② 什么是广播和什么是现代传播方式. 北京广播学院学报,1993(3)

先设想的那么高。纽约杂志分析家形容谈话节目主持人是'九十年代的政治组织家'。"①广播谈话节目是和电话联系在一起的。主持人和听众之间利用人际通讯媒介——电话,沟通感情、交流思想,再通过大众传播媒介把人际间的这种真情和实感广泛渗透、深入人心。有人通过调查发现,参与广播谈话的听众消除了披露个人隐私的顾虑,从而保护了他们的自尊,同时它又有助于听众克服孤独感,与社会保持联系。法国国际广播电台的《喂!玛霞》节目,曾经产生过很大的影响。主持人玛霞·贝朗治女士每天深夜一点到三点,在电台播出听众与她通话的实况。她把普通的谈话化为倾诉衷曲的谈心,她热心为听众服务,甚至成全了21桩姻缘……由于电话产生的双向交流更加直接、便捷,使得广播中的这种人际交流方式愈兴愈盛,它的社会影响也是不容低估的。

事实上"热线电话直播"节目也有一个适应范围,并不是所有的节目内容都适合搞成"热线直播"的。如果我们按照加拿大传播学者马歇尔·麦克卢汉(M.Mcluhan)关于电话是"低清晰度媒介"和广播是"高清晰度媒介"的观点来理解,这两种具有不同特点的媒介怎样结合才是最有效的呢?一个基本的思路就是,由于电话具有"隐匿性"特点,只有尽可能把不清晰的信息明朗化(个人隐私除外),它和"热媒介"的结合才是有意义和有效用的,否则就会引起"排异反映"。信息清晰主要是指内容的清晰和对象的清晰,当然也关系到主持人辨明信息和阐释信息的能力。

3. 多视窗连线

中央电视台《东方时空》开设的《时空连线》栏目采用网络、卫星互联的方式,使得谈话能够得以跨越时间和空间,产生远地人物之间的交流。这样,栏目在保证时效性的同时,也具备了"面对面谈话"的一些特点。比如:以人际传播的方式相互交流,传播信息;利用网络连线、卫星传输,建立多视窗,形成面对面的效果;节目采用准直播的方式,尽量减少事后编辑干预,较大程度保持了谈话的自然状态等。

图 1-2　中央电视台《时空连线》

《时空连线》借鉴了美国名牌栏目《夜线》的风格,这种以演播室主持人的调度为轴心,多种节目要素灵活组合,通过主持人对事件当事人进行访谈,采访对象在同一时间,不同地点,就同一话题进行半透明式的交流与沟通,最大的好处是由于被访者不在同一城市甚至不在同一国家,互闻其声又见其面,他们可以直接发表各自不同的观点,同时避免了直接见面可能会出现的尴尬。从形式上说这种节目需要高投入,利用网络传播的优势,通过前方记者的采访和拍摄与演播室取得对话,这是当前许多电视台的普遍做法,也正是电视的魅力所在。

---

① [美]詹姆士·C·罗伯特.广播对话的力量.北京广播学院学报,1993(3)

现在全世界都在连线,正是因为连线完全打破了国界和时空的界限,这种方式在短期内会越来越扩张,还会促使一批新节目的产生。

在美国有一个知名度很高的电视谈话节目《拉里·金直播》,这个节目的突出特点就是频繁使用"双视窗"。节目中不断向观众展示正在对话的双方,而且不遗漏谈话交流时双方的反应,从而丰富了画面的信息量。有时拉里·金那种疑惑不解的神情也在双视窗中清晰地表露出来。从主演播室到双视窗再到嘉宾所在的直播室,再回到主演播室,谈话的空间从洛杉矶拓展到美国的东南西北,节目具有很强的空间感。

这种主演播室加双视窗加各地直播室的表现形式,已经成为《拉里·金直播》的格式化风格,也便于操作。在这次节目中,既有庞大的嘉宾阵营,又有大幅的空间跨度,而且每个采访段落的嘉宾一般都在两个以上,嘉宾之间通过各人所在直播室内的电视屏幕相互对话,谈话突破了空间的

图 1-3　美国 CNN《拉里·金直播》

局限,在时间上保证了同时进行,这种异地分设,多点对答的直播方式,令无数观众为之着迷。不仅是热点话题的本身吸引人,也不仅是庞大的嘉宾阵营吸引人,更不仅是代表不同阶层利益、持不同观点和立场的嘉宾要说的内容吸引人,这种异地分设、多点对答的对话方式本身就极大地吸引观众。

双视窗使观众看到不同地点、不同现场的嘉宾同时出现在一个画面中进行对话,这当然得益于直播的优势,但双视窗的形式能使这种共时性表现得更加直接、直观,不仅是主持人与嘉宾之间共时对话,也让观众边观察边思考,一同参与谈话过程。

(二)面对面的人际交流

主要有嘉宾主持和人物访谈两种。

1. 嘉宾主持

它是把某一位或多位社会贤达、知名人士、专家学者等请进直播室作为嘉宾,与主持人开诚相见,恳切交谈。有时还接进"热线电话"与听众一起交流。

这种在直播节目中请来一些嘉宾,与主持人一起主持节目的形式,早已为广大的听/观众朋友所熟悉。由于他们的参与,会使节目增加或具有权威性和全面性,而且更具有群众性和可听/看性。

在这类节目中嘉宾和主持人是"主角"和"配角"的关系。但任何一方都不是固定的角色。主持人在掌握节目进程方面,他是"主角";在实现节目意图方面,需要为嘉宾提供服务,他又是一个"配角"。反之,嘉宾在把握节目内容上,他是"主角";在保障节目形式上,他又是"配角"。他们在节目中,既当主角又当配角,实际上就是体现他们之间十分默契的人际交流过程。

2. 人物访谈

主持人走出直播室,在现实生活环境中与各界人士攀谈交流,人们通过他们的交谈,总能得到一些新的启迪和感受。这些人物访谈总是在轻松自然的交流情境中进行的,主持人

与名人一起谈工作、谈人生、谈理想……通过这些谈话来反映出名人的思想修养、人格魅力、生活经验、治学态度等,从而很自然地烘托出这些杰出人物的风采。主持人紧扣主题与名人在交流中达到采访的目的。中央人民广播电台的《人生驿站》栏目是一个典型的直播访谈类节目,在节目中出现的人物各种各样,有第一次接受采访的普通人,也有经常被各种传媒采访的名人。

由于访谈节目是由主持人与采访对象共同完成的,所以他们的表现同样重要。但是因为在节目中,采访对象是客体,是被动者,所以要求作为主体的主持人去调动,采访对象发挥得好坏,在很大程度上取决于主持人的把握,从某种意义上说,在访谈节目中,没有不好的嘉宾,只有不好的主持人。

《杨澜访谈录》为"阳光卫视"的名牌访谈节目。节目内容就政治、经济、社会、文化等不同方面的热门话题,与世界各地的知名人士进行广泛探讨,并且畅谈个人成长经历,折射出特有的历史瞬间和社会背景。访谈录节目中畅谈的话题不仅仅围绕时事或专业,更以人的经历、感受和智慧为中心,剥丝抽茧地讲述人的故事,以成败得失、人生百味体现人的智慧和感情,让观众通过节目去感受那些平常可望而不可即的世界名人,拉近距离,彼此沟通。目前,《杨澜访谈录》透过"阳光卫视"频道覆盖大中华区超过三千五百万户家庭,同时,该节目通过中国三百多家电视台的

图 1-4 阳光卫视《杨澜访谈录》

发行播出,已覆盖一亿五千万户观众。节目内容广受欢迎,尤其受到中高阶层知识人士的青睐。

《鲁豫有约》在凤凰卫视中文台是一个年轻的栏目。栏目资历虽然较浅,采访的却都是"资深"名人:毛阿敏、庄则栋、杨钰莹、程琳、汪国真、章含之……一个个耳熟能详,他们都有过一段令人瞩目的历史,是社会关注的公众人物。正因为如此,栏目一开播,就引起了极大的反响,只要《鲁豫有约》播出,就有很多观众早早守候在电视机前,和屏幕里的人一起回忆、一起思考、一起会心一笑、一起潸然泪下。

图 1-5 凤凰卫视《鲁豫有约》

以上几种人际传播现象已经在我们的主持人节目中大量出现。人们还在努力创造条件,更多地去表现这些人际交往的生动情景。譬如:三五个嘉宾与主持人一起就某个话题进行座谈,类似中央电视台的《佳片有约》等。广播电视借助于这种传播形式也确实给人以亲切感,并增加了贴近性和可听(可视)性,特别是对话节目,直接触及社会公众关心的热点、难

点和疑点,对于活跃民众生活、加强舆论监督起到了促进作用。但是如果不加选择地把人际传播的种种现象,一概利用大众传播媒介向社会广为传布,就有可能会产生一些消极现象。如何兴利除弊,既能贴近群众,疏解民意,又能因势利导,积极交流,需要辩证地加以分析和把握。传播学者保罗·拉扎斯菲尔德曾指出:"当大众媒介实际上获得对听众、观众和读者'心理上的垄断'时,当大众媒介的目标是引导而不是修正人们的基本态度时,或者当大众媒介与面对面接触共同起作用时,就获得了最佳效果。"① 主持人节目中出现的这种节目形式,实际上要求我们在大众传播媒介中怎样更加合理地去运用人际交流这种形式,为大众传播的目的服务。具体地说,就是利用大众传播媒介达到普遍渗透、广泛知晓,利用人际传播手段实现循循善诱、深入人心。在使用大众传媒的时候要考虑到它的交流性、有效性,在进行人际交流时要兼顾它的社会性、广泛性。大众传播与人际传播的结合,实际上也是间接控制与直接控制的结合,也只有这样才能使它们取长补短、相得益彰,从而保证主持人节目的健康发展。

二、面向大众的群体互动交流

日本社会学家岩原勉认为,所谓群体,指的是"具有特定的共同目标和共同归属感,存在着互动关系的复数个人的集合体"。② 这个定义中,"群体"不仅包括家庭、朋友、街坊邻居、娱乐伙伴等初级群体,也涵盖了具有共同属性的间接社会集合体,如性别、年龄、阶层、界别等等。所以群体有两个本质特征:一是目标取向有共同性;二是具有以"我们"意识为代表的主题共同性。这两个特征意味着任何一个群体都具有互动机制和使共同性得到保障的机制,群体与成员、成员与成员间的传播互动机制就叫做"群体传播"。岩原勉认为:"群体传播就是将共同目标和协作意愿加以连接和实现的过程。"群体传播形成群体意识,这种意识一旦形成,也会对群体传播产生重要的影响。群体意识的影响主要体现在对成员个人的态度和行为的制约作用上。群体意识无疑是在群体信息传播和互动过程中形成的。任何一个群体都具有自己的传播结构,这个结构主要是由信息的流量与流向两个方面来决定的。信息的流量主要是指共同兴趣的面有多宽。一般来说,信息的流量大,群体成员间互动和交流频度就高,群体内容易达成共识。另外,信息的流向是单向的还是双向的,传播者是特定的少数人还是一般成员都拥有传播的机会等等,对群体意识的形成也是至关重要的。双向性强意味着群体传播中民主讨论成分多、信息共享程度高,在这个基础上更容易形成群体的凝聚力。我们这里所说的群体传播不同于组织传播,主要是指非组织性群体传播活动。

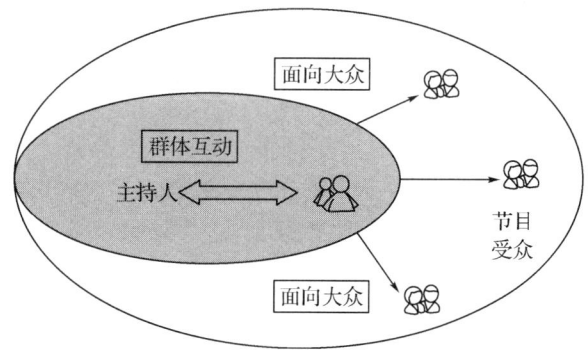

图1-6 面向大众的群体互动交流(娱乐类节目)

---

① [美]保罗·拉扎斯菲尔德.大众传播的社会作用.摘引自传播学(简介).北京:人民日报出版社,1983:182

② [日]见田宗介等.社会学事典.东京:弘文堂,1988:439

主持人节目中除了"一对一"的交流情景外,也出现了许多"一对群、群对众"的互动场面。譬如:电视谈话节目、综艺类节目、智力竞赛、专题晚会等等。一批观众(听众)被请进了演播现场,在一个事先安排好的场所,或参与、或捧场、或抢答,有时甚至连服装也着意做了安排,以区别不同团体的来宾,主持人调度场面、编串节目、组织竞猜……这是一种经过策划的群体传播活动,同时它又借助广播电视,向演播室(厅)以外的社会大众延伸,进行同步互动传播。这类传播活动,我们可以按照群体互动方式的不同,分为三类:一类是话题性群体互动;另一类为专题性群体互动;第三类是娱乐、竞技活动群体互动。

(一)话题性群体互动

这是那种大家聚在一起,就某个共同感兴趣的话题,言来语去地进行交谈讨论的节目形式。它一般安排在演播室(厅)内进行,除了主持人,还有嘉宾,人数都在十人乃至数十人,一起参与谈话讨论。比较典型的有中央电视台的《实话实说》、《小崔说事》、《对话》、《艺术人生》以及上海东方电视台的《有话大家说》等等。这些谈话节目的话题一般都是按照节目宗旨,根据大家普遍关心或感兴趣的问题以及不同的受众对象等,来加以确定的。譬如:《实话实说》讨论社会问题较多;《对话》则主要谈经济现象;《艺术人生》则是艺术家心声的表白……每一类话题对相关的群体都有吸引力,从而有着较高的参与热情。有针锋相对的,还有积极建议的;有促人思考的,还有激发热情的……这种群体互动、平等交流,不仅给参与者以思想上的启迪、情感上的升华,也为社会民主政治建设做出了示范。

图 1-7　中央电视台《小崔说事》

(二)专题性群体互动

这类节目除了话语互动以外,增加了许多节目要素,如各类文艺演出、专访、分会场实况等等。这类活动既可以安排在室内的大型演播厅、会场进行,也可以在有特殊意义的纪念地、外景地举办。由于场面一般都比较大,来宾比较多,主持人对节目的时间、空间要素的调控力度比较大。1996年中央电视台"春节晚会",甚至成功地创造了三地共传(北京、陕西、上海)的节目形式,这种传播方式成为主持人节目的另一种特色和表现形式。这类传播活动一般是根据特定的主题,组织起来的纪念性、庆典式、节庆式的活动。譬如中央台《同一首歌》、《心连心》、《春节联欢晚会》、《3·15晚会》等。

图 1-8　中央电视台《春节联欢晚会》

(三) 娱乐、竞技群体活动

这类节目的互动内容多、强度大,具有趣味性、智力性、竞技性等特点。这种群体活动可以不拘场所、不拘形式,以愉悦身心为宗旨。此类节目要充分考虑到受众对象的特点,老少皆宜固然好。但是,不同年龄层次的娱乐方式是不一样的,不看对象地一味戏谑、逗趣儿,不仅会让来宾感到十分尴尬,也会使活动变得媚俗、无聊,不利于调动群体互动的积极性。上海电视台著名节目主持人叶惠贤曾成功地主持过各类文艺晚会和竞技类节目。在他的主持下,即使是一场紧张、激烈的大奖赛也由于他的即兴发挥、自然串联和妙语连珠而变得情趣盎然。他认为:"一个节目主持人,应该是一个能渲染主题、调节气氛、主宰节目和代表观众愿望的人,因而应该认真地了解节目的主题、内容、参加演出的人员情况,从而根据不同的对象,运用不同的方式和语言,这样才会使自己的主持形式活泼、语言得体、风趣生动。给人们增添愉悦。"①一般来说,各地的娱乐、竞技主持人节目总会占有比较高的收听、收视率,是颇受大家欢迎的。譬如:中央电视台的《开心辞典》、《幸运52》、《挑战主持人》以及北京电视台的《欢乐总动员》、湖南卫视的《快乐大本营》等等。

在大众传播媒介中组织这样的群体活动,是沟通群体内外联系渠道,密切团体内外关系的有效方法。在这样的传播活动中,要求主持人按照节目宗旨,组织协调群体关系,融洽场内气氛,调动场外受众参与。大

图 1-9　中央电视台《幸运52》

---

① 李彩英.主持意识、创新意识及其他.中国广播电视学刊,1992(3)

家知道,人在融洽的群体氛围中很容易取得认同感,产生从众行为,进而凝聚成一股社会舆论力量。如果把这股舆论力量向团体以外广为传布,就会推波助澜,形成更加广泛的社会影响。所以这种传播方式实际上存在着两个层次上的要求。首先,主持人努力创造群体内融洽交流的氛围,大家高度认同,彼此默契。然后,通过主持人的协调作用,把群体内分散的舆论疏导到共同的方向上,形成大众传播中的外涉力。从根本上说,这种群体传播的方向必须与大众传播的目标一致。当两者一致时,它们就能够相互促进。群体互动的越是积极、主动,它所产生的对外影响力也就越强大、越广泛。譬如:每年一度的中央电视台《春节联欢晚会》已经和吃饺子、放鞭炮一样,成为我国人民的新年俗。每逢除夕之夜,人们围坐在电视机前,被晚会融融的春意、欢乐的气氛所吸引。晚会所产生的效果为千家万户增添了喜庆色彩,新节目所表现出的新风新貌很快又成为社会的新时尚。

大众传播与群体传播的有效结合,将会起到相兼互补的作用,其效果和影响都明显优于单一的传播形式。但是也要注意克服这样两种倾向:一是偏重于大众传播,却忽略了群体传播。只考虑了面向大众,却疏远了群体成员。结果群体内的关系十分松散,当然也就很难形成外涉的影响力。这说明,主持人在这里仅仅起到了串联节目的作用,却忘记了自己更是两类传播活动的操持者。这样往往就会造成"台上台下"的"间离效果"。二是偏重于群体传播,却忽略了大众传播。如:有的主持人为了活跃气氛,一味地插科打诨、哗众取宠,失去了分寸。这样可能只博得场内观众的一时热闹,却冷落了荧屏前的观众,又会造成"台内台外"的"间离效果",脱离了社会大众。

三、面向大众的复合多向交流

1993年江苏人民广播电台曾在演播厅举办了两场别开生面的直播晚会《旅美华人、歌唱家祝爱兰"故乡情"音乐联谊会》和《"民族之声"——中国民族声乐艺术家广播联谊会》,直播获得了极大的成功。就一场联谊会而言,它没有什么特别突出的地方,但作为主持人节目,它却创造了一种新的传播模式。广播现场直播,这是一种面向社会的大众传播;演播厅内的联谊会,是经过策划设计的群体传播;把"热线电话"接进会场,听众可以和主持人、演员直接进行交流,这又是典型的人际传播。整个音乐会就是这样在叠起的高潮中把大众传播、群体互动和人际交流有机地结合起来,取得了很好的效果。我们还曾看到过这样的一种情况,在一个电视文艺晚会进行过程中,常常会插进一些分场景,如与晚会有关的"人物访谈"、"海外华人的贺词"、"边防战士的问候"等等。实际上这就把一场晚会编织成一个形式多样的传播网络,主持人则在这个网络中不断发挥着控制、协调、沟通与疏导的作用。随着现代传播技术的不断进步,传播形式越来越多样化,特别是网络传播与广播电视相结合而出现的多种节目形态,很值得我们进一步研究和运用。譬如:2003年的第一天,中央电视台国际网络在转播新年音乐会的演播现场,首次设置网络互动区,特别邀请了中央电视台主持人王雪纯,国家一级指挥卞祖善,北京音乐台策划人刘晓康,中国交响乐团常任指挥及中央芭蕾舞团管弦乐团首席指挥李心草,四位嘉宾共同在线主持维也纳新年音乐会。一万多名网友在收看(收听)音乐会的同时,就他们所关心的"指挥大师的魅力"、"音乐会曲目的选取"等问题与四位嘉宾进行了交流,同时也表述了他们对于维也纳新年音乐会的心声与评价,同时编汇成网络与电视互动直播的"交响会"。

近几年,电视媒体中出现了许多新的传播形式,广播也在千方百计地运用自己的特点发展一些新颖的节目形式。譬如:获得全国第五届"金话筒"奖的广东人民广播电台主持人节目《评说"神舟"首航成功》,运用网络、电话等手段把分散在各地的嘉宾、听众、网友都联系起来,调用了目前所能调用的各种技术手段,进一步扩展了节目天地,让分散、远离的人们通过多种渠道"汇聚"一起,互相促动、彼此交流。传播形式越丰富越多样化,就越需要增强主持人的控制与协调能力。不具备这样的能力,就无法驾驭纷繁复杂的传播活动,有可能会出现失控情况。譬如:人际交流中出现不当的话语、偏激的言辞,主持人不知所措;群体互动失去分寸,导致哄场、冷场;面向大众,却语焉不详、举止失措,缺乏大家风范等等。在这样的传播条件下,需要主持人能充分调动现场气氛、统摄人心,使得高山流水、

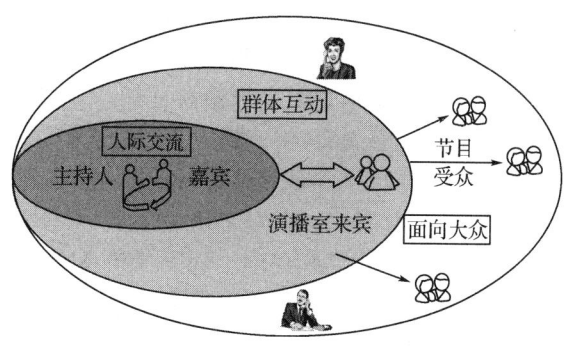

图1-10 面向大众的复合多向交流(座谈类节目)

妙趣天成。同时,又能够广泛运用各种材料,引人入胜、发人深省。

每一类传播方式都会优劣并存。当三种传播形式相融合的时候,主持人应努力去扬长避短,恰当取舍。把人际传播的情感效应、群体传播的从众效应和大众传播的权威效应充分地调动起来,剔除人际传播中的随意性、群体传播的排他性和大众传播的刻板性。只有这样才能充分发挥主持人节目的优势,取得最佳的社会传播效果。

第二节 擅长沟通与协调的主持人

英文中"anchorman"的意义为"接力赛中的最后一棒",如今已经成为"新闻节目主持人"的同义语。曾被公认为世界上第一位电视新闻节目主持人,美国哥伦比亚广播公司(CBS)的沃尔特·克朗凯特曾回忆最早使用这个语词概念的情况时说:"我选择的这项事业是从1952年召开政党集会时开始对我产生影响的——一直到最后两个重大会议结束的那天晚上,才算全面彻底地影响了我。那是在黎明前的几个小时,湖面上清凉的微风还没有飘送到密歇根大道上,芝加哥七月的闷热就开始了。西格·麦克尔森和我走在空荡荡的大街上,西格是哥伦比亚广播公司电视新闻的第一任总裁,这一媒介的发展和今天我们所看到的电视新闻都是他一手栽培的结果。实际上,他还可能是第一个使用'新闻节目主持人'(anchorman)这个词的。不是他就是我们的会议节目制作人保罗·列维坦。两人各有一群支持者。我记得第一次听保罗解释这个词时,他说这指在接力赛中跑关键的最后一棒的那个人,后来西格说这指泊船时固定位置用的稳定的锚。不管怎么讲,这个词的意思从此改变了,而我是它的第一个载体。瑞典在采纳这个词时动作慢了一点。那儿的新闻节目主持人许多年来一直叫'克朗凯特斯'(cronkiters)。"[1]从使用这个语词概念的最初动机上分析,在当时美国三大广播公司激烈的新闻竞争中,哥伦比亚广播公司(CBS)急需要一位"在复杂的新闻节目中处于中心位置的权威人物"。[2] 或者用当时制片人的话说,"要想更有力地报道这次大会(美国34届总统大选),应该让最有力的记者在最后把所有的报道串联在一起,高度概括起来"。[3] 从这

---

[1] [美]沃尔特·克朗凯特.记者生涯——目击世界60年.南京:江苏人民出版社,1998:198
[2] 美国著名新闻主播.中国广播电视,1982(2)
[3] 赵淑萍.新闻权威与个人魅力——美国电视新闻节目主持人成功之路.北京:华文出版社,1999:182

样的意义上来理解,这位媒介人物的作用恰似"接力赛跑"中的"第四棒选手"。

大家知道,接力赛跑是集体项目的田径运动,它的战术主要体现在四位选手的能力分配上,以取得竞赛的最佳配合和最好成绩。一般说来,绝对速度好、意志顽强、冲刺好的队员跑最后一棒,这是最关键的一棒。在这里,"第四棒"丝毫也没有"主持、指挥、掌管"前三棒的意义,只是体现了一个竞赛群体的战术配合。在竞争激烈的新闻界,把记者抢发新闻的报道方式比喻成一场比赛是十分贴切的。而把节目主持人的作用看作是"接力赛中的最后一棒"则是意味深长的。他生动地描述了信息传播的"接力性质"和信息传播在"最后一棒"的决定性效果。他的这种思路正好符合美国传播学者保罗·拉扎斯菲尔德(P. PcLazarzgeld)在这个时期提出的"两级传播理论"的基本观点。

在这个基础上,后来的学者又发现信息的传播不一定是"两级"的,而是"多级"的,信息的传播要经过几个层次,才到达那个受影响的人,从而在 20 世纪 50 年代初建立了"多级传播"的学说。传播学者们证实,在大众传播发达时代,人际传播仍起着重要作用。在现实社会生活中,某项领域、每一个社会群体内,都会有一些被人信赖、受人尊崇的"师表人物"。他们在这些领域中见多识广,足以成为人们请教的对象。传播学中把这些人称为"意见领袖"(opinion leader)。大到政治、经济、新闻、法律、军事,小到购物、时尚、娱乐、烹调、家政、美容……每个

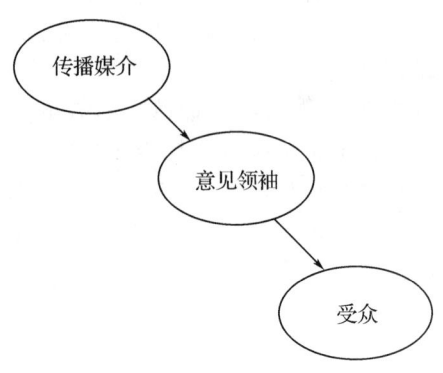

图 1-11 两级流动传播模式

领域都有"意见领袖"。他们与大众传播媒介的联系比较密切,从中获得的信息最多、最全面。这些信息,经过了他们的分析、梳理和筛选,成为一种谈话资料,不时会在某个社会群体内进行人际之间的相互切磋与交流。而人们对这种从人际交流渠道得来的信息一般都十分重视,较为信服。传播学者认为,如果把这种人际传播方式与大众传播相结合,就可以极大地提高传播效果,因此提出了"多级传播"的模式。也就是说,在大家接触大众传播信息的同时,也请"意见领袖"们诠释这些信息含义,诠释的方式应该是那种"一对一、面对面"的人际交流。

当然,在现实社会生活中,人际传播过程更加复杂,包含着更多的阶段。传播学者还认为,要提高传播效果,必须遵循一个重要的传播学原则,就是要充分发挥大众传播与人际传播的各自优势,取长补短、默契配合,利用大众传播达到普遍渗透、广泛知晓,利用人际传播实现循循善诱、深入人心。不难看出,大凡成功的广播电视主持人所表现出的种种特征都是符合传播学的这项基本原则的。

分析主持人节目的传播过程,我们可以看到,节目主持人所发挥的作用恰似这样的现代传播者。一方面他(她)需要搜集大量的相关信息来维持自己的"领袖地位",同时他(她)需要创造出人际交流的情境,以取得深入人心的效果。在传播过程中,他(她)需要从更加宏观的角度来汇聚多方面的信息、资料(历史的,现实的,相关的等等),以便随

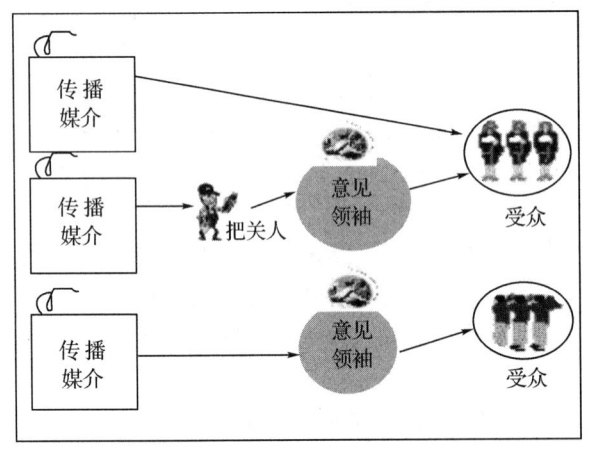

图 1-12 多级流动传播模式

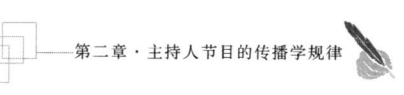

时补充、说明这些信息,并成为某一领域中能够旁征博引的"权威人士"。1981年5月14日克朗凯特访华期间曾应邀座谈,在介绍他的工作经历和经验时就说:"自从我开始从事这项工作以来(指从1952年以来,他主持报道美国两大政党的历届代表大会),我就开始研究美国的政治历史,这已经成了我的习惯。我每年都要重新编写几百页的有关资料,因为这是帮助我记忆的最好的方法,我把它称作案头书。这是一本活页厚书,有些页数的纸张,由于年长月久,已经变黄了,我极少翻阅它。除非偶尔查阅过去的一些日期,这种情况也很罕见。关键是在编纂这部'作业'时,有关的资料就在头脑里扎下了根,届时无须查阅,所需要的资料就会涌现在脑海里。"①他的顶头上司、哥伦比亚广播公司(CBS)新闻部的总裁西格·麦克尔森说过:"他几乎可以在任何情况下工作。因为他对工作有着极大的热情。他有热情进行认真的准备工作,好像学生认真做作业那样。当他报道一件事时,没有任何人可以与他相比。他就变成了这方面的行家。"

克朗凯特能够发挥"意见领袖"作用的另一突出特点是,他具有令人敬佩的个人魅力。人们评价说:"这位满头白发、下颌丰满,说话略带密苏里州乡音的克朗凯特,给电视观众留下了和蔼可亲,稳重可靠的'沃尔特大叔'的形象。他那平凡朴实的言谈举止自有一番风度,无数观众倾倒在他的魅力之下。"②这就使得他能够轻而易举地获得人际交流中的"亲和力"。大家知道,人际交流实际上是一种应对恰当的"双向传播"模式,"这种交流是一种关系,在这种关系中,符号是共享的,尽管对于任何两位参加者来说,这些符号不可能刚好意味着同一事情。但这种关系的结果是,随着交流的继续进行,理解很可能变得越来越近"。③ 由于电子媒介的局限,人们只能尽力去模拟出人际传播的那种情境,事实上的"双向交流"并没有产生,也就是说,直接促进传播的反馈条件并没有形成,人们只能借助那些间接的、迟到的反馈(来信、电话等)去维系传受的双方的关系。因此,节目主持人必须设法促使受传者做出更多的反应,并十分关注这些反馈的信息,只有这样,才能使这种模拟出的传播情境更加接近真实,并处于积极的状态。而促使受传者做出反馈的一个关键,是增加节目主持人的个人色彩。传播学认为:缺乏个人色彩不利于反馈,因而节目主持人的个性魅力是获取大量反馈的必要条件,反馈的量越大,传播作用就越好。根据上面的分析,我们可以认为"主持人"就是现代传媒所需要的传播者。传播学认为:"活跃在人际传播网络中,经常为他人提供信息、观点或建议并对他人施加个人影响的人物,称为'意见领袖'。意见领袖作为媒介信息和影响的中间和过滤环节,对大众传播效果产生重要的影响。"④这不仅仅只是电视新闻节目主持人所需要具备的基本特征,它已经成为各类广播电视节目主持人的普遍要求。

那么,作为"意见领袖"的节目主持人与一般人有什么不同,他(她)们应该具有哪些基本特征呢?

一、善解人意的交流协调能力

他(她)们与受传者是一种平等的关系,而不是上下级的关系。或者说,"意见领袖"并非就是地位显赫的大人物,更多的是与我们共同生活的、受大家信赖和推崇的"自己人"。

在我们的主持人节目中,往往要求主持人和嘉宾、受众之间建立一种相互信任、平等交流的关系,这是增加节目吸引力的一个重要因素。美国耶鲁大学的学者卡尔·霍夫兰在回

---

① 美国著名电视新闻主播.中国广播电视,1982(2)
② [美]埃里克·巴尔诺.美国广播电视简史.赵淑萍译.北京:北京广播学院新闻系编译,1985:160
③ [美]威尔伯·施拉姆.传播学概论.陈亮译.北京:新华出版社,1984:49
④ 郭庆光.传播学教程.北京:中国人民大学出版社,1999:209

答谁能成为最好的传播者这个问题时认为:"最可能改变一次传播效果的方法之一,是改变传播对象对传播者的印象。传播者有威望吗?可爱吗?是同我一样的人吗?"①主持人与受众之间建立平等的关系,还要求他具有真实的个性特色和高尚的人格魅力。譬如:人们对美国著名的新闻节目主持人丹·拉瑟(Dan Rather)评价颇高,丹·拉瑟十分注意自己的屏幕形象。有些评论员认为这形象是一个潇洒的城市公子哥儿与乡村淳朴孩子的奇妙结合体。然而仪表堂堂并不是丹·拉瑟的全部法宝。"他十分懂得应处处对观众在心理上产生'自家人'的效应。他懂得受传者感到传播者同他们之间的共同点越多,便越有助于提高传播效果。同行们常常惊奇地发现丹·拉瑟不想摆脱他的得克萨斯的微贱出身。他常常提醒观众,他出身贫苦,时时流露出对自己家庭背景和所受教育的某种不安。"②

　　主持人鲜明的个性,是这类节目的突出特点。如同树叶一样,人与人之间也是各不相同的,个性反映着这种差异。存在差异才是客观的、真实的。真实才能产生个性,个性也反映着真实。所以个性化是建立相互信任的基础。日本民间放送联盟编写的《日本广播电视手册》中认为:广播节目个性的好坏取决于个性化主持人、信息、音乐这三方面因素。他们用"personality"(英文原意为"个性"、"人格")来注释广播中长时间直播节目的主持人,"这是因为其作用不单纯是进行节目的播出,正确地传达信息,而且还要以自身的人格和个性与听众进行面对面的交流"。③当然追求个性化也可能会形成另外一种结果。孔子曾在《论语·阳货》中论及社会人群中有一种"性相近,习相远"的情况。即性情相同,而习惯(主要是指价值观、志趣等)不同。人际间存在这样的情况就会导致"话不投机"那种尴尬局面,当然也就无法建立交流关系,也不会产生影响力和亲和力。所以意见领袖和他所处的那个群体除了性情融洽以外,还要有比较相似的价值观和亲近感,才能够被人推崇,产生频繁的意见交流,并在交流中得到对方的赞佩和认同。

　　所以作为一个"意见领袖"的节目主持人,他的民主、平等意识和真诚、朴实的态度,往往是主持人节目取得成功不可忽视的因素。我们经常提倡的不要脱离群众,要深入社会、体察民情,代表群众利益,建立群众观点等也是指的这层意思。一个总是把自己凌驾于群众之上,以名人自诩、好为人师的人是不可能给人以信赖感和亲近感的。因为在人际传播关系中,相互信任,彼此好感,会提高某些观点的影响力,并促成立场的一致。受传者对于传播者的肯定或否定态度,好感或恶感是心理活动的情感表现。

二、善自为谋的综合分析能力

　　"意见领袖"是被人们公认的,富有社会经验的,可以提供有价值意见的人物。他们与被影响者保持着平等而密切的交流关系。

　　现代信息社会,使得信息高度分化与增殖。面对纷繁浩瀚的各类信息,受众希望能帮助他们理清头绪,解释并说明信息的含义。因此他们希望主持人具有筛选信息、阐释信息、评价信息的突出能力。只有充分开掘各类信息来源和不断积累丰厚的知识经验,才能在这个基础上对信息进行分析、归纳、梳理,做出准确的判断。所以,一位出色的主持人都应该十分重视播前搜集资料、分析问题的工作,做到心中有数,厚积薄发。

　　由于生活阅历、社交范围和社会地位的差异,一些人在某些社会阶层和领域中可以发挥意见领袖的影响,而在另一些领域他们可能又会失去这种作用,处在非领袖地位。保罗·拉

---

① [美]威尔伯·施拉姆.传播学概论.陈亮译.北京:新华出版社,1984:225
② 任远."舆论领袖"丹·拉瑟.摘引自名主持人成功之路.北京:中国广播电视出版社,1999:65
③ 日本广播公司.日本广播电视手册.秦建等译.北京:中国广播电视出版社,2002:485

扎斯菲尔德所做的一项调查表明:"社会地位、生活阅历和社交性与意见领袖之间存在着有意义的相关性。"

表2-1 生活阅历、社会地位和社交性对各领域中的意见领袖的重要性指数

相关因素 \ 意见领域	购物意见领袖	时尚意见领袖	公共事物意见领袖	电影观赏意见领袖
生活阅历	·203	·267	·089	·326
社　交	·176	·126	·184	·080
社会地位	·055	·113	·161	·040

注:指数值0表明某种因素(如生活阅历)与某一领域中意见领袖的素质完全无关,指数值1表明该领域中意见领袖的素质完全由该因素决定。但应当相对地而不是绝对地看待这些指数值。①

从上面的表格中可以看出:对四个领域中的三个领域而言,生活阅历都是成为意见领袖的最关键因素,只有公共事物领域,生活阅历的重要性最低,但也并非没有相关性;而社交性因素则是这个领域中最重要的因素;社会地位是成为这个领域意见领袖的重要决定性因素之一。

生活阅历主要是指一个人的亲身经历,与年龄并不是同位概念。所以生活阅历并不决定于年龄的大小。譬如,时尚领域意见领袖与生活阅历的相关度很高,但主要分布在35岁以下的未婚女子中;公共事物领域意见领袖与生活阅历相关度较低,是因为该领域需要做宏观分析和理性思考,而不可能事事亲历。反之,电影观赏领域意见领袖与生活阅历相关度最高,是因为其没有看过的电影,就无法发表自己的意见。

社会交往是指意见领袖与社会各阶层、各团体、各领域联系的频密度和广泛度。或者说从社会汲取相关信息的来源多少。其中电影观赏领域意见领袖与它的相关度最少,是因为它只需要就事论事,较少涉及其他方面;而公共事物领域意见领袖的相关度较高,则是由于没有一定的社会交往和深入调查,就不能对社会事件做出准确的判断,或者说,没有调查就没有发言权。

"重要的社会地位分两种:一是了解在其占有领袖地位的那个群体内的社会关系;一是在此群体之外可以为群众所关心的问题寻求信息的社会关系。"②大众传播媒介具有"创造深入传播对象心目中的人物的特殊的能力"。事实上,广播电视已经为主持人提供了一种较为瞩目的社会地位——媒介公众人物。也就是说,电子媒介既可以为节目主持人创造条件,改善其所处那个受众群体内的社会关系,又为他寻求"群众所关心问题"的有关信息提供了很大的方便。这是节目主持人借助电子媒介取得"受人关注的重要社会地位"的长处。但也有其短处,它的短处就是,节目主持人与受众间的人际交流情境只能是模拟的。因为媒介本身的局限,使得这种交流,事实上只能是单向进行的,这就使得节目主持人只能根据自己的生活阅历和社交经验来做出调整,创造出符合实际、和谐融洽、有效的传播情境和人际氛围,最大限度地维系受众群体的认同感,从而产生亲近效应和情感效应。

在广播电视中存在着不同内容、各种类型的主持人节目。它们所涉及的领域和内容不同,主持人需要具备的社会背景也都不完全一样,社会阅历、社交经验、社会地位对他们所施

---

① [美]保罗·拉扎斯菲尔德.人际影响.转载自张国荣20世纪传播学经典文本.北京:复旦大学出版社,2003:225

② [美]沃纳丁·赛弗林.传播学的起源、研究与应用.陈韵昭译.福州:福建人民出版社,1985

加的影响也会有所不同。但是有一点是可以肯定的,就是受众需要他们在所涉及的领域中应具备一定的社会威望,这些威望都是以各自的人格魅力和经验、知识的积累为基础的。

三、善为说辞的口头表达能力

俗话说:"到什么山上唱什么歌,看什么人说什么话",大概指的就是这个意思。在不同的环境条件下,应该有不同的交流方法。主持人处在交流中心,要善于在各种环境条件下,针对不同的传播对象,用不同的方式说话。目的是为了协调传受关系、活跃传播气氛、取得传播效果。这些都需要对主持人的语言表达能力和非语言传播能力提出较高的要求,才能把各种传播关系有机地维系在一起。

首先需要言之有物。"无论那种类型的意见领袖都必须在他(她)能居领袖地位的领域内被公认为见多识广或有能力的。那些看来对自己所谈问题一无所知的人,其意见是很难受到注意的。"这对节目主持人来说是一项很高的要求。广播电视主持人节目对象性很强,面对不同受众群体和专业领域,对他的知识结构的要求也不一样。譬如:新闻节目主持人一般属于"多领域"意见领袖,除了具备一定的新闻素质之外,必须涉猎多方面的知识,为最广泛的社会群体服务;专题节目主持人则大多只涉及某一个领域,主持人最好是这方面的专家。只有具备系统、广泛、渊博的知识或丰富的实践经验,才能得心应手地主持好节目。在西方广播电视界,知名度较高、较有成就的节目主持人,首推新闻节目主持人,其中一个很重要的原因,就是广播、电视传播以新闻为主的特点,使得它在这方面有较大的选择余地。譬如哥伦比亚广播公司(CBS)新闻部主任比尔·伦纳德列举了物色新闻节目主持人的四个条件。他说:

"三个是新闻业务方面的,一个不是。首先,你必须能在电视上交流,你必须能广播、能撰稿,并且,看上去顺眼。第二个条件是你在屏幕后面作为新闻记者的能力。你对新闻的判断力如何?你是一位好到什么程度的记者?假若交给你一个工作班子,你'玩儿得转'吗?你对新闻敏感吗?你能嗅出即将成为新闻的东西吗?第三个条件是涉及危急时刻的。比如,当你正在现场广播时,当你面临真刀真枪——比如选举、年会,太空发射以及像总统遇刺之类不知从什么地方冒出来的情况,你却根本无从准备起时,你能机智地即兴解说得头头是道吗?我认为,这第四个条件是所有四个条件中较不重要的,但仍然不可缺少。一个人在公众面前以及在私生活方面的品格。毕竟,新闻节目主持人是哥伦比亚广播公司(CBS)电视新闻节目和哥伦比亚广播公司(CBS)本身向公众主张什么的最明显的象征。'他怎么样?'不是说在广播时,而是说作为一个普通的人,他表现如何?比如,当他发表演说,或在聚会中向人打招呼时,他用某种高兴的态度对待笨蛋而不管这些笨蛋是不是这个公司的人时。"①

这些媒体中的新闻节目主持人大都出身于知名记者,有着丰富的新闻工作经验和强烈的新闻敏感,以至于在突发重大事件面前,都能够迅速地选择角度,准确地把握分寸,从容地侃侃而谈,如:冯·卡尔登邦有着敏锐的洞察力,他的分析和报道大部分都是无讲稿的。爱德华·默罗被美国新闻史学家称为"40年代解释性广播的最优秀的代表"。而丹·拉瑟在新闻报道方面的出众之处是现场报道,即席发挥。不论新闻事件多么复杂,他都能以他那特有的简洁、迅速的报道风格,抓起麦克风做现场报道。他回忆对"里根遇刺"的报道时说"我走

---

① 芭芭拉·马图索.美国电视明星.北京:中国广播电视出版社,1988:11

进大楼几秒钟后,就直接口播了这条新闻,当时根本就没有时间写文字稿了",可见这些著名的新闻节目主持人都是具有较高专业素质的新闻工作者和学者。这种专业素质要求对其他各类节目主持人也都是一致的。例如,法国电视中有一个专题节目叫《市林漫步》,有着很高的收视率,据说这与节目主持人贝尔纳学识渊博、才思敏捷、谈吐幽默的禀赋有很大关系。在某些知识领域,有时很难从职业传播者中找到合适的人选,通常要么由主持人引荐某位专家学者以体现信息来源的权威性,或者索性聘请社会上的专家、名流来做"客座主持人"。譬如,加拿大魁北克广播电视台的文艺片《一个舞蹈家的故事》,主持人可以说就是舞蹈家玛吉·吉列斯本人;英国广播公司在1980年就曾聘请世界著名的古人类学家理查德·利基担任关于人类起源系列片的节目主持人等等。由此可见,作为意见领袖的节目主持人,他的专业知识能力是至关重要的。

其次还需要言之成理。讲清楚事物的客观规律才能以理服人。追求真理,是人之天性,所以道理有无真理性是能否启迪人、折服人的根本因素之一。叙事说理中不乏真知灼见,具有独到见解。要讲别人想过而没有想明白或者根本没想到却有很大启发意义的道理,洗人耳目、开人茅塞,让人感到"与君一席话,胜读十年书";要善于选取新事物、生发新见解,或者"化腐朽为神奇",对老典型开辟新角度、提炼新思想。老生常谈,不如不谈;人云亦云,云而无益。要"深",要善于阐发事物的本质,让人由浅入深,明白事理,接受你的观点。一味罗列现象、浮光掠影,半天咬不出核桃仁,不会有说服力。

说清道理,一定要摆明事实。事实具有直接现实性的品格,它能以自己丰富多彩的活生生的形象直接打动对方的思想感情,浅显通俗地体现和证明深奥的道理。人的大脑对外界信息的接受,总是具体的易于抽象的,感性的易于理性的,用事实说话,往往胜过连篇累牍地去讲大道理。

事实是阐发个人观点的依据,也是打动、感化对方,使之幡然醒悟的根据,但用不好会适得其反。为此有三点要注意:第一要以理为本,要举事明理、以事显理、理事结合。离开理的事例,无论多么新奇,都是苍白的无力的;第二要以精取胜,最有说服力的是事例,但多了会淹没主题,因此,事例必须精选,舍弃那些一般化的、人们熟知的甚至远离话题的,选用那些最有说服力和表现力的,不举则已,举则精要;第三要以新为贵,即使很典型的事例,若经人反复使用,也会失去效力,久而久之,还可能令人生厌。有篇文章记述了这样一桩历史事件,在美国侵越战争后期,美国人民对越南战争极其关注和担心,人们不相信听到的一切。就在这时,哥伦比亚广播公司(CBS)新闻部的总裁狄克·萨兰特对克朗凯特说:"你知道,人们相信的是你,你是否可以到越南战场进行采访,将真相告诉人们?"克朗凯特开始时有些担心,他担心这样做可能影响他"毫无偏见"的主播人形象,不过最后,他还是同意去越南战场进行采访。事实证明他这样做是值得的。他在一个半小时的专题报道中明确地指出美国在这场战争中不可能取胜。他说,美国人应从越南战争中解脱出来,清醒过来。突然间,批评这场战争变得合法化了。据报道,约翰逊总统看了克朗凯特的有关报道后说:"如果我失去了克朗凯特,我就失去了美国中部。"他还说过:"如果我们失去了沃尔特,我们就失去了这个国家。"美国作家戴维·霍尔伯斯坦姆写道:"约翰逊总统对他的新闻秘书说过,如果他失去了沃尔特·克朗凯特,他就失去了美国平民百姓。"这是一个转折点,这就强化了他的决心,不能再干下去了。这位作家还说:"一场战争由一位电视节目主播人宣布结束,这在美国历史上是第一次。"①

再次必须是言为心声。说服的目的是让人转变认识,而认识总是受着情感的影响和制

---

① 美国著名电视新闻主播.中国广播电视,1982(2)

约。恩格斯说:"世界体系的每一个思想映象,总是在客观上被历史状况所限制,在主观上被得出该思想映象人的肉体状况和精神状况所限制。"[①]这就是说,在人的认识过程中,主体的生理机制和内心世界占有不容忽视的地位和作用,而情感正是人的生理机制和内心世界的重要组成部分。人对外部世界的认识,首先只有通过人的情感体系才能折射出来,所以古人说:"感人心者,莫先乎情。"黑格尔在《美学》中也曾指出:"艺术家一方面要求助于常醒的理解力,另一方面也要求助于深厚的心胸和灌注生命的情感。"可见,他把情感和思想看得同等重要。要以理服人,先要以情动人,做到"未成曲调先有情","一言一语总关情"。"博"通才能"理"达,人同此心才能心同此理。人心隔膜,感情抵触,是不会有共同语言的,空洞的冷冰冰的说教,是难以令人接受的。

当然,以情动人不是无病呻吟,自作多情。感情首先要真挚,不能"移情"更不应该"矫情",而是自己的深切感受。谈认识,是自己的肺腑之言;抒爱憎,是自己的由衷之语。能否用真挚、深沉、丰富的感情去打动对方,根本问题在于对人有没有平等而诚恳的态度,对是非有没有明朗正确的态度。

四、善与人交的社会活动能力

"意见领袖"具有较为广泛的社会联系,他们对大众媒介的接触率要比一般人高,拥有充足的信息来源,这主要仰赖他们的社会活动能力和联系社会的能力。

作为"意见领袖"的主持人必须要比一般人获得更多的信息来源,并以此来为受众提供新鲜、实用的各类信息。好的主持人节目往往会取得"与君一席话,胜读十年书"的效果。这与主持人的积累不无关系,拉扎斯菲尔德的另一项调查显示:"任何领域中的意见领袖都比非意见领袖倾向于更多地接触大众媒介,但是,在不同的行为领域和不同的媒介类型中,各种意见领袖的媒介接触习惯是有差异的。"这项调查还表明:"意见领袖不仅在总体上倾向于更多地接触大众媒介,在具体内容上也倾向于更多地接触那些与他们的领袖素质最密切相关的媒介内容。无论有意无意,这种较大的媒介接触量,很可能是形成他们的影响力的因素之一。"

在社会人群中,"意见领袖"比较关注各种媒介的信息,拥有较多的信息来源。但作为广播电视主持人,他自身就处在大众媒体的环境中,加强与其他媒介的联系意味着什么呢?可以说,那是要求你不要满足于人云亦云,应该在充分了解各类信息、汲取别人意见的基础上,形成自己独特的视角和见解。或者说,具备一种不断进取的创新意识,与众不同的认识角度可能会产生更大的影响力和吸引力。

采访是主持人的基本功,也是联系社会的一种特殊方法。1996年5月17日美国《娱乐周刊》将著名主持人芭芭拉·沃尔特斯(Barbara Walters)封为"采访大师",无论是世界级领袖人物阿拉法特、卡斯特罗,还是电影明星朱丽娅·罗伯兹、汤姆·克鲁斯,没有人能够抵挡她的凌厉盘问。早过耳顺之年的她,依然是各家媒体争聘的对象。迈克·华莱士(Mike Wallace)则是美国哥伦比亚广播公司(CBS)名牌节目《六十分钟》的创始人和主持人。自1968年出任《六十分钟》主持人以来,他成功地采访了历届美国总统和众多外国首脑。1986年9月,他在北京中南海独家采访了中共中央顾问委员会主任邓小平,成为第一个采访邓小平的西方电视记者。据说在这项采访之前,他"带着一口袋问题出发",是采访取得成功的可靠保障。"华莱士在电视采访上究竟下了多大功夫,很少有人知道。他的人物采访看重深度,注重采访前的调查研究。采访重要人士,他事先准备100个问题,再从中经过反复筛选确定

---

① 中共中央文献办公室.马克思恩格斯选集(第三卷).北京:人民出版社,1972:76

20~30个问题。但在正式采访开始后,他又不被事先准备好的问题所限制,有时进一步浓缩问题或展开问题——完全视现场情况而定。"①中央电视台主持人白岩松对此也有着深切的体会。在1997年7月1日对"香港回归"的报道前,他做了大量的准备,他回忆说:"在一个多月的时间里,随着采访的进行,我开始面对从1840年到1997年这100多年的香港沧桑。从周南到历史学家,从参与谈判的中方人士到香港的范徐丽泰,采访大范围地进行,从广州的三元里到江苏的镇江、南京的历史遗迹,从香港的街头巷尾到北京的紫禁城,一幅历史的画卷缓缓地在我眼前铺开,心情中有叹息、有欣喜、有屈辱、有无奈,当采访结束的时候,我的心中已对香港的有关历史彻底接近。虽然最后在3个节目中,展现的还是采访到的一小部分,但更多的回忆、细节都成为一种储备印在我的脑海中。当然这还只是宏观上的一种准备,具体到我要负责的'部队入港',6月5号就开始着手准备。我和大部队从北京出发,到达深圳之后,同行的同事绝大多数进入香港,而我和一小部分负责部队入港报道的同事则留在了深圳。这之后的20多天里,我几乎天天都要去深圳的驻港部队大本营和他们沟通采访。从司令刘镇武、政委熊自仁到许多普通官兵,天天的接触,使我对他们的生活、心情慢慢有所了解,心里也越来越踏实了。"②由此可见,主持人取得意见领袖地位是需要付出艰苦努力的,而受众所看重的也恰恰就是主持人这种广见洽闻的能力。

综上所述,把广播电视中的主持人当作"意见领袖"来要求是符合现代传播学的理念的,实践中也受到了群众广泛的欢迎,关键在于我们如何正确认识,并主动加以运用的问题。

思考题

1. 什么是"意见领袖"?
2. 简述主持人节目的传播学原理。
3. 例举存在两种以上传播形式的主持人节目,并加以说明。
4. 例举存在三种以上传播形式的主持人节目,并加以说明。
5. 主持人节目中多种传播形式并存的情况,对主持人提出了哪些基本要求?

---

① 赵淑萍.硬性采访专家——华莱士.摘引自名主持人成功之路.北京:中国广播电视出版社,1999,74
② 白岩松.痛并快乐着.北京:华艺出版社,2000:132

第三章 主持人的科学用声

主持人的语言是一种媒介语言，它是借助电子传播媒介传递信息的语言发声过程。它同时又是一种面向大众、影响广泛，具有感染力的艺术语言形式。与其他艺术语言比较，它具有明显不同的特点。它把传者的生理过程、媒介的物理过程和受众的心理过程紧密联系起来，形成了一个维系"传与受"关系的"链条"。"由此，我们看到，言语交际是一条联结说话人头脑与听话人头脑的许多事件的链条，这条由一系列事件串接而成的链条，就叫做言语链。"[1]播音所产生的艺术效果就是这个"链条"上各个环节的综合反映。所以不能孤立地只关注其中的某一个环节，而忽略其他方面的影响。

---

[1] ［美］P·B·邓斯等.言语链——说和听的科学.曹剑芬等译.北京：中国社会科学出版社，1983：6

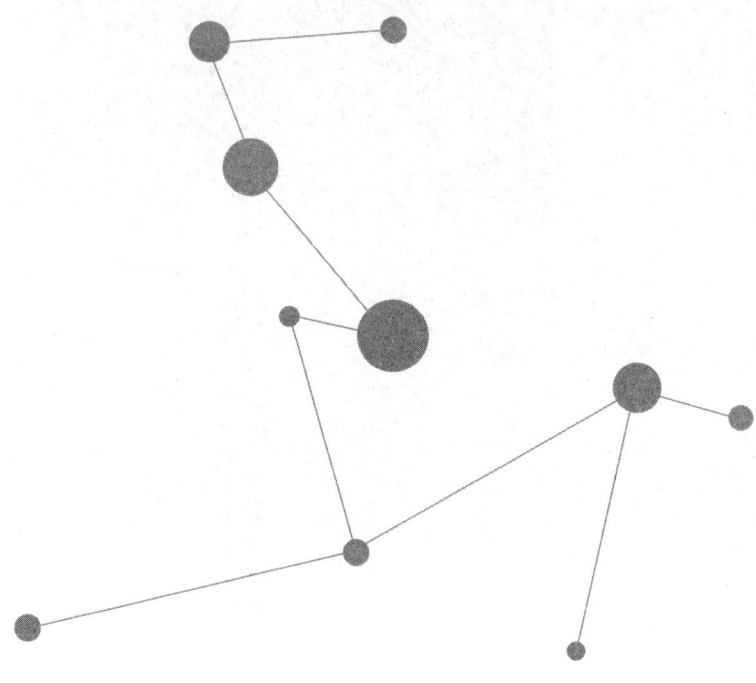

　　主持人的语言是一种媒介语言,它是借助电子传播媒介传递信息的语言发声过程。它同时又是一种面向大众、影响广泛,具有感染力的艺术语言形式。与其他艺术语言比较,它具有明显不同的特点。它把传者的生理过程、媒介的物理过程和受众的心理过程紧密联系起来,形成了一个维系"传与受"关系的"链条"。

　　以情调气、气随情变是主持人用气发声的一般方法,从"情—气—声"贯穿的前因后果来看也可以理解为"以情带声,以声传情"。

◎ **本章要点**

◆ 主持人运用语言时正确的吐字归音方法
◆ 主持人运用声音时科学的用气发声方法
◆ 主持人塑造语言形象时,正确处理情、声、气的辩证关系

第一节　提高清晰度的吐字技巧

我国明代沈庞绥在《度曲须知》中评价一位女艺人的唱曲时说:"发调高华,出口雅丽,吐字归音,个个绝顶。"他还说道:"凡字音始出,各有几微之端,似有如无,俄呈忽隐,于肖字则似西音……此一点锋芒,乃字头也。簇字头轻轻吐出,渐转字腹,徐归字尾,其间从微达著,鹤膝蜂腰,颠落摆宕,真如明珠走盘,晶莹园转……"并首先提出了:"凡敷衍一字,各有字头、字腹、字尾之音。"[①]这可能就是我们迄今可以找到的"吐字归音"理论的发端。但是古人与我们今天所理解的"吐字归音"有所不同,古人可能主要是指是唱词中音调行腔的变化,而我们今天所说的"吐字归音"则是现代汉语音节中"字头"、"字腹"、"字尾"的发音过程。

现代汉语音节结构中的"字头"指的是声母或作为韵头的介音;"字腹"是由主要元音构成的韵腹;"字尾"则是韵母中的韵尾。见下表:

例 字	类 型	字头	字腹		字尾	字身
			韵母			
		声母	韵头	韵腹	韵尾	声调
			介音	主要元音	尾音	
观	头腹尾全	g	u	a	n	阴平
摩	无字尾	m		o		阳平
俺	无字头			a	n	上声
处	无字尾	ch		u		去声
阿	无字头、字尾			a		阴平
广	头腹尾全	g	u	a	ng	上声
会	头腹尾全	h	u	e	i	去声

在实际应用中,吐字归音会因不同艺术语言的需要而有不同的要求。就戏曲语言而言,学习吐字归音时更强调字腹的作用,常常将字腹用于"缓音长曲"之中,可以使字音跌宕回环、饶有韵味。但如果播音语言也用这种"拖腔甩调",则十分不妥当,给人以造作之感。所以播音运用吐字归音要把握以下要点。

一、吐字归音的要点

1. 字头有力

字头是音节发声的起始阶段,它的正确与否、力度如何关系着字腹和字尾的清晰度。字头有力是指字头发音时保持一定的唇舌力度。常言道:"咬字千斤重,听者自动容",这就是说,"字头"乏力难以使音节响亮。有人这样形容咬字的力量:"咬字要像大猫叼小猫那样的

[①] 傅惜华.古典戏曲声乐论著丛编.北京:人民音乐出版社,1962:67

劲头儿,既不能把小猫咬死,也不能把小猫掉在地上。如果用猫叼老鼠的劲头儿,就会把字音咬死。"语言学家周殿福先生解释说:"从生理学上讲,这个道理很简单,'字头'的发音部位的肌肉很容易产生力量,而且只有发'字头'的肌肉造成紧张,才能造成声腔内压力的增强,口腔和舌头的肌肉才能相应的紧张起来。这种状态发出的字音才有分量,才能达到艺术语言发声上的要求。"①值得一提的是,以辅音做字头时,可以明显感觉气流受到阻碍后的发音力度。但是在开口音——零声母做字头的情况下,如何保持这种力度呢?事实上,i、u、ü 起头的零声母音节,都附有半摩擦的"字头"(如"衣"yi、"语"yu 等),起到辅音同样的作用。在其他的零声母音节前也都存在着一个喉塞音(如"安"an、"欧"ou 等),发音时喉部闭拢,然后气流冲出。当然保持正确的唇形也是发好这类字头的关键,所谓"开口呼"、"合口呼"、"撮口呼"、"齐齿呼"的"四呼"正是零声母充当字头的形象表述。

2. 字腹饱满

字腹是音节的主要元音所在,也是口腔开口度最大,音节最响亮的部分。字音随着字腹的拉开而在口腔中"立"起来,习惯上也被称为"立字"。随着字头带出的字腹,口腔开度也逐渐扩大,感觉字音随上颚的提起而"立"起来。作为艺术语言,为了提高声音的响亮度和清晰度,往往更加强调口腔的开口度。除了上颚提起以外,还要求打开牙关(提颌肌),这样就使口腔开度略大于生活语言的字腹开度,以取得比较清晰的基音效果和丰富的泛音共鸣。即便是窄元音(如 i、u、ü、e),我们也是主张"宽发"的。由于气流向硬腭的冲击感觉明显,我们习惯上称为"声挂前腔"。但是不要把嘴唇的开度和口腔的开度混为一谈,因为张嘴不等于"开腔",反之有时"开腔"也不需要张嘴,如圆唇元音 u、ü 等。

韵母是 ian、üan 的,因为是窄元音向宽元音过渡的发音过程,很容易导致宽元音"窄发",影响整个元音的清晰、准确。如 ian 发得近于 in,an 发得近于 ün 等等,这种情况广播电视播音中比较常见。当然,也不能因此而矫枉过正,把 ian、üan 中的 a 本是[ɛ],发得过宽变成了[a]。另外,韵母 uei、uen 中的主要元音是 e,在拼写时省略了 e,但发音时是不能省略的,并保持应有的口腔开度。

3. 字尾归音

字尾有区别意义的作用,所以在语流中如果丢掉字尾或读不清楚,都会引起语义分歧。字尾归音不全是生活语言中常见的现象,这是因为字尾处于收音的状态,收得过早就会"吃掉",收得过迟则会改变它的性质。如鼻音 n 和 ng 适当延长并不会影响字音的清晰,但收的过早就会含混。再如,以元音收尾的 i 和 u 等,收尾应干净利索,拖延过长就会产生元音鼻化现象。字尾处于口腔由开渐闭的状态,因此对字尾的处理要到位弱收。"到位"是针对"拖音"而言的,"弱收"则是针对"秃尾"而言的。即使开口元音收尾(如 a、o 等)也有一个口腔肌肉由紧渐松的过程,给人以弱收的感觉。

元音和辅音尾音的长短还与声调有关。一般来说,阴平和去声的字尾比较短,阳平和上声的字尾比较长,这是生活语言的自然现象。为了克服声调对字尾发音的不利影响,发这类音时,要尽可能把字腹延长,字尾缩短,上声字要以字腹的口腔开度延续转折以后再向字尾过渡,这时尾音已经不是很长了。阳平也是这样,当调值从 3 度向 5 度上升时,三分之二的时间都应保持字腹的开口度,然后再逐渐缩小口腔,达到 5 度调值后,再归到尾音的位置。

综上所述,"字头、字腹、字尾"是字音的三个组成部分,是汉语音节不可分割的有机整体,任何一部分运用不恰当,都会影响整个字音的清晰和响亮。所以播音的吐字归音,必须

---

① 周殿福. 艺术语言发声基础. 北京:中国社会科学出版社,1980:169

把这三个部分联系起来,从"字头"滑到"字腹",再从"字腹"滑到"字尾"形成"枣核儿"形的一个整体。虽然"头"、"腹"、"尾"是一个连贯的整体,但是必须对其中的每一部分做出准确的分析,这样才能收到语音规范、语义显明的效果。

二、吐字归音的语流要求

"字头有力、字腹饱满、字尾归音"是从汉语音节的角度做出的微观分析,从形成播音语言的语流特点来看,吐字归音的基本要求是:准确、清晰、圆润和富于变化。

1. 准确是指吐字发音要合乎规范,发音部位和发音方法要正确无误

在语流中,尽管存在音变、语调等的影响,但都必须遵循普通话的规范。在语音准确的基础上,提高语言的艺术表现能力,而不能因"真实"而抛弃"准确",因自然化而"牺牲"规范化。例如:为了克服方言对播音语言的影响,对声母中发音部位相同的n和l,要把握住它们之间不同的发音方法;而z—c—s和zh—ch—sh则又是发音方法相同,发音部位不同等等。韵母的归音重点是元音的口腔开度和舌位高度的准确适度,特别是鼻韵母的归音应恰当到位。播音吐字的准确度要求更高,它的规范性要求也更为严格。

2. 清晰是与含混相对应的,它不是指声音的大小,而是字音的纯净度

譬如:有一种"音包字"的现象,就是指那种一味追求声音的响度,却忽视吐字清晰的情况。"音包字"往往会影响语义的表达,只给人留下声音的印象。反之,孱弱的声音也不利于语义的清晰表达。可以说,播音对吐字归音清晰度的要求往往高于嗓音的响亮度。

3. 圆润是指播音吐字的悦耳动听

人们常常把吐字的圆润比喻为"珠落玉盘",这当然是我们所追求的境界。但是曲艺说唱中的"珠落玉盘"和播音吐字的圆润要求不完全相同。曲艺说唱由抑扬顿挫的曲调来表现艺术效果,而播音则需要用嗓音来反映汉语音节本身的音乐性从而达到圆润的效果。

富于变化是吐字归音在表情达意方面的最终要求。规范的对立面是变异,语言的变异使语言失去规范,而过于强化的规范又会导致语言的僵化。语言就是在这种对立统一的过程中不断得到丰富和发展的。我们认为语言来源于社会生活,反映着生活现象。播音表现丰富多彩的社会生活不可能拘泥固定的模式,这就决定我们的语言是活泼、生动,富于表现力的。著名作家萧伯纳就曾说过:"有五十种说'是'的方法,就会有五十种说'不是'的方法。"因此,需要在播音实践中既要强调语言的规范,但同时也需要提倡语言的生活化、大众化。

三、吐字归音的口腔控制方法

要取得播音语言"准确、清晰、圆润、富于变化"的艺术效果,就需要提高口腔控制的能力。这种口腔状态的调整贯穿在整个发音过程中,是构成艺术语言发音状态的基础。播音吐字中常用的口腔控制方法有以下几种:挺软腭、打开牙关、适当收唇和力度集中于口腔中轴线。

1. 挺软腭是播音吐字调整口腔状态的基本方法

它的要求是挺起软腭,适度收紧口腔肌肉。软腭上抬后,上口盖较为平直,扩大了口腔横向的容积,既扩大了共鸣腔,也增加了舌头的活动空间,从而提高吐字的清晰度。同时抬高软腭还使通向鼻腔的通道变窄,增加口腔共鸣,改善音色,增加字音的响亮度。这项生理功能必须通过长期不懈的练习,才能进入自然状态,而不至于导致吐字僵化。一般可以用"打哈欠"的办法获得相应的感觉,并将这种感觉保持在吐字归音练习的始终。

2. 打开牙关是指上下颌在发音时保持较大的开合度，或者说是指口腔的纵向开度

它由颌肌控制（嚼肌），提肌的重点应放在上颌上。它与挺软腭相互配合，从横、纵两个方向来扩大口腔容积。在汉语音节中，元音 a 占据重要位置，a 的开口度最大、最响亮。但是在播音实践中，有相当多的字音问题就出现在这个基本元音上。a 音不清晰，往往就与口腔开度不够有关，而口腔开度不够又是造成舌位偏高的主要原因。实践表明，打开牙关，扩大口腔开度是播音员、主持人吐字基本功训练的重要内容。

3. 适当收唇，使唇齿适当贴近，是改善吐字的有效方法

唇齿贴近以后，缩短了声音通道，使整体音色变得较为清晰。它要求利用颧大肌、颧小肌等向外上方提上唇的力量与上唇向中撮合力的拮抗以控制唇形的细微调节。一般把这种状态称为"提颧肌"，也有人描述这种颧肌收缩的面部表情是"口呈微笑状态"。但是一味强调"微笑状"，又很容易使撮口呼及合口呼唇形撮不起来，影响正确的发音。所以主要还是应该服从吐字归音的实际需要。

4. 播音吐字的用力部位，应集中在唇、舌、上颚的中轴线上，这样可以使声音集中、圆润

对于 b、p、d、t、g、k 这样的塞音，除阻时的用力部位应该放在唇、舌横面的中段，即使强度不大，但也十分清晰饱满。从辅音发音方法来说，无论塞音、擦音、塞擦音还是鼻音、边音，着力点都应放在这条中轴线上。对于元音来说，它主要是通过舌位来体会发音特点的，如果舌高点集中在舌的中部就会使声音更加集中。这种口腔控制状态是改善播音吐字归音的有效方法，所以要贯穿在整个播音过程中。

从上述的几个方面可以看出，我们极为强调播音吐字归音的清晰度和响亮度。这是因为播音是话筒前的语言工作，在吐字发音中所有的瑕疵和不足都会在电声转换中被放大，甚至产生畸变，以至于影响语义的准确表达。所以播音语言的主要艺术手段就是最大限度克服这种干扰和影响，采取有针对性的一些方法来保证语音的清晰和语义的显明。

第二节 增强表现力的发声方法

播音是一种艺术语言，它的任务就是为了准确、鲜明、生动地传达并表现广播电视节目内容。有一个好的嗓音条件是提高语言表达能力和塑造美好听觉形象的基础。在广播电视中，传播者的声音形象往往会给人以先入为主的印象，这种印象直接影响着传播的效果。

播音对声音总的要求可以归纳为："准确规范、清晰流畅，圆润集中、朴实明朗，刚柔相济、虚实结合，色彩丰富、变化自如"四个方面。[①] 怎样满足这四个方面的要求，努力改善自己的声音条件？这就需要遵循一定的用气发声规律，长期不懈地坚持用气发声基本功训练，才能够取得理想的效果。这些基本功主要是表现在三种控制能力上。

一、气息控制

古语说："气乃音之帅"就是指发声的气息状态决定了声音的优劣。早在一千多年前唐段安节《乐府杂录》中就记载"善歌者，必先调其气，氤氲自脐间出，至喉乃噫其词，即分抗坠

[①] 徐恒.播音发声学.北京：北京广播学院出版社，1985：11

之音,既得其术,即可致遏云响谷之妙也"。这里所说的"脐间出"就是指民间唱法中的"丹田呼吸法",近似于现代医学所分析的胸腹联合呼吸法,这种呼吸状态可以有效地扩大吸气量,保障各种发声状态下用气的需要。所不同的是"丹田气"强调的"收小腹"指的是一种控制能力,即对横膈肌的控制。如舒模先生在《学习民族声乐遗产的一些问题》一文中谈到"唱的时候,小腹和膈一直保持着紧张状态,如果放松一点,声音就不响亮、无力","所以我们民族声乐最早讲求的丹田法,实际就是用膈控制呼吸发出的声音"。① 这种呼吸方法可以保持一种稳健的呼吸状态,有利于控制;其次它容易产生坚实、响亮的音色。

用生理学来解释这种发声呼吸的机理,可能是这样一个过程:发声前,先轻轻收缩小腹肌肉(包括腹内斜肌、腹外斜肌和腹直肌的下部),由于这种收缩,就给腹腔施加了一定的压力,通过内脏器官传导到横膈肌(见图 2-1),这种压力又通过横膈作用于胸腔内的呼吸器官(肺、支气管等),由于有下腹肌收缩所产生的腹压及腹腔内脏器官的缓冲作用,可以维持一定的张力,同时感到下胸两肋处于一种支持的状态。这种扩张支持的状态一直需要保持到发声结束。呼吸器官在获得腹压及缓冲作用之后,不仅使呼吸、振动、共鸣、吐字等器官肌肉的能量消耗减少,同时也为声带、喉、咽、口腔肌肉与腹部肌肉的灵活运用提供了方便条件。掌握这种呼吸法以后,就能做到气息稳健、自如,并且容易控制。实践证明,这种发声呼吸法是比较科学的方法,既有助于提高声音的表现能力,也可以保障嗓音的健康和持久。

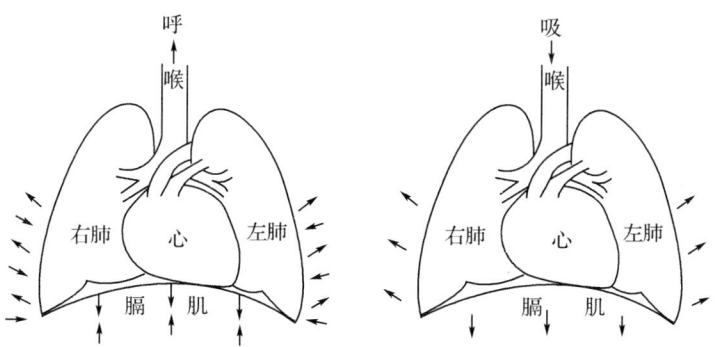

图 2-1　胸腹联合呼吸时肺及横膈的运动状态

由于播音语言发声没有歌唱发声变化的幅度那样大,所以尽管它们都采用这种胸腹联合呼吸法,但控制的强度有所不同。播音发声的突出特点是:稳劲、持久、自如。我们在生活中的呼吸量一般约为 500 毫升,言语时增至 1 000～1 500 毫升,而歌唱时可达 1 500～2 400 毫升不等。显然,播音时空气吸入量比唱歌要少,一般吸入五、六成,最多到七、八成,就可以满足需要了。而不是像声乐那样充满胸腔的上下、前后、左右,因而小腹也不像歌唱那样紧张;特别不能像唱高音、强音那样紧缩小腹的方法,给人以"气竭"的感觉,播音发声应该始终有一种"拉住"的感觉,这种"拉住"的感觉主要就是对横隔肌向下的作用力(控制力)。如果对播音的这个呼吸发声特点注意不够,错误地认为吸气量越大越好,就会增加控制的难度,而且容易造成气息和声音的僵化,影响语言的流畅和表达的自如。假如有意识地运用向外送气的呼吸方式,则使气息状态更加难以持久,发声会感到很吃力。过强的气流冲击话筒也会出现"气声、杂音"等,影响声音的圆润度。

---

① 舒模.学习民族声乐遗产的一些问题.载音乐论丛.北京:人民音乐出版社,1954(3)

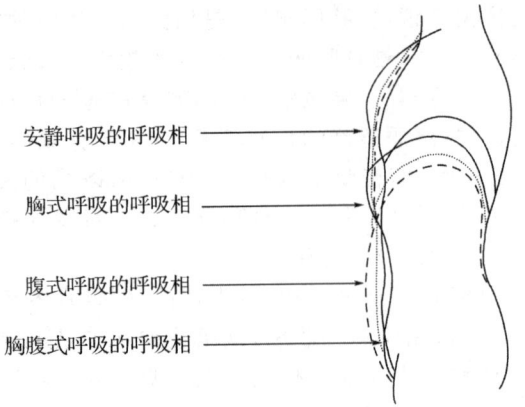

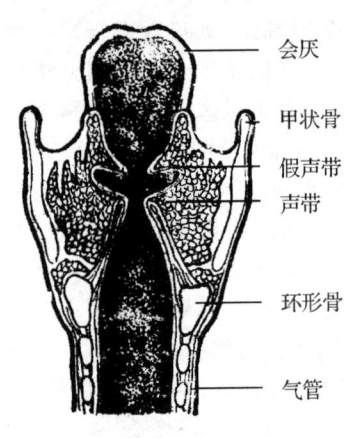

图2-2 不同呼吸类型时，胸型、前腹壁和膈的位置

图2-3

生理学表明，运用相互对抗、相互制约的力量，才能对肌体的某部分进行调节、控制。在气息控制中，就是指吸气肌肉群和呼气肌肉群的彼此对抗；外部则表现为两肋和小腹的拮抗力量。由于对呼吸起重要作用的横膈肌不能随意控制，而腹肌则相反，所以通过控制腹肌来调整膈肌力量是这种呼吸方式的重点，有人称之为"气息支点"。归纳起来，胸腹联合呼吸总的感觉就是随着吸入气流，两肋下端扩张，腰带渐紧，小腹随之收缩；呼气时，保持腹肌的收缩感，以控制膈肌和肋肌，随着气流的缓缓呼出，小腹逐渐放松，但仍应保持适度收住的感觉，而膈肌和肋肌在这种控制下逐渐恢复自然状态。

二、发声控制

人声形成的机理是这样的：在日常生活呼吸的时候，空气经过声门并不产生声音，因为这时的声门是呈等腰三角形敞开的，甲状软骨（喉结）一端为顶角，杓状软骨的两端为两底角，这时气流可以自由出入。（见图2-4）

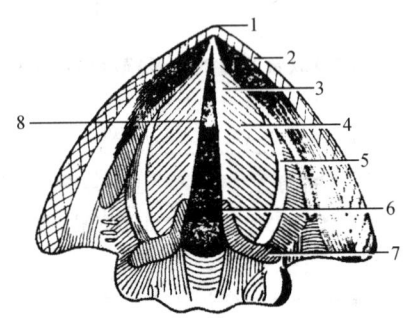

图2-4

1. 甲状软骨角　　　2. 左侧甲状软骨板　　　3. 左侧声带缘
4. 左声带　　　　　5. 环状软骨　　　　　　6. 左侧杓状软骨声带突
7. 左侧杓状软骨肌突　8. 声门正中部长黑三角

当开始发声时，喉部肌肉群和声带肌肉开始收缩，使两侧声带呈闭合状态，并保持一定的紧张度。在呼吸器官的作用下，气息从声门通过。当气压超出声带闭合的紧张度时，空气就会周期性冲击声门形成系列气喷（air puff）；声带在不断变化的声压下弹动、开合，使气流形成有节律的声门波（glottal wave）；声波经过喉腔、咽腔、口腔、鼻腔等共鸣腔引起的震荡，就成为人的嗓音，即人声（human voice）。

从上述发声机理可以看出,决定声音状况的主要是声带。声带的变化既受到喉部周围肌肉的牵制,也取决于声带肌肉(甲杓肌)自身的状况。喉的支架由11块软骨构成(环状软骨、甲状软骨、会厌软骨以及成对的杓状软骨、小角软骨、楔状软骨和麦粒软骨),环绕这些软骨的肌肉和韧带,控制着整个喉部的运动。这些喉肌又可分为喉外肌和喉内肌。喉外肌将喉与邻近组织联结在一起,可使喉上升、下降或固定。使喉上升的有甲状舌骨肌、茎突咽肌和咽中缩肌,使喉下降的有胸骨甲状肌、食管纵肌等。喉内肌中,除杓横肌外,其他喉内肌都形成相互对抗的一对,按照它们的作用可以分为三组。

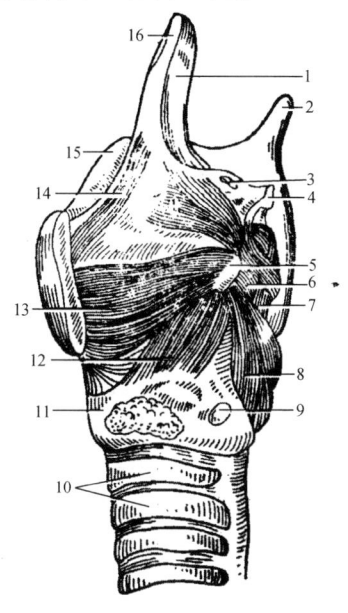

图 2-5 喉部发声器官构造

1.杓会厌肌	2.甲状软骨上角	3.楔状软骨	4.小角软骨
5.杓状软骨	6.杓横肌	7.杓斜肌	8.环杓后肌
9.环甲关节	10.气管软骨环	11.环状软骨	12.环杓侧肌
13.甲杓肌	14.甲状会厌肌	15.甲状软骨	16.会厌软骨(内肌又称声带肌)

环甲肌组,主要作用于环甲关节。它由环甲肌(前肌)和甲杓内外肌组成,控制声带的松紧、长短,从而改变着声音的频率(音高)。

环杓肌组,主要作用于环杓关节。它由环杓后肌(后肌)和环杓侧肌(侧肌)、杓肌(杓横肌、杓斜肌)组成。负责声门的开闭,其中环杓侧肌收缩时可关闭声门2/3,而杓肌可关闭声门余下的1/3空隙。

喉口肌组,主要作用于会厌软骨。它由杓会厌肌和甲状会厌肌组成。它们控制着喉口及喉前庭的收放、宽窄。

声带运动的生理变化,就是声带位置、形状、质量、张力和弹力,取决于喉内肌与喉外肌的收缩。其中决定声带本体和包膜间关系的主要是声带肌和环甲肌。声带由于本身有纵、横、斜三向肌束纤维走行的特殊结构,因而自身也可以进行多种多样的振动,既能让声带整体振动,也可以局部振动,这对调节人声的音高、音色、音量,都具有不可忽视的作用。

播音发声主要是指对喉部肌肉的控制。要掌握两个要点:一是保持喉头稳定;二是喉肌松紧适度,声带调节灵活。控制喉头上下位移幅度,保持发声时喉头的相对稳定,是获得变化自然、和谐通畅、润泽丰满的声音的有效方法之一。控制喉头的稳定主要是依靠喉外肌的力量,因此用恰当的训练方法来增强喉外肌的调节能力,是获得这种控制力的有效途径。而声带调节的灵活与否,与喉内肌的控制力密切相关。增强和提高喉内肌的调节能力,关键是要长期不懈地把它们作为一项练声基本功坚持下去,就会产生理想的效果。根据语图仪的测试分析,一般人的音高运动幅度只有七个半音左右,而经过发声训练的播音专业人员,可以达到十五个半音,发声能力增加了一倍。由此可见,发声器官的生理机能也和其他的人体功能一样,是用进废退的。

三、共鸣控制

共鸣现象的产生,主要是由于原发声体与受振体两者之间的振动频率相同,也就是说作为受振体固有的振动周期与原发体振动的周期相同,发生共振作用的关系。而这种共振关系之间的传导途径不同,又可以分为感应振动(inductive vibration)和受迫振动(forced vibration)两种。感应振动是通过空气传导的,而受迫振动则是通过媒质传导的。人声的共鸣不仅有通过声门波直接传导的感应共鸣,同时也有通过骨、肌肉等媒质传导的受迫共鸣。因此,人声的共鸣是一种复合共鸣效应。人类发声的共鸣器官,在喉以上有喉腔、咽腔、口腔和鼻腔,在喉以下有气管、胸腔。从广义上来说,胸腔和头腔的骨组织都有传导声音的作用,但是它们的作用不是相等的。胸腔的骨组织再加胸壁本身的振动,所引起的共鸣是很明显的;头腔的骨组织由于位置、容积都不相同,所引起共振的强弱也不一样。一般来说,额窦部位的共鸣最强最清楚,因为它受到喉腔、咽腔、口腔和鼻腔等共鸣区全部声波的直接振荡。共鸣作用仅次于额窦的就是枕骨,它的位置靠近喉腔,直接接受颈椎骨的声波传导,戏剧家称这种情况为"脑后摘筋儿"。播音学的审美要求播音发声的共鸣控制采取以胸腔共鸣为基础,以口腔共鸣为主,以混合共鸣为后备的声道共鸣方式。以口腔共鸣为主,就是说口腔是一个可以调节控制的共鸣腔,既可以保持语言的清晰度,也有利于改善播音的音色。所以其他腔体的共鸣都必须在口腔取得良好共鸣的基础上来实现。(见下图)

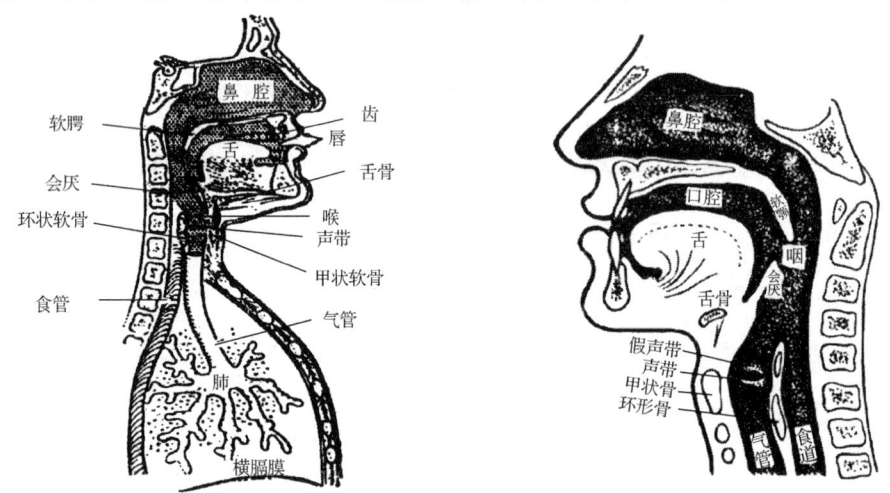

图 2-6 各发声共鸣腔体解剖图

口腔共鸣对于播音发声的重要性是因为播音是以言语声为主的发声过程,而言语声又主要是通过口腔来调节的。特别是元音的响度与口腔的控制有着直接的关系,这是因为元音泛音在可调节共鸣管中得到特殊共鸣的缘故。泛音的最高值称为元音的共振峰(formant)。在元音的频谱中,共振峰是一些谐波幅值较大的范围,而在语音学上则作为个元音声学特点的表征。

表2-1　普通话元音共振峰平均数据

例字	元音	基频共振峰(Hz)		第一共振峰(Hz)		第二共振峰(Hz)		第三共振峰(Hz)	
		男	女	男	女	男	女	男	女
衣	i	210	320	290	320	2 360	2 890	3 570	3 780
屋	u	210	320	380	420	440	650	3 660	3 120
迂	ü	210	320	290	320	2 160	2 580	3 460	3 700
啊	a	210	320	1 000	1 280	1 160	1 350	3 120	2 830
喔	o	210	320	530	720	670	930	3 310	2 970
婀	e	210	310	540	750	1 040	1 220	3 170	3 030

由上图可以看出，发元音 u、e、o 时，舌部提高加上软腭的作用，将口腔和咽腔隔开后为前后两个共鸣室，而且在前的口腔比在后的咽腔大；发元音 ü、i 时，后腔则大于前腔。因此元音 u、e、o 的特征是低共振峰，而元音 ü、i 的特征是高共振峰。

播音共鸣控制的主要作用在于美化音色。播音对音色总的要求是朴实大方、圆润集中。朴实大方的音色主要是以胸腔共鸣为基础的声区来体现，圆润集中的音色则表现为那种以口腔共鸣为主的声音效果。根据对人声机理的分析，从声带的前上缘经过咽后壁再到软硬腭交界点直至口唇的通道，声学上把它叫做"共鸣管"。实践表明，声部不同共鸣管的长度也不一样。声部的确定，不仅取决于发声整体的大小，同时也在很大程度上，决定于我们对共鸣管长度的调节，调节的重点就是控制喉头的位置。根据观察，平时男低音和男中音喉的位置是在第五、第六颈椎范围内，歌唱时则降至第七颈椎，并很少有明显的位置变化。在共鸣管中形成的不同频率的泛音，就会引发相应腔体的共鸣效应。林俊卿先生认为："胸腔的某些部分在声带发低音的时恰有和声关系(harmonic relation)。就是说，它的天然振动频率与声带的发音有倍数的关系，能对声带发音的基音或某些高谐和泛音起共鸣作用。"[①]这种胸腔共鸣的控制方法对播音也是适用的。所谓"打开口腔"、"唇舌力量集中"、"声挂前腭"以及吐字归音的"叼住弹出"、"拉开立起"、"到位弱收"、"音节形成枣核形"等，则都是一些口腔共鸣的控制方法。气息与声波经口咽弯道进入由上齿、上齿龈、硬腭、软腭构成的口盖穹隆，密度和压力增大。声束射向腭前区，不仅由于腭前穹隆对声波的折射使得声音更加集中，而且这个区域属于三叉神经支配区，当它受到刺激时会使喉肌张力增加，从而增加声音的明亮度。口腔共鸣使声音明亮结实，字音圆润清晰，它也称为"中音共鸣"或"中部共鸣"。

根据解剖学原理，共鸣器官能够受控并随意活动的部分是软腭、咽部与舌部，共鸣控制的一切方法都应该关注由这三部分有关肌肉的活动促成的结果。

四、情、声、气的关系

以上我们分别论述了播音中声音和气息的控制方法，事实上它们相互之间有着密不可分的联系，并且都受到情感的制约。正确处理情、声、气的关系，是科学掌握播音用气发声方法的前提。

以情调气、气随情变是播音用气发声的一般方法，也是社会生活中普遍存在的现象。我们常会见到"唉声叹气"、"平心静气"、"怒气冲冲"、"喜气洋洋"等现象，说明气息是在人的高

[①]　林俊卿.歌唱发音的科学基础.上海：上海文艺出版社,1962:112

级神经系统的控制下自然调节的过程。播音发声要保证气息的饱满和畅通，必然首先要求调动情感。譬如，我们在谈练气要领时常说："兴奋从容两肋开，不觉吸气气自来"，就是情绪调动气息的形象说法。如果不是"兴奋从容"的精神状态，很难获得"两肋开"、"气自来"的效果，精神饱满、情绪亢奋就可以始终保持气息状态的通达、顺畅。反之，气息运用是否得当也影响情感的表达。在戏曲表演中就十分讲究这种"精神气"的运用，京剧的老前辈演员李洪春先生就认为戏曲表演有十四字的诀窍，即"喜、怒、悲、欢、忧、恐、思、酒、醉、颠、狂、疯、泼、荡"。要表达这些情感，则要会用气功，用气不到，脸上就没有戏。他还说："运用气功大致有以下几种方法：'噎、贴、憋、横、沉、扇等'。如表现'惊讶'时就要用沉气，把气下沉于胸部，叫做'沉于胸'；表现大吃一惊时也用沉气，但要把气沉于脐部，叫做'沉于脐'；表现恐惧时，要把气'沉于肾'；只有把气用到地方，眼睛才能有神，声音才会有情感。"①徐恒教授也认为："在实际播音中，气息的作用不仅限于发声动力，它还是一种极重要的表达手段。气息是'情动于内'与'声发于外'的中间过渡环节，是情与声之间必经的桥梁。只有在'气随情动'的情况下，声才能随情而变化。从这个意义上讲，气息控制是由情及声，由内及外的贯穿性技巧。要想使声音能自如地表情达意，必须学会气息的控制与运用。"②

声音当然需要气息的支持，没有饱满的气息，行腔不可能圆润，语言必然缺乏表现力和感染力。"气乃音之帅"就说明了气息对支持发声的重要性。但如前所述，气息也是情感运动的结果，所以从"情—气—声"贯穿的前因后果来看也可以理解为"以情带声，以声传情"。正如古人所说："凡音之起，由人心生也。人心之动，物使之然也。"唐代诗人白居易在《问杨琼》一诗中："古人唱歌兼唱情，今人唱歌唯唱声。"就是对没有情感地歌唱的一种慨叹。而他在《竹枝词》中"唱到竹枝声咽处，寒猿暗鸟一时啼。"却表达的是对民间歌者深情演唱的赞叹。虽然这只是从欣赏的角度对审美价值的一种判断，但是它对我们处理好情与声的关系仍然是有所启发的。张颂教授对"情、声、气"的关系曾有过精辟的论述，他认为："气者，音之帅也。情者，气之根也。情、声、气的内在联系离不开心理与生理的相互感应。情是心理过程，声气是生理现象。心理过程必然引起生理反应，'心平气和'、'理直气壮'、'痛哭失声'、'语重心长'等。生理变化又可影响心理过程的兴奋或抑制。从因果关系说，是因情用气，以情带声，而从语言表达角度说，又是气托声、声传情。"③应该说气息、声音的运用都是一种艺术表现手段，但是手段必须服从目的，艺术的目标就是为了表现人类丰富的情感世界，激发人类求真、向善、爱美，积极向上的精神追求。"唱歌唯唱声"反映的则是手段与目的剥离的现象，它只能导致声音僵化，意蕴贫乏，难以取得声情并茂的艺术效果。在播音实践中，感情随着节目的内容而起伏跌宕，精神饱满、气息顺畅，声音运用得心应手，以至于听的人完全忽略了他的声音，只留下了节目内容的深刻印象，这才是播音用声出神入化的境界。

思考题

1. 请阐述提高字音清晰度的基本技巧有哪些。
2. 增强语言表现力的方法是什么？
3. 简述发声中"情、声、气"的关系。
4. 简述胸腹联合呼吸的基本要领。
5. 请简述喉部肌肉的基本构造。

---

① 李洪春.音乐研究.北京：人民音乐出版社，1958：2
② 徐恒.播音发声学.北京：北京广播学院出版社，1985：52
③ 张颂.浅谈播音中情、声、气的关系.摘自论播音艺术.北京：北京广播学院出版社，1999：16

◎ 附录1 主持人的发声训练

一、气息控制训练

1. 呼吸肌的锻炼

腹肌的锻炼,可以运用体操训练法和发声训练法两种方法。体操训练包括"仰卧起坐"、"单双杠举腿"、"坐椅子前沿举腿"等一些规定动作的练习和日常生活中"提臀拎腹"等良好体态习惯的培养。

平躺,在腹部放置一摞书,先做慢吸慢呼动作,使腹部缓缓起伏,反复几遍。之后,做快吸慢呼动作,快吸时腹肌迅速向"丹田"位置收缩,而且不能让书本倾倒,慢呼时自然轻松地带出平稳的"yü"音。由此可以体会和提高腹肌在保持呼吸稳劲状态中的作用和能力。

站立,放松喉部,以北方农民吆喝牲口的"yü"音,由弱到强、由低到高扬起,再由强到弱、由高到低落下。反复几遍之后,当对腹肌如何支持发声有了切实的体会的时候,在顺其感觉做朗诵诗句的练习。由此体会发出通畅、扎实的声音时如何控制、调节腹部肌肉。

锻炼膈肌的传统方法是"狗喘气",即开口松喉,展开下肋,用笑的感觉(不出声)使膈肌做有节奏的颤动。经过改良的办法是变开口为闭口。一则可以减轻气流对喉部的摩擦,再者可以减少干燥气流对喉部的刺激,变无声为有声。在呼气的同时,弹发"hei"音。这样做不仅可以减轻气流对声带的摩擦,而且可以通过声音来鉴定练习的效果。

2. 胸腹联合呼吸法

左右两侧下肋与"丹田"间由左右两侧腹肌和膈肌相连接,形成一个等边三角形。吸气结束时,腹肌向"丹田"收缩,腹壁保持收紧。同时两肋打开,膈肌下降。呼气发声时,适度保持腹肌向"丹田"收缩的力量,以牵制膈肌和两肋,不致迅速回复到自然状态。在此基础上,"拉住"上行的气流,呼到最后"拉"到最后,从而产生稳劲呼气的效果。正是由于"丹田"在理想状态中具有不容忽视的作用,所以在发声理论中把它强调为"气根"或呼吸的"支点"。

①慢吸慢呼训练

立定站稳,目视正前方,略收小腹,双肩放松。用闻香花的感觉,深深吸上一口气。并保持数秒,然后轻缓地呼出。反复多次,体会气沉丹田的感觉。

用上述"慢吸慢呼"的动作,在呼出时带出"a"的延长音。声音逐渐由小到大,由近及远,由低到高,由弱到强。始终保持气息通畅,喉部放松,声音集中射至硬腭发出。

慢吸后,呼气带数数"1、2、3、4、5……"数数要均匀而清晰,中间不能换气,直至憋气为止。反复多次,间或收住数字,停顿片刻再继续数。

用一口气连续发六个单韵母 a—o—e—i—u—ü,努力保持音调和音强的稳定,反复多次。

②快吸慢呼训练

用惊讶或狂喜的瞬间情绪,猛吸一口气,并保持住。然后用慢呼的方式释放气息。重复做这项练习,逐渐延长呼气时间。

念长句,做换气、补气练习。(绕口令练习)

3. 弱控制训练

缓慢持续地反复发 ai、uai、uang、iang 四个音。

延长音节声调,控制气息缓呼。

如:急风暴雨 ji—feng—bao—yu

高山大海　gao—shan—da—hai

用悠长的音调朗诵古诗词,以练习气息控制。
如:

床前明月光,
疑是地上霜。
举头望明月,
低头思故乡。

春眠不觉晓,
处处闻啼鸟。
夜来风雨声,
花落知多少。

4. 强控制训练

①弹气练习

快速吸气后,闭口呼气时,一下一下弹动横膈,逐渐增加弹动频率。
在上述练习的基础上,连续发喉门音 ha—ha—ha—ha。

②朗诵豪放的诗词

　　怒发冲冠,凭栏处,潇潇雨歇。抬眼望,仰天长啸,壮怀激烈。三十功名尘与土,八千里路云和月。莫等闲,白了少年头,空悲切。靖康耻,犹未雪;臣子恨,何时灭!驾长车,踏破贺兰山缺。壮志饥餐胡虏肉,笑谈渴饮匈奴血。待从头,收拾旧山河,朝天阙。

二、口腔控制训练

1. 提颌肌练习

手托下巴保持不动,以后颈为横轴(切忌以牙关为轴),张嘴抬头。反复多次,可以克服口腔开度不足的问题。

2. 咀嚼练习

张口咀嚼与闭口咀嚼结合进行,舌头自然平放。反复练习,锻炼咀嚼肌的张力。

3. 唇肌练习

双唇闭拢上下左右活动、转圈;双唇打响。这个练习可增强唇肌的力量。

4. 舌肌练习

舌尖顶下齿,舌面逐渐上翘,上齿刮舌面;舌尖在口内上下左右顺逆转圈,直至酸累。

5. 伸缩舌尖练习

舌尖分别与硬腭、软腭、上齿龈接触打响,反复多次。

三、发声控制训练

在进行发声能力锻炼之前,应首先分析并认识各人的嗓音条件,确定声音类型和嗓音器官的客观特点(如声带、声腔、共鸣体等)。在对声音类型有所认识的基础上,就可以有针对性地进行提高喉的发声能力的训练了,主要应包括扩展音高、音域的训练,扩展动力音域的训练和虚实变化训练。

1. 扩展音高、音域的训练

依照训练幅度大于使用幅度的原则,播音专业人员的音高能力应该保持在一个半八度以上。开展音域可以采用以下两种方法:

①螺旋式上绕、下绕练习

用"b"或"i"音,从说话的自然音高中的某一个音开始(日常言语声,男声平均在110～145赫兹之间,女声平均在220～295赫兹之间),持续发音,逐渐"环行上绕",即向高音扩展,而后再由刚才达到的、力所能及的高音逐渐"环行下绕",周而复始,循序渐进。

②阶梯式升高、降低练习

首先可用单一元音或单一音节,从说话中的某一个音开始,一次次地接连发音,一个音阶、一个音阶地逐次升高或降低。练习时要注意分辨说与唱的区别,避免发出唱声。

在单元音、单音节的练习之后,可发展到语句练习,即在保持合理语势情况下,整体提高或降低音调。这种练习也是按照音阶的感觉,逐次升高或降低,周而复始,循序渐进。

2. 扩展动力音域的训练

动力音域指的是音量的变化范围。播音发声在音量变化方面所表现出的特点,与语言表达的规整性要求,以及电声设备的功能要求有关。其训练要求应在50分贝上下,强调规则而细微的变化。

扩展动力音域可采用以下方法:设想不同的听众人数,设想不同的交流距离,采用不同的表达方式。最好首先使用格律诗或文告类稿件,而后在向其他文体稿件过渡。

3. 声音色彩对比变化的训练

声音色彩的变化最主要的表现为虚实变化。就生理机制而言,实声是声带闭拢时发出的声音,虚声是声带较为松弛,声门适度张开时发出的声音。播音要求的是"以实为主,虚实结合"的音色变化原则。这种音色使听众感到结实又不过分明亮,柔和又不显虚空。这种音色是在声带张弛适度的情况下发出的。

在音高、音量比较自然和"宽窄"适度的情况下,发出实声的"a"或"i"的长音。

在保持基本状态不变的情况下,只稍稍放松气力,在少许"回音"感的情况下,再次发音。此时,便是"以实声为主,虚实结合"的音色。

①对比练习

单元音对比,如:

　　　　a(实)—a(虚)　　　i(实)—i(虚)
　　　　a(虚)—a(实)　　　i(虚)—i(实)

语词对比,如:

　　　　啊(实)—啊(虚)　　　啊(虚)—啊(实)
　　　　大海(实)—大海(虚)　　　大海(虚)—大海(实)
　　　　大海啊(实)—大海啊(虚)　　　大海啊(虚)—大海啊(实)

②过渡练习

单元音过渡,如:

　　　　a—a—a(先由"实"过渡到"虚",再由"虚"过渡到"实",如此循环往复多次)

语词过渡,如:

大（实）—海（虚）—啊（实）

大（虚）—海（实）—啊（虚）

③综合运用练习

以强烈感情色彩的文学作品作为练习材料。根据内容的变化体会虚实表达的色彩变化。

如：明月几时有？把酒问青天，不知天上宫阙，今昔是何年。我欲乘风归去，又恐琼楼玉宇，高处不胜寒。起舞弄清影，何似在人间？

④自然声区的训练

吸好气，喉结位置基本固定，利用横隔及腹肌的控制交替弹发 i 和 a 音。要求音量大小、音调高低一致，弹的力量要均匀，胸部要有振动，然后逐渐改变音高及音长。根据这种感觉练习讲述和朗诵。

交替发出 lü、lia 音，用加强舌前部和舌中线力量的方法，取得舌用力的平衡，解除舌根和颈前部的过分紧张。

汉语是有声调语言，声调是由音高的变化而形成的。在自然声区内，夸张地发普通话的四个声调，其音程可达到约八度。因此发夸张的四声调值，是练声的一个重要方法。

四、共鸣控制训练

1. 口腔共鸣练习

用开口元音做拼合音节练习，尽可能发得准确、响亮、集中。如 b—a—ba；p—a—pa；b—ai—bai；p—ai—pai；b—an—ban；p—an—pan 等。适当打开后槽牙，从容地发复韵母 ai、ei、ao、ou，体会声束沿上颚前行，"挂"于硬腭前部的感觉。

两字词、四字词练习

澎湃　冰雹　碰壁　玻璃

蓬勃　喷泉　批判　拍打

百炼成钢　波澜壮阔　壁垒森严

象声词练习

叭哒哒　滴溜溜　咕隆隆　噼啪啪　乒乓乓

扑通通　呼啦啦　咣当当　哗啦啦　刷拉拉

合口音、撮口音练习

乌鸦　花絮　挫折　快乐

吹捧　汪洋　虚假　宣纸

菊花　捐助　雪恨　燎原

2. 鼻腔共鸣练习

交替发口音及鼻化元音，体会软腭升起和下垂的不同状态及产生的不同声音色彩。如 a～a～a～a；i～i～i～i；u～u～u～u 等。（～为鼻化元音符号，发音时软腭下垂，气息从口鼻同时流出）

拇指及食指轻按鼻骨两侧，发口音 ba、bi、bu、pa、pi、pu，使声束打到硬腭前部，此时鼻翼两侧会感到微弱振动；再发 ma、mi、mu 鼻的振动明显加强。在练习中会发现，a、i、u 中，a 音鼻共鸣最弱，而 i、u 鼻共鸣就强一些，这是因为舌位高，口腔通道小，音波容易上传鼻腔的缘故。因此在发高元音时,应适当扩大口腔通道,以避免过量的鼻音色彩。

3. 胸腔共鸣练习

①元音"a"按音阶上下滑动练习

放松胸部及小腹用低音吟唱,感觉声音从胸部透出,混厚而有力。

用较低的声音弹发声门音"he",感觉声音像从胸部发出,体会胸部的响点;由低到高地一声声弹发,体会胸部响点的上移;然后再反之,反复体会。

②朗诵意境深邃的诗文

"人最宝贵的是生命,生命属于我们只有一次。人的一生应该这样度过:当他回首往事的时候,他不会因为虚度年华而悔恨,也不会因为碌碌无为而羞愧;临死的时候,他就能够说:我的整个生命和全部精力,都献给了世界上最壮丽的事业——为解放全人类而斗争!"

第四章 主持人的演播工具

主持人语言既不同于一般的生活语言，也不同于其他的艺术语言。它是借助电子媒介传播的一种艺术语言形式。也就是说，它不能离开电子技术传播的物理环境，离开了这个环境就不能充分体现它的存在价值。事实上，广播电视播音就是"人声→电声→人声"转换的物理声学过程。所以我们在对声音做出评价的时候，使用的是不同的标准。

人的听觉范围，主要是由频率和响度两个因素决定。虽说一般人所能听到的声音频率范围是16～20 000赫兹，实际人类的听阈是500～5 000赫兹之间。人们对1 000赫兹左右的声音感受性最高，在500赫兹以下和5 000赫兹以上的声音，需要大得多的强度才能被感觉，而在10赫兹以下和20 000赫兹以上，强度无论如何增大，都不能发生听觉。随着人年龄的增长，对声音频率的感受性逐渐降低，人的听觉差别感受性较高，在可听声音范围内，普通人可以辨别出1.1万种高低不同的声音，大多数人能觉察出4赫兹左右的声波差异，但对不同频率的声音，差别阈限不同。一般说来，频率越低，耳对频率的变化越敏感。

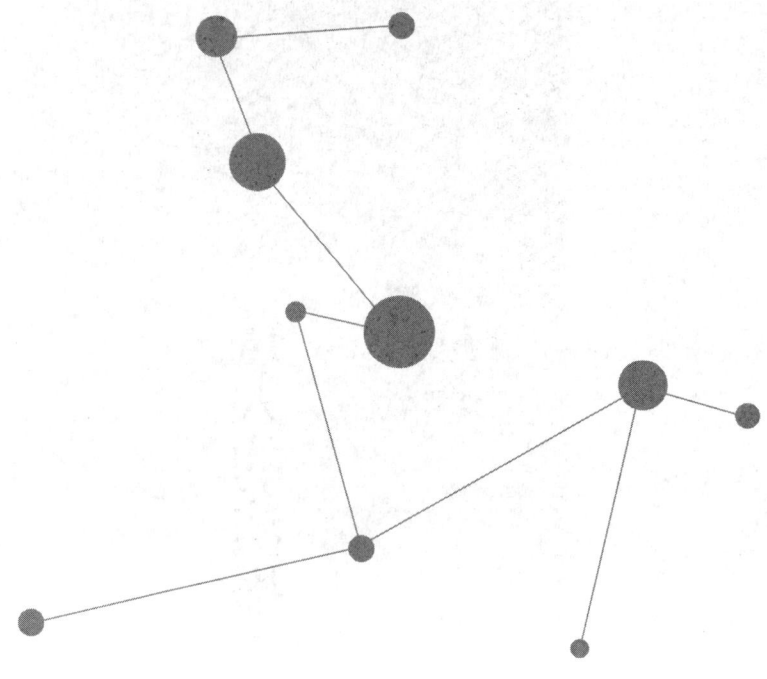

主持人语言既不同于一般的生活语言,也不同于其他的艺术语言,它是借助电子媒介传播的一种艺术语言形式。也就是说,它不能离开电子技术传播的物理环境,离开了这个环境不能充分体现它的存在价值。事实上,广播电视播音就是"人声→电声→人声"转换的物理声学过程。

◎ **本章要点**

◆ 主持人的声学环境和电声工具的使用
◆ 主持人的光学环境和视频工具的适应

第一节　演播的物理特性

语音声波的物理性质包括频率、强度、谐波含量与时值。这四种性质对于人耳的效应分别称为音高(音调)、音量(响度)、音色(音品、音质)和音长。

1. 音高(pitch)

它取决于发声体的震动频率,即每秒发声体震动的次数 Hz 或周/秒。

人能听到的声音范围,即人耳能感觉到的频率范围是16～20 000 赫兹。频率高于这个范围的叫超声波,低于此范围的叫次声波。从听觉感受分析频率增加一倍,音高增加一个八度音阶,人的耳朵可以听到九到十个音阶。

在汉语中,音高对于辨义有很重要的作用,这就是汉语的声调,它的调值反映的就是相对音高。

2. 音量(volume)或音强(intensity)

一定频率的声波的强度决定于它的振幅。振幅越大,声音越强,振幅越小,声音越弱。音强是指声音本身的物理特性,而响度则是指听觉的主观感受。响度随强度的增加而增加,它们之间不是简单的比例关系,而是接近对数关系。

强度级的实用单位是分贝(dB),人声的强度可以有较大的变化,从 85 分贝至 65 分贝到 45 分贝,耳语时平均强度还要降低 20 分贝左右。语言中元音比辅音强度高,宽元音比窄元音振幅要大得多。

响度级的单位叫"方"(phon),人们对声音响度的主观感受与声音的频率密切相关。随着响度的减少,耳朵对低频或高频声音的灵敏度衰落得比中频声音要快(在广播中,就必须借助放大器的增益频率特性来进行补偿)。而人耳对噪音的敏感度则随频率的高低而变化。

3. 音色(timbre)

音色决定于声波的谐波含量,就是所含的泛音数目和它们的相对强度,即声谱。它形成每人声音的独特品质和个性特征。复音的音高由基音的频率决定,而音色则由这个复音中包含的泛音数目与它们的相对强度来决定。影响音色的主要因素是发音体(振动体)、发音方式和共鸣器。

丰富的泛音使声音动听,高泛音使人感到愉快明朗,低泛音给人以深沉有力的感觉。

4. 音长(time)

它决定于发音体振动的持续时间(时值)。能够识别和感知的最小音长是多少,必须按照一定的比例关系来确定。根据实验的结果,处于 300 毫秒至 500 毫秒音长的音,它的变化要达到130 毫秒以上才能被感知。也就是说,按300～500毫秒：130 毫秒的比例,大约音长的变化达到原来的音长的三分之一时才能被感知。如果一个100 毫秒的音,它的音长变化30 毫秒就能被感知的话,那么对于一个原长600 毫秒的音,30 毫秒的变化就被忽视而无法感觉到了。

在言语发声中,音长通常指音节的长短。音长的变化直接影响言语的速度,并是形成言语节奏的重要因素。

现代汉语普通话每个音节的音长一般为200毫秒至400毫秒(0.2～0.4秒)。

从声音的特性角度看,音色与音长、音强等特性的组合,在听觉上形成辅音和元音;音高与音长、音强等特性的组合,在听觉上形成声调(字调)和语调;而音色、音高、音长、音强的组合,在听觉上形成语气与节奏。

第二节 演播的声学环境

广播电视主持人主要是在隔音、封闭甚至是吸音的特殊声学环境中进行的(现场报道、实地采访等除外),这种环境的特殊性除了对人的心理产生一定的压力以外,它对声音的传播也发生着不可忽视的影响。声学的基本理论说明,空气中某一点产生振动时,即引起该声源周围一系列的声波。随着与声源的距离增大,各点声强逐渐减弱,直到消失。但是在室内发声时,声音受到封闭环境的限制,就会出现与自由空间不同的情况。如,声音受到各种界面的阻挡而来回反射,出现了许多复杂的干扰现象,从而使声场情况发生了程度不同的变化。说明这种变化的声学概念主要是混响效应。它是指声源停止发声以后,由于室内界面的多次反射或散射逐渐衰弱的现象。混响时间是目前音质设计中能定量估算的重要评价指标,它直接影响播音室音质的效果。语言播音室的混响时间,一般是指500赫兹左右,中频的混响时间。一个面积为12～15平方米左右、体积为34～50立方米的播音室,最佳的混响时间是0.3～0.4秒;以语言声为主的电视演播室,必须用较短混响时间来提高语言的清晰度。电视演播室不同于广播播音室,因为室内装有摄像机、照明、空调以及布景设备等,它们都是影响室内混响时间、混响频率特性的因素。另外,为了避免传声器在画面中出现,话筒拾音的距离一般都比较大,这就使信号中的直达声受到影响。所以当演播室面积为50～80平方米时,最佳混响时间则为0.5～0.6秒;而当演播室面积为100～200平方米时,混响时间最好在0.6～0.7秒之间,并以此类推。

在这个与日常生活所处不同的声学环境中,很容易造成主持人发声心理上的错觉。这种错觉会使主持人不自觉地提高自己的嗓音,去追寻自然环境中的混响效果。这样就会对播音发声和语言表达造成一些不必要的消极影响,如:脱离发声的自如声区,导致极限声的出现,产生适得其反的效果;脱离表达的自如状态,使人感觉"冷、僵、远"等等。

主持需要适应这个特殊的声学环境,主要是根据环境特点适当控制、调整自己的声音状况,并形成职业习惯。譬如:音量大小、声源角度、桌椅位置、话筒选用等等。我们可以依据对声学环境混响效果的主观评价对自己的声音做出如下调整。

表 4-1 混响效果的主观评价与调整①

混响时间	效 果	口发 ss 声试听	用击掌声试听	调整措施
太 长	字音混浊不清有回音	余音明显过长	余音长,有回声	选用方向性强的话筒话筒距离声源近些
太 短	字音干枯无力讲话费劲	听不到余音	掌声不响亮,听不到回音	用高灵敏度无方向性话筒距离声源远些
高频长(2 000～4 000Hz)	声音尖	余音长	掌声尖而尖	增加高频段多孔性吸声材料在话筒桌上铺绒布
低频长(100～500Hz)	声音闷不响亮	稍有余音	掌声闷,不响亮,余音闷	增加低频段吸声材料
高频短	声音闷,低沉无力,讲话费劲	听不到余音	掌声闷,不响亮,余音沉闷	减少高频段吸声材料撤掉原有桌布、帷幕等
低频短	声音尖,讲话者能感沉声音尖	稍有余音	稍有余音	减少低频段吸声材料
理 想	声音洪亮,清晰悦耳,音域宽,讲话舒畅省力	稍有余音	稍有余音	

第三节 演播的电子器具

传声器与摄像机是广播电视最重要的播音工具,这个工具使用得如何,直接影响主持创作的艺术效果。我们常说某人"适应不适应话筒"、"上不上'镜'"指的就是这层意思。

一、传声器(话筒)的声学特性

在人声转换为电声的过程中,传声器发挥着关键的作用,所以我们又称它为"话筒"。它和喇叭、耳机等电声器件都被称为"电声换能器",只不过话筒是"声—电"换能,后者则是"电—声"换能。十九世纪下半叶,传声器随着电话的出现而得到应用。但那时对它的技术要求,只是提高语言的可懂度。当它在广播电视中得到运用以后,传声器不仅仅传送语声,还要表现音乐和自然音响,这就对它提出了更高的技术要求。所以综观传声器的发展历史,主要就是改善电声音质、提高声源清晰度而做出的努力。尽管现代技术已经使传声器的技术性能得到了很大的改善和提高,但是声电转换仍然有着自己特殊的规律,播音创作必须遵循这个规律才能取得理想的效果。

图 4-1

1. 灵敏度

传声器的灵敏度是说明电声转换效能的重要指标,传声器

---

① 刘万年主编.影视音响.南京:南京大学出版社,1994:80

灵敏度的大小,与录音机或扩音机的放大倍数和传输过程中线路感应杂声关系较大。灵敏度高,相对来说放大倍数就减少,容易达到较大的信噪比(获得较高的清晰度)。同时也能有效地克服线路感应杂声,使输出信号更加清晰。但是高灵敏度的传声器,对声源中的杂音也会起到放大的作用,如语音中的塞擦音、爆破音等等,根据这一特性,播音时就要根据不同话筒的灵敏度(通常是指在1 000赫兹时,正面0度主轴上所测得的数据)合理调整声源与传声器的距离和声波的入射角度。

2. 频率响应

频率响应简称"频响",它是反应电声器件或电声系统在电、声信号的转换或放大过程中对频率失真程度(音质变化)的一个重要指标。在实际使用过程中,应根据不同声源的频率范围极其特性(如不同的音高、声部等),选择相应的传声器,以提高清晰度。一般来说,为了的得到良好的音质,要求传声器频响曲线在300～3千赫兹范围内尽量平坦,就是不均匀度小些。过大的峰谷点容易引起反馈,这是在扩音时所不希望的。但有时为了改变音质的特殊需要,通过调音台来有意提高或压低某个频段的响应。另外,在有些压差式传声器中存在着"因近效应",就是当拾音距离距离小于一定程度时(例如1厘米),传声器低频段的灵敏度将显著增加,距离愈近,低频提升的愈多。这种现象在实际工作中也有一定的用处,它常用于补偿声源或传声器本身的低频缺陷,增加语音的亲切和柔和感。但是应用不当也会使整个频率响应变坏,反而影响语言的清晰度。所以我们还是主张以20～30厘米的距离为好。

3. 指向性

传声器的灵敏度随声波入射方向而变化的特性就是传声器的指向特性。这是一个很重要的电声技术指标。传声器的指向性大体分为全指向性、双指向性和单指向性三类,如下表。

表4-2　不同传声器和不同结构特点

名　称	圆　形	心　形	超心形	8字形	强指向性	抛物面传声器
指向性图形						
正反向灵敏度之比	1	1/7	1/7	1	1/31	≤1/40
拾音角度范围	360°	180°	70°～80°	正反向60°	30°～40°	20°～30°
用　途	室内外一般扩声录音用	剧场、大厅、体育馆扩声用、音乐、戏剧院录音用		广播录音用	电视节目拾音用	运动场广播、特殊效果录音

①全向传声器

也称无方向性或圆形传声器,对来自各个方向的声音都具有相同的灵敏度。实际上,由于传声器外壳的声障作用,使这种传声器后部的灵敏度有所降低。这类传声器适用于拾取大范围声源的音响。但是,当声源的范围很小时(如人物对话),则存在噪音过多、不够清晰的缺点。

②双向传声器

也称8字形传声器,前后两面灵敏度一样大,而对两侧的声波不灵敏。在实际运用中,它可以同时拾取来自相对两个方面的声源,例如拾取人物的对话,传声器只要放在中间的位置,就可以满足拾音的需要。

③单向传声器

也称心形传声器,正面比背面灵敏度高得多。它是实际使用最多的一种传声器。由于它只对来自一个方向的声源有较强的灵敏度,所以有比较强的抗干扰性,可以避免其他混响声和噪音的影响,有着较高的清晰度。它是播音创作中主要使用的一种传声器。

传声器的指向性还和频率有关。频率越低,指向性越弱,频率越高,指向性越强。传声器的指向性对音质有较大的影响。根据不同的使用目的,不同的声源以及不同的声场条件,选用具有不同指向性的传声器,这对提高音质是至关重要的。

4. 输出阻抗

每只传声器都有一定的内阻抗,从输出端测得的交流阻抗就是该传声器的输出阻抗(一般以1 000赫兹时的阻抗值为标称值)。按输出阻抗的大小可分为低阻抗传声器和高阻抗传声器两大类。一般高阻抗传声器可以直接与放大器连接,使用比较方便,但输出电缆线不宜过长(不超过5米),否则将会使高频部分严重衰减;低阻抗传声器有比较强的抗干扰能力,它可允许使用长达近百米的输出电缆线。

5. 固有噪声

它是指声波以外的电噪声信号。主要产生于传声器内部及其前置放大器中。主要是热噪声、摩擦声、风噪声、感应噪声及前置器电噪声等。传声器的噪声一般用信噪比(S/N)或噪声电平来衡量。

根据传声器上述的声学特性,播音时应把握与话筒适宜的距离、高度、角度。声源与传声器之间的距离同音色有直接的关系。一般来说,距离远一些,声音柔和,混响感强一些,与画面结合时,给人以场景开阔的感觉。但离得太远,不仅信号变弱,高频严重损失,而且会吸收过多的混响声,影响语音的清晰度。特别是在混响时间过长的封闭空间,工作距离更不能太大。当然,工作距离太小,也会因为传声器输出强信号而引起过载失真。通常,声源与传声器的距离保持在20厘米左右为宜。可是对低频响应不灵感的传声器来说,因近效应反而可以补偿低音的不足,对改善音质有利。

播音时常会低头念稿子,如果是给影视片配音,则既要低头看稿,又要抬头看画面,因此在布置有方向性的传声器时,对于前者,播讲者的嘴的中心线应与传声器的轴线在同一水平线上;对于后者,除两者尽量在同一水平线上外,传声器还不能距声源太近,因入射角度过小就会导致声音忽高忽低的现象,难以控制平衡。

在使用两只以上的传声器时,必须注意相位严格一致,否则会产生某频率段的声音抵消,从而使扩大器的输出音量变小。下表就是不同传声器的不同结构特点。

表4-3 常用传声器的结构和特点

类 型	结 构	特 点	指向性	使用时注意事项
晶体传声器	利用罗谢尔盐等材料的电压效应制成的传声器	输出电压高	无指向性	耐湿性能不好;输出阻抗很高,引线不能太长
动圈传声器	与动圈扬声器的换能方向相反,是利用磁场中运动的音圈产生电动势的原理而制成的传声器	结构结实,工作稳定,性能良好,已出现高性能产品。	无指向性 单指向性 双指向性	分为高阻抗型和低阻抗型两种,应根据使用目的选择
带式传声器	利用磁场中薄的金属箔振膜而产生电动势的原理制成的传声器	特性好	双指向性 单指向性 无指向性	防风、耐振性能差,在室外使用时应加注意;外部漏有强磁场,勿与磁带等靠近
电容传声器	靠近固定电极设置振膜极,利用其电容的变化制成的传声器,通过内装放大器取得信号输出	是一种高性能传声器,频率响应范围宽,指向性可变。	无指向性 单指向性 双指向性	避免在湿度大的环境中使用和放置;需要电源(注意电压)

续表

类型	结 构	特 点	指向性	使用时注意事项
组合传声器	由带式传声器和动圈传声器组合而成 用两只传声器做成一只立体声传声器	指向性可变（将两个传声器的输出合成） 一只传声器可拾取立体声	单指向性 双指向性 无指向性 立体声指向性	
驻极体电容传声器	膜片是用聚氟乙烯等材料制成的，依靠驻极体在极板上产生感应电荷提供电压	频响宽，固有噪声小，体积小，无需极化电压	单指向性 双指向性 无指向性	防潮防风，避免振动；需要电池，防止电压下降，不用时取出
无线传声器	基本结构与驻极体电容传声器相同，它是将电信号调制后发射出去的	无线传播，体积小，使用方便	单指向性	需要接收机接收解调出原信号，其他与驻极体电容传声器相同

二、摄像机（镜头）的光学特性

广播只需要解决音频系统的声电转换和传输问题，而电视则还需要考虑视频系统的光电的转换和传输。这里所说的摄像机常被简称为"镜头"。如同音响系统中的传声器，摄像机在视频系统中起到光电转换器的作用——将光能转换为电能（亦即将光信号转换为电信号），但摄像机的结构远比话筒要复杂得多。我们在这里只讨论与播音形象直接相关的若干光电规律。

摄像机的成像原理与人眼略有不同，它的"视觉能力"比人眼有更大的局限性。基本光照度、明暗对比度与清晰度（分辨力）是描述它的性能特征与局限性的三个主要方面。

1. 基本光照度

摄像机需要一定的光照条件来满足它的工作要求。如果光照强度不够，则成像不清晰。摄像机所要求的基本光照度主要是由信噪比（图像信号强度和电噪音强度之比）和光照强度（勒克斯数）所决定的。摄像机的信噪比高，克服电噪音的最低勒克斯数低，则所需要的基本光照度就小。如果摄像机的信噪比高，它就会克服电噪音而呈现比较清晰的图像；如果信噪比低，则可能就会受到电噪音的干扰而图像模糊。这时，解决的办法就是提高

图4-2

光照度，直到信号的强度增加到足以克服电噪音的程度。一般用于室内演播室的摄像机基本光照度在807.3～2 671勒克斯范围内，用于外景拍摄的便携式摄像机基本光照度可低至53.82～107.64勒克斯。

演播室内的灯光总是令人炫目的，强烈、灼热的光线刺激会让人感到不适。尽管提高摄像机的性能和冷光源的采用改善了这种状况，但是摄像机对基本光照度的依赖，使得摄像机前的播音工作需要有一个适应过程。与高度隔音产生的感觉一样，强光刺激同样令人不悦，在这样的演播环境中去表现生活中的自然效果，就需要对自己的心理状态做出适应性调整。

2. 明暗对比度

明暗对比度反映出摄像机对图像层次的表现能力。一般来说，同一画面内的元素其明

暗对比不能超过30∶1(最好在20∶1的范围内)。如果超过这个对比度,摄像机就不能反映画面的层次,要么过于耀眼,要么过于灰暗。明暗对比度与光照度的概念不同,它是在各种光照度下都能反映出明暗差别。但是不能因此而忽视光照度,没有一定的光照度,也难以反映出画面的层次。

演播室内的布光对播音员、主持人的形象塑造至关重要。演播室内的灯光主要分为主光、辅助光、轮廓光和背景光四种,它们可以在不同角度上形成明暗对比,以修饰、美化播音员、主持人的形象。

①主光

一般设置在左右前方,由于它符合自然光线的特点,具有一定的反差和明暗层次,给人以立体感。正常情况下,主光在受光者正前方45度角时,感觉明暗适宜,有一定的层次。随着这个角度的缩小,层次也逐步减少,脸部会显得宽平、呆板。当主光投射大于45度角时,面部阴影加大,增强立体感。所以面部较平,可以利用主光侧移来进行调整,不过要防止过于强烈的明暗对比。利用主光角度的变化可以调整面部轮廓,胖脸或瘦脸都能得到适当调整。

②辅助光

在主光确定以后,总会给受光者留下一些阴影,保留哪些阴影、修饰哪些阴影、去掉哪些阴影,就需要辅助光来加以调节。辅助光一般在摄像机的正前方,如果主辅光配和得当,就可以产生理想的明暗效果,使人物形象得到美化。

③轮廓光

它的作用类似于摄影中的逆光效果,用以表现人物的轮廓,把人物从背景中区别出来。由于光线是从人物后部投射出来的,它可以使发型、肩部和脸部轮廓明显,具有层次感。轮廓光的强度一般要大于主光,这样才能表现出明显的轮廓。轮廓光也可以根据人物的特点进行适当调整,以改善荧屏形象。

④背景光

它是用来反映背景的灯光。背景光主要是为了烘托人物造型。可以根据人物主体的明暗来调整背景灯光的亮度。

当然灯光的调整主要是灯光师的任务,但播音员、主持人在熟悉并了解光学特性的情况下,应该主动配合他们来完善这项工作。

3.清晰度(分辨力)

摄像机的清晰度是由许多因素所决定的。但就表现播音状态而言,现代摄像技术和镜头光学性能是能够满足清晰度要求的。当播音员和主持人要透过摄像机镜头与观众交流时,他实际上是将摄像机镜头看做观众的目光,无论观众还是主持人都是一种"一对一、近距离"的感觉,一颦一笑都会给人留下鲜明的印象。在这种情况下,播音员、主持任何不雅的行为或不良的情绪也都会暴露在观众面前。所以,我们必须培养出在这种特殊环境下,用特殊方式与观众交流的能力。

第四节 媒介语言的可懂度与清晰度

主持人是借助电子媒介传播信息的创造性工作,电声本身的物理性质就决定了有声语言的特殊表现形式。这种特殊性主要就反映为有声语言在如何提高电声传播的可懂度和清晰度方面所做出的努力。

对于可懂度和清晰度的评估方法,主要是由若干专家组成一个测听小组,由一个人通过语言传送系统朗读预先编好的语言材料。测听组成员将听到的内容记录下来,或根据讲话内容做出反应,统计听对的百分数,从而对语言传送系统作出评价。如果统计的是意义不连贯的语言或音节,则称为清晰度;如果统计的是有意义的语言,如词、单句,则称为可懂度。人们往往可以根据一句话的一部分字音,就能猜测出整句话的含义,所以单句的可懂度总是高于音节的清晰度,当音节的清晰度高于40%时,单句的可懂度就可达到95%以上。

一、影响语言可懂度、清晰度的主要因素

1. 传送系统的频带范围宽窄

一般来说,高频率的声音对语言清晰度的影响比较大,所以要提高语言的清晰度就必须增加高频。

2. 声强级(响度)的大小

传送系统的频率范围相同,但声强级不同,清晰度也不一样。声强级达到一定值以上,清晰度几乎不变,但过度则清晰度反而下降。

3. 室内混响的多少

混响度较强会产生过多的干扰,前后音响混淆,影响语言的清晰度。

4. 录音重放速度的快慢

声音的个频率是按录音时与放音时速度比作相等变化的,但清晰度则随速度比有相当大的变化。

影响播音可懂度、清晰度的主要原因就是在上述技术条件的影响下,发生的语言弱音节丢失现象。由于普通话中各个音节的音强并不是均衡的,特别是元音和浊辅音(声带振动发出的音)携带有整个语言过程中90%以上的能量,清辅音虽远不如浊辅音,但在语言识别中它要发挥60%的作用。所以清辅音是形成弱音节的主要因素。见下表:

表 4-4

特征\音别	元音	浊辅音	清辅音
携带能量	大	中	小
频带宽度	窄	中	宽
传播距离	远	中	近
受系统幅频曲线限制的影响	小	中	大
对广播电视系统适应能力	强	中	弱
对语言所起的作用	主要对音量影响大	对音量及清晰度均有影响	主要影响清晰度

二、弱音丢失现象

在不同的广播电视技术条件下,播音中弱音节丢失的程度有所不同。声音保真度越高,弱音节丢失就越少。但即使是在保真度较高的电视播出中,也会出现弱音节丢失的现象。有人对这种现象作过实地测听调查:"测听在长沙市郊区进行,电视信号场强为65～68分贝

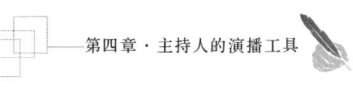

(微伏/米),测听室面积18平方米,混响时间0.35秒,环境噪声45分贝(A计权),用一台日立牌彩色电视机作测听接收机,由2~3名专注的人员进行测听,电视机音量旋钮开60%"。现举测听结果数例如下(字下标黑杠为弱音节丢失):

1988年3月26日19时中央电视台国际新闻中:"……欧洲共同体也投入灭蝗……"

1988年4月5日18时中央电视台音乐讲座中:"……利宾玛把宗教仪式的唱法也带了进来……"

1988年4月3日20时湖南电视台播出《刘三姐》中:"……刘三姐你还不知道哇?财主想要她死!";"……这么说,是你家老爷弄错了吧……?告诉你家老爷,今天老汉没工夫会他……"

1988年4月18日19时中央电视台国际新闻:"伊朗对美国这一报复将是无限的……"

遇到弱音节丢失现象,电视观众只能借助于演员的口型和表情,或根据语句的前后相关意义来猜测该音节的意义;广播受众则只能根据相关意义来猜测。这样就削弱了受众对整句话的辨识,使播音可懂度下降,这是应当尽力避免的。① 播音语言之所以不能等同于一般的生活语言,就因为广播语言的幅度和频率范围要受到技术条件的限制,受影响最大的就是弱音节。随着弱音节的幅度被降低,高频分量被削减,很容易发生弱音节丢失的现象。事实上,人耳可识别的频谱大约在15~20 000赫兹范围内。广播电视受各种条件限制,提供给语言信号的频带宽度都是比较窄的,如我国调幅广播的频带宽度规定为4 500赫兹,这样语言中相当多的频谱就被削掉了,尤其是清辅音中高频部分损失最为严重。弱音节丢失的第二个原因,就是因为音量忽大忽小的变化超出了电声系统的动态范围。为了把电平控制在安全值范围内,只能牺牲高频来避免过载,这样就会使弱音节衰减得更明显。此外,电声在传播过程中,受自然环境的影响造成电平衰落,节目音量在"潮汐起伏"的变化中,导致电平动态失衡,往往会使"低潮"中的弱音节丢失等等。在很大程度上,克服这种弱音节丢失现象的努力,就会形成播音语言的鲜明特点。

三、清晰播音语言的特点

1. 音高

汉语是声调语言,每个字、词、句都有抑扬曲直的变化,音高的变化反映的就是声音的频率范围,特别是男声应有针对性地补偿清辅音的高频部分,以增加弱音节的可懂度。汉语音节中的声调、语流中的语调等都与音调直接相关。譬如,声调的五度变化就是音调的直接反映;语流中,抑扬顿挫的语调主要也是音调的表现。所以具备较宽的音域,也就为丰富自己的语言表现能力创造了条件。

音高是由声带的振动状态决定的。振动的次数多,人声就高;相反,振动次数少,人声就低。声带的振动次数决定于声带的长度、厚度和紧张度。声带愈长、愈厚、紧张度低时,人声也低,否则反之。声带的这些变化是由喉肌控制的,其中主要是环甲肌和声带肌。这些肌肉的活动决定了音调的高低。从低音到高音的振动范围,我们称之为音域。音域的宽窄表明喉肌控制能力的强弱。未经过训练的自然音域范围大概是一个半到两个八度音,经过良好的声乐训练可以扩展到三个八度的音调范围。一般来说,音域越宽,表现能力就越强。这并

---

① 方宏一.广播电视语言弱音节丢失现象的探讨与对策.中国广播电视学刊,1988(6)

不是说扩展音域的目的需要经常表现极限高音或低音,播音发声提倡使用自如声区,但是没有音域的宽度,自如的范围也就受到了限制。

2. 音量

它主要取决于声带振动的振幅,而声带的振幅又是由气压的大小,也就是呼气的强度大小决定的。主观评价为声音的响度,客观度量单位是分贝。在说话人正前方一米处测量声音的响度平均为66分贝,最高可达84分贝。但播音发声的音量是受到电平动态范围限制的,一般来说,语言的动态范围上限控制在满刻度80%的范围内,下限则不应低于35分贝(用有效声压级计量)。所以播音音量具有三项特点:强度不高、幅度不大、层次宜多。

①强度不高,适应话筒特性

面对话筒播音,话筒与嘴近在咫尺,又有较高的敏感性,就没有必要一味提高音量。实践经验表明,不去追求响度更有利于自如驾驭声音。由于免除了声音的负担,比较容易集中注意力,抒发情感和表达思想。当然响度的大小都是相对而言的,最终都要通过声源、话筒及调音的相互适应来取得和谐悦耳的效果。

②幅度不大,符合电声规律

由于广播电视主要是在休闲状态中的收受特点,播音音量变化幅度过大就会影响听感的清晰度。同时电声的频响范围都是有一定要求的,不允许出现过强过弱的声音。猛然增大音量可能就会出现喷话筒、声音爆裂等噪音现象,传输系统也会自动衰减音量,在被衰减的情况下,音量又突然变小,传输系统来不及反应,导致含混不清。所以,话筒前播音的响度,一般都是用渐强或渐弱的方式来进行调节的。舞台艺术语言忽强忽弱的表现方法,不适合播音方式。播音中音节的强弱变化往往与音长变化相结合。即使由于表达上的需要,出现最强或最弱音时,一般用调整话筒的距离来解决。

③层次宜多,提高表现能力

既然响度变化的范围受到限制,为了提高表现能力,就必须更加细化表现层次。或者说在响度层次上,努力寻求更加细腻的表达方法。多层次地表现可以提高语言的感染力和可懂度。如果用"直嗓子"播音,那么响度上的单调势必会削弱语言的表达能力,更难以塑造具有感染力的听觉形象。

3. 音色

声音色彩会随着情绪的变化而变化。播音员不仅要学会控制自己的发音器官,发出虚实结合的柔和圆润的声音,还要学会变换声音色彩以适应千变万化的表情达意要求。那种单纯追求某种"亮音"以及"气声"的发声方法,都是盲目而缺乏科学依据的。播音不需要像"美声"、"话剧"那样声贯全场,也不能像有些"流行"唱法那样呢喃细语。片面追求"亮音"让人感到不自然,会产生"音包字"(即"掩蔽效应")现象;而"气声"过多,就会发生弱音节脱落情况。一方面气音的发音效率低,漏气过多,增加了吸气负担,容易出现吸气杂音;另外,气音过多同样给人以不真切的感觉,反而限制了自己的语言表达能力。

4. 音长

由于广播语言比日常口语负载的信息量大,播音速度一般比口语要略慢一些,音节的长度要长一些。但并不是平均分配在每个音节上,而是表现在句重音及重点句子等上面。实验证明,句重音的强调主要不是在音量的加大上,而是表现在时值的延长上。我们应该根据传情达意的需要,灵活处理音节长短疏密的变化,使之错落有致。

有人提倡用快语速播音,从过去的200字/分钟加速到了如今的250~300字/分钟。甚至有人把"快"看做是一种业务标准,越快越好。事实上,"快"并不意味着增大信息量,相反,过快的语速超出了听觉的感受能力,降低了播音的可懂度,反而会失去许多有效信息。实验表明:语言的音节大多数都应持续几十毫秒以上。如果在50毫秒之内出现两个相同的声音一般是不能区分出来的,仅能觉察到音色和响度有变化。但如果让第二个声音延迟50毫秒后再出现,而且有足够的响度,我们就能够区别出来。从播音艺术的角度来分析,我们经常还需要运用"此时无声胜有声"的语言表达手段。

思考题

1. 为什么说主持人的演播环境是一个物理环境?
2. 请描述主持人演播中的声学特性。
3. 传声器的声学特性有哪些?
4. 摄像机的光学特性是什么?
5. 如何有效提高广播语言的清晰度和可懂度?

◎ 附录2　主持人的演播技术训练

一、电声话筒使用技巧训练

如果遇到话筒发出"噗噗"地爆音时，你就要避免使用带式话筒。另外，摆正你和话筒的位置，使你说话的声音穿过振动膜片，而不是（气流和唾沫）直接对着它。

当你的位置与话筒靠得比较近时，会产生与你所读的内容更亲近的感觉。这种感觉在使用超灵敏的电容话筒时特别真切。要注意出现近讲效应的同时，还会听到嘴巴里发出的噪音明显地增多，如嘴唇的咂吧声和牙齿的磕碰声等。

凑近具有心形拾音模式的话筒讲话时，将导致音质变得更低沉。这样做也会压抑声音的再现，这就是为什么有些电台的工程师用一层厚泡沫塑料防风罩将话筒遮住。防风罩的存在，使得播音时保持离话筒远些。

防风罩有许多形状和尺寸，当播音员工作在室外刮风的情况下或话筒出现"噗噗"地爆音时，有时很管用。这些防风罩，也叫做爆音过滤器，只是用于阻挡某些空气的流动。

当对着话筒讲话时，与话筒的相对位置要保持不变。当然，这取决于你正要读的稿子。要获得亲切的感觉，或许你该移得离话筒近些，但在整篇稿子的朗读过程中应该保持同样的距离，使得亲切的感觉前后一致。

你的嘴巴离话筒该多近？答案取决于你个人讲话的模式，取决于话筒本身以及想要取得的效果。一般的规律，离话筒15厘米，大约是10元纸币的长度，是恰当的讲话距离。

在有噪声的环境下工作，你讲话时应该离话筒近些。如果你的声音低沉、响亮，想让声音在播放的时候减弱些，就离话筒远些。

当播音员从话筒方向退后些时，硬性宣传的内容通常听起来更可信一些。比起靠近话筒、亲密无间的形象，这样做所产生的视觉效果足以加强硬性宣传的信息内涵。

二、光影摄像造型技巧训练

1. 在摄像机前的表演

电视设备的使用向广播者提出了各种各样的要求。在这里，扩音技术问题不是很重要，因为在电视中，话筒通常被夹在表演者的身上，或是从支架上悬挂下来。但是，那个一眼不眨地盯着你的摄像机，能够让表演者出彩，而糟糕的摄像技术，也能够让表演者黯然失色。

2. 镜头前的发挥

电视表演的新手面临的一个主要问题是难以适应电视摄像机镜头的特性。想在镜头前有出色的发挥，就要按照以下的注意事项工作。

当你看着镜头时，直接盯着它。你凝视镜头的目光哪怕移开一个小角度，观众也会看得非常清楚。

偶尔扫视一下演播室的监控器屏幕，这样你就可以知道正处于什么样的镜头中。当处于特写镜头时,你必须小心自己的动作和姿势,幅度不能太大。

正确移动眼睛。当与人进行对话的时候,我们有些人会朝旁边扫视一眼。虽然在平常的对话中这样做并没有什么特别不好,但在电视中这种习惯极其分散注意力。摄像机镜头将毫不留情地把这种动作拍摄下来,表演者会显得"目光躲闪"。当你暂时不看镜头的时候,朝下瞥比往旁边瞥要好得多。

变换摄像机值得注意的是,将凝视的目光从一架摄像机转移到另一架的才能是后天培养的,不要面无表情地转动脑袋。而是要这样做:假装改变谈话的对象,从这个参与者转到在场的另一个参与者。

3. 姿势和位置

在摄像技术中动作和姿势是重要的因素。为了使用正确的动作和姿势以改进我们在摄像机前的表现,设法按照下面的方法来做。

学习标准的姿势并作练习。对于坐在桌子前读稿的播音员来说,这个问题特别重要。

相当数量的练习常常可以培养良好的坐姿并保持身体的位置不随便移动。坐在桌前的播音员应该练习身体完全朝前坐的姿势或者身体转过 1/4 位置的姿势。练习的目标是不要出现萎靡不振的感觉并且避免不必要的动作,而且神态要显得相当放松。

不要显出坐立不安的样子。过分地眨眼睛、敲桌子,不停地舔嘴唇,这些动作暗示着你浑身不自在,即使你并不是这样。

不要机械地使用没有意思的表情。有些观众认为"抬眉毛"的动作暗示着怀疑,但实际上这或许只是新闻播音员喜欢的一个动作。这个动作不仅并不意味着怀疑,而且也不表示任何其他的意思。

新闻播音员硬贴上"关心的面容"常常会显得滑稽可笑,并可能让那些知道你其实并没有准备掉眼泪的观众感到不快。有些观众或许会感到,用伤感的表情来显示被所报道的悲剧深深感动是一种虚假的行为。

4. 目光的接触

电视台现在普遍使用提词设备,保持正确的目光接触方法并不像以前那么困难。诸如播音提词器这样的设备有一面镜子,它以一定角度置于摄像机镜头之上。用一台特别的摄像机拍下新闻稿的图片,再将图片投射到镜子上。新闻播音员或者其他演员能够看到文稿,而文稿不会影响摄像机的视野。

不过,在许多情况下你会被要求直接根据书面文稿朗读。电视新闻、最新的突发事件、选举报道,诸如此类的事情都要求你根据书面文稿进行朗读,还要保持良好的目光接触方法。保持正确的目光接触方法包括具有超前阅读一句或两句稿子的能力。这种技巧对于广播电台的播音员来说也很有价值,因为这使得播音员可以有时间监视时钟,查看他们正在操作的设备。超前阅读的能力也使得你可以发现稿子上的错误,并且有片刻时间或更多些的时间作调整。要培养正确的目光接触习惯,可以采取下列方法。

练习阅读稿件中你正在朗读的那个地方的前面一句话。做到这点远不像听起来的那么困难,有经验的播音员常常能够消化他们正在朗读的文字前面的整段内容。

在练习过程中,迫使你自己尽可能多地浏览前面的内容。比起目光盯着讲稿一个地方的做法,超前浏览对你的帮助更多,因为你将消化整理看到的内容,脑子里重复的是概念而不是文字。

当朗读的是拿在手里的稿件时,要避免老是去看稿件的某些地方。例如,不要养成往下扫视每一句子结尾的习惯。

虽然提词设备已经简化了目光接触的问题,但使用这些设备确实需要一些技巧。有一点要注意,使用提词器的表演者必须避免太直接地盯着镜头。自然的做法是让眼睛看着镜头,可是要记得偶尔朝下瞥一眼。

视力不好的播音员需要提词器放得离他们近些。否则,他们将对稿子内容踌躇不决并眯缝起眼睛。但对视力相当模糊的播音员要留神别让提词器和摄像机镜头离他们太近,因为这样的话,他们的眼睛从一个字移到另一个字的动作明显看得出来,会让观众分散注意力。

5. 激情

影响总体摄像技术和播出节目表演效果的最重要的因素之一,是将激情注入表演中去的能力,而最普通的缺点就是缺乏激情。请考虑以下三条作者近来无意中听到或看到的评论。

"尽可能活跃些",一位电视访谈节目制片人最近对一位即将上节目的嘉宾说,"摄像机的中介因素会减弱激情的程度。"

"在排练中如果你坐在播音员的身边",当新手观看主持人的表演时,一位气象播音员告诉他们,"他的气息可以把你从他身边吹开。但在播出的时候,他这样精力充沛地说话分寸掌握得正好。在你的表演中需要有那种激情。"

"我正在重看你的录像带",新闻导演写道,"你的外形很好,你的声音漂亮,但你的激情太少了。如果你不关心你正在读的内容,观众们为什么要关心?"

注入太多的激情总比注入得太少要好。首先,经过镜头和摄像机的"剥削"后,你认为太多的激情可能正好。其次,激情太多的话可以减少,这总比要想增加来得容易。最后,影响受众的潜能是最重要的。

第五章

主持人的心理塑造

声音是客观存在的物理现象,是通过听觉得以感受又反映出的一种心理过程。费尔巴哈曾说:"我们用耳朵不只听到流水潺潺和树叶瑟瑟的声音,而且还听到爱情和智慧的热情的音调。"[①]如果说"流水潺潺"和"树叶瑟瑟"只是一种物理现象和生理上的感觉,那么"爱情和智慧的热情的音调"就是一种心理性的审美感受了。有声语言也不仅仅是一种声音形式,更主要是它所蕴含的情感和意义。所以它的心理作用就比一般的声音形式更加直接、明显。

事实上,演播是在媒介环境中与受众进行交流的方式,无论传播者还是受传者都有着特殊的心理过程。如果不懂得这种创作心理的一般规律,也不了解受众对语言的感知过程和审美心理,语言艺术创作就会陷入盲目,常常表现为脱离对象的自我欣赏,费力而不讨好。因此,主持人要提高自己的语言艺术水平,必须遵循艺术创作的一般规律和社会实践的检验标准。

---

① 费尔巴哈哲学著作选集(上卷).荣震华,李金山等译.北京:商务印书馆,1984:172

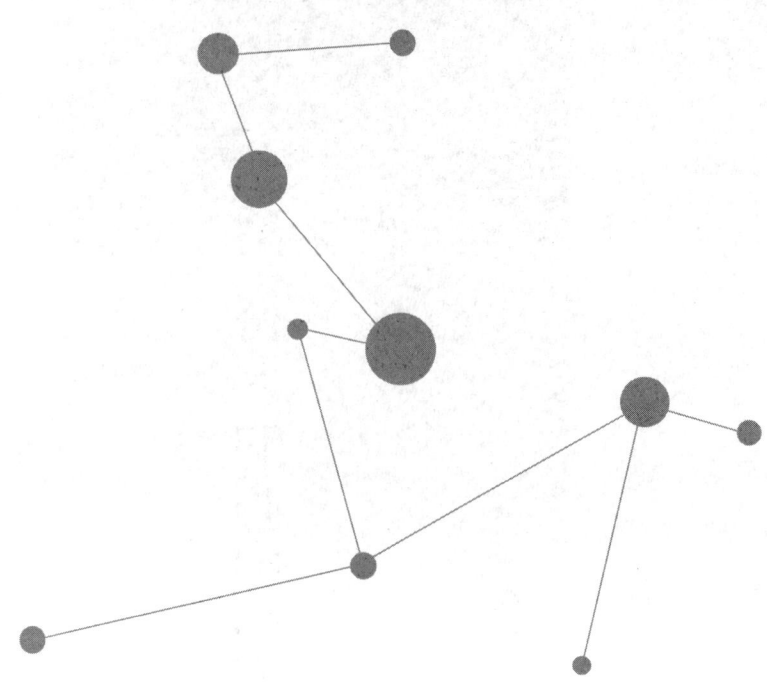

事实上,演播是在媒介环境中与受众进行交流的方式,无论传播者还是受传者都有着特殊的心理过程。如果不懂得这种创作心理的一般规律,也不了解受众对语言的感知过程和审美心理,语言艺术创作就会陷入盲目,常常表现为脱离对象的自我欣赏,费力而不讨好。因此,主持人要提高自己的语言艺术水平,必须遵循艺术创作的一般规律和社会实践的检验标准。

◎ **本章要点**

◆ 主持是一种审美艺术活动,需要培养美学意识
◆ 主持是一种艺术创作活动,需要遵循创作心理
◆ 主持是一种传播交流活动,需要把握传受心理

第一节　主持人的审美心理

主持人运用艺术语言传情达意,以艺术形象反映社会生活。创作主体对待生活的审美态度和爱憎感情灌注在形象创作中,赋予形象一定的思想内容和艺术感染力,才能使欣赏者得到某种美感享受,而审美感受就是一种由审美对象所引起的复杂的心理活动和心理过程。愉悦听觉是有声语言美感创造的主要心理过程。张颂教授曾撰文指出:"愉悦,是一种美感,由两个方面组合而成,一方面,创作方要力求达到一种层面,即在真与善的基础上,营造出引人入胜的氛围与境界;另一方面,接受方能够进入一种层面,即在生存状态、道德情操的追求中,生发出赏心悦目的性情与向往。二者的愉悦达到了和谐,便产生了共鸣,缺一不可。"[1]他还指出了语言传播的美感营造大体上包括四个层面:音声美、意蕴美、分寸美和韵律美。

一、音声美

主要是声音圆润、清朗,吐字归音准确、清晰。

音声化,就是使声音不断美化、艺术化。从播音的实践效果来看,给人以美感的声音总是具有圆润、响亮、坚实、持久的共同特点。圆润,就是声音饱满而润泽,听起来不干瘪、不嘶哑、不尖利、不生涩。响亮,就是洪亮、明亮、透亮,听起来很清楚,很省力,而不是那种纤细、纤弱、暗淡的声音。坚实,就是结实、稳定、坚固,没有忽窄忽宽、忽粗忽细、出叉、发飘等现象。持久,就是从头到尾、自始至终,声音一直是圆润、响亮、坚实的,不会越来越小、越来越细、越来越暗。

此外,汉语语音在音色上的突出特点是音节结构中元音占优势,元音听起来圆润柔和,是一种有规则的音波,属乐音系列;声调的变化,使汉语更具有高低抑扬、升降有致的音乐色彩;词汇中的双声、叠韵、平仄等,使汉语更具有音律美和修辞美。播音使用的是规范的汉民族共同语,所以汉语本身就是一种声感优美的语言,不仅语音抑扬顿挫、富有音乐节律,而且语句的组合也十分讲究和谐、对仗,富有韵律。语言艺术不仅需要准确、鲜明、生动地传达节目内容,而且应最大限度发挥汉民族语言自身的优势,使之字音响亮,声调和谐,节奏鲜明,韵味悠长,这样就会给人以美感,产生动人的魅力。

二、意蕴美

主要是词语晓畅,蕴含明确,主次鲜明,逻辑清楚,无粉饰,不生涩。

任何一种艺术再现生活的手段都是极其有限的,所以艺术的任务并不仅仅是表达生活的直观印象,而是要通过这些生活现象,引发人们做出更深层次的思考。我们所说的"意蕴"很类似于艺术上"暗示"的表现手法,它的特点就是不仅仅去再现生活中的直观印象,而且在表现现实生活的同时,揭示与它相关的其他事件或社会意义,把丰富复杂的内容用精练的形式概括地加以表现,以达到"言有尽而意无穷"的境界。"暗示手法的适当运用,可以构成艺术的含蓄和明确相统一的表现力。"[2]正如我国古代文论学家梁廷在《曲话》中说过的:"情在

---

[1] 张颂著.语言传播文论.北京:北京广播学院出版社,1999:47
[2] 王朝闻.美学概论.北京:人民出版社,1981:192

意中,意在言外,含蓄不尽,斯为妙谛。"所以含蓄常常会给人以文约意丰、余味无穷的美感。但是含蓄精练,不等于含糊。故弄玄虚、晦涩难懂,就谈不到意蕴美。譬如:脱离我们自己的文化背景,盲目模仿西方、港台的表达方式,难免就会让人不知所云等等。

从艺术创作的角度看,意蕴似应涵盖意境。意境也是我国美学思想中的一个重要范畴。在艺术创造、欣赏和批评中经常把"意境"作为衡量艺术美的重要标准。意境是情与景、意与境的统一。清代王国维所说的:"文学之事,其内足以摅己,外足以感人者,意与境二者而已"就是指意与境的统一。他进一步解释说:"境非独谓景物也。喜怒哀乐,亦人心中之一境界。故能写真景物、真感情者,谓之有境界。"他把"境界"看做是艺术美的本源,提出"言气质,言神韵,不如言境界。有境界,本也。气质、神韵,末也。有境界而二者随之也"。① 就是说如果在艺术表现中达到了情景交融的境界,自然也就产生了神韵,体现了气质。在许多著名播音艺术家的作品中,我们都能真切地感觉到那种神韵和气质。如夏青同志朗诵的《早发白帝城》,并不仅仅是"绘景",而是把诗人李白从流放到遇赦那种欢快、振奋、归心似箭的复杂心境表现了出来,这种寓情于景的表现方法就体现了一种意境美。

三、分寸美

"分寸"指的是一种结构比例的关系,指一件事物整体与局部以及局部与局部之间的关系。例如我们平时所说的"匀称",就包含了一定的比例关系。古代宋玉所谓"增之一分则太长,减之一分则太短"就是指的比例关系。在艺术创作中不能掌握正确的比例往往会产生形象的不真实。那么什么样的比例才能给人以美感呢?西方美学家蔡辛克曾认为视觉艺术中"黄金分割"的比例最能引起人的美感。但是在听觉艺术中就很难用这种比例关系来加以说明了。如果把这种比例也看做是一种艺术结构,我们就可以理解"过犹不及"的普遍含义了。结构的最终目的就是使各部分之间和谐统一。文学的结构要贯串情节和表现人物性格,戏剧的结构要贯穿矛盾冲突,绘画、音乐、舞蹈、工艺美术等的结构,都需要有统一的基调。古人曾说,好戏的结构,"妙在千丝一缕,毫无凌乱之病。"就是指那种和谐统一的戏剧效果。主持语言艺术也是这样,内容的主次、感情的浓淡、态度的差异等等,都涉及整体把握的结构问题。"任何稿件,任何话题,从句到段到篇,几乎都存在分寸感的把握问题,面对纷繁复杂的人、事、物及其关系,在反映和讲述他们的时候,总有主次,总有轻重,总有缓急,并在有序的、动态的传播中,显示各自的位置、价值,这些比较中的存在,必须用相应的、贴切的有声语言给以鲜明、适当的表现。于是'分寸感'便自然有了不可或缺的意义。"②这就说明语言艺术中的"分寸美"事实上也就是艺术表现的结构美。

四、韵律美

主要是有声语言的一种形式美。韵律,顾名思义,是韵与律的总称。所谓韵或押韵,是源于一种类音(或称半谐音)的反复。如汉语诗词押韵的"十三辙","一、三、五不论,二、四、六分明"等规矩。所谓律,是指声音在诗、韵文中所形成之形式,这种形式主要建立在音的强弱或轻重变化上。其表现在"音节"上的,成为音步。音步的变化由于音节的数量和重量的位置不同,形成不同的格式——抑扬格、扬抑格、抑抑扬格、扬抑抑格等。"不同音步"之数量复组合而成不同的诗行,形成不同的诗词格律。声律是诗歌中语音配合的艺术规律。它包括押韵、平仄、句式等内容。抑扬者,"妙在起伏,悠扬摇曳",主要是指声调的高低、升降、强

---

① 王国维. 人间词话(十三). 郑州:中州古籍出版社,2008:3
② 张颂. 中国播音学. 北京:北京广播学院出版社,2003:176

弱而言。节拍的舒约徐疾、龙腾虎跃,是抑扬变化的重要手段。顿挫者,"切忌平衡",行乎不得不行,止乎不得不止,顿挫,既含有"息养其行气之力",犹如路人小憩之意,又有跌宕多姿、错落有致、把神韵"包笼于一顿之中",于"顿错中别饶蕴藉"之意。李渔说:"白有高低抑扬。何者当高而扬,何者当低而抑?曰:若唱曲然。"

有声语言的韵律美则主要表现在语调的抑扬变化和语流的顿挫节奏上。也有人认为:"在节奏的基础上赋予一定情调的色彩便形成韵律。韵律更能给人以情趣,满足人的精神享受。"①在生活和自然中都存在着节奏。郭沫若先生曾说:"本来宇宙间的事物没有一样是没有节奏的。譬如寒往则暑来,暑来则寒往,寒暑相推,四时代序,这便是时令上的节奏;又譬如高而为山陵,低而为溪谷,陵谷相间,岭脉蜿蜒,这便是地壳上的节奏。宇宙内没有一样是死的,就因为都有一种节奏(可以说就是生命)在里面流贯着。做艺术家的人就要在一切死的东西里面看出生命来,一切平板的东西里看出节奏来。"②有声语言中的节奏感一方面表现为语流有序律动的过程,同时也表现为感情跌宕起伏的变化。节奏有序、错落有致,听众才能听之悦耳、有味、惬意。根据美感的生理和心理反应,有规律性的变化才能怡情悦性。有变化而无规律则使之杂乱,有规律而无变化则使之呆板,变化越丰富越好,规律越严谨越好。寓变化于统一,寓统一于变化,这是一条美的规律。听觉艺术是可以探索出"有规律的自由行动"的声音造型规律的。

第二节 主持人的创作心理

语言艺术创作从某种意义上来说也是艺术思维的过程,这种思维最基本的特点,就是思维活动始终结合着具体生动的形象。它不是像科学的抽象思维那样逐渐抛开具体生动的形象材料,最后用概念做出普遍性的结论,而是始终离不开具体生动的形象思维过程,始终离不开感受、联想、想象等这样一些心理活动。

一、获得语感

"语感"曾是一个令人捉摸不定的概念。不但《辞海》、《辞源》、《汉语大词典》、《中国大百科全书》、《简明不列颠百科全书》等都没有收列,就连《语言与语言学词典》、《中国语言学大辞典》、《语文知识辞典》等也无此条目。只是 1994 年修订的《现代汉语词典》(第 1539 页)才做了如下简单的解释:"言语交流中指人对词语表达的理解、使用习惯等的反映。"此前,陈原先生曾在 1983 年出版的《社会语言学》中也使用过这个概念。"俗话常说,'眉目传情',这就是说,不止眼睛,连眉毛也有语感的。彼此注视着,不是爱就是恨;至于究竟是表达爱的语感还是表达恨的语感,那就要看具体的语境。"③尽管这些解释都不够明确,但是有一点是可以肯定的,语感实际上是对词语含义的一种感觉。张颂教授的近作《朗读美学》中就阐述得更加清楚,"语感可以这样表述:社会人对语言文字词语的感觉"。那么,应该从哪个学科的角度来研究语感现象呢?吴郁教授指出:"从心理学和语言学的角度看,语感的实质是人对语

---

① 杨辛,甘霖.美学原理.北京:北京大学出版社,1983:160
② 郭沫若.文艺论集.北京:人民出版社,1979:229
③ 陈原.社会语言学.北京:学林出版社,1983:183

言的一种综合的心理反应能力。"①显然,语感是一种心理活动,或者说是一种心理功能,应属于心理语言学的研究范畴。"心理语言学以语言过程作为主要的研究对象。这个特点使它和以研究结构和功能为对象的理论语言学和社会语言学区别开来。"②这就是说,语言学需要研究的是声音和意义怎么结合成为一种结构,而心理学则要了解的是人们怎么掌握这个结构,运用这个结构。20世纪50年代初期勃然兴起的心理语言学,就是建立在这样两个学科交叉点上的。

语感具有两项基本特征:直觉性和个别性。我们并不排除语感有先天禀赋的影响,但后天习得也是重要的途径。它所以有别于一般的感性认识,就因为它是在长期的社会生活、文化修养、伦理观念等陶染中形成的对语言内涵的感悟能力。常言道:"听话听声,锣鼓听音",它是提醒人们需要关注那些言外之意、弦外之音。譬如,最初人们对英文缩写词"GDP"不解其意。但现在随着使用频率增高,大家很快都会感知,它是指"国民生产总值"。再如北宋王安石的诗《泊船瓜洲》:"京口瓜洲一水间,钟山只隔数重山。春风又绿江南岸,明月何时照我还?"其中"绿"字的使用是意味深长的,可说是个绝妙之笔,它使人感觉到诗人对家乡的由衷赞美以及那种思乡感怀的心境。这里作者的意蕴能否为读者所感知,就决定于读者的文化修养了。马克思认为:"眼睛对对象的感觉不同于耳朵,眼睛的对象不同于耳朵的对象。"③语音是耳朵的对象,语意却不是耳朵的对象;文字是眼睛的对象,文采却不是眼睛的对象,语言、文字对人来说是一个既离不开耳朵、眼睛但又不同于耳朵、眼睛的特殊对象。语感因而也是一种既离不开听觉、视觉但又不同于一般听觉、视觉的特殊感觉。可是,语感毕竟只是一种感觉而不是思维。所以这种直觉是不确定的,感悟的深浅也会因人而异。

语感的个别性,包含两层意思,就是语感获得的个别性和语感运用的个别性。语感的获得因个性心理结构的不同而有所区别。个人所处的时代、所属的民族、所生活的环境、所接受的教育等等也都可能对语言感受产生影响。在这个过程中,语言和个性之间相互作用,就形成了千差万别的语感个性。感受用古人的话来说就是"感之于外,受之于心",即主体通过感知客观对象,引发情感的变化。客观对象是相对不变的,而个人情感则千差万别。著名作家老舍在小说《牺牲》开头说:"言语是奇怪的东西。拿差别说,几乎每个人都有些特殊的词汇,只有某个人采用某几个字,用法完全是他自己的;除非你明白这整个的人,你绝不会了解这几个字。"在日常生活中,人们总会带有一些口头禅或习惯性用语,某些词的使用频率显得比较高,形成个人口语特点等。不仅如此,语感还会带有行业特点。譬如,播音语感的运用就是由它的专业特性所决定的。我们在语言表达规律中曾总结出了"词语感受律"。它就说明了"播音,不只是把'文稿'或'腹稿'变为一定的声音形态,它必须对形成一句、一段、一篇的话进行咀嚼、体味的,是语言所代表的客观现实中的人、事、物、理,于是便把语言符号变成了活生生的、有血有肉的有声语言。这其中,就要求主持人具有赋予词语以感受的能力"。④据说,齐越的播音得益于他从《社戏》到《古罗马的大斗技场》这一类作品的朗读中所获得的语感,并使他形成了朗诵式的、具有抑扬之美的表达特色。夏青的播音则又不同,他得益于具有强烈平仄韵律的古诗,如《唐诗三百首》《古文观止》等以及毛主席诗词的朗读语感,使他形成了宣读式的、具有顿挫之妙的表达特色。当然,语感的使用不仅仅局限在朗读的过程中,阐说和谈话也需要语感的支持。北京广播学院的吴郁教授曾对语感现象做过比较深入

---

① 吴郁.节目主持艺术探.北京:北京广播学院出版社,1997:147
② 桂诗春.心理语言学.上海:上海外语教育出版社,1985:1
③ 马克思.1844年经济学—哲学手稿.北京:人民出版社,1979:78
④ 张颂.播音创作基础.北京:北京广播学院出版社,2007:132

的研究,她认为语感能力有四个方面的影响:"语言符号转换的迅捷性;以声传情的细腻性;播音、主持多样化的适应性;语言传播中类交流的虚拟性。"①"语言符号转换的迅捷性"要求主持人具备那种迅速、准确把语言文字符号转换成声音符号的能力;"以声传情的细腻性"则是用语声细腻表现情感的能力;所谓"适应性"指的是语体适应语境变化的能力;"语言传播中类交流的虚拟性"是说在实际演播环境中虚拟人际交流环境的能力。前两项主要是在朗读的情况下需要的语感能力,而后两项则涵盖阐说和谈话时的语感要求。在主持人节目中,语感的作用也是十分重要的。譬如,在一家电视台组织的关于《恋爱·婚姻·家庭》栏目的现场讨论中,一位主持人对年逾花甲的老太太说:"老同志,您好,承蒙您光临我们的讨论现场,请问您高寿?您的配偶今年多大年纪了?……"老太太对"承蒙"、"光临"、"高寿"、"配偶"都不解其意,茫然不知所措。② 这不能归罪老太太的语感不好,只能说是主持人不看对象,语不投机,缺乏交流语感。在我们的播音实际工作中,这样的例子不胜枚举。可见话语中语感的重要性。

二、激发情感

情感是一种心理现象,也是有声语言创作的动力源泉。有的心理学家把情感和情绪统称为感情(affection),这样感情的概念就包括了心理学中使用的情感和情绪两个方面。但是情感和情绪的心理特征还是有区别的。情绪通常是在有机体的天然生物需要获得满足与否的情况下产生的;情感则是在人类社会生活中,由社会关系形成的,是对人的社会性需要能否满足,而采取的不同态度的反映。或者换一种说法,"情感这一概念较多地用于表达情感的内容,它一般具有较大的稳定性和深刻性。而情绪,则常用于感情的表现形式方面,它具有比较大的情景性、激动性和短暂性"。③ 因此,我们总是把人们喜怒哀乐的变化看做是一种情绪表现,而对某种社会理想、人生价值、伦理道德的追求以及艺术体验等等,往往用情感来表述。不可否认,情绪和情感也有着密切的联系。从某种意义上来说,情绪是情感的外在表现,情感是情绪的本质内容。离开具体的情绪过程,人的情感及其特点就不可能存在,而情绪的变化一般都受到意境形成的情感及其特点的制约。

情感对演播的作用主要是三个方面:联系想象,调动情绪,感染受众。

想象是人脑对已有表象进行加工改造而创造新形象的过程。想象与人的认识、情感、意志及个性等所有心理活动都有着密切的和有机的联系,受到它们的影响和制约。特别是情感的变化受到艺术创作中想象活动的直接影响。"作家头脑中产生的形象、情境、情节的意外转折似乎是透过一架特殊的'不断充实的机器',进行创作的个人的情绪方面就是这样一架机器。作家、艺术家和音乐家体验着各种情感并使它们体现在艺术形象中,从而促使读者、观众和听众产生感受、悲伤和欢乐。"④

情绪的变化受到情感的直接制约。与情绪状态相联系的人的机体状态称为表情动作,它包括面部表情、身势表情和言语表情。播音创作中,不仅需要饱满的情绪来帮助传情达意,而且情绪对用气发声等的生理功能也产生不可忽视的影响。这就是为什么我们总是说"以情带声,以声传情"的基本道理。因为在发生情绪时,除了机体的外部表现以外,还伴随着一系列内部生理上的变化。譬如:某些强烈的情绪会加速血液循环,提高机体能量;消极

---

① 吴郁.节目主持艺术探.北京:北京广播学院出版社,1997:153
② 曹可凡等.节目主持人语言艺术.上海:上海人民出版社,1997:91
③ 曹日昌.普通心理学.北京:人民教育出版社,1980:44
④ [苏]A·B·彼得罗夫斯基.普通心理学.朱智贤等译.北京:人民教育出版社,1981:390

的情绪则会减慢血液循环,活动能量也因之减少。情绪的变化也会导致呼吸状态的改变,人在愤怒时每分钟呼吸可达到40~50次,而平静时只有20次左右。再如,人在笑的时候,呼气快,吸气慢,呼吸的比率低;人在惊讶时,吸气是呼气的2~3倍等等。张颂教授对此也曾作过精辟的概括:"爱的感情——气徐声柔;憎的感情——气足声硬;喜的感情——气满声高;悲的感情——气沉声缓;欲的感情——气多声放;惧的感情——气提声凝;急的感情——气短声粗;冷的感情——气少声平;怒的感情——气粗声重;疑的感情——气细声重;疑的感情——气细声黏。"①

20世纪30年代,美国心理学家乔治·哈特曼(G·Hartman)进行过一项与政治选举有关的现场实验,比较了诉诸情感与诉诸理智的两种传播效果,最后得出结论,富有情感色彩的传单对人们选举的影响比"理智"传单要大得多。这个结论在以后的多次实验研究中也得到了确认。心理学家们据此做出的分析认为,由于情绪具有感染性、情境性,传播信息时诉诸情感,群众反应较强烈,因而传播的近期效果显著。但是要给人以稳定持久的影响,则还要采取诉诸理智的传播方式。虽然在实际传播实践中总是两种手段同时并用,但是诉诸情感是首要的传播手段。可以说,但凡给人留下深刻印象的语言艺术,毫无例外都是感情充沛、极富感染力的。

三、展开想象

主持人的想象不同于一般的被动想象,这种想象有着很强的目的性和自觉性,属于有意想象。所以这种想象既要以语言内容为依据,又要用创作者自己的丰富生活积累来补充。因此我们认为它主要是一种再造性想象。艺术创作离不开想象,刘勰说:"文之思也,其神远矣。故寂然凝虑,思接千载;悄焉动容,视通万里;吟咏之间,吐纳珠玉之声;眉睫之前,卷舒风云之色:其思理之致乎。"就十分生动地说明了艺术思维充满着洒脱自如、纵横驰骋的想象。播音时的想象活动总是伴随着丰富的情感,所以我们又把它叫做"情景再现"。播音运用情景再现的目的是为了促使思想感情进入运动状态,激发播讲欲望,达到播讲目的。情景再现贯穿在播音创作的全过程,我们应从以下几方面去把握。

1. 理清头绪

情景再现是一种再造性想象,这种想象活动有一定的依据,不能天马行空,任意驰骋。它是根据言语、文字的描述,在头脑中形成相应的新形象的过程。因此这种想象活动有既定的目的。为了达到这个目的,我们就要在头脑中梳理出情景的来龙去脉、主次轻重,把文字等素材"再造"成自己头脑中的一个"分镜头"剧本,在形象思维中描绘现实生活的生动场景。正如法国思想家伏尔泰所说:"积极想象的第二种机能是对细节的想象,世人一般称之为想象。是这种想象使谈话妙趣横生;因为它不断地把人们最喜爱的东西,即新奇的事物呈现在心灵之前。冷漠的心灵所勾画不出来的,它都能描绘得栩栩如生。它运用最令人惊奇的情节;它举出各种各样的事例;如果这种才能又对一切才能都适宜的平实自然结合在一起而表现出来,便会获得一致的推崇。"②

2. 设身处地

通过想象激发自身的生活体验,产生如临其境、如见其人(物)的感觉。身临其境,主要是获得现场感,并且努力表现这种环境氛围,给人以真实、生动的感受。言语、文字所提供的

---

① 张颂.朗读学.长沙:湖南教育出版社,1983:216
② [俄]伏尔泰.伏尔泰全集(十四卷).王燕生译.北京:人民文学出版社,1980:1 276

情景不一定都是我们所亲身经历过的,只能根据自己的理解和想象来加以描摹。生活积累越丰厚、社会观察越深入、知识涉及越广泛,体验就越发深刻,想象力就越丰富,这种描摹就越是细腻、生动。譬如,李白《黄鹤楼送孟浩然之广陵》一诗:

故人西辞黄鹤楼,
烟花三月下扬州。
孤帆远影碧空尽,
唯见长江天际流。

诗的后两句看起来是写景,但在写景中包含着一个充满诗意的细节。李白一直把孟浩然送上船,船已经扬帆而去,而他还一直看到帆影模糊,消失在碧空的尽头,可见那种依依惜别的心境。帆影已经消逝了,然而他仍在深情凝望,这才注意到江水东去"唯见长江天际流"的景象。可是谁又能说这仅仅是景色的描写呢!李白对挚友的深情、对扬州的向往,不正体现在这富有诗意的神驰目注之中吗?此刻李白的心潮恰似这一江春水浩然东去……

3. 触景生情

在演播的创作过程中,脑子里有了丰富的想象活动,必然会有触发情感的反应。而情感的充盈又会推动想象的进一步展开。如此循环推进,就会进入情景交融的境界。王国维说:"境非独谓景物也。喜怒哀乐,亦人心中之一境界。故能写真景物,真感情者,谓之有境界。否则谓之无境界。"触景生情是情景再现的核心,也是播音想象所要达到的主要目标。法国著名的文艺评论家拉·梅特里在《人是机器》这部著作中,阐述想象与情感的关系时说:"想象作用就是心灵,因为它起着心灵的一切作用。由于想象作用的生动笔触,理性的冰冷的骨骼得到了活跃的鲜红的血肉;由于它,各种科学滋生繁荣,艺术愈益美丽,泉石鸣咽,林木低语,回声互相呼应,大理石呼吸着空气,一切无生命的物体都得到了生命。也就是它,使一颗情爱的心除了温存之外更增添上情欲动人的吸引力。它使情欲在学究和哲学家的书斋里滋生。最后,想象作用不单造就诗人和演说家,而且还造就学者。"①

4. 现身说法

在演播创作的情景中,创作者始终应该保持身临其境的感觉。虽然不是"当事者",也应该是"目击者",置身现场把自己的"所见所闻"描述出来,正是其始而有意、继而实现的创作任务。用此情此景感染了受众,才算达到了目的。人们曾对1988年中央电视台播出的电视片《西藏的诱惑》做出过这样的评价:"林如和方明的解说语言,对画面进行了一番烘云托月的再创造。当然,在创作过程中,画面的美是第一位的,在充分体现画面的主体构图以外,他们用自己的语言,浅墨淡彩地对画面加以渲染和衬托,从而使画面构图的丰厚情感内涵更加鲜明突出,将观众带入优美的诗情画意之中,感受到创造者孕育的深厚情感。"②电视解说往往也是后期合成的,所以解说语言艺术也必须充分发挥自己的想象力,以置身现场的感觉来绘声绘色。

---

① [法]拉·梅特里.人是机器.顾寿观译.北京:三联书店,1956:34
② 姚喜霜等.话筒前的人生.北京:中国广播电视出版社,2000:162

第三节　主持人的传受心理

演播一般是在特殊的环境,面对特殊的群体,用特殊的交流方式来进行传播活动的,这就必然给传受双方都带来不同程度上的心理影响。忽视这种影响,就难以达到"传通"的目的。因此,要达到"传通"的目的,就需要关注三个方面的问题,即"在什么场合说"、"对谁说"以及"怎样说"。

一、环境感

大众传播的显著特点是"点对面"的传播,也就是说传播者在面对成千上万的受众的同时,也在力求满足受传者那种"一对一"式的交流欲望。传播者和受传者所处的环境大不一样。这必然会对传播者的心理能力提出特殊的要求,在事实上并不存在的客观环境中运用自己的想象能力虚拟出适宜的传播语境。我们常说的"空中客厅"、"午夜心桥"、"午间茶社""早餐前后"等等,就是被虚拟出的一种语境。虚拟语境的目的就是为了形成语境制约下的适宜语体,从而达到理想的传播效果。俗话说"上什么山唱什么歌,见什么人说什么话",大概也是指的这个意思。这种被虚拟的语境一般从两个方面来进行设计,首先需要考虑受众所处的接受环境,然后也需要根据节目的需要做出相应调整。

随着群众生活水平的提高,电子传播技术的发展,现在大概不再会有那种群聚在一起收看、收听的场面了。生活环境的改善使接收环境有了很大的变化,目前基本的收受方式是"面对面"、"一对一"式的。尤其是广播的听众呈现出分散、近体、游动的收受特点,这是因为收听工具越来越袖珍、便携、多用途化,人们利用闲暇时间的方式也有了很大的变化。在这样一个轻松、闲适、温馨的家庭氛围中,再用那种一板一眼、庄重严肃的口吻来谈话、交流,就显得有些不够协调了。国外一些媒体调查公司,不仅需要了解受众的收受时间,而且也十分注意了解接收工具在家庭中的分布情况和放置地点,譬如收音机和电视机,放在客厅或书房的多少,放在卧室的多少等等,使传播者非常清楚地了解受众所处的语言环境,以便根据不同的时间和不同的对象随时调整自己的播出内容乃至口气和语调等,力争达到最佳的宣传效果。

处在传播者一方的演播环境是较为特殊的,出于物理声学和光学的考虑,它实际上是一个极为封闭、强度照明、不适宜交流的环境,一般人在这种场合甚至会失去生活中使用自然语言的正常感觉(采取了吸音措施,限制混响效果)。在这样的客观环境中说话会不自觉地提高嗓音,唯恐别人听不见、看不到。但是为了达到理想的传播效果,又必须对这种情况做出调整。调整的唯一办法就是提高传播者的心理适应能力,在想象中勾勒与受众亲切交流的图景,从感觉上捕捉与受众所处的语言环境。颇受观众喜爱的中央电视台著名主持人沈力在谈到自己演播的体会时说:"当时的做法是出台标、音乐时,低头酝酿,设想镜头后的人,最初想到的是自己熟悉的朋友、父母、兄弟姐妹,甚至爱人。音乐一完,抬起头,微笑着开口问候。从那时起,我就开始培养这种迅速调动情感,透过镜头'看'到观众的能力。'眼睛是心灵的窗口',看到了才能产生交流,才会有亲切感。"[①] 当然有时还会根据节目的需要不断变

---

① 白谦诚等.中国荧屏第一人——沈力.北京:中国广播电视出版社,1999:32

换场景,给人以现场感。譬如,1964年首都人民欢庆"五一"劳动节的录音新闻报道:"今天,在北京工人体育馆和体育场,人声沸腾,掌声雷动,首都将近十万名体育爱好者跟党和国家领导人一起观赏了我国优秀乒乓球、足球和体操运动员的高超技艺(球声、掌声、欢呼声)。"这里表现的显然是一种十分开阔的场面。再譬如,中央台徐曼主持的《空中之友》节目:"听众朋友,给我来信的那位小妹妹,看了你的信,我想了好多啊,脑子里一会儿浮现出许多台湾中学生单纯稚气的笑脸,并猜测着你的模样,一会儿呢,又想起我十几岁的时候,在中学读书的情景,那是一段多么愉快的时光啊……"这就是那种典型的倾心交谈的小环境。播音创作中的环境感直接影响传播效果,如果游离在节目所需要的传播环境之外,必然会疏离受众,给人以不真诚的感觉。所以,演播中一味地亲昵或盲目地追求气势都是不得体的,或者说是一种环境感不好的表现。

现代模拟技术的发展使虚拟演播室得到越来越广泛的运用,这就更加需要语言创作在并不虚拟的环境中,设想符合虚拟演播环境的表达方式。

二、对象感

演播除了需要对传播环境进行合理的设想以外,对交流对象的设想也是十分重要的。由于"对象"实际上也是通过心理活动被虚拟出来的,所以被我们称作"对象感"。我们所要做的就是怎样在"目中无人"的情况下,努力做到"心中有人"。张颂教授对此做了阐释:"必须设想和感觉到对象的存在和对象的反应,必须从感觉上意识到受众的心理、要求、愿望、情绪等,并由此而调动自己的思想感情,使之处于运动状态。这种情况,并不是主持人与受众之间的语言交流,充其量,只是思想感情的单向流动。主持人跟受众在隔膜中相互交流,是客观现象。但是,主持人设想和感觉到的受众方面的情况,只是主观表象、意象,与客观事实不能等同。主持人设想的受众,感觉到的反应,事实上也许并不真正存在,说到底,这种设想和感觉仍然是属于主持人自己思想感情运动单向流动中的一个构成因素。"①

广播电视受众化发展的方向,越来越希望我们对受众对象有更多的了解。当然不可能对每一位受众都了解得那么具体。但是有三个方面是必须心中有数的,那就是他的身份、年龄、界别。

身份主要是一种社会角色,它是由一定的社会地位来决定的。人们总是从阶层的角度来分析社会地位的。最近,作为一项重大研究课题,中国社会科学院出版的《当代中国社会阶层研究报告》中对目前我国内地社会群体划分为十个社会阶层,并明确了它们在社会阶层中所占的比例,即"国家和社会管理者阶层占2.1%,经理人员阶层占1.5%,私营企业主阶层占0.6%,专业技术人员阶层占5.1%,办事人员阶层占4.8%,个体工商户阶层占4.2%,商业服务业员工阶层占12%,产业工人阶层占22.6%,其中农民工占产业工人的30%左右,农业劳动者阶层,约占44%,城乡无业、失业、半失业者阶层占3.1%"等。根据这样的统计分析,除了非常明确的专业指向外(如中央电视台的《对话》节目等),我们一般都不会把自己的对象定位在小于3%的人群中。

年龄是划分受众对象心理特征和收受行为的另一项依据,一般我们都把他们划分为四个年龄段。儿童(12、13岁以前)、青少年(12、13岁至27、28岁)、中年人(27、28岁至55岁)、老年人(55岁以上)。怎样确定自己收受对象的年龄特征,一般由节目本身的对象性来确定。如《夕阳红》显然是面对55岁以上的老年人,《东芝动物园》主要是面对儿童等等。不同的年龄段具有不同的心理特征,中年人具有较强的分析综合与判断推理能力,能较为冷静、全面、

---

① 张颂.播音创作基础.北京:北京广播学院出版社,2007:60

深刻地观察和分析问题,在情绪上,比较稳定,不易冲动,能够控制感情,所以面对这样的群体,就需要稳重、客观,力求以理服人。儿童则完全不一样,他们的抽象思维尚不成熟,主要是形象思维。对他们就不能空洞说教,应更多地用形象化的方式来循循诱导,以满足他们的好奇心。老年人常会有孤独感和怀旧感,面对他们就应该热情诚恳,充满关爱。

界别指的是以社会组织的方式加以区别的社会群体,如民族、宗教、社团以及区域等。不同界别的社会群体也会有某些共同的价值取向和心理特征,所以对媒介信息具有大体相似的反应方式。按照界别来确定对象,有助于我们把握适宜的话语方式,进行有效的思想沟通。譬如:不同的宗教群体中,会有不同的宗教习俗和禁忌话题,不同的民族间也会有不同的文化背景和风俗习惯,不同政治派别、社会团体也会反映出各自的利益要求。这些对我们在节目中把握对象的基本特征都有积极的意义。

三、交流感

现代传播学研究的成果之一,就是发现双向传播的效果要优于单向传播。心理学者莱维特(H·J·Leavitt)的实验研究证明了这一点。他的结论是双向传播比单向传播准确,双向传播中,传受双方对自己的判断比较有信心,双向传播中,信息发送者感到有心理压力。近几年,广播电视节目的发展实践也证明,交流性的节目越来越受到群众的欢迎。目前谈话类节目占有的比重越来越大,热线电话节目成了最受欢迎的广播节目。尽管我们不可能用谈话节目来取代所有的节目形式,我们与受传者之间也不存在事实上的双向交流关系。但是客观上已经形成了受众偏爱双向交流的心理定式。所以,主持人的演播就必须适应这种情况,把握这种交流性语言的特点,充分加以运用。事实上,即便是传统的播音方式,也都是一贯提倡"谈话方式"的。譬如早在五十年代初,齐越同志就提出"写的稿子和讲话需要不是在大会上讲的,而是尽可能的简单、平静,好像你是在跟你的一个亲近的人亲切谈天。需要尽力做到你的谈话具有比较亲切的性质……需要善于掌握事实和数字来解释我们党和政府的政策,要善于解释、说服,而不是宣传。"①当时在研究发展播音理论时,主要还是借鉴了苏联的播音经验。早年派往莫斯科电台帮助工作的林如同志在自己的回忆录中,就谈到了她的老师,苏联功勋播音员托别士的教诲,"播稿件时要朴实,要善于运用谈话的方式……播读稿件愈像'说',而不像'念'就愈好。他很强调播讲时的视像和对象感,非常不喜欢我们的'念'"。②确实托别士在自己的著作中也做了这样的阐述:"看起来他是在跟我(听众)说话吧。善于这样来播任何节目的技巧,应该成为播音员不可缺少的能力。"他还说:"播音员工作中主要的是要做到播稿好象谈话,要朴实,要忠实而准确地传达出这篇或那篇文章、谈话、短讯等的思想。播音员在他的工作中越是尽量地运用生动的语言,越像讲话和谈话,听众就越容易接受他所播讲的一切。"③

在主持人节目或对话节目中,经常会出现主持人之间、主持人与嘉宾、群众之间直接交流的情况,但这种交流只是一种借助场内的交流氛围来影响场外的广大受众。所以我们也把它看做是与受众的间接交流。主持人必须加强与对手之间的合作,双方要真听、真问、真思考,如果有一方走神,就会破坏交流气氛,受众自然会失去兴趣。为了加强交流的效果,事前需要他们共同策划、筹谋,从选题到构思以及话语的衔接等都要事前有所准备。此外也应

---

① 中央广播事业局.广播业务.北京:广播事业局,1955:42
② 姚喜霜等.话筒前的人生.北京:中国广播电视出版社,2000:45
③ [苏]托别士.创造性地工作、探索和学习.齐越译.播音业务参考材料.北京:北京广播学院新闻系,1979:61

该熟悉嘉宾、现场群众的性格特征、语言习惯,甚至生活经历等,这样才容易形成共同的话题,为深入交流创造条件。现场交流发挥得好,必然会影响受众,并给人以强烈的交流感。

在外出采访、嘉宾访谈、现场口播等新闻报道活动中,还需要直接参与一些社会交流活动。这种交流活动的目的也是为了带给受众以真实、生动的现场感受。能不能巧于发问,激发被采访者言无不尽的热情,引导他们言必有中,这应该看做是一项必不可少的基本功。无论是直接交流还是间接交流,都必须根据环境的需要,调整交流方式,同时,交流方式还要受到节目形式的制约。培养交流感的唯一途径就是需要经常深入社会、深入生活,在社会实践中积累交流经验,获得丰富的交流感受,并把它们借鉴到主持艺术实践中来。

思考题

1. 如何营造语言传播的美感?
2. 何谓语言的意蕴美?
3. 请谈谈你对语感的认识。
4. 请阐述语言艺术创作中情境再现的作用。
5. 对象感的基本含义是什么?
6. 怎样获得交流感?
7. 怎样把握环境感?

◎ 附录3 主持人心理能力训练

主持人的心理能力是保障节目传播效果非常重要的因素,因此如何改善和提高主持人的心理素质是提高节目质量的关键因素之一。人的心理能力与生理能力一样,也都是遵循用进废退基本规律的。这些能力是可以通过科学、有效的训练得到提高。

一、记忆力的训练

1. 多做记录

不要过于相信你的记忆力,在身边带张纸不是坏事。当你在上课或者在家的时候,你可以把你学到的和想到的作为笔记记录下来,然后把这些记下来的东西理解透彻,这对你意义重大。

2. 定期回顾

想一想你一天之中看到、听到多少信息,这就是为什么需要你每天专门留出一部分时间来回顾,或者叫复习。你可以在晚上没事的时候,花10～15分钟对你做的笔记或者其他任何信息做一下回顾总结。

3. 深呼吸

给大脑充电还有一个简单的办法就是深呼吸,这可以提高大脑血液中的含氧量。当你早上睡意蒙胧时,或者晚上睡眼惺忪时,不妨试试深呼吸,同时不要忘记补充水分,让你保持清醒并且有事做。

4. 做更多的记录

要做到这一步,你需要写下你的想法,不管你是忙碌的工作还是闲得无聊。这看起来可能像是一些零碎的想法,但是通过记录你的想法,你可以更清醒地明确自己要干的事情,这会帮助你充分利用自己的时间完成规划好的工作。

5. 不要同时做多件事情

如果你的电脑和电话离得很近,那么你可能有时会同时操作电脑并且接听电话。此外,你在工作中还可能同时发送邮件,联系客户或者更新你的博客等等,不要这样做！一段时间内只做一件事情,把精力集中在这件事情上,然后迅速完成它。这样做不会打断你的任务列表,你可以很清楚自己哪些事情没做,而且会降低出错的概率。

6. 联想记忆

要想快速记忆一件新的事情,一个好的办法是将这个新的事情和你已知的旧的事情联系起来。也可以自己凭空想象它们之间的联系,这样你可以很快通过想象记忆回到你要记得事情上来。

7. 分割记忆

另一个帮助你记忆的办法是把要记忆的信息分解为很多小块,然后分段记忆,这会比一口气记忆一大段信息简单一点。

8. 使用儿童时期的记忆方法

估计每个人都会记得小时候学过的"字母歌"以及彩虹的颜色顺序。像孩子一样,通过辅助方式帮助记忆也是可行的。例如,复杂难记得信息,编写成口诀或者儿歌,也会变得更容易记忆。

二、观察力的训练

人的观察力虽然受先天生理、心理因素的影响与制约,但主要是在后天实践中形成和发展起来的,因此观察力是可以培养和训练的,这可以从如下几个方面入手。

1. 确立观察的目标,提高观察责任心

人的行为是有目的的。只有带着目的和任务进行观察,提高责任心,才会对自己的观察力提出较高的要求,从而提高观察力。

2. 明确观察对象,制订观察计划

这样就可以将观察力指向与集中到要观察的对象上,并按部就班,从容观察,从而有助于提高观察力。

3. 观察时要全神贯注,聚精会神

注意性是观察力的重要品格之一。只有提高注意性,对观察对象全神贯注,才能做到观察全面具体,才能收集到对象活动的细节。

4. 培养浓厚的兴趣和好奇心

兴趣和好奇心是提高观察力的重要条件。一个人具有好奇心,对其观察的对象有浓厚的兴趣,他就会坚持长期持久的观察而不感到厌倦,从而提高观察力。

5. 要有丰富的知识和经验储备

只有这样才能在观察中善于捕捉机遇。科学家巴斯德说过:"在观察的领域里,机遇只偏爱那种有准备的头脑。"

6. 掌握良好的观察方法

如要坚持观察的客观性,要注意被观察对象的典型性等等。

三、想象力的训练

介绍以下几种既简单又能够提高想象力的方法。

①看看天花板的污渍或云朵的形状,然后在脑海中描绘出它的形象。

②在公共汽车车厢,看见某杂志周刊的广告,或是看了某本书的题目,便想象其中的内容,然后,与实际的内容做一比较检查,如此一来,就可以充分地把握自己的想象力。

③看书时,采用跳读方式;跳过的地方,运用想象力想象它的内容。

④看过电视转播的运动比赛以后,想象第二天报纸的标题,以及报导内容。

⑤以琐碎的小事和资料为基础,创造出一个故事。

⑥和人见面以前,事先预想会面对的状况,并且设想问题。

⑦对于尚未去过的地方,想象它周围的风景、建筑的样式以及室内的建设。

⑧边看推理小说,边推测犯人。

⑨从设计图、地图、照片,想象实际的情况、实际的地方和事物。

⑩重视联想,如果开始联想,中途绝不要打断,要一直想到极限。

四、判断(思维)力的训练

思维能力可以通过锻炼和培养而得以提高,其一是掌握科学的思维方法,如分析法与综合法、比较法与归类法、抽象法与概括法、系统法与具体化、归纳法与演绎法等,这些方法相互联系、相互渗透、相互补充、相辅相成,都服务于一个目的,就是对感性材料实行去粗取精、去伪存真、由此及彼、由表及里的改造和制作,造成科学的概念和逻辑系统,从而达到对事物的具体认识,在对客观事物的实际认识中发展人们的智力。其二是必须遵循思维发展的规律。个人思维能力的发展是遵循人类思维发展客观规律的。马克思主义关于人类思维发展史的研究告诉人们,从古猿发展到现代人的思维,经历了原始的形象思维、抽象思维到辩证思维三种思维发展形态。人类思维能力的培养,也应遵循人类思维发展的历史规律前进,因为它正是现代个人思维能力发展的客观规律。在思维能力的培养中,要特别注意抽象力的培养,它是一切哲学、数学、理论思维特别需要的思维能力。因为人的认识过程就是实践——认识——实践的过程。人们在实践中需要运用抽象法对客观事物,对大量丰富的实际材料进行科学的分析,然后才能概括出规律性的认识。思维的过程是一个信息加工的过程。遵循思维规律,才能有效地开发智力。开发智力,必须重视培养和提高人的思维能力。

第六章 寻求沟通的主持艺术

主持的基本含义在汉语中有多种解释，《辞源》中对"主持"没有专门的注释，只把它看做"掌管"的同位语。《辞海》中则专列条文做了两种解释：负责掌握或处理；犹主张。[①] 在社会生活中，"主持"的现象似乎并不少见。譬如：主持会议、主持婚礼、主持晚会，以及主持各类仪式等等。但是如果把广播电视主持人理解成为主持、掌管节目的人，似乎牵强。因为，主持人在现实广播电视机构中并不一定就是"掌管节目的人"，除非这位主持人仍兼有"节目监制"或"制片人"的职责。"主持人中心制"现在不可能、将来也没有必要成为一种普遍的制度。所以我们认为广播电视主持人需要"掌管"的不是节目，而是传播活动。主持人是广播电视节目中传播活动的组织协调者，主持人在节目传播活动中所要做的，就是如何与受众积极交流感受、互相沟通思想，让大家分享和共享信息资源，真正实现信息在传受之间相互通融、通畅、通晓的目标。这就需要讲求传播艺术。从广播电视主持人节目的播出过程来分析，这种传播艺术，主要是对传播关系的调整，再就是对节目流程的控制。传播关系调整的目的是"求通"，而节目流程的控制则是"求整"。主持人节目讯息要实现"通晓、通畅、通达"的目标，就不能不从两个方面来进行探讨。首先是必须采用得当的方法和手段，然后还要寻觅通达目标的途径。

[①] 辞书编辑委员会.辞海.上海：上海辞书出版社，2000：1 452

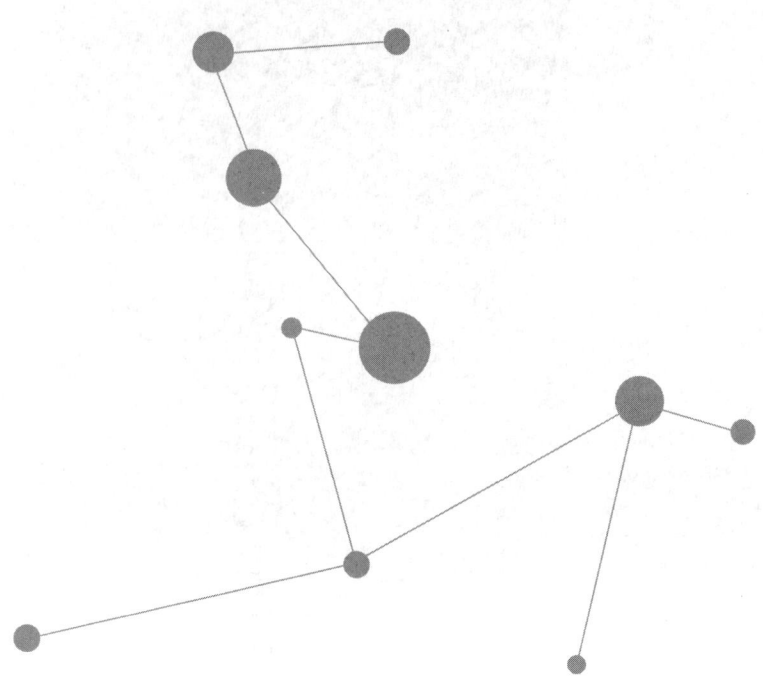

主持人节目的本质特征就是在大众传播的过程中进行信息的"接力传承",又在个人(人际)传播的情境中实现传播致效。传播学者们认为,这种复合形态是一种理想的传播模式。

主持人在节目传播活动中所要做的,就是如何与受众积极交流感受,互相沟通思想,让大家分享和共享信息资源,真正实现信息在传受之间相互通融、通畅、通晓的目标。这就需要讲求传播艺术。从广播电视主持人节目的播出过程来分析,这种传播艺术,主要是对传播关系的调整,再就是对节目流程的控制。

◎ **本章要点**

◆ 主持人的基本传播方法:语言传播和非语言传播
◆ 主持人"求通"的途径:人相知、言相通、习相近、礼相随、道相会

第一节　主持人"传播"的方法

如前所述,广播电视节目作为一种传播形式,主要存在于大众传播的过程中。主持人节目不同以往的广播电视节目,就在于它在大众传播的过程中又注入了人际交流和互动的因素,从而创造了一种复合形态的传播模式。"它的本质特征就是在大众传播的过程中进行信息的'接力传承',又在个人(人际)传播的情境中实现传播致效。"[①]传播学者们认为,这种复合形态是一种理想的传播模式。"但是,要将人际传播和大众传播媒介成功地结合在一起,就需要技巧和努力。"[②]这种传播活动有别于以往的播音创作,它主要是在两个方面着力,一是讲求语言艺术,二是把握非语言传播效果。

一、语言传播

"脱口秀"(talk show)原意是指一种以谈话为主的节目形式,后被港台的翻译家按音义结合的方式,译解为"主持人"的代名词。不可否认,主持人传播活动的主要手段就是使用有声语言,所以主持人是需要讲求语言艺术的。过去我们讲求广播语言特点,主要是从遣词用句的口语化特征入手的,在表达上也侧重于对书面语体(文体)的转化形式——朗读的研究,并已形成了播音学科体系。直到今天,有些专业教材中还把这种"文体播音"看做是唯一的传播手段。朗读是一种口头语言的功能性变体,不能否认它也是一种语言艺术,这种语言艺术也曾经是适应了传统广播电视播出需要的。实践证明,世界上没有哪一家电台、电视台是不需要读稿子的,只要它还具有社会传播的功能,广播电视中的朗读就还会继续存在下去。我们不能因为"播音腔"的存在就鄙薄它的文化价值。主持人并不是不需要读稿子,读出来的稿子也未必都是"播音腔"。当年徐曼的《空中之友》节目就是读出来的,难道有人说这是"播音腔"吗? 当然,随着广播电视节目日益丰富,特别是主持人节目的出现,创新语言的表达形式,必然会提到讨论的日程上来。这就需要我们把握更多的口头语体传播形式,譬如,口头报道、现场解说、说新闻、访谈、交谈、侃谈等等。应该说它们都是广播电视的语言传播艺术,也是主持人的基本传播手段。把"脱口而出"的表达方法(即"无稿播音"),引入到广播电视语言中加以研究,大概还是近几年的事情。广播电视的口头语体显然是一个重要的研究领域,也是广播电视摆脱"办报模式"的重要途径。现在我们正在研究并完善这些语言传播手段,并需要在实践中不断加以总结提高。不能认为这种节目形式是从海外、港台借鉴过来的,就"全盘西化",把"港台腔"、"洋泾浜"都当成主持人语言的特征了。应该说,传播语言的民族化、大众化、规范化仍然是我们所追求的方向。如前所述,主持人节目是复合传播的节目形态,主持人既要面对"大众"、"群体",也需要面对个人。"对什么人说什么话",既是"语境规约",也是传播交流方法。所以从传播学的角度来着眼,主要考虑语言是对哪些人说的,怎样说的问题。

(一)大众传播中的语言——对大家说

大众传播面对的是大量隐匿的、分散的、文化层次多、身份不确定的受众,面对这样一个

---

① 毕一鸣.西方传播学理论与节目主持人.中国广播电视学刊,1991(1)
② [美]威尔伯·施拉姆.大众传播媒介与社会发展.金燕宁译.北京:华夏出版社,1990:266

庞大的社会群体,要进行有效的传播是很不容易的事情。我们在寻找大众传播的有效方法时,需要从两个基本的方面来着眼:一是语言讯息的抽绎度要低,二是语言讯息的冗余度要适当。

语言的抽绎程度有高低之分,抽绎的程度越高,它与具体实际的依存关系越是间接。大众文化对生活的抽绎度低,没有高雅艺术那么精致。但是它却最接近普通人的生活,可以最大限度地为人所理解,满足不同受众的需要。可以说,大众传媒是通俗文化生长的土壤和条件。如果以高雅文化来苛求这类媒体,以晦涩为深奥、以矫情为清高,那么就会违背大众传播的自然规律,远离受众的实际需求。传播学者威尔伯特·施拉姆就明确指出:"有效传播的一个秘密是把一个人的语言保持在听众能够适应的抽象程度上的能力,以及在抽象范围内改变抽象程度的能力,以便在具体的基础上谈论比较抽象的内容,使读者或听众能够不感困难地从简单熟悉的形象转到抽象的主题或概括上来,并在必要时能够再回到原来的形象上去。"他还说:"寻求合适的抽象程度和抽象数量是我们在使用语言中碰到的一个问题。"①由此看来,主持人的语言能力不在于华丽的辞藻,很重要的就是能否用朴素而通俗的群众语言,说出深刻的道理。中央电视台的著名主持人崔永元以"邻家大妈的儿子"自称,是值得肯定的。譬如在《实话实说》——"小小少年之烦恼"中崔永元说:

"……最近有人说我发胖,有人说我太瘦,还有人说我太小气,有人给我起外号,我还经常想到人会死,胆子特别小,家里有一摊子事,工作上还要分心,节目老要做好,观众有时候还来信骂我们……所以这么多的烦恼,真是不想干了。但是今天我一听,闹了半天,所有人都有烦恼。而且大人有大人的烦恼,孩子有孩子的烦恼,而且所有的烦恼,都有一定的对策。刚才马老师说得好,烦恼在这个阶段是我们的烦恼,再过一段看呢,可能就是我们人生的一个经历,也许还是一个大家可以共同分享的经历。"

大众传播媒介被称为"闲暇媒介",因为它总是在人们闲暇时间内才被感受的。或者说是在一种"非专注性"状态中随意收听、收看的大众媒介。非专注收受,必然会降低语言讯息的清晰度,就必须适度增加讯息的冗余量。冗余度(重复)是指超出所需最小量的信息量的大小。语言符号的冗余性特点保证了语言在传播通道发生故障(如字迹模糊、声音嘈杂、吐字不清)时,信息能够继续传递。而且,一定的冗余度还能为暂时遇到理解障碍的受众提供线索,同时还能为检验信息接收效果提供参照系。所以说,"没有冗余度的语言符号缺乏抗干扰性"。应天常先生认为主持人口语表达中,"冗余"主要有四种表现形式:"①用同形同义的言语方式传达剩余信息;②用异形同义的言语方式传达剩余信息;③用追加补充的言语方式传达剩余信息;④用不同的言语代码传达剩余信息。"②作为大众传播中的语用策略,"冗余"是必要的,也是一种口语修辞的手段。现在主持人节目中,已经很少有那种正襟危坐、不苟言笑、字斟句酌的传播现象。但是词不达意、重复啰嗦的现象却日渐增多,这与主持人的语言修养不足有关。我们提倡增加语言的冗余度是适度的,也就是说以受众听清楚、听明白为最低限度,而不需要再添枝加叶地增加许多不相关的讯息。杨澜在采访女高音歌唱家黄英时,话语冗余度的把握就十分恰当。她在节目中说:

她是蝴蝶夫人,她是杜丽娘,她与多明戈、卡雷拉斯同台演唱。黄英,国际舞台上最活跃的中国抒情花腔女高音,与你谈一谈她的过去和理想——这里是杨澜工

---

① [美]威尔伯·施拉姆.传播学概论.陈亮译.北京:新华出版社,1984:99
② 应天常.节目主持语用学.北京:北京广播学院出版社,2001:281

作室。在国际歌剧舞台上,中国演员获奖和演出都不乏其人,而近年来最为活跃的当属抒情花腔女高音:黄英。她在1996年主演法国古典歌剧《蝴蝶夫人》使她名噪天下。同一年年底在维也纳,她又与世界三大男高音之一的多明戈,还有著名流行歌星麦可波顿同台演出了圣诞音乐会,这个音乐会也由电视转播到世界各地。在1998年她又与华人作曲家谭盾合作,主演了歌剧《牡丹亭》,这个歌剧也正在世界各大城市巡回演出。同时,她又回到了故乡上海,与世界三大男高音中的另外一位卡雷拉斯共同举办了演唱会,可谓出尽了风头。我在上海采访了她(面对黄英):"1996年在圣诞节的时候,你和多明戈还有麦可波顿一起演唱了圣诞音乐会,这个唱片销量也很大,一时间你跟两个这么大的明星一起演出,你的地位也得到了很……我觉得是一种承认和一种提升。到这次在上海,你又和卡雷拉斯一起进行这个音乐会,中间也有很多自己单独的表演,作为一个歌剧演员来说,你对于这些大师级的人物,特别是像三大男高音,多明戈、卡雷拉斯还有帕瓦罗蒂,你最欣赏其中的哪一位呢?"[①](画线的部分为与前述重复的冗余信息)

近年来,随着电信事业的发展,电子传媒的终端已经伸展到千家万户,特别是彩色电视和调频广播的普及,使人们的休闲活动越来越集中到家庭这个特殊的环境中来了。因此,大众传媒的内容和形式如何适应家庭需求就自然地提到议事日程。我们知道,任何一种语言要较好地起到传神达意的效果,除了内容正确、逻辑分明、语言清晰以外,还必须顺应它所处的语言环境,如演讲厅、教室、影剧院。会议厅是比较严肃的公共场合,演说家和教师的语言应该规范、庄重,只有这样才能说服对象,把受众思想和情绪统一起来。而家庭则是一个自如、舒缓、轻松的环境,在这样一个环境中说话则不必追求庄重规范,而应该力求用亲切、柔和的语气娓娓而谈,说错了怎么办? 不怕,纠正过来就行了。重复了呢,也没有关系,重点明确就行,人们恰恰要从这种并不怎么规范的交谈中领略生活的情趣。在日常生活中,如果用演说家和教师的口吻和一个家庭中的某人谈话,人们一定觉得可笑,一定会说他刻板迂腐不看对象。同样,在广播电视中,主持人用一板一眼的语言说话,尽管说得字正腔圆,人们也觉得很难接受,甚至很反感,因为这种语言和它所处的环境极不协调。同样,报纸是家庭中、休闲时的印刷媒介,如果报纸的文章也像教科书或理论刊物那样规正、严密,人们也会觉得索然寡味,这也同样是一个阅读环境的问题。

(二)群体传播中的语言——对你们说

这是指那种可以确定范围和对象的公开的交流活动。所谓公开型的群体交流,主要是指小群体交流的内容和形式都是公开的。其讨论的内容完全对外界公开"开放",其讨论形式也允许小组成员以外的其他人员,特别是听众在场或旁听。在现代社会中,这种公开性小组交谈常常与大众交流的形式并存,即让大众媒介公开报道、转播小组交流的全过程或大部分过程。在西方,这种公开性小群体交流有以广播、电视为媒介公开举行的"讨论会"、"专题座谈"、"听证会"等。在我国,近年来也以电视为传播媒介,举行各种形式的座谈和"对话会"。显而易见,这类交流的目的,不仅仅在于小群体讨论本身,而且还在于通过这种讨论使观众、听众获得有关信息。因此,公开型小群体交流除具有一般小群体交流的品性之外,还有其他特点,如交流环境的开放性,听众、观众的"在场"或间接"在场",大众传播媒介的介入等等。既然具有一定的范围和明确的对象,就是一个需要组织起来的受传群体。这个群体是围绕传播者而存在的,所以传播者的吸引力与核心作用就显得十分重要了。在群体传

---

① 应天常.节目主持语用学.北京:北京广播学院出版社,2001:281

播中"意见领袖"是发挥组织作用和引导作用的核心力量。如果没有这样的人物来支撑,就缺乏凝聚力,群体必然会涣散,传播就会失效。所以主持人能否发挥"意见领袖"的作用,用恰如其分的方式展开话题,来调动群体的参与热情显得十分重要。美国著名谈话节目主持人拉里·金在他所著的《拉里·金沟通现场》中认为善于沟通的人有八大共同特质。①

▲他们会从一个全新的、意想不到的视角看待我们所熟悉的日常问题;

▲他们的视野往往很宽阔,他们所思考或讨论的话题非常宽泛,不限于他们的日常生活;

▲他们往往充满热情,对生活、对你此刻正在谈论的事情,都有十分的兴趣和热情;

▲他们不会喋喋不休地谈论自己;

▲他们有很强的好奇心,总爱问为什么,总想了解更多的事情;

▲他们常常会设身处地替你考虑;

▲他们有幽默感,不介意偶尔自嘲一番,常常会讲述一些关于自己的故事;

▲具有自己独特的说话风格。

我们从有些优秀的谈话节目中就可以看到主持人的这样一些突出的特质,请看崔永元在主持《实话实说》——"小小少年之烦恼"中的一段措词。

主持人:同志们,你们看这还像个朋友吗?这个事情可能是有争论,咱们在做完节目以后还可以继续争论。我们听听最后两个烦恼。

观众十四:我的烦恼是什么呢?在我上五年级的时候,有一次小红花竞赛,语文获得了一等奖、数学获了三等奖,可以说是双喜临门了。可是突然间有几个同学过来说,你既然获得这么大荣誉,应该给我们买些东西吧,作为礼物。当时我们家生活条件也挺艰苦的,我妈妈下岗了,而且还要去给他们买东西。虽然他们……

主持人:他们说的意思就是买东西祝贺一下,庆贺一下。

观众十四:他们都是平常花钱花惯了的,该买的东西也买,不该买的东西也买,等于让我给他们请客。我们家的生活条件十分困难,而我却要把父母含辛茹苦挣来的钱给他们买些东西,我觉得很不应该。我最后就没给他们买,他们纷纷指责我,以后他们就不再理我了,而且还在班里骂我是小气鬼,我觉得我十分烦恼。他们为什么不能理解我呢?我曾经向他们表白过,但他们说我是强词夺理。我觉得他们十分……怎么说呢?不能接受人家,不能理解别人。

主持人:他们知道你家里的经济情况不太好吗?

观众十四:他们应该知道。

主持人:你说说。

观众十五:我的烦恼就是同学之间的互相竞争。在上五年级时,有一次老师发了一张试卷,让我们全班进行答题,我被试卷的最后一道题难住了。它是一道数学应用题。那时候已经快打铃了,我就请教我的同桌,我就说,你能不能教我一下?他就小声说,我凭什么告诉你?因为他学习在班里也是挺不错的,他有时候不会的题,我也是非常愿意告诉他,我也是给他讲一些,怎么推导出来的过程。可他却不来帮助我,我觉得心里很难受。

主持人:后来你做出来了吗?

观众十五:后来经过慢慢研究,最后终于在打铃前的一分钟,把这道题做出来了。

---

① [美]拉里·金等.拉里·金沟通现场.方海萍等译.北京:中国人民大学出版社,2006:55

主持人:做出来他怎么说?

观众十五:做出来,老师交卷的时候,他就说还是让你做出来了。

主持人:他觉得很不开心,是吗?

观众十五:对。当时我就问,我做出来有你什么事?又不是你答试卷。而他说,你做出来了,我分不就考得比你低了。

邹泓:但是你说这个,我觉得还有一点我不太清楚。你在考试的时候有不会的,你希望他给你说出来是吗?是考试吗?

观众十五:是考试。

邹泓:如果在考试的情况下,他不说我想还是可以理解的。但是如果下课你问他,他因为会,故意怕你超过他,不告诉你,这可能有点问题。但如果在考试期间,你来问他这个问题,大概你需要理解他一下。

观众十五:对。

主持人:平时学习的时候可以互相交流,考试的时候谁也不要帮助谁,靠自己的能力去考,这才叫正确的竞争。马老师,你给刚才那个同学出出主意。他说小气鬼,小气鬼。我记得我小时候也有同学这么叫过我,心里很难受。

马志国:包括我们成人也有这种心态,当自己有什么弱项的时候,家境不太好,刚才说的胖一点儿、瘦一点儿,别人还没在意呢,自己心里总是揣着这个事。往往同学们并不一定有多少恶意贬斥这个人,好像是个病似的,这是一个心态。

主持人:实际上是自己放不下。

马志国:有时自己放不下。刚才那个同学讲,我家境跟他们不一样,把这个扔一边,问题可能就没有了。

主持人:听听网上的小朋友支的招。他说,比如你的成绩没有他好,如果他永远这么骄傲,他的成绩肯定会下降。关于小气不小气,钱少的问题。另一个说,我觉得金钱不是问题。来到学校就不比金钱了,跟他们比学习,只要学习好,就不会被冷落。这都是网上小朋友支的招儿。大家可以支支招,好不好?有什么好主意可以出一出。

(三)人际传播中的语言——对你说

人际传播是社会个体的人与人之间的交流活动。美国华盛顿大学语言传播学教授约翰·斯图尔特认为,人际传播并不仅仅意味着两个人之间的、面对面的、非正式的交流。他认为人际传播是一种每个人都带着自身和他人的人性以说和听摄入期间的联系。[①] 因此人际传播就是在"说"与"听"的过程中进行交流的,而在言来语去的交流中,主持人的应变能力显得十分重要。

1. 用语适切

这里要说的是言语本身,就语义的调整和组织构造上如何与一定的交际活动相一致的问题,也就是言语的适切性。所谓适切,即言语不多不少,句句说到点子上,而且分寸适度,利于交际目的的实现。

①内容的适切

言语是语言在交际中的应用,都有具体实在的内容,所表达的是人对社会生活、客观事物的体验和认识。因此,言语内容的适切首先是交际活动中人的话语与客观事物、人的认识

---

① 陈力丹等.传播学纲要.北京:中国人民大学出版社,2007:58

体验相一致。就是说既不能把不存在的说成存在,也不能把存在的说成不存在;既不能把十分说成七分,也不能把七分说成十分;既不能改变事物的数量,也不能改变事物的质量。

不仅能闻其言还能观其形或听其声,为主持人把握真情、了解实意提供更多的讯息内容。根据掌声、笑声、表情、眼神等,推测出对方的真实意图。并据此采取相应的措施,调节现场的气氛。当对方兴致正高时,可着意渲染;厌烦时,则注意回避;疑惑的,多做说明;已懂的,点到为是;有成见,耐心说服;满意的,见好就收……使得主持人可以言遂人意,语妙绝论。时任上海市长的江泽民同志在电视台的一次晚会上发表即席讲话,他说:"大概是我的名字取得不好吧,三个字当中,带水的就占了两个——所以啊,外电称我为'水市长'"……主持人叶惠贤紧接着就说:"……江市长在上海的两年里,为解决市政问题花费了大量的心血,与上海人民的感情水乳交融,我们上海人民能有这样一位体察民情的好市长,真是如鱼得水!"这段妙语引起了现场群众一阵热烈的掌声。

其次,言语内容的适切,还表现为同样的意思在不同的场合应有不同的表述方法;同样的意思,对张三讲是适切的,对李四讲就不适切。譬如《杨澜访谈录——访余光中》中,杨澜说:

"有一首诗叫《十年看山》,我非常地喜欢,其中有这样的几句,'那片无穷无尽的后土,四海漂泊的龙族,叫它做大陆,壮士登高叫它做九州,英雄落难称它为江湖。'这首诗的作者就是台湾著名的诗人余光中先生。前不久我在高雄的中山大学采访了他。余光中先生,生于1928年的重阳节,所以他自诩为是茱萸的孩子,生在这样一个有诗有酒的日子里,他的一生也的确是与诗文相伴的,实现了自己年轻时候许下的'右手写诗左手为文'的诺言。"

这段话对有思乡情愫的余光中先生来说就显得十分贴切、得体。

第三,言语内容的适切,还表现为语言的使用者与语言的情感色彩的相宜上。语言作为交际工具,无所谓情感的倾向性,而使用语言的人,则是有丰富感情、一定立场的。语言变为交际言语,经过人的头脑加工、组合,必然带有说写者的情感。只不过这种情感有的浓,有的淡,有的直接表达,有的"曲径通幽"罢了。比如鲁迅的诗句:"横眉冷对千夫指,俯首甘为孺子牛。"这与鲁迅对反动派深恶痛绝,对进步青年关怀备至的情感是一致的,这样的言语就是适切的。再如,态势语言在交际中主要起强化感情表达的作用,有人不管讲什么意思,总爱习惯性的挥动拳头,这其中,就有许多是不适切的手势言语。

②形式的适切

言语内容的适切,是解决"说什么"的问题;言语形式的适切,是要解决"怎么说"的问题。因为一个意思,在一定场合、面对一定对象,应该说出来,但还有个说得好与不好的区别,说不好,仍然难以达到交际目的。有个笑话,过去有人读了些文言文,时时都想用文言文说话,一天夜里被蝎子蜇着了,疼痛难忍,忙叫妻子:"贤内,迅燃银灯,你夫为毒虫所袭!"说了三遍,妻子就是不知道他说啥。后来疼得实在受不了啦,他随口说出:"老婆子,快点灯,蝎子蜇着我啦!"妻子立刻听明白了,赶快点上了灯。我们看,同一个意思,换了个说法,一文一白,交际效果截然不同。这里前一种说法不适切,就是因为不适合听者的文化知识水平,用错了表达方式。再如,小张和小王恋爱,两人亲亲密密从厂门口走过,一个说:"人家两人真是鸾凤相配,情投意合!"另一个说:"这两个是老鳖夹绿豆——对眼了!"这话语的一雅一俗,效果显然是不同的,前者适切,后者粗俗。

在人际交流中做到适切有效,除了要考虑对象和语境的特点以外,还有个如何正确遣词用句的问题。

首先,词语有的通俗浅近,有的文雅庄重,有的抽象概括,有的形象生动,特别是现代汉语中同义词较多,具体选用哪一个,就要根据不同的情况来确定。如同是表达"死"这个概念,在《同义词词林》中就收集了163个:故、卒、逝、轧、丧亡、故世、谢世、弃世、过世、下世、毙命、疾终、床诀、床别、床眠、故去、溘逝、溘死、合眼、老了、挺腿、完蛋、呜呼、回老家、翘辫子等等。这些词在言语交际中,用哪一个,不用哪一个,都有个限制,用错了,就会影响整个句子的适切性。另外,汉语词汇中有些同音词,不加斟酌使用,也容易发生歧义,影响交际效果。譬如主持人对嘉宾说:"您老体检项目全部合格。"结果对方误听成了"全不合格"。原因就是"部"与"不"音相同。如果将"全部"改为"全都",就避免了歧义,言语就比较适切了。

其次,言语适切与否,还与句式的选择直接有关。现代汉语不仅有大量的同义词,而且还存在丰富的同义句式。这些不同的句式,在表达重点、语意轻重、语气态度、风格色彩等方面都存在细微差别。在特定的语境里选准句式,就会收到良好的效果。有位语言专家指出,我们国家许多场合,醒目地张贴着"禁止吸烟"、"违者罚款"的标语,效果并不佳,往往是禁而不止。而国外,在一些公共场合,则写道"谢谢您不在大厅里吸烟"效果就较好。这两句话,意思基本相同,但前者是祈使句,含有命令味道,让人看了容易产生反感;后者感叹句,并有敬辞,显得尊重人,所以别人就乐于接受。

"人们在组织话语表达思想时,不可能在'空间的面'上进行铺摆,只能在'时间线条'上依次挨个地进行单向的、一线的线性排列,组成前后连贯的言语链条。在这'链条'上的每一环节,都不是彼此孤立的,而是前后相依、环环紧扣,体现思想表达的脉络和逻辑线索。这就要求每一具体话语的组织都得顾及上下环节的制约,使之与前言后语相衔接。"①在交际中,前言后语相衔接的话语是适切的;不衔接,就算不得适切。有时,孤立地看一句话或几句话,毫不适切,毫无表现力,但依靠上下文的句际关系,就成了适切的,甚至化平庸为神奇。传说一家大户人家的老太太过生日,几位秀才去恭贺。席间,秀才们即景赋诗。第一个吟道:"这个女人不是人",满堂儿女,立刻怒目,大有大打出手之势。另一个秀才接着吟道:"好似仙女下凡尘。"儿女们马上转怒为喜。第三个秀才又吟道:"生来儿女都是贼",儿女们脸上立刻又呈怒色。第四个秀才接着吟道:"偷来蟠桃献至尊。"儿女们又从而化怒为喜。这里一、三句和喜庆的祝寿场合是很不协调的,但有了二、四句的衔接,又无可挑剔,达到了既戏弄这家老太太,又不失礼仪的目的。这虽然是一个传说,但它说明了上下文之间的制约关系。

2. 用心倾听

在人们的印象中,能言善辩被看做是主持人的重要能力。但事实上,主持的谈话是一种人际交流现象,没有"听"的对象,就不会有"说"的兴致;反之,"说"也需要"听"的支持。因此,能说会道未必就是一个好的主持人,即便是谈话节目主持人,也总是在时说、时听的状态中来操持节目的。正如美国著名谈话节目主持人拉里·金所说的:"要善于访谈,首先要善于聆听……谈话的目的就是要同别人沟通,你只要表现出真诚、热情,并且愿意聆听,就会成为交谈大师。"②我国古代学者荀子也主张"以学心听,以公心辨",就是说在言语交流中要注意以谦虚、宽厚、平和的心态去听取对方的意见,同时能够用和善、公正、求实的态度去说服对方。我们可以把谈话节目中这种听与说的关系描述为相互关联的链条,来进一步加以分析。

听、说、读、写是人最基本的传播方式。我们在听上所花的时间比说、读、写都要多。研

---

① 刘焕辉.言语交际学.南昌:江西教育出版社,1986:299
② [美]拉里·金.访谈节目主持人开出的健谈处方.载参考消息,1998-02-01

究者认为,听约占人类传播时间的 42%,说占去 32%,读占去 15%,写占去 11%。① 另一项调查表明,人很少能完整地听,正确地听。事实上,人的听力是有限的,听到并不等于记住了。日常生活中,人们有 60% 至 75% 的时间用于听。可是"我们能记住的只是我们所听到大约四分之一的内容"。② 这说明,声波只能震动耳鼓,却不一定能拨动心弦。所以,"听见"与"倾听"是不同的。"听见"是用耳朵在听,"倾听"则是用心智去听,是源于心灵的。这种源于心灵的"听力"是需要经过一番有意识地"思考、训练和努力",方能得到改进或提高的。

倾听是主持谈话类节目不可缺少的一个重要环节。但是倾听的方式是多种多样的,没有一种固定的模式。它根据谈话的场合、对象、题旨、氛围等的不同而有所区别。大致可以分为以下几种情况:

①对话式的倾听

"对话式的倾听"是我们"直面对方"的听。这种对话式倾听意在纠正人们只听一种声音的认识偏差。对话的倾听不同于"一边倒"式地听。比如,有的人一说起话来就毫无节制,只把他人当成自己的听众,而不考虑交流的需要。"对话式的倾听"走出了这种误区,克服了"听"与"说"相互脱节,彼此分离的状态。在谈话中,"听"不是单纯地听,"说"也不是单纯地说,"听"与"说"交织在一起,互为依靠。这种"对话式的倾听"充分反映出人际传播的互动性、协调性与合作性。言说与倾听如同人的呼吸,一呼一吸,一吸一呼,两种状态交替出现,这才会是一种正常的充满活力的状态。譬如:中央电视台《实话实说》崔永元主持"为什么吸烟"这档节目时,有这样一段对话就饶有兴味。

主持人:……候耀文,我问您,您也是因为饿才抽上烟的吗?

候耀文:我不是,我是别人勾引我抽烟的。(笑声)因为参加工作以后有比我年纪大的人,他们抽烟,抽了以后让我"来一根?""不会,不会。""你瞧你,尝尝,不抽你把它扔喽!"后来我就尝了。尝了以后,也没什么感觉。后来就跟人要啊,(笑声)他就给我。

主持人:跟人要的时候有什么感觉?

候耀文:要的时候理直气壮的。(笑声)因为是你教给我抽的,你不给我行吗?所以当时我跟他要,他就给,可后来他也负担不起了,我就自己买一盒烟,这一盒烟呐,大约能抽一个星期,后来慢慢改成四天一盒,三天一盒,两天一盒,现在基本上一天不到就抽一盒烟。

主持人:这一天不到就抽一盒烟还是保留着最初那种要烟的方式吗?

候耀文:没有,自己买吧。

主持人:已经亲自买啦。

候耀文:啊,现在知道寒碜了,长大了嘛。(笑声)

主持人:那么您吸烟这件事,候老先生他知道吗?

候耀文:知道。

主持人:他是怎么表现的?

候耀文:他自个儿也抽,所以他不说我。(笑声)

主持人:噢,他自己抽他就没有办法说您了。

候耀文:因为他抽烟太凶了。他很年轻的时候,牙就全部都是黑的,所以他有

---

① Ehiniger, Gronbeck, Monroe. Principles of Speech Communication, p.23.
② Ralph G. Nichols, Leonard A. Stevens, Are You Listening? New York, 1957. pp.6~8

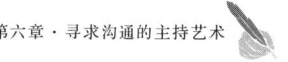

一个最大特点,他说相声的时候,你一看他那牙,就是黑的,抽烟抽的。

主持人:您有没有跟他探讨过吸烟这个问题?

侯耀文:我们家从来没探讨什么问题。

主持人:从来不探讨问题,那您?

侯耀文:只有受教育。他说我听,没有探讨的机会。

主持人:哎,您吸烟的时候敢主动扔一根给他吗?(笑声)

侯耀文:后期敢了。(笑声)后期他年纪大,我也成年了……

这段对话中主持人紧扣"吸烟的原因"和嘉宾展开对话,每次发问都是悉心倾听后的回应,始终没有偏离中心话题。

②参与式地倾听

倾听是一个需要积极参与的过程。这种参与包括你的积极思考与提问,对所听到的内容进行复述和反馈,及时回应传播者谈论的问题等。实质上,"参与式地听"最能反映人际传播具有合作与回应的传播特点。电视策划学者张锦力主张谈话类主持人"一边听一边思考","认真倾听采访对象所说的话","锤炼出现场采访不断追问、逼问、反问、辩论交流的提问水平。"他曾经参与策划北京电视台的《北京特快》栏目。他发现一些著名的专访栏目一般都是设问式的,多数是一问一答,缺少倾听后的追问。他在策划中力避这些缺点,要求《北京特快》的主持人和记者在访谈时,要对被访者的所答问题进行追问,一个问题至少要有两三个回合的交锋。这样实践的结果是,《北京特快》特色鲜明了,取得了收视率的大幅攀升。

③纳谏式地倾听

纳谏式地倾听就是要求能容纳和听取不同的意见。"纳谏式地倾听"最重要的一个原则是,要使谈话产生积极的效果,就必须认真地听取别人完整的意见,把握问题的关键,做有针对性的回复。我国古代春秋时期,孟子有"闻过则喜,闻过则拜"的箴言,说大禹和子路都深知倾听的好处。他们听到别人说自己的过失,便拜而受之。孟子以这种听的高品格,批评了另一种闻功则喜,闻过则怒的"偏听偏信"。我们通常赞赏一些主持人善解人意,也是指的这层意思。换句话说,只有了解了别人的真实想法,才能够有的放矢,进行积极有效的交流。譬如:崔永元在主持"拾金不昧要不要回报"这档谈话节目中,参与的来宾中存在许多不同的意见,他却从不轻易打断不同的、甚至是荒谬的见解,让各方意见展开充分的讨论,自己则认真地听取各方意见,最后非常巧妙地把大家各方的共同点归结到了一起,用极为精练的点评归结了大家的共识。

主持人:谢谢你!我们的会场洋溢着实话实说的气氛,这位小姐把实话都说出来了,捡来的钱买眼镜肯定折!(笑声)我们刚才在开始这场讨论之前,做了一个小小的调查,我们今天的现场来了101位观众,赞成拾金不昧应该有回报的是50人,赞成不应该有回报的是51个人。(热烈的掌声和笑声)在结束今天的讨论之前,请在座的每位嘉宾用最简短的语言或一句话,重申一下自己的观点。

郑也夫:市场经济是个好东西,可是我们的社会千万别成为一个大市场。(掌声)

方子哥:助人为乐需要鼓励!(掌声)

高博燕:希望这次讨论使我们的传统美德能有一个蓦然回首,不要让这段风景走得离我们太远!(掌声)

张宇燕:美德的火焰若再加上利益的燃料会更加旺盛!(掌声)

主持人:我们今天的讨论就要结束了,希望大家在这个小小的场地讨论结束以后回到自己的岗位和社会中,继续把这个话题讨论下去,无论是要回报还是不要回报,我们希望大家都能多做好事,多做善事,因为一个人做点好事并不难!(掌声)谢谢大家!再见!

④移情式地倾听

所谓移情是指用自己真诚的感情去体验别人的生存状态,就是我们通常所说的"感同身受"或"将心比心"。在人际传播中,移情主要是通过"复述"(paraphrase)来实现的,就是准确复述或表达出言说者真实的感受和意见。这一倾听的方法对于谈话类节目的主持人恐怕是最为简单而有效的了,不少学者十分重视"移情式地倾听"的作用,认为它是有效倾听的第一道门槛,据说美国学者卡尔·罗杰斯(Carl Rogers)就是被公认的"移情之听"的创始人。陈鲁豫在谈到主持《鲁豫有约》节目的感受时说:"我要给被访者营造很宽松、很真实、没有被侵犯的氛围。没有这样的氛围,一个好的谈话是不可能进行的。"譬如,在她与外交家章含之的访谈中,鲁豫总是非常善解人意地倾听对方的诉说,恰到好处地提出一些敏感的话题,每当"鲁豫一提到乔冠华,章含之的眼泪就一泻而下,虽然她有很好的自制力,可是还是浸湿了四张面巾纸……那天所有的人都觉得一盘60分钟的录像带怎么那么短。"可见如果没有鲁豫真情相对是不可能产生如此动人情境的。

二、非语言传播

美国传播学者威尔伯·施拉姆曾引用雷·伯德惠斯特尔的话说:"在有两个人传播的局面中,有百分之六十五的'社会含义'是通过非语言传送的。……人类传播中得到的信息有很大一部分来自暗示的方式。"爱德华萨皮尔称非语言传播是"一种不见诸文字,没有人知道,但大家全都理解的精心设计的代码"。[①]

非语言手段是传播学的一个概念,它是指除语言以外的一切有意义的传播手段。他们大体上可以分为以下几类:

(一)环境语言

主持人节目所需要营造的就是那样一种民主交流的氛围和平等对话的语言环境。只有在这样的环境中,"主人"才能春风化雨,"客人"感到宾至如归。有了这样的环境大家也才能知无不言、言无不尽、敞开心扉,充分交流思想。作为传播者的"主人"也必须处在与他人平等的位置上,双方才会真正建立起互信、互谅和互敬。一旦形成了这样的关系,也就比较容易取得理想的传播效果——思想的充分交流和信息的充分共享。这样的传播环境和氛围是需要主持人去着力营造的。

主持人节目的成功与否往往还与节目情境组织的好坏有关。广播史中人们津津乐道的"围炉恳谈"就是一个典型的事例。美国第32届总统富兰克林·罗斯福曾在广播中成功地创造了一种亲如家人、炉边闲话的生动情境,取得了意想不到的良好效果。这个事例启发了我们,要取得良好的节目效果,不能忽视环境因素,不能不考虑情境的组织。信息传播的具体情境一般分为物理环境和心理环境。物理环境的组织主要是对选定的演播环境进行精心布置(譬如悬挂渲染物、准备图片、资料等),创造一个令人愉悦的节目背景;引入适宜的音乐、音响来营造一种意境;根据传播目的设置不同的座次排列方式;利用自然环境(譬如纪念地、名胜古迹、新闻事件发生地等)来唤起人们的情境感觉,如此等等。所谓"心理环境"主要是指主持人、嘉宾、来宾、受众的心理状态或者情绪状态。在不同的情绪状态下,节目效果是有

[①] [美]威尔伯·施拉姆.传播学概论.陈亮译.北京:新华出版社,1984:74~76

一定差别的。凡是在节目中使人获得满意、愉快的情绪体验，都能使节目效果得到强化，而不满意的情绪体验则会使这种节目效果受到抑制。

虽然空间和时间是相对应的两个概念，但在现实生活中，它们都是构成环境氛围的两个重要因素。时间因素需要考虑的是不同的时间段选择何种话题更为适切，如"晚间夜话""清晨恳谈""午时闲聊"等。环境因素会使人产生不同的感受，促使人们作出不同的判断，不同的节气、节令人们会产生不同的联想，引发不同的话题。譬如："七夕"人们更喜欢以天长地久、悲欢离合等为谈论的话题；中秋佳节则更适宜谈论合家团圆、思亲怀乡等内容；春节则是祈福不尽、恭贺新禧的日子；清明时节则是缅怀故人、寄托哀思的情怀等等。

总之，良好的心理环境和理想的物理环境的作用既是相互的，又是一致的，它们都对传播效果发挥着不同程度的影响。理想的物理环境会唤起人们兴奋、愉快等肯定性的情感，从而形成一种特定的心境状态，而这种心境又会投射到周围的事物上去，可以形成整个节目情景交融的效果。

（二）体态语言

它是指身姿、手势、表情等传情达意的方式。主要是以"体语"和"眼语"构成的以动态为基本形式的非语言方式。一般的说，情动于中必形之于外。人的表情、动作、仪态，总是反映着人的某种思想、感情。伯德惠斯特尔认为，人的大部分动作就像组成词的字母和音素，是意思表达的组成部分，他把这叫作"体语的最小单位表述"，这些最小单位结合在一起就组成体态语言。他认为"体态语言"与人类有声语言（言语）或无声语言（文字）一样都有特定含义。按照体态语言的表达作用，它又可以分成四种，就是按照民俗习惯和特定语境表达出的象征性体语；对言语补充、强调、渲染的说明性体语；显示内心情感的面部表露性体语和暗示某种意味的调整性体语。电视播音员可以有意识地把这些体语在镜头前加以运用。比如，可以用点头、手势、抬颔等等代替自然语言来表达对受众的示意，也可以借助特殊的手势辅助说明，从而起到吸引受众注意力，等等。"不同的身体的各种不同的姿态，都传达一定的信息。有的研究者说，至少有一千种不同的体态语言。"有人研究认为：身体放松与否，可以体现出人的种种内心状态，并表露出人际信息沟通状况。麦拉宾说："人身体最大限度的放松，是上身后仰超过20度角，向左或向右倾斜超过10度角为最不放松的情形，可以从手部肌肉的紧张与姿势的僵硬程度观察到。"一般来说，身体的种种姿态可以传达各种微妙的信息。有专家认为，仅仅是脸部的表情就可以传递55%的信息。我们经常可以通过主持人的脸部表情来读解语言信息的全部含义，一般说来身体的种种姿态都可以传达各种微妙的信息。如：微微欠身——谦恭有礼；身体后仰——轻慢或若无其事；侧转身——嫌恶、轻蔑……此外，正襟危坐的姿势叫做严肃坐姿，其余多属于随意坐姿；深坐椅内，腰板挺直，表示傲慢、清高等。人们还认为人与人之间的距离也表明某种含义。按照亲疏关系社交方式可以分为"亲密区"、"个人区"、"社会区"、"公共区"等人际距离，甚至形成了一门新学科——"近体学"。因此，主持人采取什么样的姿势采访什么样的对象，达到什么样的宣传效果，是需要认真、细心地加以揣摩并努力去实践的。掌握不好，不仅会贬损主持人的形象，也可能会传达出一个错误的信息。美国观众评价美国收视率最高的全国广播公司（NBC）早间新闻节目《今天》的主持人简·波利说："简·波利有一张'早晨的笑脸'，看她主持的早间新闻节目就像吃玉米片喝咖啡一样可口舒服。"

"眉目传情"是体态语言的另一种表达方式。原中央电视台《为您服务》主持人沈力认为："主持人一是靠语言，二是靠眼神。如果仅仅是背稿，眼神必然是呆滞的。"沈力的"眼语"表达内容是极为丰富的，从她的"眼语"中大家无不感到一种真诚和热情。眼睛被人们誉为"心灵的窗口"，表明它具有反映深层心理的功能。电视播音时，对播音员一般都推出近景特写镜头,因此,一双"会说话的眼睛"尤显重要。美国传播学者威尔伯·施拉姆在《传播学概论》中有这样一段描述:"广播员洛厄尔·托马斯上电视时,有时向观众眨眨眼,好像是说,我们对这种严肃的新闻不要太认真了,我们也来看看事情富于人情味的一面吧。"这是善于用"眼语"的一个例子。一般来说"眼语"应该从注视的时间、方式和方向以及视线交流的角度等方面去读解。准确地理解并熟练地运用目光,便能微妙地表达出内心的思想、意图、情感等种种信息。

(三)服饰语言

人的穿着、服饰、打扮有时也会表明某种含义。在古代,服饰曾是判断一个人社会地位、职业、身份甚至种族、家庭的标志。在今天,这些标志已经不一定可靠了,但是积淀在历史文化传统中的民族习惯、审美情趣,仍然可以通过服饰传达出某些国民气质、时代风尚、文化特色以及个人的文化素质、价值观念与社会地位等信息。人的穿着、服饰、打扮有时也会给人以强烈的印象,表明某种含义。比如:在1995年1月17日发生在日本神户的大地震中,人们看到电视台的男女主持人都身着黑色服装,神情严肃。朝日新闻(NHK)电视系统的一位中年新闻节目主持人,平时西装笔挺,态度得体而潇洒,但在18日晚间新闻节目做报道时他却没有刮胡子。这在日本是难以想象的事,但那天晚上,屏幕前的观众却对他肃然起敬。另一位著名的女主持人樱井良子,带着熬红的双眼和疲惫的面容,仍不失风度地和正在灾区采访的记者们通过设在广播室的大屏幕进行对话,边做记录边用图表和模型向观众广播等等。在电视屏幕上,我们也常常会看到一些主持人的穿着打扮与环境气氛极不协调。如:在地震灾区采访的主持人却是满身的珠光宝气;身着休闲的服装却在谈着一个严肃的话题;明明是悲哀的时刻却有着亮丽的色彩……这些都显得很不得体。

服装和饰物也是传达信息的载体,在特定的传播条件下,具有明确的表情达意功能。日常生活中,人们也讲究穿着得体,在新闻传播中,更要注意服饰的传播效果。对电视新闻传播者来说,服饰语言的功效和意义在于,它可以提高对受传者的吸引力,确立传播者的平等亲近的地位,有利于在受传者中产生从众心理,特别是可以使劝服性信息的传播达到预期的效果。记者身着什么服饰,要根据具体场合而定,如到矿井里面去采访,最好穿着工装,戴上安全帽;到农村田间采访,最好穿着朴素,不要西装革履,花枝招展。在电视传播中,主持人、记者的服装语言,同样具有吸引受传者注意的作用,对其传播的内容也有辅助性劝服作用,犹如商场里推销时装的推销员经常身着正被推销的时装吆喝一样。

(四)类语言(副语言)

它是语言符号的伴生物,也被称作"有声的类语言",如随感而发的嗟叹之声(哭、笑、叹息等)以及表现声音个性的高低、大小,速度的快慢;文字的字体、大小、粗细、工整、潦草等等。副语言不仅仅对语言起着辅助表达的作用,它们本身也具有特殊的意义,常常能够表达出一种"弦外之音,言外之意"。据说克朗凯特在报道肯尼迪遇刺的突发新闻时是"边哭边说"的;日本大阪电视台主持人在介绍天神祭的盛况时却是"又喊又叫又笑又哭"的……

诉诸听觉的有声的非语言——类言语,是广播、电视所共有的一种语言。类言语一般是指这样两部分:声音要素和功能性发声。声音要素涉及音高、音强、音长和音色,功能性发声包括哭、笑、哼、叹息、口头语等。一般来说,一个人的音高、音色相对稳定,音强和音长是可以随意控制的。我们所说的语调、重音,停连、节奏实际上也就是这四种声音要素相互作用的结果,它们可以传情、不一定表意。如:美国研究者戴维兹等在50年代做过一项"用没有内容的话语传递情感"的实验。他们让8个人(4男4女)通过朗读若干英语字母表达10种不同的感情——愤怒、害怕、高兴、妒忌、喜爱、紧张、骄傲、悲伤,满足和同情,然后由30名评判者来分辨,结果,大多数评判都能准确地辨别出种种不同的情感。类言语中的功能性发声——哭声、笑声、叹息、呻吟及各种感叹等,也都传递各种不同的信息。仅就笑声而言,就可以分为大笑,狂笑、傻笑、苦笑、冷笑、狞笑、媚笑、奸笑、干笑等等;感叹则有赞叹、哀叹、咏叹、悲叹等等。它们所表达出的细微的感情变化,甚至难以用言语表达。

以往当我们在谈到"有声语言"的时候,往往混淆了其中的两个成分——言语和类言语。言语是声音和语义的结合体,类言语则是声音和情态的结合体。在语言传播实践中,它们总是相类相从,不可或缺。但也有例外的情况,比如:"有一次,意大利著名电影明星罗西出席一个有外宾参加的宴会,当客人们请他即席表演一段悲剧时,只见他用意大利语念了一段'台词',客人们听不懂台词内容,但听到他悲伤的声调,看到他痛苦的表情,都禁不住流下伤心的泪水。席间,一位意大利人却忍俊不禁,赶紧借故跑出大厅,在走廊里大笑不止。原来这位大明星朗诵的不过是一张菜单。"这个例子清楚地说明了言语与类言语的关系。

第二节　主持人"求通"的途径

主持人既是讯息传播中的媒介人物,又是万众瞩目的公众人物,他所承担的主要社会责任就是沟通受众的认知和感情,传承文化价值和道德规范,协调社会关系,凝聚人心民意等。所以他是创造和谐社会,营造和睦氛围的重要社会角色。主持人的传播活动实际上就是一种思想交流和感情沟通。亚里士多德在两千多年前就曾提出过一个观点,他认为通过论辩或演说本身(即传播信息本身)说服听众,要感情与理智并用。就是在信息传播时,既要诉诸感情又要诉诸理性。我们今天的传播实践也一再印证了这个论断的正确性。通常我们采用两种方法:一种是运用理性或逻辑的力量,冷静地摆事实、讲道理,以达到以理服人的目的;另一种主要通过营造某种情境气氛或声情并茂的动人言辞来感染对方,以取得以情感人的效果。

人际关系学告诉我们,沟通的本质在于理解。首先需要调整自我,才能充分理解对方,这是实现交流、沟通的前提。早在春秋时期,人们就认识到了人际之间沟通与调谐的重要性。《左传·襄公三十一年》记载:"郑国将有诸侯之事,子产乃问四国之为于子羽,且使多为辞令;与裨谌乘以适野,使谋可否,而告冯简子使断之。事成,乃授于太叔使行之,以应对宾客,是以鲜有败事。"孔子大加赞赏:"为命,裨谌草创之,世叔讨论之,行人子羽修饰之,东里子产润色之。"从这些说辞中,揭示出一些我国传统社会关系中人际沟通的基本原则和协调方法。即:

▲角色认知是沟通关系的前提;
▲话语晓畅是沟通思想的桥梁;
▲民风谙达是沟通情趣的途径;
▲伦理规范是沟通道义的依据;
▲文化认同是沟通理念的关键。

主持人在节目中的作为都必须恪守这样一些基本原则和方法,才能够有效地与受众同道相益,共享讯息。

一、人相知,众相望

马克思认为,社会是人们交互作用的产物。社会是人类进行现实活动的场所,人们在这个场所中,通过扮演各种角色以相互交往,形成生活的共同体。他说:"社会——不管形式如何——究竟是什么呢?是人们交互作用的产物。"①他又说:"人的本质并不是单个人所固有的抽象物。在其现实性上,它是一切社会关系的总和。"②主持人在家庭生活中和社会生活中所充当的角色是有所区别的,譬如:在家庭中他可能是一个父亲或者儿子;在单位里他又可能是领导或员工;在社会中的角色,可能是"人类灵魂的工程师"、"人民公仆"、"党和人民的喉舌"等等。处在不同的社会环境和不同的社会关系中,就需要发挥出各自不同的社会角色作用。既不能用家庭中的角色意识来取代职业角色意识(如"家长作风"等),也不宜用职业角色意识来支配社会关系(如"好为人师"等)。所以主持人必须首先学会正确转换自己的角色意识。

(一)主持人是社会角色

著名的英国戏剧家莎士比亚在《皆大欢喜》一剧中有这样一段台词:"全世界是一个舞台,所有的男男女女不过是一些演员,他们都有下场的时候,也都有上场的时候,一个人一生中扮演着好几个角色。"这段台词可以说是社会学角色理论最初的简单表述。社会学最初在使用这个概念时,社会角色与舞台角色是相互混淆的。但是随着社会学研究的深入,人们开始认识到它们之间存在着明显的差别。

1.两种角色是现实与虚拟的关系

社会角色是人类现实生活中履行不同社会责任和权利的公民,舞台角色则是演员在虚拟的艺术场景中塑造出的艺术典型形象。主持人生活在现实生活中,是以真实的"我"而出现的。尽管他也可能会借鉴一些表演的手段,但是这些手段都必须是为了更好地传达现实生活中本质真实的信息,否则主持节目中就不可能有真正的思想交流。社会角色获得的是一种现实生活中的亲身体验,而舞台角色则是根据戏剧情节需要去获得的内心体验。

2.两种角色担负的责任不同

社会角色的责任主要在于改造客观世界,而舞台角色则主要是影响人的主观世界。主持人需要在改造客观世界的同时,不断改造自己的主观世界,牢牢把握正确的舆论导向,营造积极向上的舆论氛围。评价一个节目效果的好坏,取决于主持人能否在这些方面尽职尽责。

3.两种角色承担的义务不同

社会角色是基于人们生产和生活的需要,满足物质或精神的具体目标而承担一定的义务;而舞台角色则是在完成剧情或导演所规定的角色义务,以追求艺术创作的角色形象。一位著名的电影表演艺术家曾主持中央电视台的《世界电影之林》栏目,结果大家认为她的主持是不成功的。《大众电影》杂志载文批评说:她"十分错误地接受了《世界电影之林》这本应由电影史学家、学者承担的讲解人角色"。出于职业习惯,她把主持人当成一种艺术角色来表演,"……一切都不是自我修养的真实而自然的流露。处心积虑地端庄华贵富丽或者洒脱飘逸散淡,刻意求工地把那姿势装出来摆出来做出来……",结果事与愿违,她把自己完全当

---

① 中共中央文献办公室.马克思恩格斯选集(第四卷).北京:人民出版社,1966:291
② 中共中央文献办公室.马克思恩格斯选集(第一卷).北京:人民出版社,1966:18

成了一个艺术角色。主持人的义务却要求她自觉地在节目中发挥出启人心智、发人深省、愉悦身心、沟通感情等社会作用。

4. 两种角色的行为规范不同

社会角色的行为规范产生于社会生活的需要。作为一个社会角色,主持人的行为规范是根据他在广播电视中所承担的社会责任和义务确定的,当然这种责任和义务又受到国情、社情、民情以及文化传统等条件的制约。随着社会的变迁和发展,主持人的行为规范也会发生一定的变化。舞台角色的行为规范,则是由剧本的内容和导演的要求以及演出的具体条件所决定的。"演员之于剧本里的角色,是对剧作家的创造成果的再创作;这种再创作的可能性,一方面是反映对象的丰富性所提供的,一方面是以演员对角色的创造性的认识为条件的。"① 所以,舞台角色的行为规范一般是虚拟情境中的戏剧程式。

(二) 主持人的角色"扮演"

英国著名的戏剧理论家理查德·谢克纳是当今世界最有影响的戏剧导演兼理论家,被誉为是继斯坦尼斯拉夫斯基、布莱希特、梅兰芳之后,第四位 20 世纪享誉世界的表演学理论研究大师。他所创建的"人类表演学",是近年来国际上发展最快的人文新学科之一,迅速渗透到社会学、心理学、文学、历史等学科中。理查德·谢克纳指出,他所说的"戏剧""已经远远超越了理性的以及以讲话为中心的(戏剧文本)运作方式",而是指广义的表演;他从事的"表演研究"是"一个带有广泛基础的新学科而不是仅仅研究戏剧。表演研究从事的是探索从戏剧、舞蹈、音乐到仪式、运动游戏以及日常生活的表演(角色扮演)整个表演范畴。"② 他所说的"角色"在概念上也是极为宽泛的,指的是广义的角色,包括日常生活中的各种各样的角色,远远超越了戏剧角色的范围。"表演"的范畴被大大地拓宽了,涉及人类生活的方方面面,因此,表演研究实质上也是对人类本质的研究,这就需要社会科学和自然科学各种不同学科的介入。在一篇为百科全书撰写的题为《何为表演理论》的文章中,谢克纳列举了表演的六个方面及其相关的学科。

▲日常生活中的表演,以英国社会学家高夫曼的《日常生活中的自我表现》一书为根据。

▲运动、仪式、游戏、审讯、戏剧;社会学及社会人类学。

▲类语言学、动力学、符号学。

▲人种起源学和史前学,西方和现代工业社会之外的表演仪式的描述。

▲强调相互作用、集体活动及身体意识的精神分析疗法。

▲生态学,特别是关于游戏、展览和仪式等方面。

社会表演既是一门艺术,又是一门技巧。因为作为社会的人,人们在生活中有着不同的身份,展现着人的"各面"。一个老教师,他同时有着丈夫、父亲、朋友等不同的身份。在学生面前他要为人师表;在孩子面前他是慈爱的父亲;在妻子面前他是体贴的丈夫;在朋友面前他是坦率的友人。这许多"面"的综合,组合了一个多元的"他"。在各种身份下,在各种情况下,他的表现必定有着各个"面"的不同,这些不同就是作为特定的社会角色的表现——"社会表演"。所以,每一种职业都有符合其特有身份的特定的社会表演。

▲法官的社会表演是为了肃穆气氛。

▲乞丐的社会表演是为了博得同情。

▲促销员的社会表演是为了增加销售量。

---

① 金山.一个角色的创造.北京:中国戏剧出版社,1957:4

② [英]理查德·谢克纳.环境戏剧.曹路生译.北京:中国戏剧出版社,2001:6

▲竞选者的社会表演是为了争取更多选票。

社会表演学是西方近十年来刚刚兴起的新学科,但发展迅速、流行甚广。都市空间、媒体时代,几乎所有的人都要表演,在别人面前展现自己的才能、形象和魅力,因为信息社会的媒体使一切社会现象都成为表演。

从上述的分析中,我们可以得出两点结论,就是:"社会表演"与"戏剧表演"的最大区别就在于社会表演是塑造自己的某种形象而不是戏剧人物的扮演;主持人属于社会人,从"社会表演"概念而论,主持人需要社会表演。

社会学中对人所获得社会角色途径分为先赋角色与自致角色两类。先赋,先天赋予的意思。先赋角色就是指个人与生俱来的,建立在血缘、遗传的或生理因素基础上的社会角色。自致,即通过自己努力而得到的意思。自致角色也称为获得角色、进取角色或成就角色,即通过个人努力而获得的社会角色。

主持人要在大众媒介中发挥作用和影响,必然要经过从先赋角色进入自致角色的发展过程。韩泽同志在《节目主持学新论》一书中,把主持人这种努力的社会化过程生动地描述为"我"与"非我"的辩证关系。

▲它们相连而有别,非我比我为高。

▲非我通过我这个实体来活动。非我是灵魂,我是躯体;非我是内容,我是它的形式。我必须努力领会和体现非我的要求。

▲我不断地调控自己,完善自己,向着非我攀登。在这个过程中,我的素质会越来越高,我的主持会越来越得心应手,我也越来越成为一个成熟的、出色的主持人。

▲非我是一个永远追不着的怪影。你攀登一步,他升高一层,你再登一步,他还在你的上面。他的升高,其实是你在登高之后自己眼光的放远。他的逐次升位,标志着你对自己逐次的超越。

真理、崇高、完美,它们的高度是无止境的,社会和人民的期求也是无止境的。拿这作追求目标,节目的精美程度也是无止境的。于是在不断攀登之中,节目和人都一次次地进入新的境界。"大多数主持人在进入直播室的时候,都不同程度地进入了非我状态,已经不是全然本色的你。这时的你作为台的化身之一出现,本来的你已经成为节目精神的物质形态。为了与所承载的思想内容融为一体,你已经做了两件事,你调控了自己,也在完善着自己。"①因此,生活中的"真我"在进入"主持人"这个社会角色时,就需要调控自己,使之与主持人的要求相适应、相协调。从这个意义来说,主持人就是"真我"和"非我"的统一。

(三)主持人的角色识别

主持人是很有特点的一种社会角色,他们具有公众人物的基本特征,也有媒介人物的共同要求。但是主持人也并不都是一种模式,广播电视不同栏目(节目)需要不同类别的节目主持人,他们所承担的责任不一样,采用的传播方法也各不相同。不能要求所有的主持人都"能歌善舞",也不宜要求主持人都是"记者出身"。在我们汉语语词概念中只有一个词可以表述"主持人",不少学者还为此作出了不少"望文生义"的解释。但是"主持人"的起源地,却有着数十个大同小异的语词概念,用来说明"主持人"的类同和区别。"在这些形形色色的电视节目中,发话者——萨拉·科兹洛夫把他们作为叙述者(narrator)加以讨论——扮演着一些独特的角色。我们可以把他们'塑造'成新闻广播员(reporter)、新闻节目主持人(anchorperson)、播音员(announcer)、电视节目主持人(moderator 或 host)、体育节目主持人

---

① 韩泽等.节目主持学新论.南京:南京大学出版社,1996:46~49

(sportscaster)或智力竞赛节目主持人(quizmaster)。很显然,每一种角色都包含着各种不同的讲话惯例——发话人如何表现自己,如何适应并承认观众。但每种情况都试图让观众直接参与,而且每种角色都会或明或暗地招募人们充当观众,即说服在家看电视的真实的人(actual person),说他或她就是发话者正在与之说话的那个'你'。"① 由此可见,主持人在不同的节目中的角色意识和角色个性也都是有所区别的,绝不能一概而论。

1. 新闻类节目主持人

这类主持人要求具有较高的新闻素养,较强的新闻敏感,能够准确地把握新闻价值,迅速形成报道角度。所以新闻节目主持人往往是大众传媒的"旗帜",具有无可替代的权威性。由于责任重大,他们主要由资深记者、新闻评论员来承担。譬如:沃尔特·克朗凯特在《记者生涯》中回忆说:"在我担任哥伦比亚广播公司电视节目主持人的绝大部分时间里,我还每天做个五分钟的评论。……弗兰德利当上公司新闻主席后,他建议我在每晚的《晚间新闻》节目结尾时也做个相似的评论。"② 事实上,首创"新闻节目主持人"(anchorman)这个语词概念的初衷,就是要选择一个在新闻报道的"接力赛"中,能够发挥冲刺作用的新闻传播者。

2. 综艺类节目主持人

综艺类节目主要是以文艺内容为主的节目形式,具有明显的艺术特征。当然,主持人就需要具备一定的艺术素质。中央电视台《综艺大观》主持人倪萍在谈到自己的体会时说:"我的舞台素质好,受过严格的训练。山东艺术学院的学习和山东话剧院的培养使我有着很到位的舞台感觉……这种严格的训练方法对我一生的为人、艺术创作都会有好处。没有那一段训练,就没有今天的我。"③ 综艺类节目主持人在英文中常用"showman"来加以区别,其中还包括智力竞赛节目主持人(question master,quizmaster),流行音乐节目主持人(disc jokey)等。

3. 谈话类节目主持人

这类节目正方兴未艾,内容也涉及方方面面。根据话题也可以分出许多类。根据美国学者吉妮·格拉汉姆·斯克特的分析:"在既包括信息性节目又包括表演性节目的众多谈话节目中,可以归纳出四大类型:新闻—信息节目;杂耍—喜剧—访谈节目;人际关系、自助、心理和日常生活节目;以及为特殊观众服务的特别谈话节目。"④ 如:中央电视台新闻类的《实话实说》、经济类的《对话》、艺术类的《艺术人生》、生活类的《聊天》等。颇负盛名的美国著名谈话节目主持人拉里·金主持的《拉里·金直播》就属于新闻—信息类的谈话节目。这类主持人具有的共同特点是,通才练识、善解人意、妙语连珠。所以,人们一般都十分看重他们的口才能力,把这类主持人称作"脱口秀"(talk show)。还有一些主持人,如访谈节目主持人(talkmaster)、热线电话节目主持人(hot-liner)等也都被看作是能够阐释各类社会问题、公共关系问题或心理问题的专家。

4. 专题类节目主持人

这类节目几乎包罗万象,根据节目的特定宗旨,来设置相应的节目主持人。如体育节目主持人(sportscaster)、气象节目主持人(weather girl,weather man)以及读书节目主持人、金融节目主持人(股评)、法律节目主持人等等。这类主持人通常都是由栏目所涉及的内容学

---

① [美]罗伯特·C·艾伦.重组话语频道.麦永雄,柏敬译等译.中国社会科学出版社,2000:106
② [美]沃尔特·克朗凯特.记者生涯.胡误色译.南京:江苏人民出版社,1998:392
③ 倪萍.倪萍自述走过的七年电视路.主持人(第八辑).北京:中国广播电视出版社,1998:75
④ [美]吉妮·格拉汉姆·斯克特.脱口秀——广播电视谈话节目的威力与影响.苗棣译.北京:新华出版社,1998:273

科的专家所担当的。譬如:法国著名读书节目主持人贝纳德·比沃是文学硕士,他本人就非常爱好读书和写作;凤凰卫视《秋雨时分》节目主持人余秋雨就是知名学者……这些专家型的主持人对栏目内容阐述透彻,分析精辟,观点权威,深受大家的欢迎。

5. 对象类节目主持人

这类节目都有明确的服务对象,指向非常明确。主持人应该全身心地融入这样一个特殊的群体中,才能有的放矢,得到认可。譬如:"鞠萍姐姐"、"董浩叔叔"就已经深入"童心";央视《夕阳红》主持人陈志峰也已成了老年人的贴心人;张越在《半边天》中也已经成为妇女的代言人……作为对象性节目主持人,必须要了解自己的对象,服务于自己的对象,才有其存在的价值。

综上所述,在不同节目中,主持人的角色意识也是不尽相同的,必须进行自我调适,才能符合传必求通的节目需要。

二、言相通,心相照

语言是沟通人们思想和感情的重要工具。但是常言道:"酒逢知己千杯少,话不投机半句多。"人们的言语交流总是在一种特定的关系中进行的,关系不融洽,交流就不顺畅。反之,言语也是建立这种关系的桥梁,善为说辞显然能够沟通感情,畅达意涵。主持人首先需要具备这样的语言能力,才能够发挥广泛传播的作用,这种语言能力的习得需要遵循这样几项规则。

(一)互敬的原则

按照马斯洛的心理需求理论,受到尊重是人类较高层次的生理需要。相互尊重是文明社会的基本特征,人人都有自尊心,都期望得到别人的认可、赏识和尊重。这种需要的满足,会增强人的自信心和上进心;反之则会使人产生自卑感,甚至影响人际交流关系。因此,主持人的语言首先要遵循互敬的原则。

互敬的原则要求主持人讲究言语行为的礼貌得体,尊重对方的人格和自尊心,尊重对方的思想感情和行为方式。这里既包括善于运用相关的礼节用语如称呼语、迎候语、致谢语、致歉语、告别语、介绍语等;也包括遣词用句时要谦恭得体,恰如其分,如多用委婉、征询的语气等;还包括语态平易近人,亲切自然。当然,尊重的原则不仅仅表现在语言、语态的形式上,也表现在语言所蕴含的思想感情、价值观念和道德情操等方面。譬如:曾获得第五届"金话筒奖"的辽宁台的《轻风夜话》节目主持人沈霞,她的一段对话就很得体贴切。

"沈霞大姐,您好,我有点儿心里话想和你说。""非常愿意倾听。"……"不过我想,像你这样的儿媳还是很多很多的。愿天下的女儿和儿媳都能像你这样善良。""沈霞大姐,谢谢你。祝你的节目越办越好。"……"喂,沈霞大姐,我有点儿家庭问题,想听听你的建议。""……一个人要想学会爱,首先就要从孝敬父母开始。一个人假如连父母都不爱,你不觉得他太自私了吗?你现在也做了母亲,是吗?起码你要给你的孩子做出一个榜样。榜样的力量是无穷的,通过你孝敬父母,告诉你的孩子:一个人要想学会爱,首先就得从孝敬父母开始。也就是说,一个人只有先孝敬父母,他才能够爱生活、爱朋友、爱祖国。"……

专家评论说:"那天,(指《轻风夜话》的'听友联谊会')来自全省各行各业的听众,上至八十多岁的老者,下至十几岁的孩子,热情地对他们每晚相伴的知心朋友沈霞,表达了发自内心的尊敬与喜爱。"①

(二)互谅的原则

互谅的原则要求主持人胸怀开阔、宽宏大量、容忍谦让。这种相容的品格在中国自古就被视为人们立身处世的一种美德,如明代朱衮在《微观子》中所说的:"君子忍人所不能忍,容人所不能容,处人所不能处。"在主持人节目中,特别是各抒己见的谈话节目,难免会有意见的交锋,观点的争议,有的还会牵涉到个人或团体的利益,如果事无大小,动辄训斥、指责,以针尖对麦芒,心理的距离会越拉越大,话题会越来越谈不拢。乃至于出现"散伙"的危险。这种后果是与主持人节目传播的目的背道而驰的。北京电视台曾播出的《国际双行线》中"谭盾来了"就出现过这样的一幕。

> 卞祖善:谭盾的观念说得很清楚了,他昨天说得很清楚了。我现在就他的观念,我听完了音乐发表我自己的感受。我在他的作品里面我没听到暴风雨的力量;我也没有听到摇篮曲的纯真;我也没有听到眼泪般的哀伤。我听到的一般就是很自然的水的声音,这种水的声音应该是很单调的。而且这种水,虽然美其名曰有水琴、有水鼓、有水锣,这种手法很简单啊。这种手法带有工艺性啊,带有即兴性、带有随意性啊,这种手法应该说就是英文里的"PLAY"。他不是演奏,他是玩、他是玩音乐,我认为谭盾他是属于玩音乐的这个类型的人。
>
> 你看现在有的节目——芭蕾,芭蕾可以在肩、可以在头上立脚尖,它是芭蕾吗?它还是杂技呀!它还是杂技。我认为我们的作曲家应该用常规的一个乐器奏出一些音符,表达人的真正的灵魂不要借助于音乐以外的。
>
> 谭盾:我已经等了你十分钟了。我觉得是这样子,我并不知道今天卞老师会来,而且卞老师跟我的音乐是完全没有任何共同点的。这个跟我没有关系,因为我从来不愿意,我也从来没有答辩过。因为我至少读到十几篇卞老师批评我的音乐的文章。我没有回答过一次,而且今天我也不愿意回答一个字,我都不愿意回答。因为不在一个水平上面是完全不可能去沟通的,所以呢,我尊重他的想法。
>
> 卞祖善:这个话不对。
>
> 谭盾:我尊重你的想法好不好,我现在退席。

当被邀请的嘉宾——现代音乐的倡导者谭盾先生与经典音乐的倡导者卞祖善先生意外相逢,他们之间展开了不同音乐观的争论,由于主持人没能及时创造一种互相谅解的氛围,沟通彼此的异同点,创造平等商榷的环境,导致节目的中断。

因此,主持人应当综观全局,把握分歧,在主持节目中,沟通协调、寻求共识,把原则性与灵活性结合起来,只要不是重大的原则问题,都应引导大家以谦恭容忍、豁达超然的风度来对待各种分歧、误会和矛盾。即使在一方语言粗鲁、悖情逆理、举止失态之时,也会努力控制大家的情绪,得理而让人,以宽宏大量之心来谅解、容忍他的过失,并以谦辞敬语、诙谐幽默、委婉劝导等与人为善的语言方式来打消对方的怒气,缓解紧张的气氛,消除双方隔阂,把这种交流重新纳入和谐互谅的轨道。

(三)互通的原则

理解的原则要求主持人不要只从个人的意志、心理和需求出发来表情达意,而要多站在别人的角度和处境上,去理解对方的心理与情感、言行与需求,以求得双方一定程度上的价值认同,从而使节目传播得以顺利进行,达到预期的交流目的和言语效果,这也就是所谓"换位思考"的基本含义。

---

① 第五届金话筒获奖广播节目评析.北京:中国广播电视出版社,2001:249~270

理解同样是人的一种高层次的需求,也是交流活动中实现相互尊重、相互容忍的前提条件。由于人们在社会上所处的地位不同,其思想观念、性格爱好、心理需求、行为方式、利益取舍各有差异,所以大家对同一事物会表现出不同的看法、情感和态度,尤其是在涉及自身利益的问题上,更会反映出从特定视角出发的价值观念与利益追求,这就势必会给主持节目带来许多复杂的矛盾与冲突。如果传受双方缺乏必要的相互理解,各执一端,互不相让,那么不但谈不到一块,还会影响彼此的情感,恶化交流关系,导致语言传播失败,所期望的交流与共享也就无从谈起了。

按照社会心理学的原理,遵循理解的原则,首先要善于进行心理换位,即所谓"将心比心",尝试站在对方的位置上去设身处地考虑,体会对方的心理状态、实际需求和感受,以产生与对方趋向一致的共同语言。其次,还要耐心听取对方的意见,认真、准确地领会对方的观点、意图和要求。这样既可以表现出尊重对方的态度,也满足对方自尊的要求。为深入探讨和广泛交流创造良好的心理环境,并使大家对问题能够获得正确和全面的理解。正如上述"谭盾来了"节目中断后,主持人力挽狂澜,重新组织并未散去的来宾继续讨论"现代音乐"的问题,出现了可喜的转机。

  观众:作为我个人,我非常欢迎这个卞老师的到来。他发表的这些意见和观点,我觉得音乐观念问题上的一些碰撞是很需要的,而且这种碰撞也应该允许。就是卞老师也应该允许谭盾这样的人存在,谭盾这样的人也应该允许卞老师这样的观念存在,所以在这件事上我觉得谭盾老师做得反而不是很好,退场了。这种碰撞是绝对应该允许的,我看了这种现象,我觉得很高兴,而且很受启发。

  卞祖善:我给你举个例子,马克思有个论敌就是跟他观点完全是针锋相对的,那么马克思私人跟他是朋友。当他来到的时候,马克思把他自己家里值钱的东西拿去当掉了也请他吃饭,但是在观点上是针锋相对的,我觉得应该有这种精神。

  …… ……

  主持人:谢谢您,刚才有观众鼓励我们,说把这个节目一定要做下去。看着我们有很多顾忌了,确确实实……嘉宾不在现场,我们还进行,还能这样来进行,我个人觉得有很多感受。今天我想大家也有很多意想不到的收获,其中可能不光是关于音乐、关于观念,可能还有成功,包括做人等等。但是在最后的时候呢,我想我需要感谢卞老师,感谢卞老师今天能到这儿把您的话这么有勇气的都说给大家,也感谢大家的这些话。

  但同时我觉得我还需要对着那个空椅子再感谢一下。不管怎么说,我们应该感谢卞老师所说到的那种好听的音乐,不管谭盾作的音乐是不是在您所说的那个范围内,我们都要感谢那种好听的音乐,同时我觉得应该感谢谭盾曾经带给我们的那种骄傲和自豪。

  谢谢您,也谢谢各位,谢谢大家,谢谢卞老师,非常感谢您,谢谢大家!

应该说这个节目整体是成功的,不同观点之间的争论是必要的,但是相互理解是吸引大家聚首恳谈的首要因素。如果只有分歧,而没有认同,那么这样的谈话显然就会"话不投机"了,"散伙"就是必然的结局了。

(四)互适的原则

俗话说:"到什么山唱什么歌,见什么人说什么话。"任何言语交际,都是与某些特定的社会环境、特定的交际对象、特定的交际宗旨联系起来的。主持活动与一切社交活动一样,都是与对方进行信息、情感交流为目的的双向互动、互补的过程。要达到交流的特定目的,不仅要看表达者的言语形式能否恰如其分地表情达意,还要看交际对象能否准确理解、乐于接受。日本社会心理学家古畑和孝认为:"发送者为了推心置腹地进行传播,有必要同接受者之间确立友好关系。所谓友好关系,就是存在于两者之间的一种'温暖感情的交流'。这是以接受者方面存在着罗杰斯(Rogers,C.R.)所说的无条件的、肯定的关心为前提条件的。就是说,只有接受者超越善恶、好恶的标准,无条件地受容发送者的全部表现,发送者才能产生全面信赖接受者的感觉、自由的感觉和融洽的气氛。并由此促使发送者直爽地表白自己。"①因此,我们必须从交流对象的国籍民族、身份地位、职业专长、性格爱好、年龄特点、文化教养和心理状态等不同因素出发,选择最适当的交流方式。言语交流的效果如何,不仅要看表达者的言语是否生动感人,还要看它是否符合说话者的身份,是否切中交流的题旨,是否适合交际对象,是否准确地表达了自己的思想感情,这就是互适的原则。这项原则是前三个原则得以实施的前提和保证,也是言语交流的基本原则,因而显得尤为重要。

　　首先,要围绕交流的主要目的相互适应。言语的技巧和风格可以千变万化,或晓以大义,或寓论于谐,或以柔制刚,或借题发挥,但"万变不离其宗"——交流的主题与宗旨。绝不可信马由缰,奔放不羁,兴之所至,离题万里。没有共同的话题和集中的宗旨,这样的交流是没有实际意义的,只能是闲谈消遣。

　　其次,随着当地的风习而随俗雅化。《史记·李斯列传》中"所以饰后宫、充下陈、娱心意、悦耳目者,必出于秦然后可,则是宛珠之簪、傅玑之珥、阿缟之衣、锦绣之饰,不进于前,而随俗雅化,佳冶窈窕赵女,不立于侧也。"由于不同种族、不同民族都有其不同的民情风俗和文化传统,在言语交流中就要入境随俗,尊重民风,切不可自命不凡,格格不入。

　　再次,根据对象不同,话语方式要因人而异。孔子在《论语·卫灵公》中说:"可与言而不与之言,失人;不可与言而与之言,失言。"如正在社会上独立生活的年轻人或成年人,其言谈交往一般有较强的目的性、内容的丰富性和交流的主动性。因此,与他们进行交流,不妨随意些、热情些,内容上可多谈前途理想、社会新闻、专业文化、人际关系等,可多用形象生动与富于逻辑、哲理相结合的语言形式。而老年人则希望通过交流来丰富精神生活,排遣孤独感与失落感。因此,与他们交谈时,应更尽量体现出那种体贴、尊敬、谦逊、庄重的态度。话题上以谈论退休生活、历史文物、健康长寿、书法诗画等内容为主,多用征询、请教、含蓄、委婉的语言、语气等等。

　　最后,要根据不同人群对象的心理特征、兴趣爱好,选择不同的话题。因为不同性格秉性的人,往往有不同的气质特点和言谈方式。比如办事严谨、老练、诚恳的人,喜欢听流利而稳重的话,对待他们态度要恭敬、沉稳,语言应质朴诚实、简单明了,而不应高谈阔论、信口雌黄;拘谨、敏感、内向的人,自尊心强,希望得到人家的理解和尊重,与之交际时,态度要诚挚,语言要力求谦虚谨慎、恳切明晰,而不应出言不逊、绵里藏针;性情豪爽的人,喜欢听耿直爽快的话,我们与之言语交流时,应忠诚率直、肝胆相照、褒贬鲜明,而不要言不由衷、藏头露尾;博学深虑、胆识过人之士,往往崇尚旁征博引、富于哲理与经验的言谈,与他们口语交际,言语应力求严密、含蓄、辩证和文雅,给人以谦虚好学,不同凡俗之感,而不应凭口耳之学,信口开河,浮言巧语。

　　而面对具有不同兴趣爱好的对象,选择共同感兴趣的话题,常常可以比较容易开启对方的心扉,有效地激发对方思想感情的共鸣,寻找到更多的共同语言。美国著名的谈话节目主持人拉里·金(Larry King)说:"要想成为谈话高手,你就得了解人们感兴趣的话题,也许就是刚刚收音机或是晚间新闻报道的什么事情。你得谈对方感兴趣的话题,而今天人们感兴

---

① [日]古畑和孝.人际关系社会心理学.王康乐译.天津:南开大学出版社,1986:93

趣的话题可能包罗万象,因为他们可以广泛地借由媒体获知正在发生的大事小情。"[1]国学大师季羡林先生生活中十分低调,平素出言谨慎,中央电视台《东方之子》栏目组对他进行专访时,采访很难深入。但是,当白岩松从"猫"和"母亲"这两个话题做引子的时候,却打开了他的话匣子,因为季羡林平素最喜欢养猫,而他最揪心的事儿就是不能在母亲生前为老人家送终。

总之,在主持人的言语交流活动中,我们应该注意调整好交流各方在不同场合下的角色意识,保持平等交流、相互适应的话语状态,使得主持人节目能够在和谐、融洽的氛围中展开,达到最佳状态和效果,从而成功地实现情理交融的传播效果。

三、习相近,趣相投

每个民族都有自己的风俗习惯,这些风俗习惯在特定时间和空间影响着社会关系的方方面面,主持人的传播活动当然也不例外。而其中对传播影响最大也最直接的是言谈举止间的礼俗传统。中国素称礼仪之邦,所以人际交流中的礼俗也特别多,它不但贯穿从见面到分别的全过程,而且涵盖交际的各方面。

(一)敬他与自谦

这是人际交流中的重要礼俗。敬他指尊敬交流对象,使用尊称敬语,自谦则指对己使用谦言卑语。尊敬与谦卑往往是相对的,例如:

"令"与"家":令尊、令兄——家父、家兄

"贤"、"贵"、"尊"与"愚"、"贱"、"卑":贤弟、贵校、尊姓——愚弟、贱体、卑职

"先"、"前"与"晚"、"后":先生、前辈——晚生、后学

"大"与"拙":大著、大札——拙著、拙文

还有表示尊敬的阁下、兄台、仁兄、王老、赵公、老师、师傅、首长等;表谦卑的愚、仆、不才、鄙人、小人、学生、弟子等。还有亲属称谓词语,如"伯父"与"侄儿"、"老兄"与"小弟"等。

在一般表达的时候,又往往抬高别人贬低自己,有时尊敬近乎恭维,自谦近乎虚伪。如在吃请时不管饭菜好不好,客人总是夸赞饭菜可口,天下第一;在评价别人的孩子时,不管内心感受如何,总要说"这孩子真好可爱";而在谈到自己时,又经常故意低调处理。如体育运动员夺了冠军,在接受采访时,总是把成绩归功于党、人民、教练、队友、观众,并且还要谈一下自己的不足;在干一件事前,总要先谦虚一番,我没经验,请领导、老师、同志多帮助。如果有谁说了一句"我不错"、"我很棒",哪怕他说的是实话,也不会得到人们的好评,大都会认为这样的人骄傲自大。比如有一次记者问女演员"中国年轻女电影演员谁最优秀",她毫不避讳地回答说"我",结果受到大家的一片责难和鄙薄。而如果听了别人的表扬或赞美,一口一个"不敢当不敢当"、"过奖过奖"、"哪里哪里"、"我还做得很不够",这样人们就会说你具有谦虚的美德。请人吃饭,本来准备得很丰盛,主人自己也知道,可偏要说"饭菜不好,请多包涵";出去讲话办事,本来胸有成竹,有把握成功,可还要说没准备好,讲(做)得不好如此等等,这些并非就是虚伪,而是传统习俗中谦逊、内敛的民族性格。当然,过分的自谦有时会显得不够真诚,所以还应该讲求适度。

(二)求吉与避忌

趋利避害是世界上每一个民族的共同心理,这自然也反映到各自的习俗上,从而也影响

---

[1] [美]拉里·金等.拉里·金沟通现场.方海萍等译.北京:中国人民大学出版社,2006:729

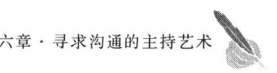

到人际交流关系。本来,语言是一种符号系统,本身并没有什么特异功能,但人们在习惯上往往赋予它一种超人的超自然的力量,把祸福否泰与之联系起来,于是就产生了积极的吉语和消极的避讳。吉语往往采用谐音的方式,如汉民族在结婚时往往要在婚床上放一些红枣、花生、桂圆、莲子之类,以讨吉利,意谓"早生贵子";而过年要在年画上画上鲤鱼、猴子、蝙蝠、梅花鹿等动物,以谐音"有余"、"封侯"、"有福有禄"等;广东人选电话号码喜欢"16888",意为"一路发发发"。即使是发生了什么不愉快的事,也要往好处说,比如打碎了东西,要说"碎碎(岁岁)平安",或者说"破了财,免了灾"等。当人们遇到与不吉利的事情或者与不吉利的事情表述同音的现象时,为了避免刺激,就要选用些婉转或暗示的说法。如渔民不说"沉",司机忌讳"翻",情人不"分梨",探病不"送钟",胖人叫"富态",瘦子称"苗条",如此等等,都是因忌讳而改换说法。在实际交往中,还有为尊者讳,为长者讳等讲究,过去皇帝的名字别人不能用,甚至一些原有的词因与某些词同音也要禁用,如"箧青"因与"灭清"同音而改为"竹白","元宵"因与"袁消"同音而改为"汤圆"。时至今日,中国人中仍然很少有人直呼长者或尊者的名字,因为这是需要避讳的。至于交际中避忌对方的缺陷、伤痛等,更是中国人特别讲究的,所谓"对着和尚不骂秃驴","矮子面前不说短话"等等。

(三)文化传统与审美趣味

中国文化的主流是儒家的礼文化,而礼文化的核心是"秩序",然而,在儒家看来,"礼"之"序"不过是一种外在的形式,而"乐"之"和"才是要达到的目的。"和"就是和谐,本来是指音乐中各种不同的甚至相反的音律的协调整合,艺术谐调和这种乐的节律、物的变化、人的情志同构共感,所以说,"和谐"不但是一种艺术追求,而且也是一种个人修养的最高境界,最后发展为民族文化的一种异中求同、序中求化、人为求中自然的审美情趣。中国绘画的"美在中和"、"气韵生动",中国建筑的"整严相对",中国书法的"计白当黑"、中国文学的"文质彬彬"都表现了这种审美情趣。当然主持活动也必然受其影响。这主要表现在两个方面,一是杂多而又和谐的传达方式,二是两面而一体的言语策略。

"拣好听的说"是我们所遵循的美学原则。而这主要指语言形式上的音韵和谐、结构对称。在人们的日常交流中,也大都喜欢整齐对称、音韵和谐的表达方式。如"有人要给钱钟书开祝寿会,他一律坚决辞谢说:'不必花那些不明不白的钱,找些不三不四的人,说些不痛不痒的话'。"①这个例子中音节大致整齐对称,平仄基本相对,整体表现出和谐统一的格调,让人很受听。

对称的表现方式,一方面说理透彻,另一方面也能体现出局部对立整体和谐的美学韵味。所以,不仅是文学创作,就是在演讲、辩论以及各种日常交谈中,对称的表现方法也成了中国人的一种习惯表现手法,不仅是正常表达,就是恶语相加,也往往是骈四俪六,对偶铺排。请看诸葛亮怎样骂王朗:

> 孔明在车上大笑曰:"吾以为汉朝大老元臣,必有高论,岂期出此鄙言!吾有一言,诸军静听:昔日桓、灵之世,汉统凌替,宦官酿祸;国乱岁凶,四方扰攘。黄巾之后,董卓、郭汜等接踵而起,迁劫汉帝,残暴生灵。因庙堂之上,朽木为官;殿陛之间,禽兽食禄;狼心狗行之辈,滚滚当朝,奴颜婢膝之徒,纷纷秉政。以致社稷丘墟,苍生涂炭。吾素知汝所行:世居东海之滨,初举孝廉入仕;理合匡君辅国,安汉兴刘;何期反助逆贼,同谋篡位!罪恶深重,天地不容,天下之人,愿食汝肉。今幸天意不绝炎汉,昭烈皇帝继统西川。吾今奉嗣君之旨,兴师讨贼。汝既为谄谀之臣,

---

① 钱钟书二三事.家庭,1991(7)

只可潜身缩首,苟图衣食,安敢在行伍之前,妄称天数耶!皓首匹夫!苍髯老贼!汝即日将归于九泉之下,何面目见二十四帝乎!老贼速退!可教反臣与吾共决胜负!"

主持人在节目中的举手投足也应该时时注意大方得体、符合民族习俗的交流方式,给人以赏心悦目的感觉。切不可一味效仿西方明星的那些诡异行为和洋腔怪调,因为这些都违反了我国民族文化心理和审美情趣。

四、礼相随,情相融

儒家文化是中华民族的主要文化形态,而儒家文化的核心是重视为人之道,即修己安人,锤炼人格,它的标准就是"合礼"。对于礼的实质,孔子在《礼记·仲尼燕居》中记载说:"礼也者,理也。乐也者,节也。启子无理不动,无节不作。"这就是说,在孔子看来,礼就是事情之理性,是不可不遵循的规律性,违礼则乱,礼是人们一切行为的根本规范。他认为礼的运用就在于"和"。《论语·学而》中"有子曰:'礼之用,和为贵。先王之道,斯为美;大小由之。有所不行,知和而和,不以礼节之,亦不可行也'。""和",即和谐、适中、恰如其分。《论语·子路》中"子曰:'非礼勿视,非礼勿听,非礼勿言,非礼勿动'。"这"四勿"正体现了这种价值观念。在我国古代,"礼"具有社会政治规范和行为道德规范的双重含义,对维系人际关系十分有益,所以说,"合礼"是中华民族重要的价值观念。因为"礼"是一切行为的规范,那么作为主持人的传播行为也必须符合"礼"的要求。

"礼"还是一种道德行为规范,它是维系一切社会关系的根本纽带,"礼"规定了每个人在社会中的位置、角色,孔子所说的君君、臣臣、父父、子子、兄兄、弟弟、农农、士士、工工、商商……就是为各种关系网络中的人定位、定序、定型,最后做到贵贱有别,长幼有序,从而铸就了中华民族温、良、恭、俭、让的民族性格。重道德是中国人传统社会心理的一大特色。在历史上,许多国家和民族以宗教作为维系社会秩序的精神支柱,中国却避免了全社会的宗教化,而以伦理道德学说作为维系社会秩序的精神支柱和规范人们行为的基本手段。可以说,儒家学说实质上是一部以"仁"为核心,以"善"为目标的道德型学说。

人们的社会行为是形成人际关系的前提,要和谐人际关系,就必须首先使人们的行为符合社会伦理道德规范。在中国,社会伦理道德规范就是"礼",所以,"合礼"也就成了衡量我国伦理道德水平的主要标准。

在这些方面,许多广播电视主持节目中不乏此例。在中央电视台播出的《艺术人生》——"访秦怡"中,这样一段对话就充分反映了我们民族文化传统中"礼"的内涵。

主持人:现在最大的愿望还是要尽一切努力,使儿子能够尽快康复。
秦怡:对,至少我没有了,他还能生存,他究竟比我还年轻得多。
主持人:我还想问问您,经历了一生这么多坎坷之后,您是怎么理解美丽的?
秦怡:我想一个人给予别人多一点,不要老想着人家给我。我能够多给别人,本身这也是一种幸福。我给他做好了一件事,我也很高兴。
主持人:您觉得一生当中,人在这一生当中,最需要的是什么?
秦怡:最需要的还是友情,还是理解。
主持人:关爱,爱自己,爱别人。
秦怡:爱自己也爱别人。正因为你能够去爱别人,别人才会爱你。如果你一点也不爱别人,谁来爱你?所以说爱别人也等于是爱你自己。

另外,由于中华先民主要从事农业,居所稳定,所以长期沿袭下来由血缘家族组合而成的社会结构方式,并形成了中华民族浓重的血亲意识,所谓"六亲"(父子、兄弟、夫妇)、"九族"(父族四,母族三,妻族二)。这种意识又大大影响了社会关系,进而出现了"家国同构"的独特形态。国是家的放大,社会关系是亲缘关系的延伸。所以,我国的社会关系往往表现出血缘关系的色彩。反映在人际交流中最明显的特征就是称谓的"血亲化""伦理本位"。如皇帝是"天子"、"国父",皇后是"国母",官是"父母官",民是"子民",老师是"师父",学生自然是"徒子徒孙",同事、同乡、朋友、路人一律以叔伯兄弟相呼,所谓"四海之内皆兄弟",这种家庭化的称呼使得关系变得亲近,好像"一家人"。正因为如此,小孩称解放军战士为"叔叔",叫幼儿园老师为"阿姨",成人之间互称哥们、姐们,问路求人经常喊"这位大哥"、"请问小妹妹";就是搞对象谈恋爱,一旦变成阿哥阿妹时,其关系也就进入了实质性阶段。所以,即使在当今中国,叫大姐也往往比叫小姐显得亲切,叫老大爷比叫老先生爱听。比如《红楼梦》中林黛玉常呼宝钗姐姐,对此贾母十分喜悦放心,原因就是这种称谓表现出一种亲昵的感情。第四十二回中林黛玉求薛宝钗说:"好姐姐!饶了我罢!颦儿年纪小,只知说,不知道轻重,做姐姐的教导我。姐姐不饶我,我还求谁去呢?"这样表达的用意是缩短情感距离,从而求得别人的帮助。

五、意相会,理相同

以上我们所讨论的主要是在汉民族文化圈内的交流问题。然而,在以卫星传送、高速信息网络交往的信息化时代,跨文化交流就显得越来越重要。我们不仅要学会与本民族人交流思想和情感,而且要学会和外国人交流思想和情感。只有通过畅通无阻的跨文化交流,才可能达到相互间的理解、沟通和信赖,才能共享人类文化成果。

今天,中国逐渐融入世界,随着现代化交通和通讯技术的发展及国际意识的增强,人们正在打破不同文化间的时空关系,人们已不可能闭关自守,互相回避,"地球村"的理想正在变成现实。然而这一切都将会集中到跨文化交流的有效性上。如何沟通不同的语言媒介、民族心理、价值观念、思维方式、风俗习惯等便成了一个十分重要的问题。而对于个人来说,如果熟练地掌握了跨文化交流理论和技巧,不但能够得到心理上的愉悦,而且还能得到经济上的效益;不但能够更多地了解世界,而且能够更好地了解自己;不但可以为自己增加就业机会,而且也可以为社会减少诸多不便。那么,跨文化交流的特点是什么呢?

传播者和受传者属于两种文化中的成员,这便构成了跨文化交流。也就是说,跨文化交流是指在一种文化中编码的信息要在另一种文化中解码。跨文化交流既可以指民族文化之间的交流,又可以指地域文化之间的交流。由于文化的差异表现在各个方面,如物态的、制度的、心态的、行为的等等,所以在交流中任何细微的差异都会导致不同的结果。如中国人注重含蓄,所以委婉曲折的示爱方式在美国人看来就难以理解;相反,好多西方人第一次见面就喊"亲爱的",就说"我爱你",在中国人看来又有点轻薄的意味。再如,中国人尊重过去,西方人敢于创新;中国人尊重权威,西方人尊重个人;中国人重亲友,西方人重公德;中国人重含蓄,西方人重坦诚;中国人重面子,西方人讲原则;中国人讲礼,外国人讲理;中国人讲差异等,西方人讲平等;中国人重实用,西方人重科学;中国人重感情,西方人重理智;中国人崇尚伦理,西方人看重知识……所以,不了解这些,在跨文化交流中就难以沟通,甚至会造成种种误解。比如因为中国人尊老,所以人们都喜欢称老、装老,甚至倚老卖老,如称"老张、李老、老兄、老弟、老首长、老领导、老革命"等以示尊敬,在说话时也往往自以"老"为尊,以"老"为荣,等等。这些都是文化的差异,所以,我们在交际前必须了解对方的文化习俗。譬如,北京电视台播出的《国际双行线》——"求职"中有这样一个情节:

(这是一家由美国人在北京开的外企职介公司,每天都会有很多人来这里求职面试。今天我们跟着这位小伙子一起走进了这家公司,他希望能在这里找到一份理想的工作。)

……………

记者:感觉如何?

高先生:稍微有点紧张。

记者:回答这些问题容易吗?

高先生:说实话,其实这些问题在这之前我也想到过,有所准备,但是可能表达方面还是有一些出入,总归是面试嘛。

记者:作为一个中国人,回答一个美国公司设计的问题,感觉有些什么地方不适应?

高先生:就是像刚才做的测试吧,感觉就有一些,毕竟是在国内土生土长的嘛,思维方式呀还是属于国内的,跟他们的思维方式,还是有很大很大的差别。

记者:你比如说,举个具体的例子。

高先生:我们借着美国人的表达方式来表达自己的东西,总会有很多东西自己表达不出来的。因为你要借着别人的方法,这是别人的东西。

记者:你的意思是在回答一些问题当中,你下意识地模仿美国人的方式?

高先生:有这种倾向。

记者:那我估计这肯定模仿不好。

高先生:对,我觉得这种模仿其实是很不好的,是别人的东西,而不是你自己的。

记者:但是你也模仿了。

高先生:怎么说呢,因为特定的环境下,有时候是你不自觉地模仿,虽然你想表达真实的自我,但是,环境迫使你做出一些模仿的动作来。

记者:那你的意思,刚才这个面试,没有把你完全的真实的自我表达出来?

高先生:只能说有百分之七十或百分之八十,不可能完全表达出来的,这也是不现实的。

……………

观众九:我是北京大学国际关系学院的,我的专业就是搞跨国文化交流。通过刚才大家谈的这些东西,我觉得就是在总结失败的时候,应该从不同的文化角度上看,应该有个文化的背景。比如说吧,刚才的美国公司,他用他们的标准,他考试的方法可能在美国是一流的,但是拿到另一个国家不一定是一流的。还比如刚才这位先生就觉得非常不舒服,我觉得这就是一种跨国文化的冲突。

姚长盛:您的意思就是说我去一个公司面试,如果我被拒绝了,很有可能不光是我个人的失败,有可能是跨国文化交流的一种失败。

观众九:一种冲突。但是我觉得主要的还是你自己的实力,你的专业学得非常好,但是如果你不注意跨国文化交流的一些问题,也有可能会功亏一篑。

张蔚:谢谢。

姚长盛:谢谢您。今天我们用这么长一段时间,讨论了求职,从怎样准备简历、公司怎样看简历、怎样着装、怎样去面试、怎样回答一些挑战性的问题到怎样面对被拒绝。我希望通过我们这个节目,能够对现场的观众朋友以及电视机前的观众朋友有一个帮助,希望大家能够真正地找到一个好的工作;希望像道格拉斯、像蒋先生那样的招聘者能够找到你们意中的那些千里马,也希望像潘先生、像克莉丝婷小姐那样找到你们真正的伯乐。(掌声)

在世界性的文化差异中,最主要的还是宗教信仰之间的差异,这是现实中不容回避的社会现象。"宗教是世界上十分普遍的社会现象和文化现象。据统计,截至2000年,世界总人口约为60.55亿,信仰宗教者约为51.37亿,约占世界总人口的84.8%。其中基督教徒(包括天主教、新教、东正教)有19.99亿人,伊斯兰教徒有11.88亿人,印度教徒有8.11亿人,佛教徒有3.59亿人。以上四种传统宗教信徒总数约占世界宗教徒人数的88%以上。这个数据表明,世界上绝大多数人信仰宗教,而其中又绝大多数信仰各主要传统宗教。另有数据表明,世界信仰宗教人数的增长率同世界总人口的增长率基本持平,也就是说全世界信仰宗教者的绝对数每年都在增加。这是广播电视实现跨文化传播必须面对的现实状况。大多数中国人是不信教的,很容易忽视、甚至漠视宗教文化,从而难以体察虔信宗教民族的情感世界。由于这个原因,在面向全球的思想传播和文化交流中会产生许多障碍,难以沟通和理解。"[1]

> 对话还是毁灭?
> 这是一个值得考虑的问题。
> 默然忍受唯我独尊的绝对主义,
> 允许人类相互间的种种无知、误解继续,
> 让内耗、对抗、欺凌以至于互相残杀永无止境?
> 还是通过对话尝试着走出幼稚盲目的独白时代,
> 通过对话彼此发现彼此学习
> 以更好地了解并成为完满、成熟的自己?
> 进而在全球化时代
> 彼此能和睦共处又保持着各自独特的美丽?
> 人啊,
> 你必须选择,
> 你无可逃避。

这是美国学者列奥纳德·斯维德勒(Leonard Swidler)在自己的著作《全球对话的时代》开篇中改编莎士比亚诗句,以力倡各宗教间、意识形态间的对话。他在这本书里提出了"对话十诫",令人颇受启发。

一诫:对话的首要目的是学习,亦即改变和提高对现实的感受和理解,并相应的行事。我们进行对话是为了我们自己可以学习、改变和提高,而不是像过去论战性的争辩那样,强令其他人、我们的对话伙伴改变。另一方面,因为在对话中双方都怀着学习和改变自己的意向,所以任何一方事实上也将发现对方已经在改变。每一方也都会给对方以教益——但所以如此的关键却是参与对话的首要目的并不是教导别人。因而,辩论等等的目的,通过对话可以更为有效地达到。这样一来,所谓的辩论的目的也就都有过之而无不及地通过对话极为有效地实现了。

二诫:无论是在宗教或意识形态共同体之内,还是在宗教共同体或意识形态共同体之间,宗教的、意识形态之间的对话都必须是一个双边的工程。因为宗教之间、意识形态之间的对话是集体性的,又因为对话的首要目的是每一方都要学习和改变自己,因此所有对话参加者都不仅要跨越信仰界限和伙伴对话,如天主教徒与路德派教徒,而且也和信奉同一宗教的人士——如天主教徒与天主教徒对话,来分享宗教间对话的成果。依此而行,其整个共同体才能真正地学习和变化,共同获得

---

[1] 毕一鸣.现代广播电视论纲.北京:中国广播电视出版社,2007:25

对实在的更为敏锐的洞见。

三诫：每一个参加对话者都必须十分坦率诚恳。应当明确推动传统前进的主流和支流的方向是什么、未来会有什么样的转换，甚至应明确对话者与自己的传统会在什么地方遇到困难。在对话中不得存有虚假的阵线。反过来看，每个参加者都必须假定另一方也十分坦率诚恳。不仅缺乏诚意妨碍对话，而且缺乏对对方诚挚的估计也会如此。简而言之：没有信任，则无对话。

四诫：在宗教间、意识形态间的对话中，我们绝不可拿我们的理想与对话伙伴的实践相比较，而应当以我们的理想与我们伙伴的理想，以我们的实践与我们伙伴的实践相比较。

五诫：每个参加者都必须明确自己的身份。例如，只有犹太人才能从内部确定身为犹太人的意义，我们其余人从外部能描述的都只是看起来像什么。而且，因为对话是一种动态的媒介，所以每个参加者都在学习，因而都要改变，并持续地加深、扩大、修改他作为犹太人的自我定义，同时注意和其犹太同伴保持经常性的对话。因此，每个对话参加者都有义务对其作为自己传统真实一员的含义做出界定。

反之，被解释的一方必须能在这种解释中确认自己。这一宗教之间解释学的黄金规则，是"宗教之间对话的使徒"雷蒙多·潘尼卡（Raimundo Panikkar）曾反复强调过的。为了清楚地表述和理解，对话者自然都要努力表述他们对对话伙伴的论述意义作何想法；对方则必须能够在这种表述中认识自己。"世界神学"的倡导者威尔弗雷德·坎特韦尔·史密斯（Wilfred Cantwell Smith）还会补充说：这种表述还必须经得住不参与对话的批判的观察者们的证实。

六诫：每个对话者对分歧点之所在都绝不能有不容变通的定见。每个人都不仅应该开放地、同情地听取对方的话，而且应该在保持忠诚于自己传统的同时尽可能地同意对方的见解。在这一点上，这是如果不违背自己一方的诚实就绝对不能再有更深一致的地方，是真正的分歧点，而恰恰就是在此处，也最经常地会发生根本的变化，会从事先假定变得相当不同。

七诫：对话只能在对等的——或如第二次梵蒂冈公会议指出的——平起平坐（par cum pari）的双方之间进行。双方必须是来互相学习的。这意味着，在一个博学的学者和一个不识字的人之间，不会有真正的、充分的对话，而最多只是像社会学的问卷调查那样能收集到一些资料而已。或者说，如果穆斯林认为印度教低人一等，或者印度教徒认为伊斯兰教低人一等，对话就不能进行。在穆斯林和印度教徒之间要想有真正的宗教之间、意识形态之间的对话，那么，双方就都必须主要是为了互相学习。惟其如此，才谈得上"平起平坐"。这条规则还指出，世上没有单向的对话。例如，1960年开始的犹太教与基督教之间的讨论，从根本上看仅仅是宗教之间对话的先导。可以理解，当时理所当然的，犹太教徒参加这些交流仅仅是为了教导基督徒，而基督徒则主要是为了来学习。但是，如果是基督教和犹太教之间真正的宗教对话，那么犹太人也必须为学习而来，只有这样，对话才能"平起平坐"。

八诫：对话只能在互相信任的基础上进行。虽然举行宗教之间、意识形态之间的对话必须具有某种"团体"的维度，也就是说，对话者必须作为某一宗教的或意识形态的共同体成员——如马克思主义者或道教信徒——参加，但是，参加者仅以个人身份加入对话，这一点在根本上也应当保证。然而，个人之间的对话只能建立在个人信任的基础之上。所以，聪明的办法是开始时不去解决棘手的问题，而是先处理最有可能提供某种共同立场的问题，以此来建立人的互相信任的基础。然后，随着这种个人之间信任程度的加深和扩大,才逐渐着手解决更为棘手的问题。正像老子说的:图难于易(困难的工作必须从容易的工作开始)。这样,在学习过程中,我们就可以从已知走向未知,同时在对话中我们就可以从有共同认识的事物出发(承认由于数世纪故意造成的互相无知,充分地认识这种无知也要花费我们相当的时间),来充分地讨论分歧的问题。正像在学习中,我们从已知移向未知,在对话中,考虑到许多世纪以来由于我们之间的敌视而形成的相互无视,寻找这共同的东西将占用我们相当多的时间,我们需要从历来共同坚持的东西,再到彼此有分歧的东西。

九诫:参加宗教之间、意识形态之间对话的人最低限度必须学会对自己和自己宗教的或意识形态的传统的自我批判。缺乏这种自我批判意味着认为自己的传统已经把握了全部正确答案。这种态度就使得对话不仅没有必要,甚至也不可能,因为我们进入对话首先是我们能学习。如果我们的传统从来没有失误,如果已经有了全部正确答案,那么,对话显然就不可能。当然,在宗教之间、意识形态之间的对话当中,我们必须真诚而深信不疑地保持某种宗教的或者意识形态的传统,但是,这种真诚和深信不疑的态度必须是包括,而不是排除一种健全的自我批判。没有这种批判,实际上就没有真诚,也就没有对话。

十诫:每个参加者最终都必须尝试"从内部"体察对方的宗教或意识形态。一种宗教或意识形态并不只是才智的事,而且也是个人和共同体的精神、情感和"全部存在"。约翰·邓恩(John Dunne)说是"完全进入"他人的宗教或意识形态的体验之中,然后明白觉悟,再带着开阔的视野、深化了的认识返转回来。在保持我们自己的宗教完整性时,我们需要发现体验我们对话伙伴宗教的象征和文化的传播手段的情感的和心灵的力量,然后在至少体验了一点儿我们伙伴的感情方面之后有所丰富有所扩展地返回到对自己这些方面的认识。

宗教间的、意识形态间的对话有三个运作领域:在实践的领域,我们可合作去促进人生的完善;在深层的或"心灵的"领域,我们可尝试"从内部"体验对话伙伴的宗教或意识形态;在认识论领域,我们可寻求对真理的理解。对话也有三个阶段。在第一个阶段,我们还没有完全成熟,我们要忘掉关于彼此的错误信息并开始按照我们本来所说的那样互相了解。在第二个阶段,我们开始领悟伙伴传统中的价值并希望将其移到我们自己之中。例如,在佛教和基督教对话中,基督教徒可以学习到更多的冥想传统的价值,佛教徒则可以学到更多的预言的、社会正义的传统,两种价值都是强有力地——虽然并非排他地——与其共同体联系在一起。如果我们在对话中足够认真、坚持不懈、敏锐谨慎,我们也许会不时地进入第三个阶段。这里我们就能一起开始对实在、意义、真理的领域进行新的探索。这些方面或在这些方面我们此前还从未意识到。我们是由对话中产生的问题、洞见、深入的探讨带到这里,来面对这些新的、仍然是属未知维度的实在。我们自己将体验到,耐心地从事对话能成为领会我们必须依其行动的新的"天启",即进一步"揭示"实在隐秘的工具。①

---

① [美]L·斯维德勒.全球对话的时代.刘利华译.北京:中国社会科学出版社,2006:71~74

思考题

1. 广播电视主持人的传播目的是什么?
2. 简述主持人的传播方法。
3. 广播电视主持人主要有哪些传播手段?
4. 广播电视主持人是什么样的社会角色?
5. 主持人传播应该贯彻哪些基本原则?

作品评析：

北京电视台《国际双行线》——"谭盾来了"

2001年11月6日晚,以一曲《卧虎藏龙》享誉世界的著名音乐家谭盾在北京电视台《国际双行线》栏目做节目时,因与国内著名指挥家卞祖善发生争论拂袖而去,导致节目一度中断。以下便是该节目的现场记录。

主持人:有请谭盾,(掌声,女同学献花)这位是谭盾的校友,也是中央音乐学院的。

谭盾:不是坐这里,(大笑坐到了桌子上)我们俩坐这边也可以。

主持人:我们俩可以坐这里。

谭盾:没问题,对不起,对不起,刚才那一段我们是用还是不用,你们家里不会出什么问题吧。

主持人:不会,不会,这是你的一个小师妹,也是中央音乐学院的,好,今天有很多你的支持者,还有熟悉你的人,他们都来了,我想可能大家最愿意提的一个话题,还是你听的最厌的那个话题,祝贺你获得奥斯卡最佳作曲奖,这是一百多年以前的事情了,这叫弹指一挥间。

主持人:还回到《卧虎藏龙》,这是不是已经让你听得耳朵里,都已经起茧子了。

谭盾:没有了,还好了。

主持人:今天我们还可以再谈一点,我是听李安说的,李安说这个,他很感谢你给他写了这段音乐,因为本来没有什么报酬,据说你后来很后悔,因为没什么钱,你为他写了这么好的一段。

谭盾:我觉得作曲是因为激情,你知道吗,就是需要激情,激情。

主持人:那么音乐家怎么看奥斯卡奖呢?

谭盾:我觉得我从奥斯卡这件事得来的激情,并不是因为得奖的本身,我觉得倒是因为这种像原子弹一样的这个冲击波,这个冲击波就是一个中国文化的冲击波。你知道在那个时段,在世界上所有的报纸里边,电视里面一打开,都会因为《卧虎藏龙》这个现象,去谈中国的书法,中国的音乐,中国的文化,我觉得这个事情令我非常非常的激动,而且也会激励我自己,可能会写出更多的音乐。作为一个作曲的人来讲,我觉得我们写作,不像魏晋时期的"竹林七贤"一样,写东西只是为了跟自己对话,我觉得我们现在无论是写作也好,还是创作、还是演奏,都是为了寻求跟观众的分享和交流,我觉得对我来说,其实分享和交流是最重要的,那也正是我创作激情的一个来源,我觉得我写出的每一个音符,我都希望可以跟观众,特别是比较年轻的观众有一些分享。我想知道他们怎么去听我的旋律,怎么去听我的节奏,那么我希望我自己的节奏,可以带给他们一些非常个人化的,一个新的理解。我感到很幸运,如果有可能的话,如果下辈子,如果还让我有一次挑选的话,我觉得我还会选择去作音乐。

主持人:其实说老实话,包括我,我觉得很多人,那么大家开始关注你,那么就觉得更对你有更强烈的一种兴趣,是从《卧虎藏龙》获奖以后开始的,而且我对你在奥斯卡,那个颁奖典礼上的45秒钟的一个发言。我当时听得比较仔细,后来你好像对什么人说过。说你是把这段话说给很多中国人,乃至亚洲人,在国际上闯荡的这些艺术家们。

谭盾:我觉得《卧虎藏龙》,其实你说它是,无论从音乐还是电影本身来讲。我跟李安其实也有过交流,其实也并不是说,就一定是我们自己本身最好的作品,也不一定是一个我们一生中最最顶峰的一个这样的创作。我觉得这个都不是很重要,我觉得重要的是因为,通过这个作品的创作,使得很多很多的界限被打破。特别是从全球文化的角度,就是从"地球村"文化的角度来讲,你知道并不只是我们中国人比较感兴趣。如何把我们自己的文化能够跟全世界不同国家的人去分享《卧虎藏龙》的认同,特别是在好莱坞的认同。我觉得与其说是我们都在改变,还不如说好莱坞本身也在改变。

主持人:是不是东方文化的地位发生了变化?

谭盾:对,我觉得《卧虎藏龙》带来一种现象,属于跨越高文化与低文化,跨越西方与东方,或者是跨越于这个浪漫、多情与武侠功夫之间的。这种动作之间的这种东西,确实是带来了一个很可喜的信号。这个信号就是说,现在我们主流的、商业的、市场的艺术媒体,开始对各个不同的民族文化产生很强烈的兴趣,而且这种曾经不被欧洲和西方那么重视的、主宰的这些文化的现象,现在越来越成为主要的一个艺术特征和语言。在音乐上,事实上应该是这样的。

主持人:我有一个问题,就是说,这样一种融合和一种变化是很多亚洲艺术家,包括李安,包括您在内的推动而造成的,还是说现在有这样一个趋势你们赶上了。

谭盾:我想都有吧,因为一个事情的演变,都是内外同时进行的。我想无论是内先还是外先,都是相辅相成的。我想不管怎么样,现在都处在一个非常多元化的选择的状态下面,这个状态下面正好给我们造就了非常好的一个环境。特别是对东方的艺术家、作家、科学家来讲,其实都是一个很好的环境。那么我们如何去珍视这个环境,更加有意思的去把自己一些有发明的、与众不同的一些体验呈现出来去影响、去冲击这个社会。

主持人:我有一个经历,我们前些日子去纽约,在那儿碰到一个你的同事,他说我和谭盾以前一起拉琴的。我说,是吗?他说当然了,我站在马路这边,他站在马路那边。那个时候,他每天挣的钱还不如我多呢。有这么个人吗?

谭盾:这种人很多,我觉得在纽约的生活,当然有很多很多种方式。最有意思的是因为我们以前老在一起拉琴的一个孩子,我们俩老抢地盘。那时候都是读书嘛,读书呢,就是白天要读书,晚上只能去挣点钱,交房租啊,买牛奶啊。像我们搞音乐的人还得买一些:要买很多很多五线谱纸,要买电脑啊,要买乐器啊,买琴弦。像我还喜欢买水器,陶器啊,纸啊。我还买很多坛坛罐罐的,什么东西都要买。所以呢,那时候只好去街上拉琴了。常常跟我争的一个孩子是黑人,我们俩老争来争去,就不打不相识成了朋友了。有一次我找到一个地方,叫化学银行,化学银行前面是最来钱的,所以我们俩都在争那个地方。他早了,我就灰溜溜地走了;我早了,他也灰溜溜地走了。隔了差不多十年,那个时候我已经很忙了,就是很久没有再回到那个地方去了。后来回到那个地方去的时候,我发现他还在那里拉。他见到我之后很兴奋,因为很久没有见面了。他问我说,哎哟!谭盾,好久没有看到你了,你现在到哪里去拉了,是不是找到更棒的地方了。我说,是啊,我现在在那个林肯中心拉。哎哟!林肯中心也可以拉?我说,我在里边拉(掌声)。

　　主持人:有人说,成功是99%的勤奋加上1%的天才,那么在你这儿,除了练习还有什么?

　　谭盾:我这个人是在中国湖南的楚文化里面、巫文化里面成长起来的。但是你知道什么叫巫文化吗?巫文化就是认为所有的东西都有生命、都有精神。其实人对这种空间、风水,还有这种环境的敏感度,会造就你的这个创作性的不同方面的进步。比如说我从湖南到北京,就觉得有很多很多的变化。大家都知道湖南人,干一天的活,一天到晚的干一点的杂事活;听也听不懂别的话,听不懂。因为从湖南,到了北京,所有的人都讲不同的话了。有人讲北京话,有人讲上海话,有人讲湖南话,有人讲别的话。然后你就发现不同的语种,不同的人,不同的文化,就会形成非常多元化的一种刺激。那么就会培养你,每根头发、每块皮肤、每根汗毛,都会有不同的这种感受。那么到纽约,我也有一种相同的感受,我从北京到纽约的这种感受,如同从湖南到了北京,是一模一样的感受。为什么这样子呢?在北京我觉得虽然有蒙古啊、上海啊什么的。但是你发现了没有,我们还是在一个单元的,一个中华文化的思考圈子里,就是我习惯于从中国人角度看世界。那么到了纽约以后,我觉得很有意思的是,我第一次到纽约,第一次的经验就是坐地铁。一坐下来,就蛮害羞地看旁边怎么样,是不是危险什么的。我就看旁边一排女孩很漂亮,我一看,低着头一看,六双大腿,每一个颜色都不一样,但是我不是邪想了,(笑)我只是觉得很有意思。这是为什么,为什么会不一样,这个颜色。但我突然意识到了也许这就是我的音乐要做的事情,因为我面对的环境,我面对的人就是这样的颜色,所以我觉得后来我很喜欢纽约。那么纽约,现在我觉得我自己非常习惯的一个地方,之所以习惯,就是我觉得我有时候不觉得它是美国,我也不觉得它是任何一个地方,我觉得它总是好像是一个世界的一个多元文化的一个都市,好像所有的人在那里,都可以找到自己的一个想象,很理想的空间。当然了,那是美国,确实是美国。但是我觉得,很多很多人从不同的地方都到了纽约,其实纽约的那个地方,大概90%都是外国人呆的地方。大概有可能我觉得那个地方的风水很旺,因为它有不同的、文化的东西冲击,而这种现象,所谓纽约的现象,也都在我们自己的身边,这两个事情,就是说我发现,我自己总结出一条很有意思的现象,在我自己的身体里边,在我自己的身上。我曾经总是教导自己,从中国人的角度看世界,我是那样训练的,我也是那样成长的。那么我觉得我现在是更加的从世界的角度看中国。我觉得在这个多元化的世界里面,在这个所谓东西方即将成为我们唯一的一个共同的家园的今天。我觉得我们的人,你们在座的所有的人,包括我自己对周围的环境的感受要特别敏感。如果很敏感的话,也许对你的事业、对你的创作,都会带来很好的帮助。

　　主持人:刚才谈到你的这三次改变。那么我觉得可能是不是我有可能太武断了,我觉得可能对你来说你的第一次那种迁徙、那种变化对你影响是最大,从湖南到北京。

谭盾：对，我觉得从湖南到北京，当时我来到北京的时候是带来满肚子的湖南的民歌来的。我还记得那时候上学经常唱，是吧。那时候，对那时上学，我觉得学校的那时候水涨船高嘛。文革以后第一批大学生就是一个比一个强，这个来说，我记得我们在上海考试的时候，叶小纲来了，三部交响乐把我听得吓傻了。待会儿郭文景来了，六部弦乐四重奏。我当时就觉得我没有东西啊，我湖南来的。好过一会儿，又来了一个人说，我叫瞿小松，两部歌剧。

主持人：这是真的是假的？

谭盾：我这大概就是这个意思了。我这是有点夸张，但是我的意思就是这个意思。最后那个老师就说那你呢，我说我什么也没有写过，但他说你会什么，我说我会即兴。即兴？他说。我就把小提琴拿出来，他说你拉个琴看看，他说拉一段莫扎特吧，我说什么？他说拉一段莫扎特吧。我说莫扎特是谁呀？后来他就说，哎呀，真是要命！这样吧，拉一段贝多芬吧。我说贝什么芬，我当然也有点夸张，但是我的意思就是说我当时对西方音乐一窍不通。最后他就说那你爱干什么就干什么吧，所以我就把我的琴拿出来了。他说，唉，等一下，你这把琴怎么只有三根弦啊？当时那根G弦第四弦很粗很贵，你知道吧，买那根弦差不多是一个月的工资呢！所以呢，就用这根弦开始即兴演奏，演奏了很多湖南的。那时候我把小提琴当二胡拉的，超级二胡，所以有很多很多绝招，我只是把那种湖南的那种土调啊，那种土的冒油的东西全都移植到小提琴上面，连拍带打，什么滚啊，什么都有。我记得我当时即兴的那首曲子叫《铁牛进山》，后来跟老师蛮有谈头的。后来老师就说你蛮有意思的，后来我这首《铁牛进山》和一首《梦见了毛主席》这两首老师就蛮喜欢的，后来我们就上学了。

主持人：我觉得，大家现在已经有很多人在迫切地要求我把这个话筒拿下去了。可以啊，你们有什么问题？我看这底下有很多。好不好？好吧，这个机会我交给大家，哪位？

谭盾：怎么每次提问都看到你啊，是托儿吧（笑）。

观众：我的问题是，你这水的音乐，你说是灵感来自于胎儿在母亲的肚子里头听到的这水声。我特别佩服您的听觉记忆，能够记忆在胎儿时听到这个母亲肚里的水声，我想问，就是说你这个……你是怎么记住的。

谭盾：不是，其实不是的，是为什么呢？是因为，你知道我，我儿子现在三岁。那个时候，儿子大概两三个月的时候我们就去做那个胎测，就是拿那个东西、那个超声波去做。然后就在那个医院里，医生就会给你一个耳机，然后我就在听里面哗啦哗啦那个声音，就像昨天音乐起的那个声音一样。那个就是我的开始的音乐了，那时你就记住了。所以当时我突然觉得，我听到这个胎测的这种感觉以后，我突然觉得事实上这个声音，实际上我们每个人都在听。你知道吗？其实虽然你没有记忆了，孩子最开始听到的声音就是这个声音，确实就是这个声音。

观众：这个，我是持一个批判的观点。昨天我看了音乐会，不是尽如人意的，我觉得可能是他有创新，但是不是有一些哗众取宠的感觉？

观众：我是一定要提问的，因为我是您的老乡。然后呢，我也经常听我的老师说起过您，就是黎英海老师，我就想问您最厉害的作品是？

谭盾：你的老师也是我的老师，黎英海老师也是我的老师。

观众：不不，我仅仅是跟黎英海老师学习而已。然后我就想你最成功的一点，就是我刚刚说的，把东西方的音乐非常完美地结合在一块儿。而现在很多作曲家，他们非常追求这种民族化的音响和民族风格,但是与之相反的是现在高校的教育,比如中央音乐学院或者我们中国音乐学院,他们往往学的纯西方的理论或者是纯西方的音响而写出来的东西。连自己都不喜欢或者自己都听不懂。我就想您对这个问题是不是有一些什么意见或者建议呢?

主持人:我觉得答案已经摆在这儿了,音乐学院已经培养出来谭盾了。

观众:但是像谭盾老师这样的太少了。

谭盾:我觉得是这样子,其实音乐的创造,西方和东方的融合并不是目的。我觉得西方跟东方的融合,那是创作者本身的一个生活经验,是不是?从我个人来讲,我觉得每个人都有每个人自己的经验,所以我的经验也不可能是成为你们的经验。我的经验确实就是这样,我在湖南长大,我来北京读书了,那我又去了纽约,我现在在全世界跑来跑去,这就是我的经验。所以,我的音乐就一定是这样的一个经验。我不可能说,我不要,都不要,我只写湖南的东西,这是不可能的,我做不到的。因为我生活的经验,已经是有很多很多方方面面的堆积了,已经不止是一种经验了。所以呢,我觉得我作曲的经验就会带来很多方面的折射、反射,但是我觉得这都不是目的。我觉得目的还是像昨天我在音乐中讲的一样,这些声音,这些做法,这些观念的全部的目的,是为了去寻找灵魂深处的声音。因为只有那个声音你找到了的话,你才可以感动你自己;你只有感动了你自己的时候,你才有资格去跟别人分享这个东西。你这个东西,感动你自己的东西,它不是虚假的东西,就是说它不是虚荣的、虚假的东西,是不是?所以呢,我觉得我希望所有年轻的朋友们,就是说永远从你自身的经验中间去寻找一些很与众不同的感受,这个感受可能会很有意思。

主持人:在我们做这个节目的时候呢。有一个人他非常愿到现场来,说跟您进行一次面对面的交流,而且他觉得这样的交流会,对大家怎么样来理解你,怎么样来理解你的音乐有更好的帮助,我们今天也把他请来了。

(片花词)一位对音乐有着执著追求的人,一位和《红色娘子军》相伴四十余载的人,他是音乐界德高望重的长者。

主持人:那么有请我们的下一位客人卞祖善老师。

谭盾:好久不见。

卞祖善:好久不见。

谭盾:卞老师您好。我第一次去求教卞老师是大学二年级、三年级的时候。那时候我刚写完我的第一首交响乐叫《离骚》。

主持人:当时卞老师好像给你打了一个五十九。

谭盾:当时写完的时候。当时我写完《离骚》的时候,我记得黎英海老师还说,你有那么多骚吗?去离吧。是因为当时才二年级吗。不过就是说后来,我记得卞老师还是蛮热情的跟我坐了整整一下午的分析啊。看啊,还蛮鼓励,那个时候。

卞祖善:那个时候感觉他非常富于激情,印象很深的初次的接触。

谭盾：那个时候好小了。

主持人：现在呢，现在感觉他怎么样。

谭盾：现在老了

（片花）卞祖善：1936年生于江苏镇江，国家一级指挥，现任中国音乐家协会理事，中国电影音乐学会特约理事，四十年来，他指挥了《吉赛尔》、《罗密欧与朱丽叶》、《红色娘子军》等中外芭蕾舞剧，在我国首演了肖斯塔科维奇的《第七交响曲》等多部交响乐作品。

卞祖善：第二次的接触嘛，印象最深的就是1994年的音乐会了。他从美国回来以后，在上海、北京举行个人作品音乐会。那时候我对他的音乐就有了一些自己的看法，有一些保留的意见，另外我也写了文章了。因为当时他一个很特别的作品，就是《乐队剧场》里面用了一些全声音，也用了水，还有无声音乐，就是休止符。对于这样一些作品呢，这个当时大多数的人都是肯定的、是赞扬的，而且我认为这种赞扬有一点过分，有一点像鲁迅先生讲的是捧杀的味道。为什么呢？有一位评论家，他说水乐真是神来之笔啊！我的灵魂被融化到大自然中去了，这是一个评价。还有一个评价呢，就是两个指挥因为那个音乐会呢，是你一个，还有王甫建一个。

谭盾：对。

卞祖善：在休止符的时候呢，是干这个这是干什么呢。他要通过两个人的指挥来表现休止符的力度。休止符没有声音，因此也就没有力度了，但是我们的评论家又赞扬了。

谭盾：不，不，我认为休止符（是可以表现力度的），这是个人的意见。

卞祖善：这是音乐上的一些事情观念。刚刚不是提到观念，这也是观念，观念可以讨论嘛！

主持人：但是我也注意到了，您刚才提到了，您是害怕有人对谭盾进行捧杀。

卞祖善：对，比如说这个休止符，当时怎么捧的呢，就是确也能从两个指挥的动作和体态体会到休止符的力度。这就有个问题了，因为音乐是听的，要体会你的体态和动作体现了这个力度那就得"看"。这不是音乐的事，所以当时一位老音乐家跟我讲了这么一句话，打太极拳不是音乐，我觉得这个批评是中肯的。所以我当时认为采取这种态度来进行这个肯定赞扬，就让我想到是皇帝的新衣，他没有穿啊，但是多数人由于考虑到种种原因就会说，哎呀！真漂亮啊！实际上那里没嘛！

主持人：如果让您现在对这个谭盾有一个中肯的评价，对他的音乐您会怎么说？

卞祖善：这是1994年。1996年我们又一次在一起的时候，那次是叫《鬼戏》，带了一个美国弦乐四重奏，还有一个旅美的弹琵琶的吴蛮女士。那个《鬼戏》呢，是在音乐厅演的，我也去了。去以后呢，这个节目大概是有45分钟，但是有20分钟跟音乐没有关系。这个20分钟里边是干什么呢？是弄水，这个水呀，是——那边是观众席啊，这边一个那边一个，这边还有一个，三个大概有这么大的，就像昨天那样类似玻璃的、养金鱼的，那样放满了水。然后舞台上的灯压得很低，但是有顶光，这个脸都有点像鬼脸，然后手在这个水箱里弄啊，影子还会动，这是一种。还有呢，这五个人在台上像梦游者一样的踱来踱去，还有鬼哭狼嚎乱喊，还有拿那个鹅卵石敲自己的牙，还有就是在侧幕，大概是这个角度，确切地来说是在舞台的右角的这个侧幕，从这个二楼侧座上掉下来一块大概一米见宽的这么一个三四十度角的一张纸，到时候，有人到时候就去抖那纸。这样呢，就是水乐也有了，纸乐也有了，这个鹅卵石的音乐也有了。这个二十分钟都是这样一些内容，这个称之为多媒体。我对这

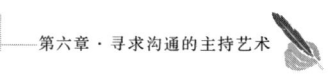

个也是持不同意见。我的看法是,多媒体啊,顾名思义它跟音乐没关系,是音乐以外的媒体。我们音乐家应该靠音乐来说话,作曲家要写下你心灵深处的、挖掘灵魂的声音,把你心灵感受的音符写下来。我们的指挥家,我们的演唱家、演奏家应该再创作,创作成美妙的乐声。我不是一概的反对噪音,但是这个,运用它应该是艺术化的。不是说把音乐排斥了,把这些东西变成一种主体展现在人们面前。这个多媒体不可取,不可取的地方是在哪儿呢?它降低了作曲家的创作和降低了表演艺术家的再创作的作用,因为这些地方不用写音符了。就是,几分几秒你给我在舞台上找,你给我装鬼叫,几分几秒你给我弄水,几分几秒你拿鹅卵石磕牙,几分几秒你抖纸,美其名曰为水乐、纸乐等等。刚才谭先生还说还有陶器啊,什么的。他刚才很强调观念,而且他有一个词,他说我"制造"这个音乐,应该是创作的。制造的话,就要制造音乐以外的一些器件。当然了,我认为他昨天的这个,第一个水的协奏曲比纪念这个约翰—凯奇的那个要高明。昨天纪念武满澈的这个水,他一上来演出时候,他也是先讲观念。这个观念我们可以坐下来心平气和地跟诸位讨论一下,也跟作曲家本人讨论一下。

主持人:我们能不能听听谭盾的观念,现在……

卞祖善:谭盾的观念说得很清楚了,他昨天说得很清楚了,我现在就他的观念,我听完了音乐发表我自己的感受。我在他的作品里面我没听到暴风雨的力量,我也没有听到摇篮曲的纯真,我也没有听到眼泪般的哀伤,我听到的一般。就是很自然的水的声音,这种水的声音应该是很单调的,而且这种水,虽然美其名曰有水琴、有水鼓、有水锣,这种手法很简单啊。这种手法带有工艺性啊,带有即兴性、带有随意性啊,这种手法应该说就是英文里的"PLAY"。他不是演奏,他是玩、他是玩音乐,我认为谭盾他是属于玩音乐的这个类型的人。

你看现在有的节目——芭蕾,芭蕾可以在肩,可以在头上立脚尖,它是芭蕾吗?它还是杂技呀!它还是杂技。我认为我们的作曲家应该用常规的一些乐器写出一些音符,表达人的真正的灵魂不要借助于音乐以外的。

谭盾:我已经等了你十分钟了。我觉得是这样子,我并不知道今天卞老师会来,而且卞老师跟我的音乐是完全没有任何共同点的。这个跟我没有关系,因为我从来不愿意,我也从来没有答辩过,因为我至少读过十几篇卞老师批评我的音乐的文章,我没有回答过一次,而且我今天我也不愿意回答,一个字我都不愿意回答。因为不在一个水平上面是完全不可能去沟通的,所以呢我尊重他的想法。

卞祖善:这个话不对。

谭盾:我尊重你的想法好不好,我现在退席。

卞祖善:我要说明一点,1996年正是谭盾先生自己说的。在哪儿呢,在文联音协。请大家把我这句话听完,因为关于他这个话很有关系嘛。他说这个,我们什么时候能和卞老师一起就音乐的观念问题对话。

主持人:我们能不能稍微等一下,我们把谭盾叫回来。然后我们继续照顾一下我们的节目,好不好。关于音乐的观点,我想我们可以,下面好再有时间探讨我们这个节目。

卞祖善:是不是这样讲。他说不在一个水平上,因为他现在是国际最重要的作曲家之一了,那我可能是很幼稚了,所以好像不屑一谈了。可是1996年,可是中国音乐家协会开的这个座谈会啊,那是一个很严肃的会议啊。他为什么站起来要求跟我对话呢,这不是我的要求是他的要求。

(现场的灯关掉了)

(片花词)在我们的节目录到57分钟的时候谭盾走了。现场观众异常安静,没有一个人退席,5分钟后演播室的灯又亮了。

主持人:这样一种局面是我们录节目一开始,包括我们在所有的节目制作过程当中从来没有遇到过的。我想我们就从这个——谭盾非常忙这个角度来理解。因为他原来跟我们说的是一个小时的时间,那么就他不再有时间来进行这样的一个对话。但是我想咱们继续把这个节目进行下去好不好,这个位置我坐上去吧,好吧,我坐上边好不好!

卞祖善:我想说明一点。我这个人喜欢说直话,我对他的批评不是出于一种偏见。既然你有观念,那么我们就来讨这个观念。今天不是时机吗?为什么就不能交流呢?当然,我也可以理解他是大忙人,他没有时间了,但是我觉得问题远不是那么简单。

主持人:我想,可能您给很多人——今天我们这些观众呢,带来很多意外。那么包括对于谭盾本人的意外,大家都是坐在这儿。

卞祖善:他不应该感到意外。

主持人:我是说我们的观众感到很意外,可能谭盾本人看到您以后他可能感到不意外,但是说实在的,都出乎我们的意料。我们不知道是这样一个局面,这样一个结果。

卞祖善:那你们宇文若龙先生把我的话完全转达给你了吗?

主持人:我想我可能听到过一些,但是我不知道这个东西,A和B加起来以后会出来的是另外一个结果,我是说我们没有预料到这个结果。

卞祖善:比如说第二个节目《卧虎藏龙》,也恕我直言。我听音乐不考虑音乐获什么奖,也不考虑音乐是采取什么方式,就是凭听音乐以后我的感受是怎么样好就是好。如果它没有获奖它就是好,那也值得欣赏;如果它获了奖,我觉得没有打动我,也还是不能说服我。因为它是获了奥斯卡金像奖,比如说这个《卧虎藏龙》。有这么一个事情吧,在报纸上都披露了,他说第一个打电话向他祝贺的应该是捷杰耶夫。捷杰耶夫的电话内容曾经这么说:要知道普罗科菲耶夫、肖斯塔科维奇都写了非常好的电影音乐,可是他们没有获得这个奖而你获得了。这个话也看怎么听,这个话里面显然有这样两层意思。一层意思好像你真幸运,你获得了这个奖;第二层意思我觉得是非常鲜明的,就是太不公平了。因为谭盾昨天说了,这个影片可能不再会放映了,但是这个音乐会留下来。但是我现在可以断言这个音乐是留不下来的,因为从大提琴协奏曲这个题材的角度来看,这是很一般的作品,无论从调式上、从技法上,从大提琴和这个乐队的交响性来说,都是非常简单的一个作品。可是我们回过头来看肖斯塔科维奇的电影音乐,他的《攻克柏林》,他的《难忘的一九一九》、《青年近卫军》、《卓娅》这样一些,加上我们熟悉的《牛虻》,以及普罗科菲耶夫《亚历山大耶夫》。根据这些电影音乐改编成音乐会的主曲,我觉得这个恰恰像谭盾讲的,也许影片不会再演了,但是音乐留下来了。

我觉得他还没有达到这个高度。

主持人:我想可能对于您这番话呢,每个人有很多这种不同的理解,你刚才已经看到了我们这个观众里边已经有很多人,他需要发表一下他自己的看法了,好不好?

观众:卞老师,您好,我是李正欣,从香港来的。我是哥伦比亚大学的,跟谭盾

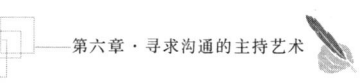

是同学。现在是音乐学的学生,是专门研究20世纪的音乐的现代音乐的。约翰—凯奇我也见过面,还有跟他谈话,还有跟他学过关于音乐的新的概念。我觉得呢,音乐应该是有很多很多不同的表达的方法,对不对?另外还有是,每一个作曲家都有每个作曲家的一个个性。我觉得谭盾是很有创意的,用水可以作成这么多的声音,还有就是,我们听声音就是单从我们的耳朵听的吗?我们是应该可以见到的音乐,是可以见到的。在我旁边的是一位从美国纽约来的一个乐评人。他也是对世界的很多很多,包括中国的现代音乐的一个很有兴趣的一个评论家,他特地从美国来就是来看看现代的、近代的、中国的音乐是什么样子。

主持人:我们也听一听他怎么说,好不好。

美国乐评人:你评论谭盾的音乐、你批评谭盾的音乐,是你觉得谭盾的音乐不是纯的音乐。纯音乐是过时的观念,音乐从很早很早到现在,跟那个舞台,跟教堂、宗教等等都是有关系的。你刚才也引用那个普罗科菲耶夫还有肖斯塔科维奇这些作曲家,现在都不在了。现在谭盾写的音乐是写给我们现代人的,谭盾的音乐不单单是写给中国人,不是单写给美国人,我在中国、在美国都听过谭盾的表演,听过观众的反应。反应是很热烈的,在美国也有跟你有相似观念的音乐评论人,但是我们现代的年轻评论人已经令老一辈乐评人收声了。

卞祖善:约翰—凯奇我认为在中国没有必要宣扬。因为他那些东西啊,就像他的老师所说的,他从来不是作曲家。他是一个发明家,而且他那些发明我觉得是很低俗的。我举几个例子,他要求钢琴家在演奏之前要拎一条死鱼往钢琴里面扔,要求一些乐手拖着椅子穿着睡衣在音乐厅的这个场地跑,然后像梦游者一样的喊叫。这种东西我认为跟音乐没关系,而且相反,它是反音乐,我认为它是反音乐。

观众:卞老师,你说约翰—凯奇。您对约翰—凯奇的评价真的是很低的,所以想问一问您有没有看过约翰—凯奇的表演。

卞祖善:我没看过他的表演,但是我看过关于他的表演很多节目的报道,刚才只是举了几个例子而已。

观众:但是表演跟报道是不一样的。

卞祖善:那么我刚说的这些,您认为存在不存在呢。比如往钢琴里边扔臭鱼,还有拖着椅子在这个音乐会的现场跑。我们为什么不能好好的弹钢琴非要听那种声音呢。

西班牙留学生:老师,老师,等一下。我不是音乐家,我没有你明白音乐,可是我能从我的国际角度来看这个情况。我自己觉得我先表述我的情况,我是在西班牙出生的,14岁的时候到另外一个国家澳大利亚,然后再来中国。二十多岁我就是觉得我在另外一个国家住几年回到我的原来的国家,比如西班牙或者澳大利亚看我的朋友。我跟他们讲话,我就觉得他们的想法还是一样,根本就没变,可是我自己反而改变了很多。我能明白他们的意思是什么,可是他们不能明白我的意思是什么。

观众:其实我的朋友说的也是一个角度问题。我们俩是做视觉艺术的,我从我的角度出发,我觉得好比一个电影。这个影像跟音乐呢,没有音乐的影像是无声电影,但是没有影像的音乐就不是电影,所以我认为视觉最重要,您要从角度出发,好比奥斯卡的一个奖项。再举个例子,就是滤镜的这个例子,可能一个红色的镜片它会把所有的绿光蓝光都滤掉,所以在奥斯卡奖项里面它就是一个滤镜。它会把一些不属于奥斯卡奖项的东西过滤过去,所以您会觉得对有些音乐家太不公平了,但是反过来讲在您这个圈子里或者说有您这种层面的这个圈子里,刚才的谭老师可能又得不到您的奖项,这就是各自角度的问题,就像他回到自己的国家的时候,他认为他跟自己的同事都疏远了。总的来说,我有一个想法,就是对于年轻人的想法嘛,苹果要是不甜它就不是苹果了。

观众:老师您好。我是以前在北京,现在住在美国加州。《卧虎藏龙》在美国加州放映的时候,还没有参加奥斯卡奖的评选,但是那个时候而且很多电影院拒绝放这种中国发音的电影,但是当放映时,人们是非常的热爱。它只有一个影院放,很多人,无论华人还是白人,还是墨西哥人或黑人,他们排着大队,整晚整晚排队去看那个片子,感受那里的音乐音响。我觉得这个音乐是非常感动人的,是让我们这个在海外的华人感到无比骄傲的。因为他这个也许同您的音乐观点不同就彻底否定它,而且我觉得音乐就像谭盾他自己说的那样,他要感动自己,自己觉得感动,这样它也能感动别人。他是站在人,每一个人的角度上,不是为了纯音乐、纯音响、不是这样子的。我本身呢,自己原来也是学美术的,所以我更重视觉。我觉得他那个多媒体的这种音乐形式是非常新颖,而且能把真正人的感觉调动起来,而不只是感动你的耳朵,他能感动人。人是最重要的。这是我的想法,谢谢。

观众:就是当时那个谭盾先生获奥斯卡奖的时候,我正好在美国加州。当在加州听到他这个消息,真的,很多华人是非常高兴的。我想卞老师从这个角度上一定也是非常高兴的,作为中国人的角度这是第一。

主持人:您当时是一种什么样的心情呢?

卞祖善:而且我认为谭盾他现在是在艺术地位和商业价值上最有影响的一位作曲家,这是另外一回事。

观众:对第二,我就想呢。音乐这个东西也和其他一样,我觉得应该是允许多元发展,这个我觉得很重要的。要允许他多走一段路,就不要很快地去拿一些以前的观念或者是一种观念去束缚另一种观念。我是搞音乐的,我也非常的希望能够去多元化的发展,只有这样才有利于这个事业的发展。因为我听卞老师讲话的时候,我就一直想这么一个问题。如果音乐只能去听,那我们还要去音乐厅干什么,去看音乐会干什么呢?我对这个问题,现在还是会继续思考下去。

观众:卞老师,我就此想发表一下我自己的一个可能,我认为比较浅薄的一个看法。我认为呢,谭盾老师的作品能够在国际上获得奥斯卡奖并不是因为他的那个作曲技法有多么多么的高,我认为他是一个民族性的东西,能够感动世界就能够再次证明越是民族的才越是世界的。我觉得这个是我的看法,还有一点呢,我觉得我比较认同这位老师的看法。我觉得比如像约翰—凯奇的种种做法或许是比较极端,但是他可能是一个摸索。他可能会为后来的人在创作中提供更多的一个音响,这是一个摸索。是对现在来说,他不一定说是最好的一个。他是一个过程,我认为。谢谢。

观众:无论是您和谭盾之间的观点是什么样的,但是我想就一个问题问一下,就是说您刚才说到一点,就是您说好的音乐您都喜欢,不好的音乐呢?您都不喜欢?我想问一下是不是您喜欢的音乐都好,而您不喜欢的音乐都不好,这一点我想听您的回答。

卞祖善:我刚才已经说了,这是各抒己见的事,对吧?不可能千篇一律的,但是美它也有共同性。

观众:那如果要是这样说的话。刚才你对谭盾的这些评论那是不是有一些自己太过激的观点呢？我认为好像是你把你自己所有的观点施加于我们所有的人身上，是不是？这一点让我们接受不了。

卞祖善：我没有这个意思，而且我一再说各抒己见，对不对？这个我也是一己之见，怎么可能代替每个人的智慧呢。

主持人：卞老师来是代表卞老师的观点。那么你来呢，你也是代表你的观点。你们现在说的也跟刚才卞老师跟谭盾的交流一样是一种观点的交流。

观众：我现在发表我自己的观点，我觉得是这样。我从纯作曲的角度来讲这个问题，我觉得您刚才说的那些音乐，比如像肖斯塔科维奇或者是普罗科菲耶夫，他们是用音来作为创作的材料。谭盾只不过是用了新的材料而已，比如说水的音色，是另外一种材料。那么我们想一想，在原来西方的音乐发展史上，那个打击乐是很晚才进入这个乐队的。当时也许他们那种也是被人认为是一种噪音，但是后来它也进入我们现在的乐队，而且非常丰富的被运用。我看关键的问题是，对各种各样的音色材料就看作曲家能不能很好地把它组织起来。我觉得谭盾在这些方面做得还是可以的，他的组织我不知道您承不承认，他把水组织在一起这些方式还是很合适的，我觉得。

观众：设计也算是一种艺术吧。我觉得艺术还是相通的，我觉得怎么把民族的东西，特别是把我们中华民族的东西能够推向世界，这是我们每一个从事艺术工作者的一个职责，然后谭盾先生他迈出了一步，我觉得我们应该去鼓励他，我的话完了。

观众：我下面所要讲的这段话是说给我听的，反正大家爱听不听。

主持人：今天来的人怎么都这样！

观众：首先我觉得谭盾老师比一般的，如果他是学生的话，他会比一般学生要狂妄，为什么这样说呢，我觉得他在审视音乐的时候，他是用一种平视的这种眼光去审视这种世界音乐文化的。他不但不是那种好像传统的那种，审视西方文化是一种仰视，是一种仰视的这种角度。我觉得他想创造自己的音乐的同时是要表达他自己的内心，他自己个人的一种感受。而他这种自己个人的一种感受却获得了世界的那种认同，或者说是这种在音乐文化上世界的一种认同吧。所以我觉得他这样做的一种、这样一种态度、这样一种他的想法，我觉得是应该中国人去好好地学习一下。难道在这种多元化的条件下，中国人就不能去狂妄一下吗？

观众：我是四川音乐学院来的，我是学钢琴教育专业的，研究生二年级。我就讲去年从美国北部来的一个作曲家叫詹姆斯—菲利浦斯，他是一个搞电子音乐的人，那么像在中国国内的电子音乐的发展跟国外的电子音乐的发展都是什么呢？就像刚才有一句话叫不同水平。他说过一句话，他说音乐是可以触及的，音乐可以是不用听的，他可以是感受到的，可以是闻到的，平常也还是可以看到的。那么最明显的，就是美国的一个电子音乐的作曲家，名字我不太记得了，但他有一个作品非常的出名，叫《内衣》。那么他就是通过视觉和这个听觉来对人产生一个冲击。好了，我不能作出任何评价。

主持人：让我们自己去琢磨。

观众：对，谢谢。

观众：作为我个人，我非常欢迎这个卞老师的到来，和他发表的这些意见和观点，我觉得音乐观念问题上的一些碰撞是很需要的，而且这种碰撞也应该允许。就是卞老师也应该允许谭盾这样的人存在，谭盾这样的人也应该允许卞老师这样观念的存在,所以在这件事上我觉得谭盾老师做得反而不是很好,他退场了。这种碰撞是绝对应该允许的,我看了这种现象,我觉得很高兴,而且很受启发。

卞祖善:我给你举个例子,马克思有个论敌就是跟他观点完全是针锋相对的,那么马克思私人跟他是朋友。当他来到的时候,马克思把他自己家里值钱的东西拿去当掉了也请他吃饭,但是在观点上是针锋相对的,我觉得应该有这种精神。

主持人:把这个话带给谭盾吧,谭盾家里值钱的东西不少。

观众:我想说明一点,就是什么呢,就是说我先不谈今天争论这个问题,但是我先给主持人节目组的同志也打点气。就是说你今天这个节目可能是意想之外,我看刚才主持人有很多这个感觉,叹息啊什么的,觉得好像可能挺难为情的,实际上我觉得这个节目要做出来很有价值,非常有价值的,意想不到的精彩。而且首先我要说的一点意想不到的精彩,因为平常我们拍东西可能要摆排什么,都是一种观点啊,或者其他说收敛一点。唱赞歌的比较多,那么有时候可能光是批评的也不一定是这样,可能本人不在眼前,但是都是当着作者面又请到专家来评论这个问题,我觉得这个节目非常精彩,你要是做好了,以后这个节目非常有社会效应的,这是第一点。第二点,我说也不能简单地把这个谁同意卞老师的看法的,有多少同意谭盾的看法的,有多少音乐现在是个多元化的加以简单的区分。我觉得刚才卞老师他是我们中国音乐界的老专家了,确实是,我觉得很多观点很多问题提出得都非常的好,那么作为一个音乐的发展问题,它应该是多元的。

我就是这么一个想法。

主持人:谢谢您。

观众:我个人感觉不同的观念碰撞也好,或者什么有助于我们,因为我们现在生活在21世纪,那么我们怎么追求,当然我也不赞成否定传统,当然我也不赞成否定现代或后现代,那么对于这些音乐现象,作为我们这一代人或者现在还生活在21世纪的人,所以我们个人觉得很高兴,反正我现在也不谈具体的,也在积极的思考当中。

主持人:谢谢您,刚才有观众鼓励我们,说把这个节目一定要做下去,看着我们有很多顾忌了,确确实实,这是我们录制节目中第一次的碰到这种事情,可能跟谭盾本人有关系。为什么呢? 谭盾是做这个,有人说他是做这个后现代音乐的,我觉得我们今天做的呢,是一个后现代主义的节目。嘉宾不在现场,我们还进行,还能这样来进行,我个人觉得有很多感受。今天我想大家也有很多意想不到的收获,其中可能不光是关于音乐、关于观念,可能还有成功,包括做人等等这种方面。但是在最后的时候呢,我想我需要感谢卞老师,感谢卞老师今天能到这儿把您的话这么有勇气的都说给大家,也感谢大家的这些话。

但同时我觉得我还需要对着那个空椅子再感谢一下。不管怎么说,我们应该感谢卞老师所说到的那种好听的音乐,不管谭盾作的音乐是不是在您所说的那个范围内,我们都要感谢那种好听的音乐,同时我觉得应该感谢谭盾曾经带给我们的那种骄傲和自豪。

谢谢您,也谢谢各位,谢谢大家,谢谢卞老师,非常感谢您,谢谢大家!

(本文内容由北京电视台《国际双行线》栏目提供,此文根据现场录制的素材进行客观真实的整理,所有节目内容均属个人观点。编辑过程中,有尽量保持原作的前提下稍作修改。)

第七章 整合节目的主持艺术

　　如前所述，主持人节目是多种传播形态并存的节目样式，而这些形态又都必须体现在大众传播的过程中。所以，"整合"的含义就是把随机的、孤立的、分散的各类传播现象融合到大众传播过程中来，从而形成完整的节目形态。主持人既是节目流程中的重要组成部分，也是支配这个节目进程的操持者。所以，主持人除了实现"求通"的目标以外，也需要保持节目的"完整"和流程的顺畅。

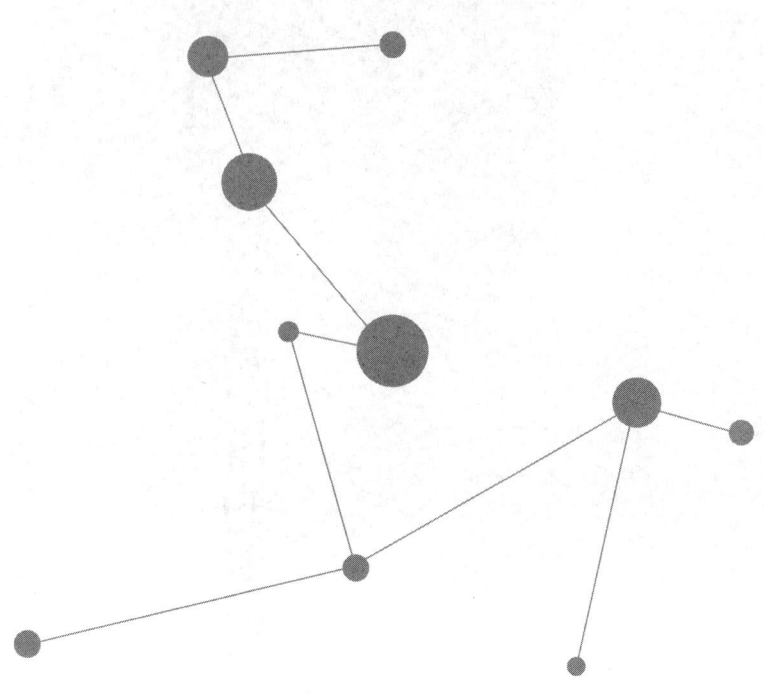

　　主持人节目是多种传播形态并存的节目样式,而这些形态又必须体现在大众传播的过程中。所以,"整合"的含义就是把随机的、孤立的、分散的各类传播现象融合到大众传播过程中来,从而形成完整的节目形态。主持人既是节目流程中的重要组成部分,也是支配这个节目进程的操持者。所以,主持人除了实现"求通"的目标以外,也需要保持节目的"完整"和流程的顺畅。

◎ **本章要点**
- ◆ 整合节目的传播学原理是把随机的、孤立的、分散的各类传播现象融合到大众传播过程中来,从而形成完整的节目形态
- ◆ 具有人际交流特点的主持人节目
- ◆ 具有群体互动特点的主持人节目
- ◆ 具有广泛参与特点的主持人节目

第一节　整合节目的传播学原理

　　过程(process)与系统(system)在一般认识论和科学方法论中被认为是两个相近的概念。因为过程本身就是具有系统性,而系统本身也必然是一个过程。过程具有动态性、程序性和结构性,这也正是系统的特点。用普遍联系和相互作用的系统论的观点来分析,就是我们把主持人节目中的各类传播现象看作是系统结构中的微观部分,这个系统既是一个有机组合的结构,又是一个有序运作的过程。传播学认为,考察微观、单一的传播过程是必要的,但仅有这种考察并不能揭示社会传播的总体面貌。所以,对传播过程不仅要进行微观的考察,而且必须进行中观的和宏观的综合考察。只有这样,才能把握传播整体过程,取得理想的传播效果。

　　在传播学研究领域,许多学者提出了社会传播的结构问题,对我们都很有启发。譬如:1959年,美国一对从事社会学研究的夫妇J·W·赖斯和M·W·赖利在《大众传播与社会系统》一文中,提出了一个引人瞩目的系统模式。这个模式说明,任何一种传播过程都表现为一定的系统的活动,而多重结构是社会传播系统的本质特点。

　　第一,传播活动的一方,就是传播者或者受传者自身也是一个传播系统,被称为自体传播。

　　第二,传播活动的双方,就是传播者和受传者个体之间的联系和交流,形成人际传播。

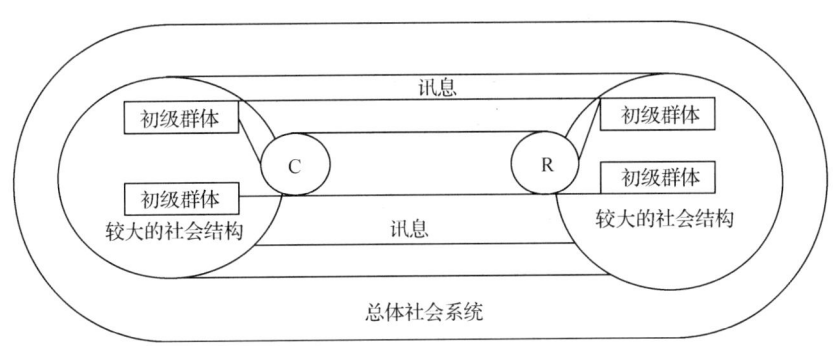

图7-1　C＝传播者　R＝受传者[①]

　　第三,个体与个体的聚合形成群体,群体之间的联系就形成群体传播。

　　第四,群体系统的运行又是在更大的社会结构和总体社会系统中进行的,与社会的政治、经济、文化、意识形态的大环境保持着相互作用的关系。赖利夫妇还认为报刊、广播、电视为代表的大众传播,也不外是现代社会各种传播系统中的一种。

　　根据我们的分析,如果把主持人节目看作是以"C"方为主的一个传播系统,那么我们就可以很清楚地看出,主持人节目实际上是被纳入到一个新构成的传播系统中去了,是一个复合传播的过程。这个传播系统内的子系统都有着各自的活动规律,或者相互补益,或者相互

---

① McQuail, D& Windahl, S. Communication Models. ibid, p40

抵牾。如何让各类传播活动在节目系统中相兼互补,有序运作,发挥效益,产生"1+1>2"的整合效应,是保障主持人节目取得理想传播效果和高质量节目的关键所在。从下面三张图示中可以看出,主持人在"一对一"面对受访对象的同时也在面对大众,它绝不是密室中的私语现象。娱乐类主持人节目,看起来是在预设场所的群体活动,但它的目的是调动场内外群众的行为或心理互动,营造愉悦的氛围;在演播室内组织的座谈,譬如《实话实说》、《艺术人生》、《对话》等,既可以是"一对一"式地恳谈,也可以是"群言堂"式地交谈,甚至还可以接进场外"热线电话"、"电脑参与"等,但是整个过程是作为完整节目播出的,是面向大众的。也就是说,这类节目中出现了"复合多向"参与交流关系,或者说是多种传播形式"集于一身"了。

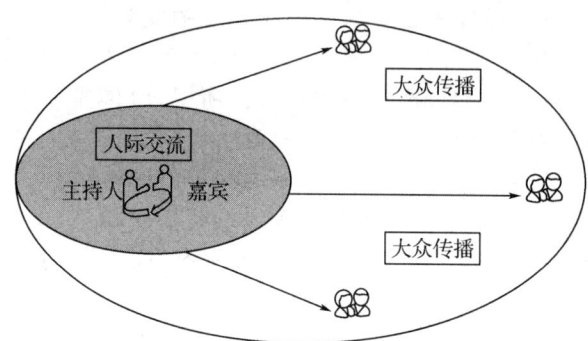

图 7-2　访谈类节目的复合传播

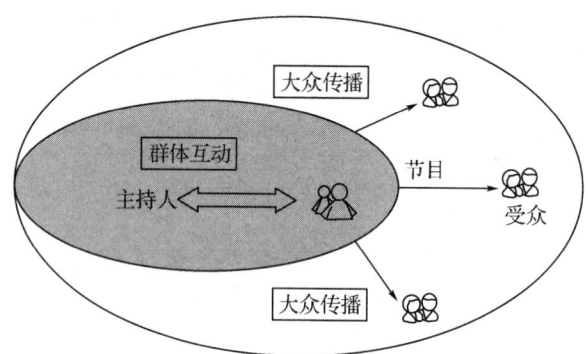

图 7-3　互动类节目的复合传播

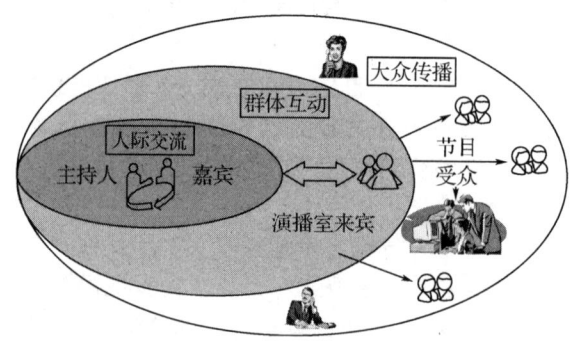

图 7-4　参与类节目的复合传播

按照图示就不难分析出，主持人节目形成的传播系统具有三个显著的特征：

1. 主持人节目具有动态性

主持人节目的动态性主要表现在它的交流性和互动性特点上，在实质上则是主持人与受众之间思维和情感的双向互动，或者说，他们之间作用与反作用的过程。即使有些传播行为只是面对无法及时反馈和交流的听（观）众，但这类传播也必然是一种期待性的模式。可以说，主持人栏目的固定性特点，也是一种期待性的表现。因为起码它为听（观）众的及时反馈创造了条件，同时也为主持人与受众建立经常性的联系提供了方便。譬如，期待并鼓励受众用来信、来电或网络等反馈方式，建立这种联系等。

2. 主持人节目具有程序性

主持人节目的程序性表现为传播过程中空间、时间和讯息相互作用和运作的方式，按照讯息的流向依次执行各自的功能。通常一环接一环的链式联结是传播过程有序性的体现，这种程序的形成是由传受双方信息共享程度来决定的。譬如：主持人提供的讯息不够清楚，脱离受众的感受能力和理解水平等，可能就存在程序不合理的问题，需要做出合理的调整。再譬如：针对不同的受众对象，是首先诉诸情感，还是诉诸理性，不仅仅只是选择一种传播手段，还应该做出程序性安排。

3. 主持人节目具有结构性

主持人节目的结构就是各个环节、各种要素之间相互关系的总和。形态上的链式联结、流程上的先后次序、要素的合理配置就组成了节目的结构特点。除了节目的总体结构以外，传播过程中的各个环节或讯息要素本身还有各自的深层结构。譬如：节目形态可以按照动态方式，自成体系；节目流程有可以参照依次呈现的线性特点，区分不同的模式；要素的结构更像是一个"魔方"，可以有千变万化的组合方式等。这些都有待我们进行深入地研究，更好地把握其中的规律。掌握了这些规律，就完成了"由必然王国向自由王国"的过渡，我们的主持艺术就会得心应手、出神入化。

综上所述，既然主持人节目是多种交流活动的复合传播，那么就必须把这样一些复杂多变的传播现象加以控制和引导。这类传播活动是保持节目完整的必要过程，并形成了特殊的传播现象。这就是我们今天所看到和听到的需要"主持人"来操控的节目形态，或者换句话说，主持人对节目的整合实际上是对多种传播形式的调控。

主持人节目是多类传播形式的有机整合，这种整合显然不是简单的拼凑。而是把各类传播形式中的优势特点集中起来，摈弃它的不足和缺陷。我们先对三种传播形式特点做如下的分析。

表 7-1

类型 特点	人际传播	群体传播	大众传播
优点	1. 私密空间富有人情 2. 讯息丰富反馈及时 3. 情感交融意气相投 4. 地位平等交流充分 5. 短期效应明显	1. 集思广益参与性强 2. 渠道畅达来源可靠 3. 有效劝服以理服人 4. 相互感染从众效应 5. 中期效应明显	1. 对象广泛普遍渗透 2. 信息增值面广量大 3. 直观感受客观评价 4. 虚拟情境先入为主 5. 长期效应明显
弱点	1. 过于感性不够冷静 2. 覆盖面窄影响有限 3. 情随境迁难以持久	1. 归属感强有排他性 2. 人多嘴杂语笑喧哗 3. 主动性差依赖性强	1. 意趣各异关系松散 2. 反馈迟滞交流不畅 3. 讯息流动不易解读

从表 7-1 的比较分析中可以认为人际传播、群体传播与大众传播在传播效果上存在着客观的差异。如果我们把"亲和力"、"公信力"和"影响力"作为传播效果的三个维度来进行分析，可做出如下的判断：

1. 传播的亲和力存在差异

人际传播由于是"一对一、面对面"的可以展开充分的交流，既可以言来语去，又可以眉目传情。这种交流之所以能够持续下去，就是因为地位平等，语重心长，意气相投。所以这种交流活动的亲和力是极为明显的。

群体传播也有类似某些人际传播的某些特点，能够产生一定的团体凝聚力。但是它是在多人之间展开的交流，显然没有人际传播那样的频繁与深入，因此它所产生的亲和力不如人际交流效果更好。

大众传播所面对的是大量的、隐匿的、分散的受众，很难把握对方具体的情感特点，因为反馈不及时、不充分，难免令人产生疏离感。

2. 传播的公信力存在差异

群体传播的公信力是明显优于人际传播和大众传播的。因为，它主要是通过社会正式渠道得来的讯息，关涉群体的直接利益，同时也是集思广益的结果，所以具有较高的可信度。与人际传播比较它更侧重于理性的判断，而不像人际传播带有浓厚的情感色彩。人际传播过程中产生的"意见领袖"往往会在群体传播中发挥作用，"意见领袖"是凝聚民心的核心力量，也是被大家公认和信服的讯息来源。

大众传播在组织某些情境时，也能够产生群体传播的公信力，但是它会随着媒体作为的公认度，而不断地消长。譬如：西方某些媒体处于政治偏见，不顾客观事实，任意捏造、扭曲事实真相的做法，事实上就贬损了自己的公信力，降低了它的可信度。

3. 传播的影响力存在差异

大众传播的影响力是无可比拟的，因为随着传播技术水平的不断提高。事实上，它的传播范围已经可以覆盖全球，真正实现了"天涯若比邻"的理想。人们在"地球村"中，很快就可以虚拟出"面对面，一对一"的传播情境，实现互动参与，在更广泛的空间去"集思广益"了。

正因为大众传播是借助了电子传播媒介，所以才能够形成如此广泛的影响力，这是人际传播和群体传播所无法比拟的。

按照上面的分析，我们可以用图、表来表示这三类传播的优长和不足。

表 7-2

类型 特点	大众传播	群体传播	人际传播
亲和力	弱	一般	强
公信力	一般	强	弱
影响力	强	一般	弱

主持人节目的整合过程就是对这三种传播效果采取"取长补短，优势互补"的办法，使之有机地整合到完整的节目流程中去，从而增强整个节目的传播效果和影响力。

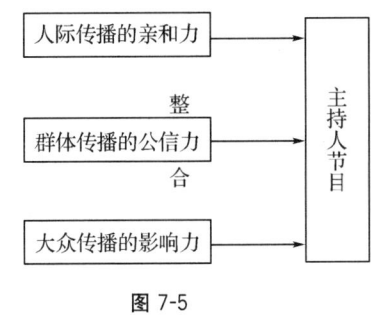

图 7-5

总之,我们经过恰当的整合与协调,就能够使主持人节目质量得到有效的改善,从而取得理想的传播效果。

第二节 具有人际交流特点的主持人节目

美国传播学者沃纳丁·塞弗林认为:"有效的节目传播往往是大众传播与人际传播的结合。许多组织得成功的慈善基金募集和政治竞选已证实了这一点。在保健教育方面也已经有若干证明指出这是一种有效的方法。"[①]

现在越来越多的广播电视节目中都采用了人际传播和大众传播相结合的节目形式,特别是谈话节目最为典型。因为谈话是生活中常见的人际交流活动,把这种交流形式搬到广播电视中来,构成一种节目形式,这也就是我们今天所听到和看到的主持人节目形式。但并非所有的人际交流、交谈都适合搬到广播电视中来播出,这需要经过合理的"移植"。那些不适合公开的人际交流讯息,以及妨碍自然亲切交流的播出程序(譬如审稿程序、录播机制等),都应该有所取舍。使得大众传播的影响力和人际传播的亲和力有效结合,产生更加强势的传播效果。

杨澜访谈录专访:王蒙

如今京城的文人有一种时尚,就是到郊区的农村去买个房子,既成为节假日亲朋好友相聚的场所,也是自己修身养性的好地方,我们对著名作家王蒙的访问,就是在北京郊区平谷县一个叫刁窝的村子里进行的。王蒙曾经有很长一段时间几乎习惯了不写作。

杨澜(以下简称"杨"):您最初走上文学道路是19岁,写《青春万岁》的时候,那时还遮遮掩掩的,那时您做共青团工作,给我们说说当时是怎样写作的。

王蒙(以下简称"王"):那时候没有专心做好本职工作,抽出许多时间来写作有点不好意思,有点造假,在办公室桌上放上一大堆卷宗,各种先进人物材料,自己拿几张纸在底下写,人家一敲门就把上面盖上,假装正在上面

---

① [美]沃纳丁·塞弗林等.传播学的起源、研究与应用.陈韵昭译.福州:福建人民出版社,1985:142

研读一个劳模的材料。

杨：您曾经有8年的时间没有动笔？

王：不止8年，是很多年了，几乎都习惯了不写，而且我慢慢相信自己不想写东西也不会写东西了。

杨：得出这样一个结论是不是一个很痛苦的过程？

王：对，一面非常痛苦，觉得自己的生命在那儿消失了，看不到什么前景；而另一面又觉得自己随遇而安了，人本来也不是一定非写作不可。支持我能够渡过困难岁月的很大一部分是学习。1973年、1974年时，我差不多满40岁了，我突然感觉到一种刺激，就是光阴不能再这样过下去。

我有一次读安徒生的一个童话觉得很奇怪，安徒生这也不应该叫童话，那是写一个人的墓碑。墓碑上面写着，他是一个伟大的演说家，但是他还一直没有做讲演；他是一个伟大的画家，但到现在为止，他还没画过一张画。

杨：人们说少年得志的人特别容易在挫折中消沉，这话适用于您吗？

王：我也没怎么消沉，相反，我总觉得在人生里我得到积极的东西还是超过消极的东西。比如说强迫一个人体力劳动不是一件好事，但是体力劳动本身是一件好事；强迫一个城市工作人下乡不是一件好事，但下乡本身不是坏事。我现在不是下乡吗，是没人强迫的下乡。

杨：您什么时候开始进入一个比较得心应手、比较正常的写作环境。

王：1979年和1980年对我来说比较重要，1979年底就开始写《风筝飘带》、《海的梦》、《说客盈门》，到了1980年开始写《蝴蝶》，还有《春之声》，我想那时心情就比较放得开了。

杨：您刚从新疆回来的时候住在一个6平方米的招待所里。

王：6平方米本身倒没有什么，问题是它前面是一个盥洗室，所有的人都要在那里洗脸、刷牙，声音非常大。后窗户上是一个电视机，整个招待所可能有50人在看这个电视；天气又很热，所以我一个人穿着大裤衩，光着脊梁，完全是一种在农村里赤膊割麦的感觉。我当时真是特别兴奋，我已经是过40岁的人了，结果突然出现了一种新的可能，那种心理，那种美好的心情真是至今难忘。

杨：我看过您夫人说您小时候的一段轶事，说您上小学的时候，有一位华老师对您不错。有一次上课，您和另一位女同学没有带学习用具，老师说"你看我拿你们俩怎么办"，那个女同学就非常勇敢地说"罚我吧，王蒙是个好学生，您就放过他吧"，那时候您在旁边说了什么？

王：我非常高兴，我说"同意"。后来老师瞪了我一眼，等下课就把我叫去说"今天你犯什么错误了"，我说我没带米字格写字簿，他说"这个错误还是小的"，我忽然就明白了，脸立刻就红了，我说"我不应该这样说话"。这个老师给我非常好的一个教育，后来我就明白，什么事光自己同意不行，还得合乎道理，而且还得考虑别人。

杨：好多悲剧都是在理想和爱的名义下产生的，您有一句话——"理解比爱更重要"，怎么解释？

王：我深深感觉到，一个国家也好，一个家庭也好，两个人之间也好，仅仅有爱是不够的，仅仅有爱的话，可以以爱的名义强迫别人。比如说，我一定要让你做什么，因为我爱你，我一定不允许你做什么，也是因为我爱你，这都是可能的，但爱并不是给人一种强制别人的权力，所以我觉得还应该有理解。

杨：所以您写《青春万岁》时是一种非常单纯的、激情的理想主义色彩，当您现在写"季节"系列时再回头看50年代,即使回头看也已经发现那个理想主义背后隐藏着一些阴影或者一些隐患。

王:我认为20世纪中国的这场革命是中国最大的一个事件,但是有先革命也有后革命,革命前的事情容易理解,就是各种各样的社会矛盾。我写的《活动变人形》也是一种矛盾,在一个家庭里沾染了新的思想和基本上不沾染这种新思想的人之间的矛盾,这种惨烈的程度,使我想起了社会的转变或转型期的一个社会生活中的人,他面临的挑战和困难,像这样一些刻骨铭心的记忆,过去很少在我的作品里流露。

杨:您写的《组织部来了个年轻人》,写年轻人到一个机构里,怎样被那些老官僚带着,他从有激情到不习惯,到最后理所当然成为一个小官僚。当您到文化部当部长的时候,您有没有担心自己也成为一个官僚?

王:问题不在于官僚不官僚,因为官僚也是一种职业。问题在于你究竟做一个什么样的官员,官僚好像有点贬义,其实官僚这个词本身没有贬义。

杨:您现在应该还有很多追随者,不仅有文学青年,主要是中老年妇女。

王:第一次我是在上海文艺出版社。有一个老太太说,她退休以后情绪特别不好。别人就向她介绍读我的作品,她就读了。读了以后就觉得看什么问题都特别豁达,心情越来越好,而且充满对生活的信心。她报名参加老年大学学习钢琴、绘画,还教了几个孩子。

第二次是我在上海古籍出版社。来了一位女士,见着我就哭,她说她小时候做过对不起我的事,她一直想当面向我忏悔。她说"反右"的时候向我们家扔过石头,她一直内心感到不安。这让我反倒觉得非常难过,对她这种认真和诚恳,我挺感动的,反过来还要感谢她。

王蒙14岁加入中国共产党,19岁开始文学生涯,22岁因小说《组织部来了个年轻人》而被错划为"右派",其后赴新疆伊犁务农。1978年后历任作协副主席,文化部长。王蒙创作的小说、诗歌等文学作品达800万字。从被放逐的"右派"到位居部长,王蒙的政治生涯可谓是大起大落,这也为他的文学创作带来了不少素材。在宁静的刀窝小村的农舍墙上,依稀可辨的仍是30年前的旧标语,也就是在这里,他构思了以"文革"为背景的小说《狂欢的季节》,这些疯狂年代的不可理喻的故事对于今天年轻的读者来说恍若隔世。杨澜对王蒙的访谈,似乎是在两个人之间展开的,给人以坦诚、真切、推心置腹的感觉,完全是置身于人际交流的氛围中。但是,无论杨澜的提问,还是王蒙的回答,都没有超出"不宜公开"的话题范围。人们从王蒙真实的生活琐事中,感悟到了许多人生的大道理。

第三节　具有群体互动特点的主持人节目①

电视娱乐类、益智类节目,特别是最近几年出现的"真人秀"节目,都具有群体互动的特点,并越来越为大家所喜爱。如中央电视台的《幸运52》、《开心辞典》、《梦想剧场》,以及《金苹果》、《超级女声》节目等,都受到了观众的普遍欢迎。当然其中也存在某些缺陷,我们可以

---

① (本节所引用材料均出自)尹鸿苹.娱乐旋风.北京:中国广播电视出版社,2006:265

从传播结构和传播过程的合理性上对它们做出分析。

<h3 style="text-align:center">美国有线电视《交换空间》(Trading Spaces)</h3>

档案

节目类型:家庭生活类、技能挑战型

节目长度:60分钟

出品机构:美国有线电视网、Discovery 美国传播网出品

播放平台:学习频道 TLC

首播时间:2000年9月在美国首播,工作日16:00,周六20:00

播出形式:栏目性播出

节目卖点:给邻里一个机会装修,还彼此一间惊喜新居

节目网站:tlc.discovery.com/fansi.tes/tradingspaces/tradingspaces.html

形态

叙事动机:被选择出来的参与者有机会用1 000美元按照自己的愿望相互交换去装修他人的房间。结果他们不仅得到一间被别人重新装修的新房间,而且还可能得到代还贷款的奖励。

竞赛冲突:交换者对对方趣味的判断,以及如何在规定的时间、空间和资金条件下,最大限度地使对方满意。

角色设置:参加者必须是两人组成的团队参赛,如父子、夫妻、恋人、同室或朋友等。每一组选手都会得到设计师、油漆工和木匠等专业人士的帮助。

环节结构:选择两组选手,各自进入对方的家庭,在专家指导下,制订计划,主持人提供800~1 000美元的预算,然后开始采购材料,装修房间。各自表达对自己房间装修结果的预期和希望,然后在对方带领下,进入自己的房间,评点和感受别人的装修。由主持人根据房间主人的愿望和专业人士意见进行评选。

时空情景:选手在48小时内,在三间不小于12平方米的房间完成装修工程。参赛者提供的两套房屋之间的距离不能超过15分钟车程。

互动参与:每天约有75~100位房主通过热线电话或tlc.com在线申请参加本节目。在节目播出中,观众可以随时找出选手犯的家居装潢错误并得到奖励。

评点

《交换空间》的创意灵感来源于英国BBC的Change room,题材平易、内容生活化,体现了电视的日常性特点。本节目的一大亮点在于邻里换房装修的戏剧效果,这种换位行为大大增加了进程的不可预期性。把自己的居室交给一自己毫不了解的人来一次"革面",而整个过程自己却被蒙在鼓里,对方把自己的家"装"成什么样子,只有到最后"揭幕"才能知道,这也是节目的高潮。当房主首次看到自己的房子被装修完的模样时,最后的结局总是令人吃惊。大多数情况下,房主对对方的装潢还算满意,但也有因为不满而忍不住号啕痛哭的。

《交换空间》之所以受欢迎是因为它可以使观众心情放松,享受装潢的乐趣,更能促使观众期待加入他们的行列,极具鼓动性。这档节目给大家提供了丰富的专业知识,并与行业联系紧密,这一点从节目的赞助商Home Depot,Home MadeSimple.

corn，General Motors 和 Hyundai/Kia 中就可以推想出来。"梅雷迪思图书"公司家居装潢设计部的执行编辑丹尼斯·凯林格尔是这个节目的众多电视迷之一。凯林格尔与同事利用《交换空间》的名气出版了一本相关的畅销书《"交换空间"的幕后故事》，上市以后两星期内连续加印了四次才满足了供应。节目将普通老百姓与家庭装饰装修市场、企业、专业人士密切联系在一起，产生了趣味性与知识性的结合，成为一种真人秀化的生活节目。

节目平均每星期竟然能够吸引 600 万名观众，并使其周六晚间黄金时段的收视率急剧攀升，成为美国有线电视台 TLC 的名牌栏目之一。在美国，越来越多的人开始选择自己动手装修房屋，本节目推动了美国人家庭装修的 DIY(Do it yourself)潮流。

当然，节目也受到一些专业人士的批评。佛罗里达大学建筑装潢设计学院的约翰·马尔斯登认为，《交换空间》吸引着越来越多的室内装潢设计专业的学生的注意，但这些节目也可能会误导观众。这类节目虽然反映的都是室内装修，但公众会曲解为所有装修的活儿都可以由他们自己完成。装修者可能会注重空间的美感，讲究艺术品和家具的陈设。而职业设计师会比他们考虑得更周全，因为他们受过专业训练，会针对房主的想法和现实情况进行设计。并且目前美国许多州都规定，室内装潢设计师必须具备相应的资格。他建议这类节目在播出时也要出于新闻专业理念的考虑，在屏幕上打出类似"请勿在家模仿"等字样。

中央电视台《金苹果》

档案

节目类型：游戏比赛

节目长度：45 分钟

出品机构：中央电视台

播放平台：CCTV—1

首播时间：周日 11:10

播出形式：每周一期

节目特点：智力体力双拼搏，探寻求学深造之路

收视效果：中央电视台五百多个电视栏目中曾经排名第十五位

节目网页：www.mycctv.cn/interactive/goldapple/index.htm

形态

叙事动机：每周产生的周冠军获得丰厚奖品，或者获得韩国 5 日游、欧洲十日游等奖励；年度总冠军获 3 万美元赴欧洲留学的全额奖学金。每期伴有 30 秒参赛学校介绍。

竞赛冲突：通过淘汰赛中多个不同类问题的设置胜出的 N 名选手和"败者复活"的选手共 6 名进入接下来的"狭路相逢"、"勇者无敌"几关比赛，最终通过比赛成绩排序决出本周冠军。

角色设置：50 名选手现场比赛，均为参赛大学在校学生。

环节结构：该节目目前主要包括四个部分，"足智多谋"让志愿者回答主持人的问题，50 选 6；"狭路相逢"让志愿者玩器械游戏，6 选 2；"文武双全"让志愿者体验各种复杂的社会角色；"勇者无敌"让志愿者体验意志和体能极限，2 人对垒。其中包括展示特长的"才艺自救"，配对猜词的"败者复活"等环节。

时空情境：问答环节在演播室内类似一个地面上画的大棋盘上进行，对抗竞赛环节在户外进行，并依托不同学校所在的外景地，足迹遍及祖国大江南北。自2003年7月6日开播以来，每周一期，选手按周、年的自然时段为周期展开角逐。

互动参与：以学校为单位，各学校志愿者集体报名参赛与个人异地报名参赛相结合。主持人在现场抽取现场幸运观众奖3名，还可通过手机短信参与挑战"金苹果青春地带竞猜"，赢取场外大奖。2004年6月1日，LG移动电话金苹果冠军俱乐部成立，为大家提供一个交流平台。

评点

节目整体设计出一个引人入胜的戏剧性骨架。其悬念、情节、人物（角色）的缠绕、破解和推进给了节目进程以整体的张力。在闯关过程中，参赛选手实际上是按照戏剧角色进入节目，是情节向前发展、推进的动力，因而，观众的收视也演变成饶有趣味的戏剧观赏和故事读解，使观众由被动的收视变为主动的投入，有更为鲜明的情节和故事特征。

节目题材上从中国五千年深厚的文化中挖掘精髓。自古以来，"寻找"和"发现"似乎是人们永远为之向往的情结。《金苹果》正是抓住了人们的这种普遍具有的心理，从中国民间故事和武侠小说中的"藏宝"、"寻宝"、"夺宝"等游戏情节中寻找灵感，并用现代化的技术和设备包装这一古老的中国母题，以期探索出一种崭新的电视节目形态。

本期《金苹果》来到云南师范大学，"足智多谋"环节中的问题包括"世界上深度最浅的海"的常识性问题和智力开发的联想题；在"才艺自救"的次环节中，呈现出的是让人耳目一新的模特冠亚季军的集体亮相和精彩绝伦的武术表演等；在"狭路相逢"环节，是完成在跷跷板上掌握平衡摘取小旗的游戏；在"勇者无敌"环节，选手接受的考验是在石林风景区索道上穿越；最后的冠军是通过武术才艺自救的云南师范大学体育学院的易扬善，他还赢得了韩国五日游的大奖。在形式表现上，"足智多谋"环节中采用开放式问题，符合淘汰赛制的基本规律；"起死回生"的方法按难度逐级递增，从简单的才艺自救到胜负比拼，对抗性、悬念性日渐增强，也增加了观众竞猜节目的互动性；本栏目突出智力考验、体力考验、勇气考验三者的结合，如空中镜头的拍摄突出惊险性来烘托气氛。节目最后拿大奖的环节设置了一个电话求助的方式，正好巧妙地用上了LG手机为道具，是一个不显突兀的置入式广告。

跨人群、跨地域、跨媒介的节目形态羽翼渐丰，它使节目自然地（而不是硬填塞、刻意为之）蕴含着更为丰厚的地理、历史、人文风土和动感视效；与此同时，参赛选手在异地参赛，则更具有一种挑战性和刺激性，从而增加了赛程的陌生感、距离感和夺宝获胜的愉悦感，为当代青年展示自己的聪明才智提供了广阔的演示平台，也体现了青年人具备丰富的科学知识技能和较强社会生存能力的时代风采。时尚化的包装手段是节目整体形象的点缀。本栏目拓展了电视人对栏目的包装思维，在包装形式上进行了前所未有的开掘和打造，全面借用了当今的流行、娱乐、时尚元素，尽可能地运用丰富的电视技术和表现手段，为21世纪初的青年人奉献一档真正属于他们自己的节目。另外，户外环节中呈现的高科技时代的金属质感又再度凸显了节目时尚的主题，GPS全球定位系统、笔记本电脑、对讲机、数码相机、商旅两用车等作为道具、选手装备和一种时代标志的物像化符号，体现了数字时代和电子时代的时代风格和形象特征。在节目闯关游戏的设置中，又把电视网络时代和电影"大片"时代的语码符号导入，体现出一种快节奏、时速感，因而，此栏目显得更青春、更前卫,更符合当代青年群体的收视特点和需求。

本栏目的形式定位基本实现了技术手段的纪实性和内容结构的戏剧性的融合,一开始就试图实现虚构的规则和真实记录两者的统一。它试图借鉴、模仿国外同类节目的前沿形态(如美国的《生存者》等),打破国内益智类娱乐节目的形态定势和思维局限,所以大量运用跟拍、抓拍的运动镜头、长镜头和全程跟踪的同期声录音等类似于纪录片的拍摄方法,赋予该节目一种自然、逼真、随意、偶发的纪实风格,增加了赛程的未知性和不可预测性。但有所欠缺的是在纪实性处理的尺度上,因为有时记录过于琐碎就会使镜头画面显得粗糙,这对于真人秀节目"秀"这个核心元素是个致命的打击。因而节目还应加强对选手表现力的设计,原生态的元素也应该加入适当的修饰和包装。

本栏目竞赛现场走出了演播室,由志愿者在运动流程中完成竞赛,从而使节目形态有了更为开阔的展示空间,有了更为丰富和动感十足的镜头表现。在异地拍摄中,参赛选手的足迹可以遍及祖国各地,从而,每到一处便将当地的城乡概貌和人文风景作为节目的流动背景。但节目中每到一地对该学校的介绍因为挖掘的特点不明晰,千校一面,反而增加了沦为软广告的风险,降低了栏目的人文内涵和品位。

在《金苹果》中,节目的志愿者主要是青年大学生,节目的受众也主要是青年学生,形成了青年人参与、青年人观看的良性循环。虽然节目的观众绝对数不大,但以青年学生为主体的目标受众群却相当稳定。这一定位的成功也体现在节目播出后,作为为数不多的真人秀节目,入选中国国际广播影视博览会"创新创意制片人2004"全国电视百佳栏目。

第四节 具有广泛参与特点的主持人节目

广播电视的深化改革,使节目内容不断丰富,节目形态也日趋多样化。特别是主持人节目融汇了多种传播形式,这些传播形式大大拓展了主持人与受众交流互动的空间,并固定为一些节目的基本形态。既然存在这种空间活动形态上的不同变化,当然就需要在节目中把握适当的空间结构,以利于传播的顺畅有效。

一、播音间主持

在大多数情况下,广播电视的主持人节目都是在播音间进行操作的,当然也会请进一些嘉宾,由于场地的限制,人数不会太多。即使没有现场交流对象,主持人也会通过"热线电话"、"听众信箱"、"人物访谈"等形式与外界建立一种"一对一"的人际交流关系。主持人在大众媒体中引用这种"一对一"的传播形式,就使得他在面向个人的同时也在面向大众。这就是一种典型的大众传播和人际传播相结合的节目形态。中央电视台的《时空连线》节目,就是通过互联网把嘉宾引进直播间,或者两地主持人远程互传等,也是这类节目形态的延伸和发展。但是,无论何种方式的运用都要符合广播电视的传播规律,否则就会弄巧成拙。譬如:广播热线电话节目已经成为发挥广播优势的有效节目形式,但是在电视里出现这样的节目形态就未必是电视的长处。因为从电视的可视性来分析,一方是公开的(主持人),另一方则是隐匿的,这就缺乏"面对面"的条件,难以建立起平等的人际交流关系。

评说"神舟"首航成功

广东人民广播电台　王晓菁

主持人：各位听众，晚上好！欢迎收听《今日热线》。

今天是1999年11月22号，星期一。这两天，我想很多人都在关注着这样一条新闻，中国发射的第一艘试验飞船"神舟"号首航获得成功！

11月20号，也就是前天的凌晨6点30分，"神舟"飞船在酒泉升空。11月21号，也就是昨天的凌晨3点41分，又安全着陆内蒙古中部。"神舟"号试验飞船巡游天际21小时，这标志着中国载人航天技术有了新的重大突破。

今天晚上，让我们一起为中国欢呼！为中国喝彩！让我们一起来分享这一份激动人心的喜悦！

今天我们的话题是"评说'神舟'首航成功"。

我们今天约请了一位特别的嘉宾，就是中国知名的空间技术专家，"神舟"号航天飞船的总设计师戚发轫。我想，您如果有什么话想说，有什么疑问要问，都欢迎您在我们今天晚上的节目当中，通过我们的热线电话和戚总进行交流。今天晚上我们除了开通热线电话，还同时进行实时网上直播，欢迎世界各地的网友上网访问，参与我们的节目。

主持人：今天我们开通网上实时广播，所以我特意邀请一位电脑工程师丁志文来协助我主持，介绍网上的情况。丁志文，您好！（丁：你好！）今天我们一起来主持这个节目。我们下面先请出我们的特约嘉宾，远在北京的"神舟"号航天飞船的总设计师戚发轫。戚总，您好！

戚总：哎，您好！

主持人：此时此刻，我不知道您的心情，激动的心情是不是已经平复了一些呢？

戚总：我非常高兴创造这么一个机会和广州的听众们见面。昨天刚刚从测控中心回到家里，我的母校——北京航空航天大学请我回去和很多同志们见面，他们很激动，我也很激动。

主持人：是啊，这毕竟是一件让人很自豪的事情啊。那么，我们中国这一次成功地发射航天飞船，它的重大意义在什么地方呢？

戚总：载人航天是个大的工程。这个工程除了飞船之外，还有运载火箭，还有发射基地，还有测控系统，回收系统。我们这次发射，而且回收成功，从技术上来讲，第一点，说明我们这个大系统之间是协调的，互相配合得都非常好，这件事情比飞船本身还重要。第二个事情呢，我们飞船这次上天以后，使我们试验飞船返回所需要的所有的重大的技术问题都得到考验，而且考验得非常圆满。飞船成功，为真正乘坐宇航员创造一个非常坚实的基础，是中国载人航天的一个序幕，是一个开头，走了第一步，这一步是非常成功的。

主持人：是的，戚总。我们今天呢，一方面开通热线电话，各位听众可以通过我们的热线电话和戚总进行交流，同时网上的网友有什么问题也可以通过21CN网站跟戚总交流。丁志文，是不是网上有一些网民要问？

丁主持：网上有很多朋友提问题……现在网上反映非常热烈，好多人提出意见，网络非常难进，特别慢，因为上网的人太多了。

主持人：戚总，现在有一位既是网民又是我们的电话听众的王先生，你好！

王先生：我想先问一下戚先生啊，我现在正在网上，这次"神舟"号首航，过程是否一直很顺利？

戚总：作为总设计师，我还有些担心，但是实践证明，经过共同努力，这次运载火箭把我们的飞船送上轨道后，一直到落地，都是按照预定程序、预定的时间完美地完成工作，是很顺利的。

王先生：我们是很激动、很兴奋的。

主持人：好，谢谢王先生。戚总，刚才不论是电话听众，还是网上的网民，不管是对航天事业的设计者还是研制者都表示了他们的敬意。作为总设计师，您认为这次发射成功，最值得自豪的是什么呢？

戚总：最值得自豪的有两个：一个是确确实实在我们中国改革开放几十年的这么一段时间里，在经济并不太富裕的情况下，国家给我们进行了必要的投资，使我们有可能进入这个行业；第二，我原来是搞通讯卫星的，从"东方红一号"开始搞，搞了二十多年，我和这支队伍配合了二十年。我要搞新的载人飞船，需要重新组织队伍，这个队伍大部分是年轻人。我们从1992年开始搞，搞到现在搞成了，七年的磨合。我们这支队伍工作配合得非常好，这一点意义很大，我也感到非常高兴和满意，也对下一步的工作充满信心。

…… ……

二、演播厅主持

演播厅有一个比较宽敞的演播环境，有条件聘请更多的客人参与节目。在这样的演播环境里被邀请的嘉宾、来宾实际上是被组织起来的一个团体（现场观众），但是这个团体中的成员都是一种横向传播的关系（也称水平传播）。由于参加者在权利、地位等方面大致平等，彼此都没有思想负担或精神压力，一般来说都可以彼此开诚布公、畅所欲言。在这样的传播环境中，主持人既要和嘉宾、来宾进行"一对一"的交流，也要和来宾展开"一对众"的对话，还能够接进受众的热线电话，进行网络参与等。由于所有这些交流又都是面向社会大众的，所以它是大众传播、群体传播、人际传播相结合的传播形式，忽略任何一类对象，都会是节目的一种缺憾。中央电视台的《实话实说》、《对话》、《艺术人生》等都具有这样的传播特点。主持人就必须掌握好这三类传播的规律和特点，进行有效的调控和运用。

中央电视台《实话实说》——"听广播"

主持人：……先来介绍给大家认识一下我们请到的几位客人，一位是浙江人民广播电台的副台长巫金龙先生，欢迎您；北京人民广播电台的主持人苏京平先生，欢迎您；清华大学国际传播研究中心的研究员董关鹏先生，欢迎您。坐在我身边的两位客人也是广播人，也曾经是广播人，一位是王齐先生，欢迎王齐；一位是段静岩女士，欢迎你。

…… ……

主持人：现在我们就开始听观众的想法，大家可以献计献策。

观众1：崔先生您好。广播，听众是非常需要的。电视是代替不了的，也是替代不了的。就我们家来说，我们老大从小学四年级就开始听，现在40多岁了，他工作非常紧张，没有时间坐下来看电视，半导体不知道坏了多少个，一直听。他跟手机一样老那么带着。我们老头睡觉都听，为什么呢？他听着听着睡着了，还没关呢，还听呢。我也听，我什么时间听呢？大块的洗衣服的时间，整理内务的时间，洗漱的时间，上洗手间的时候，我全听。

主持人:好,谢谢您。

观众2:崔老师您好。刚才您问了一个问题,就是怎么能够做到电视节目和广播节目优势互补的问题。我这么想,广播节目和电视节目在时间上,就是说有个黄金时间,这个黄金时间实际上对于电视来说就不是广播的黄金时间。对于广播的黄金时间,刚才这位专家说了一下,广播的黄金时间咱们九点钟开着汽车要开40分钟,这样听广播。但是我也就是差不多九点多钟的时候,现在我们退休了,在家里做家务的时候听广播。我老听的是治疗仪和灵芝茶,107.3兆赫。我为什么搁在107.3呢?我很喜欢听四点钟黄永宏的《股市大家谈》这个节目,他主持得很好,对大家很亲近,给大家……

主持人:您好像话里有话,意思是说广播的广告太多,是吧?

观众2:对了,这在黄金时间不能够老谈治糖尿病、高血压。我们不是老是治病,我们应该是积极地生活,应该怎么样把自己的这个人安排生活,我们也关心国家大事。

主持人:一个是广告多,一个是导向有问题。

观众2:对,黄金时间不能够做这个,做得太多,这是广播的黄金时间。

主持人:您觉得这个时间希望听到什么?

观众2:也希望听到一些国家大事,经济的报道,还有希望提高。老年人不都是治病,而是怎么积极地向上,就说人永远是向上的。

主持人:苏先生,这应该是广播人研究的问题,要知道什么时候听众需要什么。

苏:受众的心态。

主持人:对,谢谢。

观众3:您好。我是一个司机,所以开车时我喜欢听收音机。收音机打开以后,尤其是北京交通台它有个路况信息,就是广告多一点,我感到特烦。再一个,重复的内容特多。我感觉到收音机还得改革一下,因为人们都生活在这种钢筋水泥构件里面,收听效果不好。所以咱们在家里的话,有机会看电视咱们看电视去了,没机会看电视,广播挺方便,我们就一直听广播。

主持人:您现在觉得收听效果不好。

观众3:收听效果不好,收音机要改革一下,收音机本身要改一下,再一个信息不好,信息不灵。

主持人:收音机可能是要改革。刚才那位朋友也说了,听坏了好多,那么容易坏呢。谢谢您,还有哪一位?

观众4:你好,我比较喜欢听广播。我从小学六年级开始就听国际电台的《欢乐调频》,原来是因为为了学英语,是被动的,现在慢慢演变成主动,觉得广播中有真正吸引我的地方,值得我去学习。

主持人:它吸引你的地方是什么呢?学英语?

观众4:对,便捷,还有能给我第一手的新鲜资讯。

主持人:你现在在上学吗?

观众4:对,高一。

主持人:高中的同学听广播多吗?

观众4:不太多。所以很难找到有共同语言的。

主持人:你们班听广播的人也很少,是吗?

观众4:很少,极少数。

主持人：你跟他们探讨过这个问题吗？他们为什么不听？

观众4：觉得没有意思，没有电视那么吸引他们吧。

主持人：这是一种说法，谢谢你。

…… ……

观众6：你好，我是平常不太爱听广播。因为我感觉看电视一般是图文并茂的，新闻什么的全都了解了。是这样的，听广播给人感觉一个是广告插得太多，另一方面是感觉干巴巴的，不如看电视那么随意一些，是这样。

主持人：好，这也是实话实说。

观众7：你好，刚才苏先生谈了一个问题，我比较感兴趣，就是广播、电视和网络之间的媒体合作。那么我想问一下现在这个合作进行到什么阶段了？是指节目与节目之间的合作，还是台与台之间的合作，还是行业之间的合作？

主持人：还是几个朋友之间的合作？

观众7：对。合作以后的前景会怎么样？中国会不会出现一个像美国时代华纳与美国在线一样的媒体巨无霸？

苏：现在是多种形式都有。我们北京广播电台，现在几乎所有的节目都和千龙新闻网有一个直接的合作，在网上都可以查询和看到。北京广播电台很多主持人或者编辑记者现在也都是解放思想，也能够大胆地走到镜头面前，包括电视台的很多节目的配音，大家都知道也是由电台人去做的，应该说这种互动的关系会越来越多。

董：我觉得这里面还有一个包装和受众的分层问题。比如老年观众喜欢听评书，喜欢听戏，我们可以在茶馆里经常给他们搞一些活动，然后最擅长主持这个节目的主持人走到老年人中间。中年人可能关心如何发财、如何成功，这些人我们可以走到大的公司里面去挖掘一些东西。像因特网这一块我觉得可能年轻人比较多，那么在国外当然不一定完全适用，他们更多是全源再现，所有的节目在当天的网上只要点击这个节目的名字就马上可以听得见。广播有一个劣势，可以通过这个来改变的，就是广播的节目往往是播完之后大家就再也听不到了。那么在网上你任何时候点击它，都可以听得到，就变成和报纸具有相同的功能，可以保存了。

…… ……

主持人：我们也不希望大家误解我们这个节目，以为我们做这样一个节目就是说电视比广播有多好，而是不同的媒介有不同的问题。广播可能在它的发展过程中遇到了一些问题，但是有这么多人支持，有这么多人在动脑筋，有这么多人在坚持，我想它的明天一定是美好的。再次请求王齐的领导不要对他产生误解，我们现在想请王齐的领导和所有的观众一起听一首王齐自己写的歌，就是歌颂广播的歌，是吧？叫什么名字？

王：叫《轻轻走进你心里》。

…… ……

三、现场主持

这是指那种把传播活动放在一个典型的现场环境中展开的主持人节目。现场是被组织起来，并受到一定限制的。譬如中央电视台的"心连心"、中央人民广播电台的"手拉手"等广场演出活动。虽然这些活动具有一般演出活动（典型的团体传播）的特征，但是进行现场转播的目的，主要还是为电视机、收音机前的受众服务的。这种主持活动不能只是为现场的演出服务，还需要考虑媒体前的受众，不能忽视他们的存在。所以主持人在这里也就同时面对两类对象——现场观众和媒介受众。他必须要满足这两类对象的需要,才是一种成功的主持。这就是说,主持人应该研究怎样把团体传播和大众传播的规律更好地协调起来。

群英会——96东方明珠"五一"千名劳模大聚会

曹：各位观众、各位领导、各位来宾、各位劳模,晚上好！在这个工人阶级自己的节日——"五一"国际劳动节106周年之际,千名劳动模范聚集在东方明珠广播电视塔下,盛况空前,群星闪耀,热烈纷呈,意义非凡。

袁：刚才,从历史云烟中走来的古代英雄们引吭高歌,盛赞96东方明珠"五一"千名劳模大聚会。看到今天那么多的英雄模范济济一堂,古代的英雄们也羡慕不已。

张：明珠塔下群英会,光华灼灼映春晖。让我们来问问几位大名鼎鼎的古代英雄,此时作何感想。先问老黄忠,感受如何？

章(黄忠扮演者)：老将出马,一个顶俩。咱们老将战功赫赫,今日里依然壮志不减,雄心不退。

张：好！有请曾经作出过杰出贡献,而今依然英姿焕发的老劳模们登台与大家见面。

夏：那我们问问年少气盛的周瑜,你此时有什么感想？

蔡(周瑜扮演者)：少帅上阵,威震苍穹。咱们少帅如日中天,豪情正浓。

夏：好！有请新一代的青年劳模上台亮相,展现风采。

…… ……

曹：请问名声显赫的穆桂英,你要对大伙儿说些什么？

王(穆桂英扮演者)：巾帼不让须眉,女杰自有神威。咱们女将上阵英姿飒爽,无限荣光。

曹：好！请出托起半边天、建功作奉献的女劳模们登场。

袁：我们还要问问足智多谋的诸葛亮先生,您有何高见？

关(诸葛亮扮演者)：说来惭愧,惭愧。如今科教兴国,英雄辈出,我那点计谋又何足挂齿！英才登台来,赶紧我退位。

袁：不必,不必。好！有请奋斗在科技、教育战线的英雄模范出场。

…… ……

张：在这节日之夜,我们向参加晚会的千名劳模,向神州大地上所有的劳动模范,向各条战线上的工人、农民、知识分子和各族劳动群众,致以崇高的敬意和节日的问候。

夏：各位来宾、各位观众,在这改革开放的新时代,在这第二次创业的伟大年代,我们耳边又响起激越的歌声,劳模们胸前的奖状与红花交相辉映,我们共同唱出熟悉的旋律《戴花要戴大红花》。

思考题

1. 为什么说主持是整合节目的艺术？
2. 简述整合节目的传播学原理。
3. 请例举具有人际交流特点的主持人节目,并做出分析。
4. 请例举具有群体互动特点的主持人节目,并做出分析。
5. 请例举具有广泛参与特点的主持人节目,并做出分析。
6. 请试分析主持人在广播电视节目中发挥整合作用的实例。

第八章 引导舆论的主持艺术

对主持人节目传播效果的评价,不仅取决于节目的形式,更主要取决于它所产生的社会影响如何。它对社会所产生的影响,主要依据三个方面的标准:舆论导向、文化价值和社会效果。可以说,舆论导向决定传播效果。

主持人节目的突出特点是传受双方存在一种交流关系,主持人、嘉宾、来宾、受众间,可以自由谈论话题,提出许多不同的看法。人与人之间、话语和话语之间求同存异的讨论过程就会产生某种"场效应"。这种"场效应"就是指,不同意见的彼此交锋和相互吸引的那种效应。事实上,节目所创造的话语环境也就是一种"意见场",或者称为"舆论场"。清华大学刘建明教授首先提出了"舆论场"的概念,他认为:"'场'不仅是舆论形成的条件、空间,而且是推动舆论发展的契机,甚至制约着它的正负方向。'场'成为意见产生的共振圈。"[①]既然它是一个舆论场,就需要加以控制和调节,以形成积极向上的舆论氛围。按照舆论学的原理,能够控制舆论场并决定舆论导向的,就是"舆论领袖"(也称"意见领袖")。从这个意义来说,主持人就是这样的"舆论领袖"。但是要取得"舆论领袖"的地位,不是靠行政指令来任命的,而是依靠主持人自身的素质,在传播实践中建立自己的威信,取得大家公认的"领袖"地位。

---

① 刘建明.舆论传播.北京:清华大学出版社,2001:64

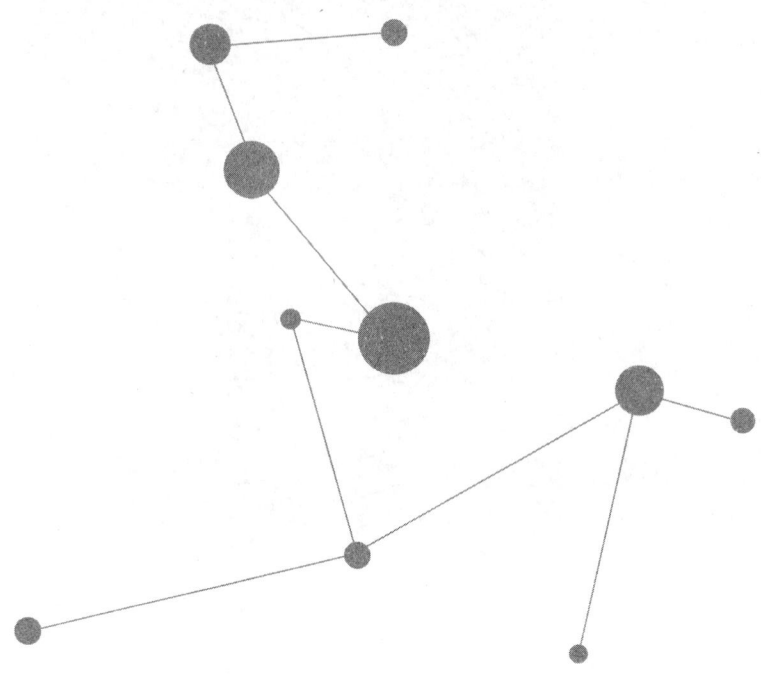

　　对主持人节目传播效果的评价,不仅取决于节目的形式,更主要是它所产生的社会影响如何?它对社会所产生的影响,主要依据三个方面的标准:舆论导向、文化价值和社会效果。可以说,舆论导向决定传播效果。

　　如果说主持人节目就是个舆论场,那么主持人就应该关注如何营造这个"舆论场",并努力把握引导舆论的有效途径。这里既需要从理论上探索舆论引导的客观规律,也需要在实践中不断积累舆论引导的经验和方法,以引领公众意见导向既定的社会目标。

◎ 本章要点

◆ 主持人节目是富集民意的"舆论场"
◆ 主持人是引导民意的"舆论领袖"
◆ 引领公众意见导向既定的社会目标

第一节 主持人节目是富集民意的"舆论场"

舆论场是在社会交往中形成公众意见的一种场合。主持人节目的交流性特点则是营造这种氛围的必要条件。在这种场合中,激烈的观点碰撞,和煦的满座春风,都会形成典型的舆论环境。在这种众意交错的情况下,主持人应该如何应对?承担什么样的角色?虽然我们也做过一些探讨,但是还需要做更加深入的研究。事实上,我们对主持人的所有要求都会归结到这样的基点上,就是如何营造一个充满民主、平等、和谐氛围的舆论环境。主持人如何主导这种交流活动,发挥出引领意见、匡扶正气、说服众议的作用。节目的最终效果也一般是由意见分散渐趋集中,形成正确的舆论导向。在这里提出"舆论场"和"舆论领袖"的概念,对于研究广播电视主持人节目和节目主持人的作用是有着积极的借鉴意义的。

美国心理学家勒温是社会场论的创始人,考夫卡进一步发展了他的心理场的理论,提出"环境场"、"行为场"的概念。用"场"的范式研究社会舆论,能认识舆论产生的环境机制。"场"不仅是舆论形成的条件、空间,而且是推动舆论发展的契机,甚至制约着它的正负方向。"场"成为意见产生的共振圈。(也有称为"论宇"的,事实上,"宇"指的是"空间","宙"则是指"时间"。)清华大学刘建明教授曾论证了构成舆论场的三要素——"同一空间的人群密度与交往频率","舆论场的开放度"和"舆论场的渲染物或渲染气氛"。他指出,同一空间人们的相邻密度与交往频率较高,空间的开放度较大,空间的感染力或诱惑程度较强,便可能在这一空间形成舆论场。无数个人的意见在"场"的作用下,经过多方面的交流、协调、组合、扬弃,会比一般环境下快得多的速度形成舆论,并有加速蔓延的趋势。[①] 刘建明教授的这一研究对主持人节目的策划,无疑是有启发意义的。我们不妨从舆论场的这三个要素入手来分析主持人节目的构成。

1. 同一空间的人群密度与交往频率

广播电视中"一对一"的人际交流方式,似乎不存在"人群密度"的问题,但是这种"一对一"的方式和生活中的人际交流有所不同,它是面向大众的,也就是说有成千上万的人在倾听、关注,甚至参与这种交流活动。尽管它们并没有同处一室,但是它们依赖媒介的延伸作用,共处同一社会空间。由于现代电子媒介的连通作用,为他们提供了相互交往的便利,使得这种交往频率越来越高。当然,"一对众"、"一对群"、"群对群"的交往方式在主持人节目中也都是屡见不鲜的。所以广播电视已经不仅仅是大众传播的工具,主持人节目中也融汇了人类多种交往方式,节目中产生的"场效应"也是十分明显的。

2. 舆论场的开放度

舆论场的开放度实际上是指空间的开放和信息内容的开放两个方面。

广播电视的空间开放度应该说是毋庸置疑的,它的传播范围无远弗届,特别是借助卫星转播,完全可以覆盖全球。随着我国民主政治建设的不断健全与发展,人民享有充分的言论自由。特别是改革开放以后,我国的社会政治生活中出现了从未有过的那种生动活泼的局面。主持人节目中几乎涉及了所有大家普遍关心的社会问题、生活问题和国际政治问题等。

---

① 刘建明.舆论的量度和舆论的增长.民意,1996(6)

《实话实说》已经成为主持人节目的典范,在这里大家可以知无不言、言无不尽,充分交流思想,申诉自己的意见,发表各自的见解。过去那种"舆论一律"的情况,已经大大改善。群众分析问题、明辨是非、独立思考的能力,随着他们民主意识的增强而不断得到提高。广播电视主持人节目对推动社会进步所起的积极作用是十分明显的。

3. 舆论场的渲染物或渲染气氛

主持人节目中不仅仅是语言的交流,也比较注重环境的影响。如演播厅的布置、小乐队的配合、纪念物的展示、录像资料的播放,甚至对来宾座位的角度、出场的顺序等都做了刻意安排。这些都对改善环境气氛、促进情感交流、协调人际关系等起到了良好的作用。中央台《艺术人生》栏目中,演播厅的背景画面总是艺术家的大幅生活照或剧照,首先交代了嘉宾不平凡的艺术生涯;《实话实说》的小乐队,常常起到调节气氛的作用;《对话》栏目中展示的资料,常会给人以意外的惊喜等等,这些都会给观众留下深刻的印象。

从以上三个方面可以看出,广播电视主持人节目一般都具备了形成"舆论场"的基本条件。

第二节 主持人是引导民意的"舆论领袖"

舆论领袖也被称为"意见领袖",在英文中它们使用同一个语词概念"opinion leaders"来加以表述。这个概念指的是群体中热衷于传播消息和表达意见的人,他们或是比同伴更多地接触媒介或消息源,并热衷于传播消息和表达意见的人;或者同时是某一方面的专家,他们的意见往往左右周围的人。舆论领袖对于舆论的形成起着至关重要的作用。但是,他们的"领袖"地位仅仅是相对而言的,许多人在此时、这种关系中可能成为关于某个舆论客体的"舆论领袖",在彼时、另一种关系中,可能又不是。正如施拉姆(Schramm·W)所说:"这类领袖在社会的各个阶层、各种年龄的人当中都有,要看人们期望从他们那里得到什么样的知识。"[①]

舆论领袖对于舆论的形成起着至关重要的作用。清初大学者顾炎武一生周游半个中国,研究救国之道,每年约有一半时间在旅店里度过,向人宣讲救国主张。他认为社会风气败坏就会亡天下,为了振兴国家,人人有责任保天下。他提出的名言"天下兴亡,匹夫有责"流传至今,男女老幼有口皆碑,可谓爱国舆论的精华。仅凭这句千古不朽的格言,顾氏无疑是一位立言者,是近代中国舆论领袖的杰出代表。

公众议论演化为社会舆论依靠舆论领袖的引导。舆论领袖往往会在多种意见争持不下的关键时刻,发表真知灼见,提升意见的科学性和深刻性,可以迅速把大家的意见聚合为一种共识,鼓动并引导社会公众正确认识并解决问题。比如,第一位指名道姓批评孔子及儒家传统的,既不是鲁迅,也不是陈独秀,而是易白沙(1886—1921年)———一位几乎被后人忘却的人物。1916年2月,易白沙在陈独秀主办的《新青年》杂志上发表了《孔子评议》,把批判的锋芒直指"大成至圣先师"孔子。……他的言论奠定了中国近、现代"批孔"思潮的根基。易白沙成为"五四"时期的反孔先锋,民智的开启者,舆论界的先导。从这些例子中可以看出,

---

① [美]威尔伯·施拉姆.传播学概论.陈亮译.北京:新华出版社,1984:134

舆论领袖是公众的代言人,社会的先知先觉者,对社会问题最先提出系统的见解。

舆论领袖必须善于表达自己的意见,用自己的判断力、满腔热情说服群众,博得群众的充分信任。意见领袖具有博大精深的思想,洞察问题的英明睿见,维护公众利益的决心是他们取信于民的特有品质。当他们以宏大的思想,艺术的谈吐出现在群众面前,所具有的神态和魅力,立即引起公众的注意,被人们赞不绝口。舆论领袖的高论被公众接受,不在于他们能说会道,富于鼓(煽)动,而在于表达的意见完美,深刻地反映公众的要求。他们运用评价性的思维,分析各类问题,把群众不同的认识和分散的意见集中起来,唤醒人们的知觉。这种评价指出事物发展的方向,克服可能会出现的错误观念。群众在社会讨论中一旦接触他们的意见,就被真诚的信念和浓郁的热情所感染,成为这些意见的追随者。

当然,舆论领袖也绝不仅仅是社会科学领域的先知先觉者,他们分布在各个领域,大都是社会名流,只要在某一方面经常发表富有影响的意见,都具有舆论领袖的素质。平时他们也可能是默默无闻的人,但是在关键的时候,他们可以语出惊人,发表振聋发聩的言论,获得公众的响应。舆论领袖是群众意见的代表,充分反映群众的根本利益,他们十分注重深入社会、深入群众、深入生活,了解百姓的喜乐甘苦,熟悉他们的语言,把握他们的思想脉络,这是舆论领袖具有影响力的根本原因。

实际上,许多名人讲不出名言,缺乏革故鼎新的意识,在公共场合或电视上出现的次数越多,就越发引起人们的反感。一旦脱离群众,不去认真观察人民的生活,体验公众的疾苦,他就不能真正表达公众的情感和呼唤。虽然一段时期他曾有过一些影响,但只要脱离了群众,他就会自动失去"舆论领袖"的地位。

任何节目都会有自己的宗旨,总会有一种价值取向、一种精神追求。作为公众人物的主持人,首先必须自觉维护国家的利益和群众的利益,按照节目的宗旨来实现某些社会目标。如果主持人只是为了追求商业价值或者个人名利,而不顾后果地热衷于所谓的"炒作"或"轰动效应",那么,无论在世界上哪种社会制度下,何种媒体中,都是不会姑息、容忍这些做法的。因为这不仅危及国家利益,不利于社会稳定,实际上也在贬损媒体自身的价值,轻则公信力下降,重则受到制裁,甚至关门大吉。

一般来说主持人节目中,特别是谈话类主持人节目,嘉宾、来宾、观(听)众中总会存在一些不同的观点和认识,从而形成矛盾冲突。而展开矛盾并疏导众意,最后形成意向性结论,似乎是这类节目的突出特点和一般性的程序。但是,展开哪一类矛盾?怎样展开?展开后如何解决?则应该是主持人节目事前策划的重要内容。尽管我们不要求所有的主持人节目都一定要形成明确的结论性意见,但是起码应该有启发性的建议,做到引而不发。在节目中主持人可以不说自己的观点,但是主持人是必须要有观点的。如果主持人没有自己的观点,就不能够发挥"引领意见"的"领袖"作用,也无法形成正确的舆论导向。那种任由别人反客为主,无所作为的主持人,只能是一位不称职的主持人。

如前所述,我们也可以把主持人节目中的话语环境看作是一个"舆论场",所谓"舆论场"的产生就是因为有相互吸引的不同意见的存在。我们需要解决的是面对不同的意见,主持人应该怎样做。按照舆论传播学原理,在"舆论场"中主要是依靠"舆论领袖"来发挥调控作用。主持人能不能发挥舆论领袖的影响,决定了他是否具有正确引导舆论的能力。我们引述清华大学刘建明教授关于"舆论领袖"的阐述,也许会对大家有所启发,他说:"舆论领袖是人民的代言人,为人民说话,把话说到人民心里,引导舆论的效果往往一鸣惊人。有些人奇怪地问,群众为什么要听他的话?结论很简单,他是人民的思想家,他的意见具有权威性。意见领袖具有渊博的知识,对现实问题提出精彩的诊断,包含深刻的理性,在公众中树立饱学之士的形象,自然受到人们的尊重。"他还认为:"舆论领袖引导表意群体的作用,可归结为三个方面:集中群众的智慧,把各类议论圈的差异逐步消除,促进意志合力加速形成;运用科学的思维方式分析、评价社会问题,把群众的不同认识和分散的意见集中起来,唤醒人们的知觉;纠正公众中的某些错误的观念,公众在社会讨论中一旦接触他们的意见,就被真诚的信念和浓烈的热情所感染,成为忠诚的追随者。当追随的人遍及社会的某一范围,标志社会舆论形成了。"①

第三节 引领公众意见导向既定的社会目标

如果说主持人节目是个舆论场,那么主持人就应该关注如何营造这个"舆论场",并努力把握引导舆论的有效途径。这里既需要从理论上探索舆论引导的客观规律,也需要在实践中不断积累舆论引导的经验和方法。

一、主持人引导舆论的传播学原理

事实上,传播学既关注社会舆论是怎样形成的,也注重研究用什么方法来改变舆论的方向。传播学中关于社会效果的研究就侧重解决这些方面的问题。效果研究涉及的范围很广,但主要集中在大众传播对受传者的影响力方面,就是大众传播在改变受传者的固有立场、观点上究竟有多大的威力。关于大众传播媒介的"引导"作用,是由美国传播学家拉扎斯菲尔德和默顿首先提出来的。② 他们认为,只要传播者对于受传者有深刻了解,对传播内容又做了周密的安排,那么传播媒介就可以逐步引导受传者接受一个崭新的价值观念。传播学者们得出结论,大众传播媒介是一种强有力的工具。在短时期内,它对受传者的直接作用是有限的;从长远来看,它的潜移默化作用是巨大的。……为此,我们应该认真考虑,我们应该怎样、为何目的去运用大众传播媒介。③ 科学领域的任何一项研究成果都是相对真理和绝对真理的统一,人的认识能力是有限的,任何科学成就都不可能穷尽真理。传播学研究也是这样,我们运用它的一些新的研究成果,都需要经过实践的检验,在实际运用中使之不断完善。

(一)"夜话节目"与"说服效果"

这里所说的"夜话节目",主要是指那些谈心情、谈感受、谈认识的交流性节目,大多属于心理咨询类。这类节目的主要宗旨是心理疏导、情感宣泄、思想沟通等,大多是需要"说服"对象的。我们可以借鉴"说服理论"的研究成果,来改善我们的主持方法。"说服"(persuasion)又译为"劝服",它主要体现在人际传播的关系中,所以,说服过程本身需要交互作用才能成功。只有注意唤起受众参与交流的意识,才能达到引导的目的。这项研究成果的主要代表人物就是美国耶鲁大学的传播学家卡尔·霍夫兰(Carl Hovland)。他在这方面的研究结果表明,要想使传播取得效果,必须注意以下几个问题。

1. 信息来源问题

研究认为,要想使受传者发生态度的改变,最有效的方法就是改变他对传播者的看法和

---

① 刘建明. 舆论传播. 北京:清华大学出版社,2001:77
② 熊澄宇. 西方新闻传播学经典选读. 北京:中国人民大学出版社,2004:447
③ [美]威尔伯·施拉姆. 谈谈大众传媒. 国际新闻界,1981(3)

印象。在某个问题领域内享有声誉的人,他对问题的看法更能引起受传者态度的改变。但是如果受传者发现传播者的意见带有个人目的,那么传播效果就会大打折扣。

在其他条件相同的情况下,受传者更愿意接受与自己地位不相上下的人的影响。这被看作是传播说服中的"认同策略",就是传播者应该努力让受传者相信他是"自己人"。

2. 说服方式问题

传播技巧如果能引起对方的注意,则引起改变的可能性很大;如果引起反感后抵触,则引起改变的可能性很小。

这项研究还表明,受众对传播者的幽默感兴趣,但难以改变他们的态度;重复要点可以增加学生效果,但说服效果不佳;把观点或结论摆在传播内容的开头或结尾,比摆在中间的效果好;明确说出结论比让受众自己得出结论的效果好等等。传播学者们认为,在这一类问题上,传播学还提不出一整套简单而又切实可行的原则,还需要进一步研究、探讨。

3. 环境影响问题

在研究环境对受传者的影响中,主要是关注人际关系对受传者的影响。由于个人的社会、单位、家庭的背景不同,接受媒介影响的程度也不一样。如果能够知道受众的社会关系,了解他所依循的社会规范,就比较容易预测传播会对他产生什么效果。如果受众的价值观念和行为方式发生了改变,他所处的社会关系也会发生变化,他会寻找新的社会关系。这就是所谓"物以类聚,人以群分"的社会学原理。

(二)"杂志型节目"与"议程设置"理论

杂志型节目也被称作"板块节目",它是不同的栏目、内容、形式等,由主持人按照一定的内在联系编串组合而成的综合节目。据说最早是1955年美国全国广播公司所创办的一种节目形式,1985年广东珠江经济台首先借鉴并引进了这种节目形式,大受群众的欢迎。现在它已经是我们广播电视中普遍采用的主持人节目形式了。譬如:中央电视台的《东方时空》,中央电视台的《午间半小时》,海峡之声广播电台的《空中立交桥》等等。如何把这些不同内容、不同形式的栏目,按照某种规律设置得更加有效,产生更大的影响力,既是节目负责人重点考虑的问题,也是主持人需要把握的传播方法。传播学的研究成果"议程设置功能"理论,可以帮助我们得到许多深刻的启示。

"议程设置"功能的理论假说是由美国传播学者M·E·麦库姆斯和D·L·肖在1972年的《舆论季刊》上发表的。他们提出了一种假设,大众媒介通过日复一日的新闻选择和发布,影响着公众对什么是当前最重要问题或事件的感觉;在媒介的议程与公众的议程之间,存在着一种因果关系,就是说,经过一段时间,媒介的优先议题将成为公众的优先议题。在这里,"议程"(agenda)指的就是媒介报道各类事件的先后顺序或程序。"议程设置"功能是一种客观现象,而"舆论引导"则带有强烈的主观色彩,只有遵循一定的规律才能使它的客观功能对受众的主观议程发生影响。

1. 引导舆论要避免"推定效果"

所谓"推定效果"是指按照自己的主观想象来判断内容的重要程度,并认为只要把"重要内容"安排在显著位置或黄金时间,就会对公众的议程产生决定性的影响。因为公众本身的兴趣、接受水平、接受引导的需求以及人际交流的状况,都会影响议程设置的效果。议程设置理论注重将媒介的具体议程与公众议程进行比较,找出其中存在的差异,从而估量议程设置可能产生的效果。如果议程设置与公众关心的程度存在较大的差异,就必须做出适当的调整。

2. 媒介引导的最佳时机问题

大众媒介对舆论的引导是一项社会性工作,主要是"点"对"面"的传播关系,它的影响难以深入到人的信念的层次。因此,对于某种舆论倾向,媒介的引导需要各种社会信息的协同作用,并表现为一个持续的过程,不可能一蹴而就。但是研究表明,公众对媒介影响的近期效果明显。所以议程设置理论对我们的舆论导向研究有两点启示:其一,应该充分利用媒介对舆论的近期影响力;其二,加强对议程设置最佳效果时间的研究。比如,主持人节目所涉及的社会事件,应该注重它的新闻性和时效性等等。

3. 主观的舆论引导和客观的媒介议程设置功能的统一问题

"议程设置"理论强调媒介议程整体上对公众议程的影响,主要考察一个阶段内媒议程设置的总体效果,进而研究传播形式和环境这类无形的设置对公众议程潜移默化的影响。它对我们把握正确的舆论导向提供了一种启示,不能盲目地追求"轰动效应",那些看起来似乎"正确"的引导,如果放到长期的媒介议程设置中考察,也可能是一种误导。主观的舆论导向往往会受到客观社会效果的惩罚,产生适得其反的结果。我国学者范东生曾指出:"传播媒介诚然有时可以造成平地起风波的惊人效果,但这并不说明社会舆论只能紧随其后,接受引导。"他援引1976年周总理逝世后"四人帮"的舆论操纵和"四·五"事件的事例,指出"新闻媒介并没有随心所欲地为公众'设置议程'的力量"①。

(三) 谈话节目与"沉默的螺旋"理论

广播电视谈话节目在受众中有很大影响,受到了普遍的欢迎。中央电视台《实话实说》栏目是这类节目的典范,它的突出特点就是鼓励人们说真话、道真情,积极交流思想和看法。节目中始终充满着民主、平等的气氛。怎样利用这样的话语环境来扶持正确意见,抑制偏见和谬误,主要依靠主持人的引导和启发。我们可以从"沉默的螺旋"理论中得到一些教益。

"沉默的螺旋"理论是由德国学者诺埃勒—诺依曼(Noelle-Neumann)在1974年提出来的,它是一种考察大众传播与社会舆论关系的理论。这项理论研究认为,当人们感觉到自己的意见属于"多数"或处于"优势"时,便倾向于积极大胆地发表这种意见;当发觉自己的意见属于"少数"或处于"劣势"时,遇到公开发表的机会,可能为防止孤立而保持"沉默"。意见一方的沉默造成另一方意见的增长,如此循环往复,就形成一种一方越来越强大,另一方越来越沉默下去的螺旋发展过程。她所论述的其实是一种控制舆论的有效方法。我们通常所强调的坚持正面报道方法,实际上就是运用媒介控制舆论的这种社会功能,它能迫使负面舆论保持沉默,从而使正面舆论得以伸张,并达到引导舆论的目的。这个理论的积极意义就在于,"它正确地指出了传播媒介通过形成'意见气候'来制约社会心理和影响舆论这一大众传播时代的社会现实。"②这个理论主要揭示出了三个命题。

1. 个人意见的表明是一个社会心理过程

这个命题说明,个人意见的表达是需要一定的心理环境的,害怕孤独也是一种自我保护意识。中国的古语中有许多这方面的箴言警句,如:"病从口入,祸从口出";"金人三缄其口,慎言语也";"多言数穷,不如守中"等等。谈话节目要鼓励大家实话实说,首先就必须注意营造互信、平等、和谐的心理环境。

2. 意见的表明和"沉默"的扩散是一个螺旋式的社会传播过程

一种观点形成主导性意见,就会不断扩散他的影响力,从而导致另一方意见的沉默。如

---

① 范东生,张雅宾. 传播学原理. 北京:北京出版社,1990:402
② 郭庆光. 大众传播、信息环境与社会控制. 新闻与传播研究,1995(3)

果"真理在少数人的手里",我们就应该助长这种意见的扩散;反之,存在明显的错误倾向,就应创造条件来抑制它的上升趋势,如此等等。

3. 大众传播通过营造"意见环境"来影响和制约舆论

一般来说,大众传播主要是通过改变舆论环境来影响或制约错误舆论的发展。譬如,给正确舆论者以更多的话语权;动员各类媒介协同,形成更大的正向舆论声势;对错误的言论,不予置评,故意冷落等等。这些都是可以在谈话节目中加以借鉴的引导方法。

(四)娱乐类节目与"培养"理论

从社会效果来分析,娱乐类节目所产生的影响主要涉及文化教育范畴。它对社会文化意识的启蒙作用和社会道德体系的构建作用,都会发挥潜移默化的影响。在媒介所营造的一种文化娱乐氛围中,人们会不知不觉地接受某种新的价值观念,促使他们对社会环境采取积极的或是消极的态度。所以,娱乐类节目对受众的影响是深刻的、长期的,往往会起到某种社会示范作用,切不可以忽视。

"培养"理论,也称为"培养分析"(cultivation analysis)或"教化分析"、"涵化分析"。这项研究起源于20世纪60年代后期,当时美国社会的暴力和犯罪问题十分严重,美国政府专门成立了一个"暴力起因与防范委员会"来研究这些问题,并找出解决的办法。传播学者乔治·格伯纳主持了这项研究。他们研究发现电视暴力内容对青少年犯罪具有"诱发效果"。他们同时得出了一个结论,电视节目中充斥的暴力内容增大了人们对现实社会环境危险程度的判断,接触越多,不安全感越强。"培养分析"是以一定的社会观和传播观为出发点的。它的基本观点是:"社会要作为一个统一的整体存在和发展下去,就需要社会成员对该社会有一种'共识',也就是对客观存在的事物,重要的事物以及社会的各种事物、各个部分及其相互关系要有大体一致或接近的认识。只有在这个基础上,人们的认识、判断和行为才会有共同的基准,社会生活才能实现协调。"①向社会提供"共识"是大众媒介的一项重要任务。格波纳认为,大众传播不仅是现代社会的"故事讲解员"(story-teller),而且是融合社会各种矛盾与冲突的"熔炉"(melting-pot),在这个意义上它还是维护现存制度的"文化武器"(cultural arms)。大众传播媒介在这方面所发挥的影响,已经远远超越了传统社会中教育和宗教的作用。

"培养分析"理论的主要目的是考察大众传播的特定倾向所造成的社会效果。传播内容具有一定的价值导向和意识形态倾向,这些倾向不是以说教而是以"提供娱乐"的形式传达给受众的,他们对人们世界观、价值观的形成产生"润物细无声"的影响。这就是"培养分析"的核心观点。"培养"理论的研究成果受到了各国学者的重视,英、法、瑞典、日本、韩国、阿根廷等国也都开展类似的研究,研究领域也有所扩大。

我们用"涵化"理论阐释了电视媒介对公众构想社会现实的影响,其中电视媒介的舆论引导功能是关键因素之一。大众媒介在传播讯息的同时,也把蕴涵在讯息中的社会精神体系传输给了公众,帮助他们形成符合社会发展潮流的文化价值观、社会价值观和人生价值观,在多元化的时代寻找自身的价值定位。个人的科学发展也是整个社会健康向前的基础,从这个意义上说,在具有中国特色的社会主义和谐社会的建构过程中,我们的大众媒介任重而道远。

(五)对象性节目与"知沟"理论

主持人节目的对象性一般是指为那些具有某些相同特征的受众群体所设置的节目。譬

---

① 郭庆光.传播学教程.北京:中国人民大学出版社,2005:226

如:中央电视台的《夕阳红》是专为老年人设置的主持人节目;《大风车》则是针对儿童设置的节目;《军事天地》则是以军人为服务对象的节目……针对不同的对象,在节目的知识层次上会有不同的要求,并应遵循不同的规律才能够取得预期的效果。有关这方面的指导思想可以参考美国学者P·J·蒂奇诺等人所提出的"知沟"(knowledge gap)理论。

按照一般的理解,大众传播媒介可以有效地改善知识传播和教育的条件,为提高全社会文化水平、普及文化知识、缩小社会差距、扩大社会平等发挥巨大的影响。"知沟"理论则对这一点提出了疑问。他们的研究认为:"由于社会经济地位高者通常能比社会经济地位低者更快地获得信息,因此,大众媒介传送的信息越多,这两者之间的知识鸿沟也就越有扩大的趋势。"[①]许多学者认为,在媒介技术发展日新月异的情况下,缩小社会的"信息沟"乃至"知沟"至少必须在两个方面采取具体对策。

1. 使用媒介方面

必须对不发达地区或低收入阶层制定特殊的扶持政策。例如,现阶段对偏远落后地区得到普及的主要还是广播媒介,电视的影响并不像沿海城市那样广泛。发达地区和欠发达地区接触和使用媒介的情况有很大的不同,所以受众对相同媒介信息的需求也会有所差异。

2. 节目内容和形式上

必须充分考虑不同对象的接受能力和收听(视)习惯,形成合理的节目供给结构。目前广播电视节目中那种"都市化"的供给模式,值得反思。频道专业化、节目对象化的发展方向是正确的,但是要注意不能在我们的主持人节目中助长"商业化"、"贵族化"的趋向,这样只会越发扩大"知沟"的差异。

"信息沟"乃至"知沟"研究对我国的社会发展也具有重要的现实意义。改革开放以来,我国的传播事业飞速发展,报刊、广播、电视的普及程度不断提高,大多数省份已经有了卫星电视,在接触大众传媒方面,城乡和地区之间的信息差距大大缩小。但是,我们也应该看到,城市和农村、沿海和内地、东部和西部之间的差距则是很明显的。另一方面,在"媒介使用能力"方面,社会各阶层或群体之间的差距也正在出现并呈扩大的趋势。与发达国家相比,我国无论在"硬件"还是"软件"方面也还有较大的差距。因此,研究这些内外的"信息沟"、"知沟"以及解决的对策,实乃我国社会发展和信息化建设中的一个重要而迫切的课题。

以上介绍了近年来国外传播学研究的最新成果,并主张在我们的传播实践中加以借鉴、参考。需要说明的是,由于研究方法的局限性,这些成果中都还存在一些这样或那样的不足,有待在实践中进一步总结和完善。但是对主持人如何有效地引导舆论,还是会有一些启发的。

二、主持人引导舆论的实践效果

日本学者在1986年出版的《现代社会学入门》一书中,论述了大众传播媒介如何形成舆论,媒介引导舆论和阶级利益的关系。著者在书中提出的"论宇"概念,是指舆论分布不断延伸空间,包含言论主体的对应和互动关系。为了实现舆论的理想图式,媒介必须正确而迅速地传播时事性内容,揭示每个问题和正在发生的争论,阐明有关当事人争论的立场和主张,以便在公众(信息接收者)中引起对上述问题的讨论。

在公众进行讨论和形成一致意见的过程中,大众媒介能否经常发生作用是一个极为复

---

① Tichemor,P. J. Mass Communication and Differential Growth in Knowledge. Public Opinion Quarterly. Summer,1970.158~170

杂的问题。在说明每个争论点及其背景、列举有关当事人的陈述、引起信息接收者方面的关心,大众媒介的作用是非同小可的。但如前所述,第一,无论对话者怎样在"论宇"这一自发性的言论空间中扩大讨论范围,终将被大众媒介散布的大量信息所压倒、所支配。与少数意见对立的一方虽然是多数意见,但从微观的角度来看,每个独立意见主体的参照系不同,对于那些隐藏着个别而又微妙分歧的个别意见来说,一旦占压倒优势的、公式化的既成意见被媒介传播出去,个别意见的独立性即发生动摇。于是本来是讨论场所的小群体,就变成大众媒介的支持群体,"论宇"的自由意见空间就会丧失生气以致衰亡。由此,公众作为"论宇"的市民也就被赋予了大众的特征,与由自主体的判断和态度决定相比,增加了对媒介的依赖程度。第二,由于大众传播要通过媒介传递舆论动向,并同舆论结合起来,如果报纸、广播等传播媒介不是具有明确的政治立场,那么来自媒介方面的舆论指导就缺乏支持它的阶级或阶层。这是因为,舆论的意识形态性被中立化,只能大致根据全民或全人类的共同利害关系来加以说明,这使现实生活中本来基于具体的、特定的阶级或阶层的立场产生的生机勃勃的要求和决策性舆论,很快失去原有的活力以致最终被教条主义化(僵化)。

在形成舆论的过程中,主持人的作用应当是为了有助于嘉宾、来宾、受众意见的形成,准确地传递争论双方围绕争论点所列举的全部有关事实和主张。主要着力从以下几个方面加以引导。

(一)维护国家利益

1. 与党和政府的方针政策主张保持一致

党和国家的方针政策直接关系到群众的生产生活,关系到国家的盛衰荣辱。偏离党和政府的政策,出言不慎,轻则造成思想上的混乱,重则影响一个地方一个部门的工作方向。

各地媒介的宣传管理部门为了维护大局的利益、保证正确的舆论导向,在不同阶段都会布置一些宣传政策要求,从事舆论传播工作的主持人也一定要严格按照这些要求,把握政策分寸,恪守新闻纪律,控制宣传口径,以保证舆论引导的正确方向。

> 某电视台的访谈节目,有一次请三位教授就我国加入WTO的问题谈各自的看法。一位教授说,加入WTO之后,我国应取消"中资"、"外资"的界限。一切企业都应享受国民待遇,进行公平竞争,撤销"歧视性"法规。根据新情况,加入WTO后,我们应不再提资本的姓"中"或姓"外"。
>
> 点评:WTO是一个多边协议的体系,并不是一切国家都将彼此敞开国门,把世界变成一个大家庭的组织。"经济全球化"是一个逐步的过程,并不能一蹴而就。这个过程长短与现实程度取决于人们的承受程度,即多数人利益的实现程度。如果一切条件不讲,让外资进来同我国企业进行"平等"竞争,我国弱小的企业必将被强大的西方跨国公司击垮。电视节目中访谈与报刊上笔谈不同,如何把关,是一个值得重视的问题。

2. 国家的利益高于一切

在全国各族人民同心协力建设有中国特色社会主义现代化事业的进程中,重申和强调国家的利益高于一切的原则,在扩大对外开放的条件下如何引导人民正确认识国情,继承和发扬中华民族的优秀传统,树立民族自尊、自信、自强、自立的精神;在和平与发展是当今世界两大主题的大背景下,如何全面、准确地宣传党的独立自主的和平外交政策,引导人民增强国家安全观念;在科学技术迅速发展、社会主义现代化建设突飞猛进的情况下,如何增强人民的国家利益意识和保密观念,这些都需要我们做出正确的舆论引导。

有一部名称为《环宇风情》的电视节目,在介绍印度果阿的风情时说,果阿曾长期为葡萄牙统治,建筑物基本上是葡萄牙的风格。解说词称:"这里的建筑很像葡萄牙殖民地澳门"。

  点评:把澳门说为殖民地是不对的。我国政府从未承认澳门是葡属殖民地,只认为它是历史遗留的问题。宣传管理部门也多次打过招呼,澳门、香港、台湾都只是中国的一个地区。我们都应该自觉地维护国家的最高利益,促进祖国的统一大业。

某省级电台经济频道2003年2月25日零点在热线电话节目中接进了一个自称日本留学生的恶意电话,此人在电话中肆无忌惮地谩骂中国人是低劣的民族,把中国人称为"支那人"。主持人怒不可遏,与之对骂三分多钟,既无力遏制对方,也没有挽回影响……节目后,试图播放歌曲《大刀向鬼子们的头上砍去》,以发泄怒气。

  点评:这位主持人显然是处置失当,以致在长达三分钟的时间里失语、失措,造成了失控的局面。面对这样的险情,主持人需用快语应对的方法,立刻转移话题,不给对方以展开话语的机会。或者及时掐断热线,做出实事求是的述评,用大方得体的语言举出日本友好人士与我国人民友好交往的事例,予以反驳。……此刻主持人恶语相对,甚至做出极端的反应,非但于事无补,反而授人以柄。

(二)倡导精神文明

我国社会主义精神文明建设,必须以马克思列宁主义、毛泽东思想和邓小平理论以及"三个代表"重要思想为指导,坚持党的基本路线和基本方针,加强思想道德建设,发展教育科学文化,"以科学的理论武装人,以正确的舆论引导人,以高尚的精神塑造人,以优秀的作品鼓舞人",培育有理想、有道德、有文化、有纪律的社会主义公民,提高全民族的思想道德素质和科学文化素质,团结和动员各族人民把我国建设成为富强、民主、文明的社会主义现代化国家。这是精神文明建设的指导思想,也是精神文明建设总的要求。

某卫视2000年4月1日在一个《快乐大本营明星全接触》节目中,播出这样一个游戏:安排一名男嘉宾到某电影院门口去"勾引"三个女孩。结果其中有两人"上勾",默许另约时间喝咖啡。节目主持人称,这既是对男嘉宾个人魅力的考验,也是对这三对情侣爱情坚贞程度的考验。

  点评:这个节目播出后,受到不少观众的谴责。电视台别出心裁地做这种游戏爱情的节目,其不良后果是节目制作人没能预料的。娱乐性的电视节目始终存在着品位雅俗、格调高低的问题,但是我们所恪守的伦理道德观念却是精神文明建设的重要内容。

(三)弘扬先进文化

文化品位也就是一种文化的社会价值,主持人节目作为一种社会文化现象需要始终代表中国先进文化的前进方向,坚持"为社会主义服务,为人民服务"的正确方针,广播电视主持人节目的文化品位主要是从节目创意中反映出来的,但也需要成为主持人自觉追求的方向,并在主持实践中与节目整体取向保持一致。

1.倡导"百花齐放,百家争鸣"

"百花齐放、百家争鸣"是繁荣社会主义先进文化事业的基本方针,简称"双百"方针。具体地说,就是在文艺创作上,允许不同风格、不同流派、不同题材、不同手法的作品同时存在,自由发展;在学术理论上,提倡不同学派、不同观点互相争鸣,自由讨论。在主持人节目中选择嘉宾、来宾、受众的参与,都应该允许不同的艺术观点、不同的艺术流派、不同的价值观念相互碰撞,在相互讨论中让大家明辨是非,解放思想,开阔眼界,活跃气氛。

中央电视台:《实话实说》

节目总策划:杨东平

"要在电视上自然地说话,显然比平时要难得多,无论对嘉宾、观众还是主持人。这不仅涉及话题选择、语言环境、电视技术等诸多因素;更重要的是一种观念和心态的调整。无论在电视节目还是在现实生活中,说真话都是需要有勇气的;另一方面,在大多数情况下,说自己的心里话反而更加容易,没有障碍。对于我们,这是一个全新的学习过程——这种面对面敞开心扉、即兴的双向交流、参与式的谈话是需要学习的。每一次谈话,都是一次新的挑战。换而言之,当我们都能成熟自信、开放自如地在电视上讨论大家共同关心的问题时,将标志着我们国家和民族的文化素质达到更高的水平。正是在这个意义上,《实话实说》等谈话节目的出现、存在和提高,便具有超越单纯娱乐观赏的意义和价值。"

2. 鼓励"继承传统,推陈出新","洋为中用,古为今用"

"古为今用、洋为中用、推陈出新"是正确认识、利用古代和外国文化遗产,建设社会主义新文化的方针,也是我们选材、制作节目的基本原则。进行有中国特色社会主义建设,特别是文化建设,十分需要从传统文化和外来文化中吸取有益的成分,使之与现代精神、中国特色相融合,并进一步发扬光大。中国社会主义文化的产生与发展,明显受到了两种文化因素的影响:一是几千年中国传统文化的影响,二是世界优秀文化的影响。对古代和外国文化遗产都要加以批判的分析,剔除其封建性糟粕,吸收其民主性精华,并通过吸收、借鉴进行我们的革新创造。在处理与古代文化和外国文化的关系问题上,我们采取了更关注现实的原则。继承借鉴古代和外国一切优秀文化遗产只是手段,创造有中国特色的社会主义新文化才是目的。

中央电视台:《春节联欢晚会》

"春节晚会的文化意义,表现在整台晚会的艺术作品所呈现出来的民族价值、生命意义和情感意义。晚会的节目,增强了文化意义的思考,以弘扬民族文化为己任。编导们千方百计开掘出民族传统文化瑰宝的艺术光彩。1991年晚会就鲜明地体现出编导的文化意识,把具有不同民族特色的藏族、维吾尔族、佤族、朝鲜族、蒙古族、苗族、彝族、高山族、回族、羌族的歌舞融会贯通,组成《祝酒请茶大拜年》。又把具有不同地域特色的戏曲:豫剧、黄梅戏、京剧、锡剧、越剧融进《少儿戏曲联唱》之中。将苏州评弹、冬不拉弹唱、小提琴齐奏、马头琴演奏等有浓郁地方色彩的演奏连缀在一起……这些节目异彩纷呈,格调高雅,新鲜活泼,既有民族风格,又有文化意味,受到观众欢迎。"

3. 坚持"为人民服务,为社会主义服务"的正确方向

为人民服务,就是要满足广大人民群众日益增长的精神文化需求。我们的节目内容和选题要表现人民的现实生活,反映人民的意愿和要求,在艺术上精益求精,力求把最好的精神食粮贡献给人民。文艺为人民服务包含着两重含义:其一,节目中应当反映和表现人民群众火热的生活。只有深入生活,深入群众,从人民的生活中吸取艺术养分,和人民群众同呼吸、共命运,才能创造出具有永恒魅力的传世之作。其二,节目形式应当注重民族风格、民族气派,为人民所喜闻乐见,能够起到教育人民、鼓舞人民、愉悦人民的作用。

为社会主义服务,就是要求我们要反映社会主义的本质特征和时代精神,表现社会主义伟大实践中的人物和事件,歌颂真、善、美,揭露假、恶、丑,净化人的灵魂,陶冶人的情操,激励人民群众为社会主义现代化建设而努力奋斗。

坚持"二为"方向,决定了广播电视事业的发展始终要把社会效益放在首位。提倡什么,反对什么,都必须从人民的利益出发,从有利于社会主义事业发展的要求出发。对于那些违背"二为"方向的不健康文化,坚决反对和抵制;对于宣传封建迷信,传播黄色、淫秽的文化垃圾,必须取缔。

上海人民广播电台:《市民与社会》

总策划:陈接章

"'知情、理解、支持、参与'多年来一直是上海市委、市政府依靠群众做好各项工作的重要方针。认真实行这项方针也是这些年上海各方面建设发展比较快、民气比较顺、上下形成合力的重要原因。实行这项方针可以有许多形式和渠道,而像《市民与社会》这样的广播节目,通过市民共同讨论的方式、上下对话交流的方式,可以成为其中一个便捷、广泛、有效的方式。"

左安龙(主持人):

"我认为节目主持人的话不在多少,尤其是新闻类谈话节目主持人,要和受众在平等的、民主的基础上进行心灵的沟通,感情真挚,语言亲切,如此持之以恒就能得到社会大众的承认和融合,人们才会把主持人当成他们的朋友。"

4. 弘扬主旋律,提倡多样化

弘扬主旋律,就是要在建设有中国特色社会主义理论和党的基本路线指导下,大力倡导一切有利于发扬爱国主义、集体主义、社会主义的思想和精神,大力倡导一切有利于改革开放和现代化建设的思想和精神,大力倡导一切有利于民族团结、社会进步、人民幸福的思想和精神,大力倡导一切用诚实劳动争取美好生活的思想和精神。

提倡多样化,就是在不违背"二为"方向的前提下,主持人表现什么,如何表现,完全可以百花齐放。中国历史悠久,地域辽阔,人口众多,不同民族、不同职业、不同年龄、不同经历和不同受教育程度的人们,有多样的生活习俗、文化传统和艺术爱好。雄伟和细腻,严肃和诙谐,抒情和哲理,只要能够使人们得到教育和启发,得到娱乐和美的享受,都应当在节目中得到反映。具体说来,提倡多样化包括了两方面的要求:一是要努力满足人民群众多方面多层次的文化需求。二是要求即使是反映主旋律的作品,在题材、形式、风格和表现方法上也要丰富多彩,生动活泼。

在新的历史条件下,正确处理弘扬主旋律与提倡多样化的关系,就是既要大力弘扬主旋律,又要提倡多样化,达到二者高度统一,才有可能提高节目的文化品位,得到群众的认可。

欢庆中华人民共和国成立40周年,中央电视台举办的综合文艺晚会,关于这台晚会的主题邓在军导演说:"我们这台节目的主旋律是爱国深情,如节目的题目就是《我爱你,中国》。"

中央电视台举办的庆祝"七一"文艺晚会,定名为《拥抱太阳》。这台晚会的创意是在庆祝党的诞辰70周年,回顾党的历程,缅怀英灵先烈,讴歌党的丰功伟绩,表达在当前国际共产主义运动遭受挫折,社会主义洪波出现逆流和漩涡的情况下,我国人民珍惜安定团结的大好形势,坚定地跟着共产党走,建设有中国特色社会主义的共同愿望和信念,这台节目的主题就是"没有共产党就没有新中国"。

(四)促进社会进步

1. 有利于社会稳定

稳定是一个国家和民族的生存发展环境,也是综合国力的重要标志和组成部分。历史上,长期稳定,必出盛世;动乱不止,则国弱民穷。国际上,凡是政局动荡者,则百业凋零,民不聊生;凡政局稳定社会安定者,无不繁荣昌盛、兴旺发达。

保持社会稳定,要特别关注并且处理好改革开放过程中一些基本矛盾的发展变化。譬如:要处理好利益关系,鼓励和支持部分地区一部分人先富起来,又要避免失衡,特别要警惕和避免两极分化。我们是多民族的社会主义大家庭,不同民族有不同传统和习俗,又有共同的利益和追求,要高举爱国主义和社会主义旗帜,宣传好党的民族政策,处理好民族关系,促进民族大团结,任何情况下都不能够激化民族矛盾,损害民族利益、伤害民族感情;我们是多党派的社会主义国家,要宣传好党的统一战线政策,广泛反映各民主党派、各人民团体以及各族各界代表人士的意见。宣传无神论,又不能违反宗教政策,伤害宗教感情;保护宗教信仰自由,又不能宣扬迷信。处理好正面宣传为主和舆论监督为辅、主旋律与多样化的关系,等等。

北京电视台1997年6月6、7日,对滞留北京街头的乞丐进行追踪报道,用事实揭穿了乞丐现象的内幕。报道反映,主持人到3名来京乞讨的农民家乡,看到的是遍地丰收景象。一名女乞丐家里光余粮就有两三千斤,有的已生虫。屋里摆着她花1 600元从北京蓝岛大厦买回的彩色电视机。她还花七八千元修了一个很气派的门楼。

点评:抓住有损我国形象和社会主义精神文明建设的"城市乞丐现象"加以客观公正的报道,对于匡正西方某些媒体对我国当前大好形势的歪曲宣传,消除一些不明真相的群众心中的疑虑,保持社会稳定,具有积极意义。

2. 有利于经济发展

由于长期对利益追求的压抑,一旦承认追求自我利益的合法性,认识上的反弹会较为强烈,它一方面激发了人们勤劳致富的积极性和创造性,另一方面也激发了强烈的追求利益的欲望。所有这些都是在人们对市场经济知之不多或曲解认识的情况下发生的。于是在急于致富的公众的头脑中,所谓市场经济,无非就是我们长期误解的那种无政府、无规则的经济,人们"只知逐利,不知规则"。虽然当时我们的主要媒介抽象地讲到市场经济需要规则,但是更多的地方和行业媒介上却是大量依靠投机迅速致富的消息,仿佛一夜之间水可以变成油了。

某卫视2月13、14日播出题为《民企2001——风雨过后见彩虹》专题节目,反映在一次私营企业研讨会上一些人士的发言。有人说,民营经济就是个企、私企、外资经济。民营经济现在叫重要组成部分,今后逐步转向主题构成是必然趋势。

点评:电视台公开播出上述与党和政府现行方针政策相悖的言论,是严重违纪行为,对发展社会主义市场经济起到消极的作用和影响。

3. 维护民主与法制

广播电视是面向大众的一项社会工作,这就不可避免地要受到规范社会行为的法律和法规的制约,国内外媒体中违法、违规的新闻诉讼案件不断增多,也说明主持人必须在懂法、守法的范围内做好自己的本职工作,避免节目中的法律纠纷,以维护自己和他人的正当权益。

第一,维权与侵权。近年来,随着社会主义市场经济体系的建立,法律成为规范市场规则和社会行为的有力武器,人们的法制观念不断增强。在新闻报道和社会传播活动中一些维权、涉法的事件也不断出现。如何依据法律武器维护自己的合法权益,怎样避免侵害他人的正当权利,是主持人需要十分在意的一件事情。

那么什么是新闻侵权呢?《新闻侵权法律辞典》定义为:"新闻单位或个人利用报纸、刊物、广播电视、新闻电影等新闻传播工具,以故意捏造事实或过失报道的方式向公众传播有损公民、法人及其他社会单位合法权益的不当内容或法律禁止的内容,从而破坏了公民或社会组织的真实形象,降低对他们的社会评价,影响公民个人宁静的生活和尊严的违法行为。"①新闻侵权行为侵害的主要是公民的人格权,包括公民的名誉权、肖像权、隐私权等。当然,新闻侵权案件中涉及最多的还是关于对《著作权法》的侵犯。著作权也称版权,是法律赋予文学创作、论文著作、文化艺术作品作者享有的专有权利。我国《著作权法》第四十五条和第四十六条都做了比较明确的规定。譬如:在这些条款中规定了"未经著作权人许可,以表演、播放、展览、发行、摄制电影、电视、录像或者改编、翻译、注释、编辑等方式使用作品的;未经表演者许可,从现场直播其表演的……都属于侵权行为"。

某市广播电台开办了文艺台,专门广播国内外音乐或歌曲的录音制品,收听率较高,在社会上产生了巨大的反响。

1992年11月,M国家的音乐家著作权协会致函该广播电台,指出:"你台在文艺台中所播放的《牛仔巨星》等13首歌曲和音乐,系我会成员仍受版权法保护的作品。贵国已于1992年加入了国际著作权条约,并于1992年9月30日起施行。"进而提出,"一、请市广播电台停止侵权行为,并向我会支付报酬2 600美元;二、今后凡广播我国的音乐作品,请与我会联系,在取得我会许可后,方可播放,并支付报酬。"

该市广播电台接到M国家的音乐家著作权协会的信函后未予理睬。认为在我国,录音制品并非作品,只要非营业性播放已经公开出版发行的录音制品,可以不经著作权人、表演者、录音制作者许可,不向其支付报酬。因而,广播电台播放该国已经公开出版发行的录音制品不存在侵权问题,拒绝了该协会的要求。

在这种情况下,该国音乐家著作权协会向我国人民法院提起了民事诉讼。结果,法院判定被告侵犯了著作权人的合法权益,应当承担法律责任。

点评:本案例说明,广播电台、电视台播放外国录音制品,应该取得著作权人或著作权人代理机构的许可,并向其支付报酬。

第二,名誉权与隐私权。名誉权是指公民或法人对自己在社会生活中所获得的名誉享有不可侵犯的权利。《民法通则》第一百零一条规定了"公民、法人享有名誉权,公民的人格尊严受法律保护,禁止用侮辱、诽谤等方式损害公民、法人的名誉。"新闻侵害名誉权一般都以侮辱或诽谤的形式出现。新闻侵害名誉权由于传播的范围广、速度快,所以对受害人的伤害程度就比较大,在社会上造成的影响也非同一般。受到侵害的法人往往都会比较认真地对待这样的事件。

所谓隐私是指公民个人生活中不愿意向他人公开或被知晓的秘密。隐私的内容包括个人的健康状况、生理缺陷和残疾、婚恋经历、财产状况、私人日记、信函、生活习惯等。我国在保护个人隐私权方面还没有明确的法律规定,但是有适用该项权利的有关条款。最高人民法院《关于审理名誉权案件若干问题的解答》(1993年8月7日)中再次强调指出:"对未经他

---

① 王利明主编.新闻侵权法律辞典.长春:吉林人民出版社,1994:257

人同意,擅自公布他人隐私材料或以书面、口头形式宣扬他人隐私,致人名誉受到损害的,应按照侵害他人名誉权处理。"在我们的新闻报道中,比较容易出现这样的侵权事件。这是因为"隐私权的一个显著特点,就是隐私的主体希望隐私'不为人知',而新闻报道的一个显著特点,就是让新闻信息'广为人知',这两个显著的特点构成了新闻报道要求和隐私权要求的严重冲突,冲突的结果,如果新闻媒体将事实加以报道,必然使公民的隐私权受到严重的侵害。"①

某电视台不久前播出一则新品马桶广告,由三幅画面组成:爱因斯坦的头像和三个醒目的大字"相对论";浴室中一只抽水马桶逐渐缩小,(画外音)"马桶变小了,浴室变大了";最后又是爱因斯坦的头像和"相对论"三个大字。

点评:这样的广告创意既是对"相对论"的无知和曲解,也是对爱因斯坦名誉权的肆意侵犯和亵渎,对社会也会产生十分消极的影响。

第三,传闻与诽谤。在激烈的市场竞争中,无论国内外总会有一些不法媒体热衷于传播名人绯闻,甚至制造虚假新闻,以此来吸引、刺激受众的低级趣味。与此同时,围绕名人绯闻的法律纠纷和新闻诉讼也日渐增多。传闻是没有确切来源的、在公众中流传的消息,它包括流言、谣言、民谣等。绯闻也属于传闻的一种,但它特指桃色传闻。主持人节目中经常会邀请名人做嘉宾、来宾,话题中也常常会涉及这些名人的个人生活。在这样的情况下,就要特别注意把握好"法与非法"的度。因为生活中你相信传闻,并不构成法律问题,但是如果节目中传播了虚假的传闻就有可能构成了"诽谤"侵害。

新闻媒体和主持人是社会正义和主持公道的象征,也是维护法律尊严的楷模。面对传闻或绯闻都必须保持清醒和理智的头脑,在法律允许的范围内行使我们的合法权利。一旦发生了侵权事件,受伤害的不仅仅是当事人,主持人与媒体的权威性和美誉度也会受到严重的损害。

某有线电视台 1999 年 1 月 19 日,一组节目讲述了一段爱情经历。长沙女青年胡某 5 年前同男友陈某相恋,两人感情甚笃。后来,陈去杭州求发展,一去音讯难觅,胡在长沙苦苦等待。记者到杭州追寻陈,并一再要求他同去长沙见胡的时候,陈表示十分为难。反复说:"我要问问我的妻子……"整个节目都围绕这一话题展开。

点评:胡同陈只是恋爱关系,从法理上、道德上讲双方均有各自重新选择的自由。记者在明知陈已经结婚的情况下,还一再追问他同胡的关系,要求他同胡再见上一面,这是对陈本人的伤害,对陈的妻子、家庭也将产生不良的影响。

第四,保密与泄密。主持人的新闻活动经常会深入到社会的方方面面,也会接触到不少涉及国家安全、科技信息、经济动态、商业秘密等方面的大量信息,但并不是所有的信息都可以报道的。首先必须要从维护国家安全和国家利益的角度,严格遵守新闻出版保密制度。对可能泄露国家秘密、危害国家利益的报道内容,应当经主管部门批准,尊重主管部门的意见,并按照审查程序批准通过后,才可以播出。主持人切不可在这类问题上自行其是,对这样一类原则性问题,是不能够随心所欲的。

上海一家报纸 1997 年 4 月 15 日在头版显著位置,用大字标题刊登题为《准备金率:本季可能调低》的报道,据消息灵通人士透露,央行可能在本季度调低银行法

---

① 顾理平.新闻侵权与法律责任.北京:中国广播电视出版社,2001:235

定存款准备金率,由原来的13%降至10%,专家认为此举有增加货币供应,放松银根的效果,报道还说,此间金融界人士分析,今年央行有进一步降息的需要。

点评:有关存款准备金利率调整等问题,属于国家机密,未经授权,不能随便在媒体发布,该报以消息灵通人士透露为据是不妥当的。

思考题

1. 如何认识主持人节目的"场效应"?
2. 试述节目主持人的"舆论领袖"作用。
3. 例举"议程设置"理论在主持人节目中的实践意义。
4. 社会舆论导向需要把握哪些要点?
5. 如何保持节目具有较高的文化品位?
6. 试举主持节目中可能会涉及的违法、违规问题。

第九章 主持人的语言传播艺术

　　语体是语境制约下的言语功能变体。主持人的口语表达主要就是指某种语言的表达方法，在不同的语言交流情境下，就会使用不同的语体表达形式。《辞海》对语体的功能做了这样的解释："指适应不同的社会活动领域的交际需要所形成的具有一定功能风格特点的语文表达体式，是语言交际历史发展的产物。有各种不同的分类。一般先划分口头语体与书面语体，然后又分为文艺语体、政论语体、科技语体、公文事物语体等类型。"[①]事实上，口头语体的表达形式也是丰富多彩的，基本上可以分为朗读、阐说（演讲）、谈话三大类，在文化传承中同样发挥着重要的影响。

　　语体是根据语境的需要而不断变换的，广播电视节目的形式是丰富多彩的，节目形式中就包含着语境的变化，我们只能随着语境的变换而运用适宜语体，而不能以某种腔调一以贯之。事实上，主持人节目中也不可能完全排除使用朗读语体，假如，因为使用了朗读语体，就判断它不是主持人节目了，恐怕也过于武断。所以使用何种语体都要服从传播语境的需要与节目类型无关。广播电视有声语言是适应节目语境需要的口头语体现象，对广播电视口头语体的研究应该与书面语体的研究是同等重要的。

---

① 辞书编辑委员会.辞海（缩印本）.上海：上海辞书出版社，2000：480

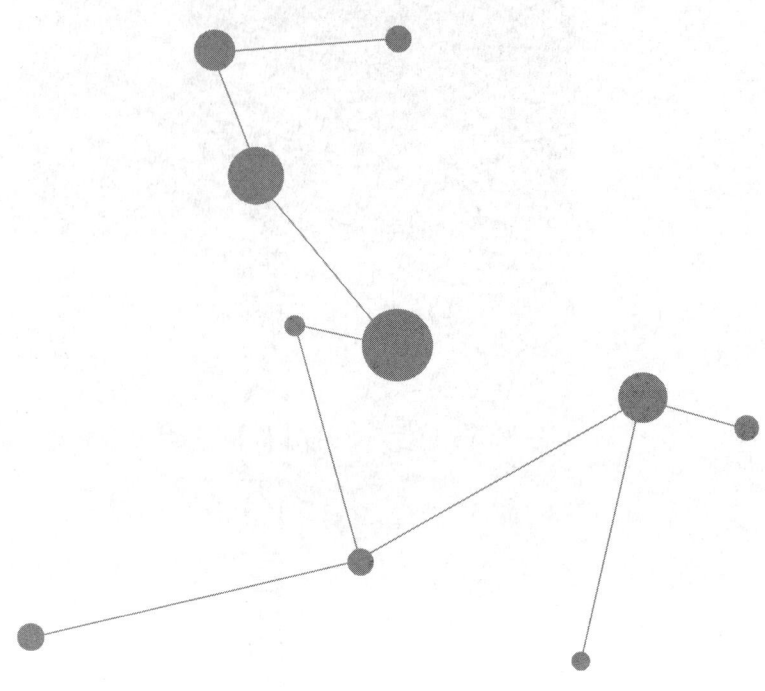

　　主持人的语言艺术主要就是指某种语言表达方法,在不同的语言交流情境下,使用不同的语体表达形式。

　　事实上,口头语体的表达形式也是丰富多彩的。基本上可以分为朗读、阐说(演讲)、谈话三大类,在文化传承中同样发挥着重要的影响。

　　语体是根据语境的需要而不断变换的,广播电视节目的形式是丰富多彩的,节目形式中就包含着语境的变化,我们只能随着语境的变换而运用适宜语体,而不能以某种腔调一以贯之。

◎ **本章要点**

◆ 主持人语言表达需要掌握的朗读艺术
◆ 主持人语言表达需要掌握的阐说艺术
◆ 主持人语言表达需要掌握的谈话艺术

第一节　朗读艺术

语言学家徐世荣先生说："朗读就是把书面上写的语言变为口头上说的语言,把无声语言(文字、文章、文学作品)变为有声语言——更能表情达意的口头活语言。"他还说："既然大张旗鼓地讲'修辞学',也就应该同等地讲'朗读学'。……生活中需要朗读和需要写作是同等的。"① 张颂教授在这方面做出了突出的贡献,他不仅对我国弥足珍贵的文化遗产——朗读艺术做出了全面整理和论述,而且还把它运用在广播电视播音实践中,培养了大批优秀的播音人才。在特定的历史条件和传播制度下,我们广播电视的稿件都需要经过"三级审稿"才能够播出。"不准播错一个字"是播音员、主持人的基本职业操守。所以,广播电视中的大量稿件都需要转变为有声语言才能传播出去,这就需要一个朗读转化的过程。但是广播电视中的朗读受到技术传播环境和媒体功能的制约,不同于一般的朗读行为,有自己的特殊规律,所以我们称它为广播电视条件下的朗读艺术,也可以简称为"播报"、"播读"等等。

一、朗读的语境特点

朗读一般都是在"我说你听"的氛围中展开的,这样的语言环境需要比较专注的神情和聆听的情趣。

(一)诉诸听觉

朗读是把书面语言转化为口头语言的一种表达方式。朗读艺术就在于用有声语言准确、鲜明、生动地表达出书面语言的内涵和实质,把"目治"的语言变为"耳治"的语言的过程。高明凯先生说："书面语是'写的语言'或'目治的语言',口语是'说的语言'或'耳治的语言'。书面语和口语虽然都是语言的存在形式,但却具有各自不同的特点。因为一个是拿手来写或拿眼睛来看的,一个是拿嘴来说或拿耳朵来听的,所以两者存在的环境有所不同;因为一个是写在纸上或留在其他坚实的物体上面的,一个是发成音波,一发即逝的,所以两者的物质条件也有所差别。"② 不同的存在环境和不同的物质条件,就使它们具有不同的特点。朗读是诉诸听觉的,所以让人听得清、听得懂是首要条件,其次还需要愉悦听觉和心智,给人以美感享受。

(二)口语转述

朗读是转述他人意见的一种口语形式。朗读必须依据文字稿件,在"不能播错一个字"的要求下,表达出文字不能或不便表现出的意蕴和内涵,是语言艺术再创作的过程。朗读中实际上是以复数第一人称出现的,因为朗读的内容虽然是转达他人的意见,但是却融合了自己的看法,表达的是一种共同的认识。广播电视中的朗读最适合传达公共信息和政府文告,成功地塑造政府或媒体的形象。文学作品的朗读,由于增加了语音信息"它才增加了活力,有了跳跃着的生命。"③ 朗读艺术语言会使文字作品产生更加深邃的意境,达到感人肺腑的艺

---

① 张颂.朗读学.长沙:湖南教育出版社,1983:1
② 高名凯等.语音学概论.北京:中华书局,1963.233
③ 张颂.朗读学.长沙:湖南教育出版社,1983:1

术效果。

(三)心理情境

既然是转述他人的意见,这种语境内就没有直接的交流对象,不需要根据反馈来随时调整内容。同时,广播电视中的朗读一般又是在封闭的环境里(播音间),根据自己的想象活动建立与外界联系的,所以它也不具备接受反馈的条件。

在交流性的话语环境中,说话者可以得到对话者的直接反映和心理上的支持。在广播朗读的环境中,则需要传播者运用对象感、情景想象等自我心理活动,来建立与受众的联系,给人以"闻其声如见其人"的交流感。播音业务中把这种心理能力往往称为"内部基本功"。在播音业务要求中,它与"吐字归音"、"用气发声"等外部基本功是同等重要的,它直接影响到语言表达的效果。就是在这样的演播环境中形成了朗读艺术的规律。

二、朗读的一般规律

(一)思维反应律

反应,是指有机体受到体内或体外的刺激而引起的相应的活动。思维跟感觉和知觉一样,是人脑对客观现实的反映。不过,感觉和知觉是对客观现实的直接的反映,而思维是对客观现实的概括的、间接的反映。

在朗读中,无论是对客观世界的感知,还是对语言符号的认知,都对有声语言的运用产生影响。创作主体的思维是否积极,反应是否敏锐,决定着他的创作状态和创作过程,乃至创作成果。所以我们也把它称为"创造性的劳动"。

语言艺术创作状态上的眼看、心想、耳听、口说,都离不开思维反应过程。无论是报告新闻、播送专题、画面解说、现场直播,创作主体在话筒前的思维反应显然不同于一般的言语活动。它有其自己的特点:目的十分明确、思路十分清晰、理解相当深刻、语言相当简洁。在语言表达上,总是有感而发、言必由衷、语必逮意、明白晓畅。

把文字稿件变为明白如话的语流,是一项再创造。它是在深刻理解消化文字稿件精神实质的前提下,运用语言艺术的手段改造成一听便能明白的话语形式。著名语言学家叶圣陶先生曾深有感触地说:"咱们听读报,听广播也有一些经验。有时候听得完全明白,好像看了书面文字一样。有时候心里一愣,不明白听到的话是什么意思,又不便仔细揣摩,因为读报的人、广播的人并不等咱们。一揣摩,以下的话就滑过去了。这就说不上完全听明白。可见便于听和不便于听的分别,显然是有的。"[①]这段话是作为一个听众感受而提出来的。事实上也就是要求我们把书面文字创造成"便于听"的话。这个创作过程,正是积极思维、敏锐反应的过程,不能丝毫松懈。一般来说,对书面内容理解得越透彻,创作思维的反应也就越灵敏,转述的话语也就更加准确、鲜明、生动。如果认为,广播电视中的朗读只是"照本宣科",那是不了解朗读的思维方式和创作过程,更不知道朗读是一种艺术,是人类文化形态的一个重要组成部分。

(二)词语感受律

我们在前章论述"语感"一节时,已经谈到了感受对播音创作的重要性。感受是人的一种心理能力,并且遵循用进废退的自然法则。它是语言艺术创作中一项很重要的能力,往往能决定一个人朗读表达水平的高下。

词语感受主要是指对语言符号的感知和生发。词语是一种符号,是反映客观事物的主

---

① 叶圣陶语文教育论集.北京:人民教育出版社,1980:481

观映象。汉字由图画文字发展而来,汉字的发展历史又是图画文字的象形、象意特征逐渐退化的历史。这种退化不是要将汉字发展成为一堆抽象的符号,而是要使汉字的表意功能更好地适应语言与思维的发展。当我们把文字语言转化成有声语言的时候,就比较容易引起联想和想象,所谓"望文生义"是贬斥一种牵强附会的现象,如果正面来理解可能就是一种联想。

汉语的声、韵、调,既有表意功能,也有表情功能。不论是见字出声,还是听声想字,汉语声、韵、调所刺激的不只是视觉和听觉,而是深入到了内心。在语言的抑扬顿挫中创造了一种意境,使人感受到生动的形象和深邃的思想。张岱年先生主编的《中国文化概论》中指出:"我国古代的语言研究讲究'神而明之'。语言分析所用的概念、范畴,都出自人的主观感受,运用辩证的两端来具象化,用简单的性状譬喻来表述自己的语感和体验,从形式与内容的有机统一所产生的表达效果上来整体地把握语言特征。这与古人'文以意为主','意在笔先','以意役法'的文辞观是一致的。"①朗读表达,词语感受是关键。只有对文字内涵有了深刻的理解,才能引发自己的思维和想象,受之于心,宣之于外。生动的语言表达也就有了可靠的依据和动力。那种"照本宣科"的情况也是存在的,见字出声,不解其意,既不能说服自己,更无法感动别人,确实成了一部"语音服务器",这只能说明他的这项心理功能已经严重退化了。

(三)对比推进律

对比,是指表达中不同感情色彩和语势变化的动态反应、推进,是指在一定目的的指引下,有声语言的定向流动变化。

对比,大到这个节目和那个节目,这篇稿件和那篇稿件,小到这一段同那一段,这一句同那一句,这个词或词组同那一个词或词组,都出现高低、强弱、快慢、虚实、明暗、松紧……的对比,在对比中显出层次、结构和主次,也表现出情感的浓淡、亲疏。

推进,指语势的流动和语意的推进,内在语意的逻辑和外在语音的关联形成一股推进的力量。给人以连贯、明晰、畅达的感受,显示出无穷的意味。

对比推进律,是在明确目的指引下,不同感受、不同态度、不同情感、不同色彩和分量的对比及其在声音上产生的对比变化向着一定方向显示流动的态势,推动有声语言向前跃动的驾驭能力。只有对比,才可能向前推进;只有推进,对比才会有生命力,二者相辅相成。

对比推进,在表达上应该注意把握"幅度"和"速度"。幅度和速度都应保持在有效"清晰度"、"可感度"、"可懂度"的范围内,过犹不及,欠则无益。检验的标准是受众的反应,而不是自我感觉,所以经常保持与受众的联系是调整表达方式的重要依据。

(四)情声和谐律

播音中要求感情要给足,声音要节制,这就是情声和谐律的含义。"以情带声,声情并茂"是朗读中必须遵循的创作原则。但是正确处理好"情"与"声"的关系却并不容易,也是我们一直都在追求的目标。实践经验表明,感情要酝酿充足,用声要有所节制,这样才能入耳中听。还有一种说法,"宁可情足声欠,不可声足情欠"所表达的也是这层意思。

在语言表达上出现情声不和谐现象的原因是多方面的,但主要的问题表现在两个方面:一是思维活动不积极,缺乏真切感受,难以调动真情实感;二是表达技巧不娴熟,词不达意,声不传情。

情感的调动并不是没有来由的,它首先需要加深对客观事物的理解,还要做设身处地、将心比心的深刻体验。情感的酝酿需要有一个过程,思维的积极程度,决定了这个过程的长

---

① 张岱年主编.中国文化论.北京师范大学出版社,1994:143

短,也就是俗话所说的"心有灵犀一点通"。但是我们调动的一定要是真情实感,任何矫情和假意都不可能取得情声和谐的效果。所以我们主张"为情造文"同"言为心声"结合起来,达到声情并茂的效果。

"情"与"声"的和谐既是心理上的要求,也是生理上的反应。我们在前面已经阐述了"情、气、声"的关系,说明了"以情调气,气随情变"以及"以情带声,以声传情"的道理,它们都证明心理上的作用会直接影响生理机能的变化,反映为生理机能与心理情态随机调适的过程。人为地割裂它们这种有机的联系,就会出现失衡的状态,只有自然调适才会是和谐的。

(五)呼吸自如律

播音表达中的呼吸,首先是胸腹联合呼吸,其次是以快吸慢呼为主,再次是"语"、"气"结合,最后是呼吸无声。这四点是话筒前朗读的需要,也是呼吸自如律的基础。

话筒前播音需要气息的支持,满足生理呼吸的需要。但是为了发声而呼吸,就会感觉不自如。因为话筒前播音主要表现为心理上的一种运动状态,只有当生理需要与心理活动完全和谐一致的时候,才会进入自如状态。或者说,朗读呼吸的自如状态是由情感状态所决定的。气息的深浅、多少、快慢、通道宽窄等,都能"因情用气,气随情动,以气托声,以声传情",达到"从心所欲而不逾规"的程度。

呼吸是人的一种生理功能,可以通过科学的训练得到增强。也只有提高了呼吸的生理功能,才能使呼吸控制得心应手,达到自如状态。但是胸腹联合呼吸法并不是轻易就可以掌握的,必须经过科学的、刻苦的训练,才能成为一种呼吸的习惯。"习惯成自然",就会在话筒前"兴奋从容两肋开,不觉吸气气自来"了。

呼吸自如,必须以准确表情达意为目标,不应以自我感觉良好为满足。只有进入"情随物转、气随情迁"的境界,才能取得应付裕如的效果。

(六)自我调检律

在特殊语言环境中(如播音间等)和话筒前朗读,需要不断调整心理状态、呼吸状态、发声状态等。自我调节、自我检验就是一个自体反馈、调整的过程,它几乎贯穿播音活动的始终。有声语言创作的特殊环境使得这种自我调检带有一定的经验性,因为它与正常生活空间中的反馈情况不完全一样,既没有参照物的提示,也没有正常的混响效果。它是在一个封闭、强光、隔音,甚至是吸音的环境中来把握自己的感觉的。

在播音间、话筒前,自我调检的内容无非是"调整"和"检验"两大部分。调整后要检验,检验后要调整,边调整边检验,边检验边调整,完全服从表达的需要,抓住重点和难点,力求完善与畅达。

自我调检的范围,包括内部与外部、生理与心理、气息与声音、感情与技巧、主体与对象等方面的关系。广播有语言与音效的关系,电视有形象与画面的关系等。有些初学者在处理这诸多关系时难免会顾此失彼,但随着经验的积累、技巧的娴熟,就会逐步进入自如状态,从而成为一种职业习惯。

实践表明,在话筒前创造性思维越活跃,创造力越旺盛,自我调检力也就越强。反之,如果出现了信马由缰似的失控局面,那一定是思维出现了紊乱,心理上失去了自信。出现这种现象,往往就是因为内外部基本功还不够扎实。

三、朗读的基本方法

标点符号在书面语体中,具有帮助读者分清结构、辨明语气、揭示语意的作用。其中点号有表示口语里不同长短停顿的作用,但主要还是点明书面语句结构的关系;标号则就是用来表示书面语言里词语的性质或作用的。但是在口头语体中,仅仅依赖标点符号是难以准确表情达意的,甚至还会出现与标点作用相反的情况。譬如,我们所说的"停连"就与顿号的停顿作用有所不同,往往是含有"似停实连"意味的。可以说,"重音"、"停连"、"语气"、"节奏"就是口头语体中特殊的"标点符号"和基本表达方法。

(一)重音

1. 重音的概念

重音在朗读表达中起着举足轻重的作用。但是对于重音的认识,存在许多不同的解释。一般认为重音是"语言中重读的音"。① 并认为重音分为"词重音"和"语句重音"两种。需要说明的是,在词重音的表达方法上大家没有分歧,认为它是相对于轻声的重读,或者说只以提高音强办法来加以表现。但是在语句重音中,就不尽然了。语言学家周殿福先生认为:"所谓重音,就是一句话中听起来最清楚、最响亮的词或词组。"②他从听者的角度来揭示重音的作用,首先说明是"最清楚"的词或词组,清楚的表达并不意味着一定要重读。著名语言学家罗常培先生阐述得就更加明确:"逻辑重音和强调重音常常跟口气语调相结合,有时候利用扩增语调的幅距来表现,有时候利用特殊的调形来表现,也有时候利用增加音长音势或结合以上的方法来表现。"③从朗读的实践经验来看,我们认为罗常培先生的解释比较符合实际。譬如:"月光照进窗子来,茅屋里的一切好像披上了银纱,显得格外清幽。"这里"银纱"和"格外清幽"都要用虚声才能烘托出月光下静谧的氛围。如果用重读方式显然不能表现出这样的意境。所以我们认为准确的定义应该是"那些根据语句目的、思想感情的需要而给以强调的词或短语就叫重音。"④这个定义起码说明了两个问题:一是重音不仅仅是词重音;二是"强调"不等于"重读"。

2. 重音的位置

语言学界通常按照表意功能,把重音区分为"语法重音"、"逻辑重音"和"心理重音"三种,也有分为"一般重音"和"逻辑重音"两类的,还有分为"节律重音"和"逻辑重音"两类的等等。这样分类方法在朗读实践中难以把握。所以我们认为,根据语言目的,以被强调的词组或语句在全篇文章中的位置来加以确认的方法,比较实用。我们可以把这种位置关系分为十种,即并列性重音、对比性重音、呼应性重音、递进性重音、转折性重音、肯定性重音、强调性重音、比喻性重音、拟声性重音、反义性重音。

①并列性重音

用以表现段落、语句、词语并列关系的某些词或语句,它们至少存在两个以上同样重要的重音。

例:"山朗润起来了,水涨起来了,太阳的脸红起来了。"

这个例句中的并列关系是由"山、水、太阳的脸""朗润、涨、红"两组形成的,应以前一组为主,并用停连与重音形成呼应,突出渲染了春天的气息。

例:"桂林的山真奇啊……桂林的山真秀啊……桂林的山真险啊……"

这里的"奇"、"秀"、"险"是并列性重音。

从上例中可以看出,只要是并列性语句,都会有并列性重音;并列性重音在并列语句中

---

① 辞书编辑委员会.辞海(缩印本).上海:上海辞书出版社,1999:104
② 周殿福.艺术语言发声基础.北京:中国社会科学出版社,1980:260
③ 罗常培.普通语言学纲要.商务印书馆,1981:142
④ 张颂主编.中国播音学.北京:北京广播学院出版社,2003:287

一般处于大体相似的位置;并列性重音起着区别并列关系的作用,那些重复出现的词语一般不作为重音。

②对比性重音

为了突出对比的效果、形成反差的意义,一般在对比句中使用对比性重音。对比性重音也会同时存在两个以上被强调的词或词组。

例:"旧社会把人变成鬼,新社会把鬼变成人。"

如果强调新旧社会的转换,可以强调"旧、新";如果为了说明社会制度的优越性则突出"鬼、人",根据上下文的需要来进行调整。

例:"反动派,你看见一个倒下去,可也看得见千百个继起的。"

这是闻一多先生在《最后一次演讲》中的名句。"一个"和"千百个"对比,"倒下去"和"继起的"对比,对比部分强调"一"、"倒"、"千百"、"继起","倒"和"继起"是主要重音。这样就充分表现了作者的坚定信念。

对比性重音是语句中形成相反相成关系的被强调的词或词组。与并列性重音的位置相同,含义相反。所以从位置的角度也可以同称为并比性重音。

③呼应性重音

在语句中形成呼应性关系的词或词组,它们可以区分为三种情况:

一是问答式呼应行重音。

例:"他还有一个美名,叫什么呢?叫'老抱子'。"

二是线索式呼应性重音。

例:"车队像一条河,缓缓地流在深冬的风里……"

三是领起综合式呼应性重音。

例:"……其中最著名的当推河北省赵县的赵州桥,还有北京附近的卢沟桥。"

尽管它们的呼应方式不一样,但都形成了呼应关系,所以都属于呼应性重音。

④递进性重音

在语句中体现层层递进关系的重音称为递进性重音。它也按递进方式的不同分为两种:

一是连续性递进性重音,主要表现一种前因后果的关系。

例:"您坐过乌篷船吗?……窄窄的船身,低低的船篷,船篷是用竹片夹着箬壳编成的。篷上用烟囱灰和着桐油漆成黑色。绍兴人把黑色叫成乌,它就叫乌篷船。"

二是联珠式递进性重音,主要表现逐次推进的修辞色彩。

例:"竹叶烧了,还有竹枝;竹枝断了,还有竹鞭;竹鞭砍了,还有深埋在地下的竹根。"

递进性重音主要揭示语言链条的承继关系,具有明确的语言目的。

⑤转折性重音

与递进性重音方向一致的情况相反,转折性重音是向不同方向展开的。

例:"孔雀很美丽,可是很骄傲。"

前句是肯定句,后句是否定句,这就构成了转折关系。

例:"这正如地上的路;其实地上本没有路,走的人多了,也便成了路。"

"路"是比喻性重音。"没有"为转折性重音,"多"与"成"为递进性重音,但都是"没有"的转折性重音。

有一些明显的转折连接词,如"然而"、"但是"等,具有明显转折的意味,当然就会指示出转折性重音。

⑥肯定性重音

表达一种肯定后否定态度时,强调"是"或"不是"的判断关系,或者强调"是什么"或"不是什么"的说明关系。

例:"我<u>是</u>北京人。"

这句话是回答"你是不是北京人?"问话的。

例:"<u>我</u>是北京人。"

这句话则是回答"你是哪里人?"这句问话的。

例:"最近几天,<u>没有</u>雷阵雨,天气以<u>晴</u>为主。"

这里"没有"和"晴"都是肯定的回答。肯定性重音与递进、转折、对比等也有较密切的关系,也有连用和并用的情况。

⑦强调性重音

一般用以表达强烈的感情色彩或修辞意义。

例:"乌鸦听了狐狸的话,得意极了,就唱起歌来。"

"战斗进行了<u>很久</u>,敌人始终不能前进一步。"

这些重音都能给人以深刻的印象,突出了语句的确切含义。还有一种重复出现的重音也是为了增强效果,而重复加以强调的。

例:"李支书望着雪老倌的背影,呆呆地站在那里,一动也不动,一直看他<u>走远</u>、<u>走远</u>……"

"我们是<u>中国人</u>,所以说<u>中国</u>话。"

虽然是重复的重音,突出了语句的目的。但为了避免单调,可以在表达方法上加以区别。

⑧比喻性重音

它与文字一起来表现一种修辞色彩,使被比喻的事物鲜活、生动。

例:"石拱桥的洞呈弧形,像天上的<u>虹</u>。"

"这头牛个大、膘肥……四条腿像<u>木头柱子</u>一样。"

比喻性重音的确定要注意:不以比喻为主的语句,不拟强调;比喻双方的结合点才是重音位置所在;无论明喻、暗喻、隐喻等,都可能是被强调的对象。

⑨拟声性重音

拟声词在表现心理情态时,往往是被强调的。虽然不必模拟真声,但也应"神似"。

例:"雨,<u>哗哗</u>地下着。"

"几只野鸭<u>扑楞楞</u>飞起来。"

拟声性重音重在表现声音形象,是一种情景的再现,以传情为主,绝不是为了追求声音效果。

⑩反义性重音

它常被用来故作反语,与字面上的含义完全相反。

例:"他们说中国是个<u>贫油</u>的国家。"

"尼采就自诩过他是<u>太阳</u>,光热无穷,只是给予,不想取得。"

这两句中的"贫油"、"太阳"都只是表示相反的意义,但是强调的方式与一般重音不同,明显给人以一种贬抑的意味,从而揭示语句的实质性含义。

3. 重音的表达

重音的表达方法是多种多样的,只要突出了语句中的关键词句,实现了语言的目的,取得了表情达意的实际效果。那么这个重音的表达就是有效的。这里介绍两种比较常见的表达方法。

①高低强弱法

所谓轻重之别是在比较中显现的,没有轻无所谓重。因此,在表现重音时需要"欲高先低,欲强先弱"或"低后渐高,弱中渐强",这就是高低强弱法。

例:"中国人民革命军事博物馆里,有一个粗瓷大碗,是赵一曼用过的。"

为了突出"赵一曼","粗瓷大碗"做弱处理,但差别幅度不能太大。

例:"出金华城大约五公里到罗甸,过了罗甸就渐渐入山。公路盘曲而上。山上开满了映山红,无论花朵和叶子,都比盆栽的杜鹃显得有精神。"

这里从"罗甸"→"入山"→"盘曲而上"→"映山红",呈现由低渐高的趋势。既表现了步步登高的情景,又突出了"映山红"的深层含义。

在一般的朗读中,低中见高法运用的比较多,它不仅与弱中加强法常常结合在一起使用,而且使用起来令人感到十分明快、富有乐感。

②快慢停连法

所谓"快"就是把次重音或非重音用快速带过去,"慢"就是用减慢语速或延长音节的办法来加以突出。在使用这类重音时,有时还需要结合停连的办法来表达,这就是"快慢停连法"。

例:"天安门广场上,花堆成了山,人汇成了海。……爸爸脱下了帽子,妈妈摘下了头巾。他们低下头,向周爷爷默哀。"

这里为了表达一种哀悼的心情,整个语速都比较慢。单音节词"花"、"山"、"人"、"海"都使用延长音节的办法来表现,二双音节词"爸爸"、"妈妈"、"帽子"、"头巾"、"默哀"则根据轻重格式而定,"重"位音节可以延长韵腹。

例:"一会儿,斜塔周围的人止不住惊讶地呼喊起来,因为大家看见的跟伽利略说的一样,两个铁球同时着了地。"

这个例句中,"同时"是重音,它的前后都做了停顿,使语意更加显明。但是这种重音表达法只在必要的情况下加以运用,不可多用。运用得不好,给人以不真实的感觉。

尽管上面介绍了多种重音的位置和表达方法,但都不是一种固定不变的模式。在实际运用中应根据语言目的,来加以确定。不宜铺陈太多、太密。重音愈精,语意愈清,目的愈明。

(二)停连

1. 停连的概念

这种语言表达手段在很多语言学著作中都称为"停顿",也有的称之为"顿歇"的,但他们都只强调了表意过程中声音中止的现象,而忽略了这样一个事实,除了篇章段落结束,大多数"声音中止"的情况都是为了延续语意的需要。所以我们认为,在有声语言表达过程中,声音中断、休止的地方就是停顿。反之,那些不中断、不休止的地方(特别是有标点符号,而不中断、不休止的地方)就叫连接。总而言之,文字表达需要标点符号,而口语表达则需要停连,除了生理上需要"喘口气"外,它主要就是起着口语"标点符号"的作用。

2. 停连的类别

我们把停连也分为十种类型,并不是说规定了某种停连的模式,而是以这十种停连方式可以衍生出多种表达方法。但不管使用哪种停连,也不管怎样使用停连,都不能脱离稿件内容的要求和思想感情运动的需要。

①区分性停连

为了在听觉上能够区分语意所作的停连。稿件中词或短语之间、句与句、层与层、部分与部分之间都有区分性停连。

例:"中国政府代表、'中国常驻联合国日内瓦办事处代表团临时代办候志通'今天上午在日内瓦关贸总协定总部向总协定总干事邓克尔博士递交了一份照会。"

这个句子修饰成分很多,不加适当的停连难以说清整个句子的意思。如果按照以上标记加以停连,就比较清楚地表达了原意。

例:"锅里再放醋,'白糖炒成汁,再放少许淀粉,'汁炒稠以后,放凉了才能用。"

如果按照上述停连方法,不仅让人听不明白,还会把这道菜做坏了。事实上"醋"和"白糖"之间只能连不能停,"白糖"后才是停,这样就不会引起误会了。

②呼应性停连

这类语句中的前呼后应关系,中间即便有停顿,显然是为了语意的延续。

例:"我们必须强调学习'三个代表'思想的极端重要性。"

这里前呼是"强调",后应是"重要性"。

例:"现在,我向大家介绍'唐代大诗人杜甫'揭露统治阶级横征暴敛的诗篇。"

这里有两个停连,形成两层呼应关系:"介绍"与"诗篇"是主要的呼应关系;其次是"杜甫"和"诗篇"的呼应关系。所以前一种呼应性停连时间应略显长一些。

③并列性停连

是指在稿件中属于同等位置、同等关系、同等样式的词语之间的停顿和各成分内部的连接。

例:"白荷花在这些大圆盘之间冒出来。有的才展开两三片花瓣儿。有的花瓣儿全都展开了,露出嫩黄色的小莲蓬。有的还是花骨朵儿,看起来饱胀得马上要破裂似的。"

这里"有的"之后的停顿,都是表示一种并列的关系。

例:"山,'朗润起来了,水,'涨起来了,太阳的脸'红起来了。"

这三句是一种并列的关系,停顿的处理都应该是一样的。

在一些名单的宣读中,各名字间的停连也都应该是并列的关系,否则会给人以厚此薄彼之感。

④分合性停连

分合性停连包括先分后合、先合后分两种情况。还会出现"合→分→合"的情况。

例:"只见那颗颗珍珠,有大如羊奶子头的,有小如红豆的,光华夺目、熠熠生辉。"

它是先合再分后合。"珍珠"是总起,"羊奶子头"、"红豆"是分,最后两句是合。

例:"这些石狮子,有的母子相抱,有的交头接耳,有的像倾听水声,千态万状,惟妙惟肖。"

这里的停顿也是总括前三种情态的用意,后两句则连接来总体说明。

⑤强调性停连

强调性停连是因感情或突出重点的需要而运用的一种停连。

例:"不管洞身有多窄、空气多不好、时间多长,他都能忍受。"

在"他"之后作一停顿,就突出强调了"都能忍受"。

例:"森林爷爷的脚伸在很深很深的泥土里,任凭风魔王怎么摇,他还是稳稳地站着。"

这句为了突出强调"还是",之后停顿就表现出了森林爷爷坚韧不拔的形象特征。

⑥判断性停连这是表达思维判断过程的一种停连方法。

例:"老邈听到了一声似乎是树倒的声音。不好,有人偷树了。"

在"听到……声音"后有一个判断过程,然后得出判断结果,接下句"有人偷树了"。期间使用的就是判断性停连。

例:"我跑过去捡起手榴弹,哎呀,怎么这样沉?原来弹炳是铁的,那周围已经磨出了亮光。"

出于没有想到的原因,最后得出判断,确认手榴弹是铁的。所以问号后面的停连,必然是判断性的。从心理转换过程来看,思索要充分、判断要准确,所以停连的时间不宜过长过短。

⑦转换性停连

当语意发生转折的时候,就需要适当地停顿、转换,这种停连就是转换性停连。

例:"按说日子好了,吃点喝点享受点,也没多大不是。可细细想来,钱挣得那么不容易,就这么流水似的花了,值不值呢?"

这一段中的转换是以"按说……可……"来体现的。因此在"也没多大不是"后边做一停顿是适宜的。

例:"风筝花花绿绿,各式各样,有'鹞鹰',有'鹦鹉',有'仙鹤',有'蜈蚣'……可没有'大蜻蜓'。"

在省略号后做一较大的停顿,即表示还在寻觅中的期盼,同时实现了一种转折。转折必须是自然的、合理的心理转换过程,不宜过于突兀。

⑧生理性停连

生理性停连不是指播音时换气的需要,而是表现稿件中的人物异常情况下的生理状况。

例:"'不!不……不是!'雪老倌一个劲儿地解释。"

这是表现人物急不可耐的情态和生理特征,是一种描述性的表现方法。

例:"她吓昏了,转身向着他说:'我……我……我丢了佛来思节夫人的项链了。'"

后面一句"我丢了佛来思节夫人的项链了"中间做了违反常规的停顿,却恰如其分地表现了人物的惶恐心态和生理反应。

⑨回味性停连

这种停连用于表现追忆、回味的心理情态,起发人深省、引人深思的作用。

例:"年轻时读向秀的《思旧赋》很怪他为什么刚开头却又煞了尾。然而,现在我明白了。"

"现在"后面的既停又连的处理,给人以意味深长的感觉。

例:"然后他呆在那儿,头靠着墙壁,话也不说,只向我们做了一个手势:'散学了,——你们走吧。'"

这是都德《最后一课》中的一段话,"散学了"后的停顿,令人回味出"国家沦陷了,这是用祖国语言上完的最后一课……"那样一种苍凉、愤懑的心情。

⑩灵活性停连

这是在确保文稿意义完整、表情达意的基础上,较为自由灵活的停连方式。

例:"他来到北海岸边,细心观察:'哪天桃花开了,哪天柳絮飞了,哪天布谷鸟'叫了。这些自然现象的变化,他都做了翔实的记录。'遇到工作紧张或者外出,他就让爱人帮着'留心燕子什么时候会飞来,也让他女儿帮着观察'北海的水什么时候初融,还让邻居的孩子向他报告'哪天杏花开了第一朵。"

这一段里使用了多种停连的方法,相互间配合默契,浑然一体。虽然灵活,但不失分寸,也比较生动。宗旨灵活性停连是为了加强传受之间的心理交流,随思想感情运动而灵活运用的一种停连方式。

3.停顿的表达

停顿是指在语流中语音暂止的方式,根据生理呼吸和表情达意的需要所做出的技巧性处理。主要有以下两种形式:

①落停缓收

落停是指在一句话、一个层次或一篇文章结束后使用的,是一种语势缓收的状态。这种情况一般用于较平稳的、舒展的内容。

例:"盼望着,盼望着,春风来了,春天的脚步近了。"

说到"近了"这两个字时语势就处在"春天的脚步"扬起后缓收的状态。这样才能显出落停得当,余意未尽的感觉。

例:"乌篷船,很不起眼,它也发光,多好。"

"多好"后落停,同时带有对乌篷船发自内心的赞美,声音挑起后再缓缓地收住。

② 扬停强收

在表达一种自豪、坚定、豪迈的语句时,常采用这样的停连方式。

例:"公培波抱着嗤嗤冒烟的炸药包,以迅雷不及掩耳之势跃出哨位,奋不顾身地扑向敌人。'三名越军被公培波的举动吓破了胆,掉头就跑。"

当播到"扑向敌人"时,语势呈上扬强收的趋势,然后接下来一句就要放下缓起了。这就把公培波英勇的状态清晰地表现出来了。

4. 连接的表达

事实上,这种连接是在停顿之后语势延续的一种表现方法。也就是我们所说的"音断意不断"。

① 停而徐连

这种停连给人一种似停非停的感觉,也有用"顿挫"来形容的。实际上,"停"是手段,"连"是目的。一般用于表达比较舒缓的内容,衔接两部分语意的段落中。

例:"吴炎昌还如数家珍地向我们介绍了附近哪个厂生产毛涤纶,价格多少,哪个小企业今年发展最快,支书姓什么,厂长有什么脾气。"

这段几个连接都用徐连,不用换气,而是在句头换好后把整句话说完,声音上处理成小小的顿挫,悠起后连接。这种表达就带有描述的意味。

② 停后紧连

它用于有标点符号,内容又联系紧密的地方。它是为了适应听觉和表意需要,而故意忽略标点符号的一种处理方法。

例:"老遒听到了一声似乎是树倒的声音。'不好,有人偷树了。他大声喊:'谁,站住。'一边喊,一边追了上去。"

这里的几个"紧连"一方面是表现情势的紧急,同时也是为了语气的连贯。这样处理动作感强,情节发展线也比较清楚,可以顺势而下。

停连的处理方法是多种多样的,这里例举的只是常用的几种。语言表达的手段并不是孤立存在的,重音、语气、节奏都和停连相互影响、彼此关联,它们都被统一在篇章的内容、主旨和思想感情的运动状态中。

(三)语气

1. 语气的概念

作为科学的概念首先应该对它的内涵与外延做出严格的界定。如果界定不清,就会以讹传讹,导致概念的混乱,对实践失去指导作用。"语气"和"语调"这两个概念也曾引起过不同的争议,在实践中令人无所适从。《中国语言学大辞典》对这两个词条做出的解释,比较清楚,也能让人信服。在对"语气"的阐释中,它认为语气是"对于各种情绪的表达方式。广义包括语意和语势。语意指正和反,定和不定,虚和实等区别。语势指说话的轻重缓急。狭义指概念内容相同的语句,因使用的目的不同所产生的区别。语意的表达以加用限制词为主,语势以语调为主,而语气兼用语调和语气词,其中语调是必须的,语气词则有时可不用,尤其是陈述语气。"它认为语调是"句子里声音的高低、快慢、长短、轻重的变化。"从上述的解释中,我们得到是一个清楚的印象,语气是各种情绪的表达,语调只是语气的表现形式。实际上,"语气"与语言学中的另一个概念"口气语调"有相近的含义。罗常培先生在《普通语音学纲要》中解释说:"跟句子的句型或情感有关的语调叫口气语调。口气语调跟声音高低、强弱、长短、快慢都有关系,而高低抑扬的变化尤其显著。"①周殿福先生说的就更明白:"语势的不同,依附于感情的变化,它是为表达感情服务的,我们称它为'口气语调'。当然,我们不是说把表达感情和表达语意的语调截然分开,而是为了说明单是基本语调的平、升、曲、降,不足以表现出语调的全部内容,必须在基本语调的基础上,密切和口气语调结合为一体,语意和感情才能充分表现出来。"②这些阐述对研究有声语言"语气"概念的形成,都有很大帮助。

2. **语势的概念**

如上所述,语气变化表现为语调,被图解的语调叫语势。所以语势对我们来说更具有实践意义。"语势,指一个句子在思想感情的运动状态下声音的态势,或者说有声语言的发展趋向。"语势对语气的色彩和分量是一个具有整合作用的总括性概念,而在朗读中,它具有把握驾驭作用的流动性概念。语势既反映局部语言色彩的变化,也影响全篇的基本语调。语调的曲折性规律造成的语势,必须从句首、句腰和句尾加以考察。

3. **语势的分类**

为了概略地描述语势的曲折性和波浪式,张颂教授将有声语言的语势分为五种基本形态,即波峰类、波谷类、上山类、下山类、半起类。这是图示化的形象概括,反映出了语势所具有的波浪式运动特点。

① 波峰类

语句的句头,句尾较低,句腰较高,像一条"抛物线"。(肯定)

例:"天边一丝亮光也被黑暗吞没了。"

② 波谷类

语句的句头、句尾较高,句腰较低,形成山谷状。(愤懑)

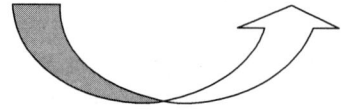

例:"为了革命,他被这可恶的草地夺去了生命。"

③ 上山类

语句的句头较低,而后逐渐上行,句尾最高,呈上升势。(斥责)

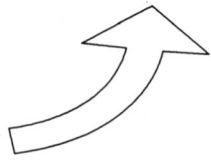

例:"有些人只会空想,不会做事。"

④ 下山类

---

① 罗常培.普通语言学纲要.北京:商务印书馆1981:142
② 周殿福.艺术语言发声基础.北京:中国社会科学出版社,1980:310

语句的句头较高,而后顺势下行,句尾最低,显示收势。(哀伤)

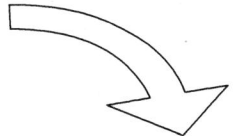

例:"肖纳尔发现,咪咪已经离开了人世。"

⑤半起类

语句的句头稍低,中间稍高或又有曲折,句尾气提声止,却又不在最高点上,只起来了一半。(惊讶)

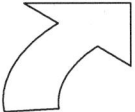

例:"老班长,你怎么……"

语势的变化是无穷的,几种代表性的图示难以描述丰富多彩的语调变化。所以我们只是借助图示对语言表达中的问题加以描述分析,如果按照语势图示来设计自己的表达模式,这就可能在表达实践中产生适得其反的效果。

(四)节奏

1. 节奏的概念

节奏是一种律动现象,也就是有规则的连续运动过程。生活中充满着节奏,宇宙的聚散、四季的更替、潮汐的涨落、社会的盛衰、人间的悲欢等等。但是构成所有节奏现象的无非是两种关系:一是时间关系,指运动过程;一是动力的关系,指强弱的变化。把运动中的这种强弱变化有规律地组合起来加以反复便形成节奏。在艺术中节奏感更鲜明,特别是音乐舞蹈中的节奏感更为强烈。音乐的节奏指长短音的交替和强弱音的反复。在绘画、建筑、书法等艺术中人们也用节奏来表达一种艺术上的感受。播音艺术是用语言艺术来表现这种节奏感的。所以"由一定的思想感情的波澜起伏所造成的,朗读全篇作品过程中所显示的,那抑扬顿挫、轻重缓疾的声音形式的回环往复,就是节奏。"①这个概念中包含了三层意思:节奏反映抑扬顿挫的律动变化;节奏也反映轻重缓疾的力度、速度;节奏反映声音、语言流动中的回环往复的特点。

2. 节奏的类别

①轻快型

多扬少抑,多轻少重,语节少而词语密度大。

②凝重型

语势较平稳,音强而着力,多抑少扬,语节多而词疏。

③低沉型

语势多为下山类,句尾多显沉重,音节多长,声音偏暗。

④高亢型

语势多为上山类,峰峰紧连,扬而更扬,势不可遏。

---

① 张颂.朗读学.长沙:湖南教育出版社,1983:252

⑤舒缓型

语势多扬而少坠,声较高而不着力,语节内较疏但不多顿,气流长而声清。

⑥紧张型

多扬少抑,多重少轻,语节内密度大,气较促,音较短。

3. 节奏的表达

①欲扬先抑,欲抑先扬

声音由低向高运动为"扬",由高向低下滑为"抑"。抑扬的变化服从表情达意的需要,抑扬的层级幅度也随着感情分寸的变化而变化。但是抑扬的变化是相对的,没有"抑"无所谓"扬",反之没有"扬"也无所谓"抑"。如果说"扬"是表现一种亢奋的情绪,那么首先需要界定亢奋的程度,"抑"的反衬就反映出了这种程度。以"扬"反衬"抑",也是同样的道理。

例:"乌云越来越暗,越来越低,向海面压下来;波浪一边歌唱,一边冲向空中去迎接那雷声。"

"海鸭也呻吟着,——这些海鸭呀,享受不了生活的战斗的欢乐:轰隆隆的雷声就把它们吓坏了。"

②欲慢先快,欲快先慢

"快"与"慢"也是对比的关系。"快"往往表现一种"紧张"的情景,但是要表现出"紧张"的程度,却需要有一定的参照"系数"。所以,戏曲对这种情景的表现有"紧拉慢唱"的说法。这其中的道理与播音表达要求是一致的。

例:"……他默默无闻地为人民站了三年岗,最后把生命也献给了祖国,这不正是我们所说的小草精神吗?"

"洪水在以每分钟30厘米的速度急剧上涨。6点15分,水冲进了监狱。犯人开始骚乱了。纷纷向高处爬。……小芦深知自己的处境,更知道肩上的责任,'不行,犯人还没有转移,我不能先走。'"

③欲重先轻,欲轻先重

"重"与"轻"也是相比较而存在的。节奏的轻重主要表现为语气的分量,"重"指的是意义或情感被强调的程度。"轻"与"重"还与声音的虚与实有关系,虚则显得轻,实则显得重。

例:"一切都像刚睡醒的样子,欣欣然张开了眼。山朗润起来了,水涨起来了,太阳的脸红起来了。"

"傍晚时候,上灯了,一点点黄晕的光,烘托出一片安静而和平的夜。"

④加强对比,控纵有节

节奏的变化是在对比中表现出来的,"抑扬"、"快慢"、"轻重"都是矛盾的统一体。但是对比一定是适度的、协调的,不能为了对比而失去控制。所以,轻重缓疾都应张弛有度,才能形成语言的节奏和韵律。这种节奏既反映汉语音节、语句的自然节律,也表现跌宕起伏的丰富情感。

例:"'一年之计在于春',刚起头儿,有的是功夫,有的是希望。

春天像刚落地的娃娃,从头到脚都是新的,它生长着。

春天像小姑娘,花枝招展的,笑着,走着。

春天像健壮的青年,有铁一般的胳膊和腰脚,领着我们上前去。"

四、不同作品的朗读方法

书面文体按照体裁形式是多种多样的,大体上可分为新闻作品、文学作品和服务性专题等。朗读表达必须根据不同书面文体,形成相互适应的口头语体形式,在播音学中就被称为

"文体播音"。

(一)新闻播报

1. 新闻消息

以事实说话,追求真实、新鲜、客观,是消息朗读播报的突出特点。从文体上看,"新闻是新近发生事实的报道",它用概述的方法反映客观事物,要求准确、客观、及时,恪守真实性和时效性原则。播报新闻消息就需要具有较强的新闻敏感性,表达事实的态度就必须是客观准确、实事求是的。新闻的真、快、新的特点,使得新闻播音的语言以叙述、报告为主,以实声为主。语气朴实大方、节奏明快稳健,重音突出准确、停连合理得当,才能给人以真实感和信任感。

新闻消息播报应该注意寻找和把握新闻的新鲜点。新鲜点主要存在于事实的新闻要素中的,它是消息播报重要依据,创作过程中的表达重点。主持人的政策观念、新闻敏感、知识结构决定着新鲜点把握的程度。从表达手段上,新闻消息播报的重音准确、停连严谨、语气稳重、节奏明快。

新闻消息播报还具有表态性,所以要注意把握好分寸感。我们说的"客观"是指对事物本质的客观认识。我们的表态,是基于这种客观认识所产生的恰如其分的态度。面对客观事物的变化,没有态度或无动于衷,反而显得脱离实际,故作姿态,不够真实。

2. 新闻通讯

"真实生动,感情饱满,以情感人"是通讯播读的重要特点。新闻通讯是用形象化的手法报道新闻事实的一种文体。它具有很强的描绘性和抒情性。新闻通讯播读在准确、鲜明的基础上,比较强调表达的生动性。

新闻通讯形象生动的特点要求朗读表达时充分展开联想和想象,活跃形象思维。心领神会,才能言之有物。由于丰富多样的情感色彩使得气息控制也变化多端。多为实、虚声相互结合的变化形式。在有声语言的表达上,一般重音灵活、停连自由、语气丰富、节奏多变。由于新闻通讯播读感情细腻、丰富,具有抒情、写实的特点,语势大多呈现跌宕多变的态势,所以对语言表现力的要求相对要高一些。

新闻通讯一般分为人物通讯、事件通讯、风貌通讯、工作通讯(经验通讯)、录音通讯、配乐通讯等。不同的通讯体裁,还会有具体的不同播音要求。譬如:人物通讯要求生动、传神,力求神似;事件通讯要求叙事抒情,脉络清晰,以事醒人;风貌通讯要求新鲜亲切,舒展自如,荡气回肠;配乐通讯则要求意境深邃、音声和谐、相得益彰等等。

3. 新闻评论

是非分明,逻辑严谨,以理服人是评论播读的主要特点。新闻评论,主要运用叙事说理手段,通过对事件或问题的深刻分析,阐述对该事件或问题的见解或主张。评论的核心问题是论理,根本目的是揭示客观事物的本质,指导人们的行动。新闻评论的内容,主要是对当前实际工作的指导性意见,政策性比较强。在论述某种观点,分析某种现象的时候,必须要做到心中有数,熟悉了解相关的政策和针对性,这样在语气上才能把握住分寸火候,增加对实际工作的指导意义。

评论播读态度鲜明、分寸得当、质朴庄重。在表达手段上表现为重音坚实、语气肯定、节奏稳健、张弛有致。论证方法要了然于心,这样论证才能有力,论点、论据才能清晰准确,从而达到以理服人的播音效果。

4. 电视新闻片解说

电视新闻片解说,就是给电视新闻现场图像配音。电视新闻片声像结合,以画面为主,声音为辅,声音是补充说明画面的。由于声像结合的关系,使得解说语言具有跳跃、插入、领起等特点。

解说语言的表达,是为了说明画面的,所以语速应随画面节奏的变化而变化,需要强调与画面的和谐与统一。画面无法表现的内容往往是语言表达的重点。电视新闻片解说仍然服从新闻性质的基本要求,语势不宜夸张,语气比较平稳、语流需要畅达。

5. 电视专题片解说

电视专题片以真实性为基础,由于它不像新闻片那样强调时效性,所以制作上比较考究,具有比较高的艺术表现力。所以解说语言也需要与之相适应,语言表达讲求细腻、生动、具有感染力。在吐字发声方面的特点一般表现为强控制、弱发声,唇舌力度大,吐字灵活、集中,不跳脱。从语流形态看,始终保持畅达、连贯,有明显的推进感,起到烘托画面的效果。

在注意与镜头画面配合时,解说还要和音乐、音响、画面节奏相吻合。与镜头的运动方式、景别、场景相适应。电视图像的组合有一定的讲究,体现着不同的含义和情感,解说语言都应与之配合。如:远景显示开阔、中景表现实感、特写突出内涵;仰拍意蕴褒扬、俯拍表示贬斥……画面节奏的变换和音乐气氛的烘托,都提供了不同的意境,解说语言都需要细腻地同步表现出来。当然,并不是说每个镜头都必须严格对应,而是要求在重点和特点部分着意加以表现。

(二)文艺演播

有人认为朗诵不同于朗读,文艺作品实际上是朗诵。但是我们从《辞源》的解释中可以看到,朗读就是"高声诵读……也作'朗诵'。"从字义上来理解,"读"与"诵"都是念出声来的意思。只是"读"重点强调把文字念出声来,而"诵"侧重出声,如:背诵虽然是依据文字内容出声,但它不必照本宣科地念出来。在实际工作中,我们也是采用朗读的方式来播出所有的文艺作品的。所以我们使用朗读的概念应该没有歧义。

1. 记叙文

记叙文包括散文、寓言、故事等文学体裁。无论记人、叙事、写景、状物,作者总是有感而发,以抒发自己真切的感受给人以启迪。朗读记叙文,要求叙事抒情,因事明理,语气自然,节奏舒展。

记叙文有记事、记言。一般来说,记事语气要平实一些,节奏速度比较从容、舒缓,娓娓道来,给人身临其境之感。记言则变化要丰富一些,往往要在神似上着力描摹,让人未曾谋面,如见其人。

记叙文中散文是其中的主要文体,散文形散而神聚,散文朗读的目的也就是为了达到"神聚"的效果。无论叙事还是抒情,优秀的散文都有着深邃的意境。所以朗读这种文体往往需要细细地品味其中的意蕴,给以恰当细腻的表现。它不需要像诗歌朗诵那样跌宕起伏,也不必像小说朗读那样绘声绘色。主要是运用朴实、真切的叙述语言,直抒胸臆,浮想联翩,给人以回味悠长之感。

2. 诗词

诗词的特点是感情饱满、想象丰富,意境深邃,韵律和谐。诗词的朗读当然就需要把这些特点都淋漓尽致地表现出来。诗词主要分为格律诗和自由诗两种,朗读的方法也不尽相同。朱光潜先生说:"诵诗的难处和做诗的难处一样,一方面要保留音乐的形式化的节奏;一

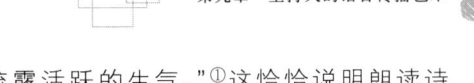

方面又要语言的节奏,这就是说,要在迁就规律之中流露活跃的生气。"①这恰恰说明朗读诗词是需要一定的艺术功力的。

格律诗的音乐性很强,讲究韵律和平仄,刻意分布的音节,在朗读时都会表现出抑扬顿挫的韵味。格律诗一般都是双行用韵,只要注意到这些韵脚的呼应,就会形成回环往复的节奏感。格律诗的节拍一般也都相同,按照词的疏密度适当划分音步。不同的格律有不同的音步安排。

七言诗为"二、二、三"格式,譬如:

> 朝辞\白帝\彩云间,
> 千里\江陵\一日还。
> 两岸\猿声\啼不住,
> 轻舟\已过\万重山。

五言诗则为"二、三"格式,譬如:

> 床前\明月光,
> 疑是\地上霜。
> 举头\望明月,
> 低头\思故乡。

朗读时根据这样的疏密度适当顿歇,就能更好地深入诗的意境,展开想象,体味诗情。同时要借"吟咏"来展示其优美的韵律,显现出它的音乐性,把诗的韵味恰如其分地表达出来。

自由诗用韵就不像格律诗那么严整。因而不能把格律诗的朗读方法完全套用在自由诗的朗读上。这样才能够发挥出自由诗朗读那种豪放不羁、跳脱奔腾的特点。自由诗的音步,不如格律诗那么固定、均匀等,但诗意中就包含着情感的律动,只要诗情需要语气做出的停顿,就可以分出一个音步。一个包含音节较多的音步,节奏就要紧凑一些,音节少的就舒缓一些。诗味,就是从这种抑扬顿挫的节奏中展现出来的。不但展现出音韵美,而且显示着意境美。无论是叙事诗、抒情诗,还是讽刺诗,如果没有意境,就不能算是好诗;而表达不出诗的意境,也就算不得好的朗读。那种虽然有着声音外在的跌宕起伏,却情浮意浅,没有意境,也就难以调动听众的想象和情感,产生诵诗的感染力。

3. 小说

小说是塑造典型人物和典型事件的一种创作方法。因此,小说朗读就必须要通俗自然,活灵活现。小说朗读要求具有较强的语言表现能力和感染能力,绘形绘色、栩栩如生。由于小说所提供的是一种典型的环境和典型的人物,这些都是需要调动人的想象力来深刻感受的。所以小说朗读的语言艺术功力,就在于如何充分调动人的这种心理过程,从而产生震撼人心的艺术效果。

小说常以人物描写为主,朗读小说首先就需要在表现人物上多下工夫。表现人物的形象要栩栩如生、形神兼备,抓住人物的典型特征,着意加以刻画;"言为心声"是说人的语言往往可以揭示人的内心世界,所以把握好人物语言的塑造至关重要。表现人物语言可以通过语气的变化、音色的调整、语速的差异等几个方面去把握;表现人物的行为特征,也是小说朗读的重要手段,力求让听众感觉到活脱脱人物的音容笑貌;同时也应该注意人物心理的细腻描绘,表现出人物内在的精神世界。

---

① 朱光潜.诗论.北京:生活、读书、新知三联书店,2000:134

小说情节是吸引人的重要因素,也是作品构成的决定性因素。小说朗读无论是讲述情节还是描述景物,都应该注意情绪和感情的变化。多发爱憎鲜明的有情之声,是增添表达魅力的关键所在。表现小说情节的朗读要注意娓娓展开、引人入胜。语言越是真切朴实,越能够引发听众的共鸣。所以无论是塑造人物、推进情节还是对景物的描述,都首先需要朗读者充分调动自己的情感,由己达人、感染受众。

4. 文艺解说

文艺解说主要是指电影、戏剧、广播剧以及歌曲、音乐、戏曲等的介绍的播音。文艺解说要求对所介绍的文艺作品的内容、主题、艺术形式、特点风格有深刻的了解,按照作品意图,展开形象思维,并贯穿文艺解说的始终。它要求解说语言及感情表达与作品的格调、气氛完全一致,使节目和谐统一。文艺解说的语言表达样式多用介绍、讲解、抒情、描写、议论、评价等。由于解说语言要和剧中的剧情、内容、音响、音乐等协调配合,所以就要注意把握语言的隐入和隐出,解说语言始终要处在"配角"的位置上,发挥烘托和说明的作用,切不可喧宾夺主,影响原作的统一和完整。

在文艺解说中,语言基调要随着剧情的变化而变化,同所介绍的内容完全吻合。既需要对整部作品总的基调的把握,也需要在剧情或内容发展过程中灵活变化。当以录音素材为主时,解说语言处于从属地位,为其铺垫、引路,或是解释说明,语气、节奏可较为平淡、和缓,只要适应录音素材情绪的变化就可以。在以录音素材为主的情况下,还可以进一步区分。一般说,解说的语言先于录音素材,是铺垫、引路的作用;后于录音素材则起解释说明的作用。

(三)生活服务

服务性专稿一般是指具有明确服务对象和服务内容的播出稿件,大体可以分为以下几类。

1. 专题

它主要是指知识类、服务类稿件的播读。它不像通讯播音那样运用描述为主的语言去塑造生动的形象,表达某种思想感情;也不像评论播读那样以评述性的语言去论证某种事理,表明态度和观点;而是主要通过说明性的语言向人们介绍事物的特征及其规律。知识类、服务类稿件的语言表达要亲切自然,根据具体的对象把握适当语气,以增强交流感。这类节目的朗读语言都需要讲求科学性和条理性,用比较清晰的思路阐述事物的来龙去脉,揭示其中的奥妙和规律。以诲人不倦的态度,来提高人们认识事物、辨别是非、预测未来的能力。这类稿件的播音语气是诚恳的,节奏是稳健的,多用比喻性重音和判断性停连。

2. 广告

在推进社会主义市场经济建设的过程中,广播电视不仅在其中发挥着巨大的能动作用,而且自身也越来越多地介入到了市场经济的大潮中。广告事实上已经成为广播电视赖以生存的主要经济来源。广告播读的好坏,直接影响到产品的形象和市场的繁荣。它具有商业宣传性、信息性、艺术性、诱导性、服务性等特点。广告语言简练、生动,根据广告的总体宣传要求,必要时运用渲染、夸张、表演等多种语言造型手段,来树立广告商品的形象,刺激人们的消费欲望。同时广告还起到一种影响和促进新的消费观念,提倡和改进生活方式的作用。广告语言的艺术性丝毫也不亚于任何一种艺术语言的要求。

3. 气象

气象节目是广播电视中收听、收视率较高的节目。过去只把气象节目看作是一般的天气预报,对它没有提出过高的播报要求。但是,近几年气象节目突出了它的服务性,增加了许多与百姓生活直接相关的内容,越来越受到群众的欢迎。怎样播报好这类节目已经引起了大家的重视。

气象播出的是阴晴雨雾的天气状况,但是不同的天气变化给人的感受也是不同的,它会对人们的心境产生某种影响。气象信息的播读,应该首先了解不同气象条件下,对人们生产、生活可能会产生的影响。尽管没有必要过多渲染自己对天气状况的感受,但在语言表达上表现出对群众的关心和爱护,就会让人感到亲切、可靠。在好天气到来时,给人们增添一些好的心情。即使在预报即将到来的灾害性天气时,也会增加人们抵御自然灾害的信心和勇气。

第二节 阐说艺术

阐说实际上是一种演讲语体,演讲是一种古已有之的社会活动和文化现象。早在我国殷商时期就已有了演讲的文字记载,《尚书·盘庚》中,盘庚动员臣民迁都的三篇演说辞,便是最早的证明。按照《辞源》的解释,演讲就是"引申阐述"或"讲说"。通常认为演讲就是"在听众面前就某一问题表示自己的意见或阐说某一事理。"它的基本特征就是面向大众,阐述己见;出口成章,言之成理。所以"朗读学是演讲学的孪生兄弟……它源于生活中的对话,而不强调对文字脚本的依存。"[1]虽然电子传播的情境有别于大庭广众的演讲环境,但是作为面向大众的传播媒介,它既表现为对耳闻目睹事实的阐释,同时又是对社会事件的评说。这样的特点可以看作是在广播电视的情境中进行的演讲。正如美国著名的口语传播学者雷蒙德·罗斯教授所说的:"广播和电视是当今演说传播讲台的一部分。"[2]广播电视中主持人所进行的现场报道、现场直播、现场解说、新闻点评、广播讲话等就带有明显"阐说"的语体特征。

一、阐说的语境特点

阐说的语言环境带有理性的特点,它是在叙述和阐发的过程中报道事件的。带有明显的评论色彩和探讨价值。并展现以下几项突出特点:

1. 时间效率高

阐说往往是对新闻事件的同步报道,而新闻事件是发展的,是一个动态过程。所以阐说必须根据事件发展的客观情况,随机应变,及时给以说明。无论他需要重复多少遍,但都必须随着事件的结束而结束。所以时间是被限定的,没有反复斟酌、充分酝酿的条件,也没有事后修改的可能。特别是现场直播的报道,只能一次成型,在这种情况下,语言的调动和组织都带有较大的随机性,否则将难以捕捉或描述瞬间发生的新闻事实。由于时间紧迫,要求语言简练,言必有衷。这就需要事前的判断准确,事由的说明清晰,事后的评点恰当。在这种环境下生成的语体虽显粗糙,却较为朴实、生动、真切。

2. 空间跨度大

偶发的新闻事件往往不受空间的限制,而阐说又大多是在事件发生的现场进行的。在

---

[1] 张颂.朗读学.长沙:湖南教育出版社,1983.15
[2] [美]雷蒙德·罗斯.演说的魅力.黄其祥等译.北京:中国文联出版社,1989:1

现场环境中,常常会面临一种纷繁复杂的局面和许多不可预知的突发情况。但是这种环境因素往往又是可以被利用的新闻事实。在现场报道中,音响、画面和语言一样都是说明事件的重要因素。譬如:当重要音响出现时,主持人或记者要突出音响,不能让语言淹没音响;同理,当关键的新闻场景出现时,也不能试图转移观众的视线……因为在这种情况下,让受众耳闻目睹的事实比叙述出来的事实更有说服力。所以,就需要充分运用这种环境因素来阐发事物的本质现象。环境因素既是现场阐说的组成部分,同时也会形成对阐说的一种干扰。如环境噪音对广播拾音的干扰、环境采光对电视摄像的干扰等等。克服这样一些干扰,就必须对环境因素有所选择,对报道角度和阐说重点进行适当的调整。

3. 情境因素多

情境因素是在特定的社会心理氛围中产生的。阐说伴随着采访活动,与被采访对象的互动,就会形成一种情境。由于双方处于一种临时形成的特定关系之中,因而对话语形式的选择和话语内容的理解都要受到制约。环境越复杂、被采访对象越多,情境因素的影响就越大。所谓"射箭要看靶子,弹琴要看听众",就是指要根据对象的身份、职业、性格、处境、心情等选择对方愿意接受的话语方式,以达到预期的表达效果。实际上,也就是指那种善于利用情境和各种人交流的能力。与不同的采访对象随机交谈,也是记者、主持人的一项基本功。在不同的环境中、面对不同的对象,谈话方式当然就不一样。但由于他们都是与事件有关的人物,所以话题相对比较集中,只是观点各异,提供的情况多样,这些都为主持人、记者及时提供了丰富、新鲜的话语资料。

二、阐说的基本规律

阐说就是叙事评理,它的主要目的就是要通过表象,来揭示蕴涵在事物内部的真相,进而阐发事物发展的必然规律。它所遵循的几种规律主要是:

1. 出口成章,阐发新意

阐说在大多数情况下都是在现场进行的。由于现场的情况千变万化,这种阐说总是边听、边看、边想、边说,紧扣事件发展的动态。在头绪纷乱的现场中,要善于捕捉与事件有关的细节要素,准确地把握住事件发展的脉络,做到条分缕析、心中有数。并紧紧围绕事件的来龙去脉,即兴阐述,恰当评说。不能因为身处纷繁的现场,搞出许多"花絮"来,令人不知所云,甚至离题万里。这就需要主持人或记者具有较强的语言组织与表达能力、丰厚的文学涵养、广博的文化知识。面对变幻不定的现实,能够迅速抓住要旨,言之成理、语出成篇。

2. 利用情境,据实讲解

现场的音响或画面都是一种新闻事实,也是一种情境意义,人们耳闻目睹这些社会现实,就更加信服。而主持人利用这些情境意义据实阐述,可以把话说得比较简练,也更具有说服力。在这样的场景中可资利用的因素比较多,人物、景物、实物、氛围等等,都是可以利用的。只要选择恰当,使用适切,就会形成特有的表达魅力。这就要求主持人必须始终保持一种敏锐的观察力以及冷静、机敏和随机应变的语言表达能力。

3. 言近旨远,语随境迁

现场事件是按照时间顺序发展变化的,这就注定不能对动态中的事物进行过多的渲染和铺陈。只能择其要义,用最通俗、简练的语言揭示事件的深刻内涵。在阐说新闻事件时,时间是有限的,空间却是无限的,既要依循时间发展的脉络,又要包容空间延展的概貌。这往往是现场报道所面临的突出矛盾,时间的紧迫要求言简意赅,空间的延展又要求蕴意丰富。在这种情况下,去力争做到以下几点:

一是依据不同语境的表达需要来选择语词中的同义形式,修饰和调整不相适应的言语形式,甚至创造特殊的表达方式;二是利用情境因素来排除歧义,使语言中的多义和歧义现象获得明确的单义性;三是利用语境中特定的情境意义补衬语言本身的意义,表达出更多的言外之意。①

三、不同场合的阐说方法

主持人在广播电视节目中会出现在各种场合,报道的目的也不完全相同。但是就节目形式和阐说的内容来分析,大体上会使用以下几种阐说方法。

(一)动态报道

动态报道本来是广播电视记者在新闻发生的现场进行采访和报道的一种形式。事实上,参与现场报道的主持人也不乏其例。最早为人们所称道的是美国哥伦比亚广播公司(CBS)的著名主持人爱德华·默罗在1940年8月18日开始的《这里是伦敦》的现场报道。他手持话筒冒着德军的狂轰滥炸,站在英国广播公司的楼顶上,描述现场情况。这种报道方式已经越来越多地为广播电视机构所采用。譬如:在风云多变的中东地区,中央电视台主持人水均益冒着生命危险,深入巴勒斯坦和以色列的冲突地区报道巴以局势的现状。1997年7月1日中央电视台主持人白岩松等对"香港回归祖国"进行了成功的全程报道……这些都给大家留下了深刻的印象。英国学者安德鲁·博依德教授认为:"与演播室的口头播音相比,现场口头播音为描述性、准确和最新的报道提供了更多的机会。"②

动态报道也叫现场报道,是一种边观察、边采访、边口述的报道形式,它的突出特点是现场感强。1993年获中国广播电视优秀节目一等奖的北京人民广播电台现场报道《隆福大厦火灾目击记》就很有代表性。

> 记者:听众朋友,现在是8月12日晚上11点5分,我们刚刚接到一位听众的电话说隆福大厦起火了,我们现在正在赶赴现场。我现在是站在了隆福大厦的南口,整个隆福大厦的上空被一股浓烟团团地包围住,大概这里停了有几十辆救火车,现在我跑过了几道防线,已经走得更近一些了,也就是说来到了隆福大厦的楼根底下。据我们所知李其炎市长在这里担任现场的指挥,还有苏仲祥局长。……
>
> 记者:李市长,您是什么时候赶到火灾现场的?
>
> 李其炎:哎呀!你现在还采访我,现在把火救完了,就算了吗,小伙子!
>
> 记者:苏局长,您作为现场的总指挥,对火情是不是很了解呢?
>
> 苏仲祥:现在我们的探险班正在向里面去探查。前面冒烟的这个估计不是火……是后面的火蔓延过来的烟,现在新楼里面没有起火,主要是这个地区居民的房子比较狭窄,消防车进来有困难,水源也不太足。
>
> (砸碎玻璃和喷水声)
>
> 记者:现在我已经接近了火源,消防队员先用石块砸碎了紧封的玻璃,然后呢用水舌来扑灭火舌。现在我已经完全接近了火源,也就是离大火燃烧的地方十米左右,浑身真正感到了灼热的感觉。
>
> 听众朋友,在火势最凶猛的隆福大厦的后楼,一、二、三、四,第四层我们看到消防队的抢险队员,也就是探险队员,他们已经搭上云梯敲碎了玻璃,现在正准备闯

---
① 刘焕章.言语交际学.南昌:江西教育出版社,1986:67
② [英]安德鲁·博依德.广播电视新闻教程.张莉莉译.北京:新华出版社,2000:216

入火灾的最中心地区。现在四楼还有没安全撤出的人员,他们正在抢救被火围困在屋子里的人。

（消防队员的喊声:李强,接他一下,接他一下,好了好了。）

记者:现在消防队员已经登上了云梯,接住了刚刚撤离火灾现场的那位戴眼镜的女同志。据隆福大厦的同志介绍说这是一直坚守岗位的隆福大厦总机值班员。

（记者被浓烟呛得咳嗽声）

记者:听众朋友,我现在冒着滚滚的浓烟试图闯进刚刚被扑灭的一楼的货场,一楼的货场里充满了浓烟,消防队员正在努力地搜索每一个最后的星星、点点……

这篇报道突出表现了现场报道的真实、迅速、生动的特点。在这档篇幅很短的报道中,浓缩了很丰富的内容:火情的严重、市长的焦虑、消防战士的无畏……记者把事件的目击现状阐说的清晰、准确、形象,这些是书面朗读语体所难以表现的。这篇报道集中反映出了现场报道的特征,时效快、真实感强、富有感染力。

我们再来看看国外广播与电视对同样火灾的现场报道。

广播

一场发生于中心城市西端社区玫瑰大道一幢公寓的火灾中有两人丧生,救火队长约翰·奥哈拉说,他不知道这栋建筑物里其他人是否已经逃脱。

现场音响:我们以为除了这对夫妇外,其他人已经从这里逃脱。但现在下定论可能还为时过早。到目前为止,还没有报道说有人失踪,因此我们充满希望。

记者:经辨认死者是芭芭拉·斯威弗特和她的丈夫罗伯特,因而可以相信,午夜后不久,大火首先从他们的公寓爆发,然后蔓延到建筑的其他房屋。到目前为止,没有关于起火原因的消息,在它开始燃烧一个小时后就被控制。有20个人在这幢房子里,一个得幸逃脱的女人维·休斯说,她非常高兴还能活着。

现场音响:"当时浓烟滚滚,把我吓呆了。我一听到叫喊声,就起床了,然后知道发生了火灾,幸运的是,我爬上了楼梯并爬了出来。"

记者:50个消防员和10辆消防车依然在现场,一些消防队员仍在用水喷射这幢公寓,其余的人在废墟中搜索,看是否还有幸存者。

现在再播送一遍,在西部社区的玫瑰大道火灾中有两人丧生,可以相信的是其余的人已经逃离这幢建筑,我是弗兰克。

电视

该新闻是同一火灾现场的电视报道,从摄像机前的记者和他身后的火灾现场开始。

O/C（出镜、出声）

记者希瑟:两具尸体,已从被烧毁的玫瑰大道公寓里移出。现在还不知道是否还有其他死亡人员。午夜时,大火从一套公寓开始,然后蔓延。刚才,我们采访了几个从燃烧的房中逃出来的人。

SOT（同期声）

弗兰克·刘易斯:当我们听到叫喊声时我们都在睡觉,后来我从床上跳了起来,我闻到了烟味,我抓起衣服,我的妻子抓起一件长袍后就跑了出来。我现在仍然惊魂未定,我很高兴我还活着……

O/C（出镜、出声）

希瑟:站在我身边的是救火队长约翰·奥哈拉。（问）你觉得里边的人都已经逃离了吗?

队长:是的,我们是这样想的。因为到目前为止还没有报告说有人失踪了,这是一个好迹象,但是我们尚不能肯定。

希瑟:你知道火灾的起因是什么吗?

队长:噢,我们认为火灾首先是从已在火灾中丧生的那对夫妇的房间里爆发的,然后才蔓延到其他房间的,但是迄今为止我们尚不能确定起火的真正原因。

希瑟:谢谢你队长。

希瑟:经辨认,在火灾中丧生的夫妇是芭芭拉和罗伯特。但目前还没有与他们有关的其他消息。

V/O(解说,建筑物边的消防员喷湿建筑物的镜头)

我们都可以看到,这幢建筑物已被彻底烧毁。如果有人从里边被找出来并还活着的话,那简直就是一个奇迹。当时有二十多人在建筑物里。大约有50个消防员在与火灾作斗争。火灾爆发后的一个小时左右,火势逐渐得到控制。一些消防员在灾后的残砾中缓缓移动,看看是否还有人陷在里边。同时其他消防员正在用水喷射建筑物里残留的浓烟。

O/C(出镜、出声)

希瑟:现在再播送一遍,除两人丧生以外其他的人已经从本城西端社区的玫瑰大道这幢公寓里逃脱。

……这是希瑟为你报道的。①

从上面的两篇报道中我们可以看出记者或主持人充分利用了不同媒体表现情境的能力进行现场阐说,都达到了比较好的报道效果。由于语言翻译的原因,我们不对这两篇的遣词用句做出评价,只做对比借鉴。

1. 动态报道的基本要素

①说什么

记者或主持人赶赴现场以后,面对新闻现场的基本事实,准备"说什么"很重要,大概有以下几个方面是必须涉及的。

第一,介绍。从以上的报道中可以看出,报道开始就必须把事件发生的地点、时间、人物、事实、原因等新闻要素介绍给受众,同时也应该向他们交代自己的身份及所处的位置。有时,还需要介绍背景材料。譬如:《隆福大厦火灾目击记》如果只是在北京报道,大家都知道"隆福大厦"是北京刚刚翻建不久的有名商厦。但是,如果面向全国,这种报道的开头就显得比较粗糙,背景介绍就不够充分了。沈阳人民广播电台在1995年9月18日播出的现场报道,它的开头就比较好。一篇报道的头开得好就能给人以先入为主的印象,产生悬念,吸引人听下去、看下去。

听众朋友,我是记者李慧敏。我在辽宁大学门前向您做现场报道。(出音响:警报声)今天是9月18号,现在的时间是22点20分,您听到了吧,此时我市夜空响起震耳欲聋的警报声。64年前的这个时刻,日本军国主义炮击沈阳北大营,拉开蓄谋已久的侵略中国的序幕。沈阳市委、市政府决定,这个时刻在全市13个县区同时拉响150个警报器,以告示人民,不忘"9·18"。②

---

① 何光主编,特德·怀特.广播电视新闻写作与报道.吴风等译.北京:新华出版社,2000:157
② 何光主编.中国广播奖1995年度获奖新闻作品选评.北京:中国广播电视出版社,1996:63

第二，描述。描绘的侧重点，广播与电视各有不同，但是目的都是要给人以身临其境的感觉。画面、音响无法表现的重要典型细节，只有用形象化的语言来加以描述、补充，加深受众的印象。《隆福大厦火灾目击记》的描绘是比较朴实、生动的。

"现在我已经接近了火源，消防队员先用石块砸碎了紧封的玻璃（'铛锒……'碎玻璃声）；然后用水舌来扑灭火舌。现在我已经完全接近了火源，也就是离大火燃烧的地方 10 米左右，浑身真正感到了灼热的感觉。（急促的喘气声）……"

黑龙江人民广播电台获得 2000 年中国广播奖一等奖作品《冰雪情》中的一段对哈尔滨举办的"冰雪节"的描绘就比较生动。

……（音乐、礼花、欢呼声）主持人："各位听众，现在一簇簇礼花绽放在冰雪大世界的上空。空中五彩缤纷，江上流光溢彩，空中的礼花与江上的冰灯交相辉映，组合成亦真亦幻的人间仙境。人们被这美丽的景色感染了，欢腾着、跳跃着，尽情享受着冰雪带来的欢乐。"

这段报道，轻描那些人们能够听到的情境，重绘那些人们在广播中看不到的情境，取得了相得益彰的良好效果。一些优秀的口头报道都能根据媒体的特点对事件发生现场的时间、空间、程度，做了补充性的生动描述。

第三，串联。现场的直观印象都是一些片断，这就需要我们从目击事件中迅速找出具有典型意义的段落加以编串，起到承上启下的作用。

"我们现在正在赶赴现场。……我现在是站在了隆福大厦的南口……据我们所知，李其炎市长在这里担任现场的指挥，还有苏仲祥局长。……（分别采访李市长和苏局长）现在我已经接近了火源……在火势最凶猛的隆福大厦的后楼……现在消防队员已经登上了云梯……消防队员正在努力地搜索每一个最后的星星、点点……"

这篇报道总共不过只有 2 分钟，但是相当完整，已经把前因后果都交代得十分清楚了。

第四，评述。现场报道的评说往往只是点染性的述评。与口头评论的点评不一样，它是通过对事实描绘后自然得出的结论，而不是仅仅通过逻辑推理后得到的判断。主要表达记者、主持人的对事件的主观印象，往往会采用抒情性的方式加以表述。如：中央人民广播电台播出的《胡耀邦总书记在日本岚山瞻仰周总理诗碑》的评述十分精当。

"一眼望去，山坡上是苍松翠柏、红叶遍地，岚山脚下还有一条清澈的河水轻轻流过，就好像不停地唱着中日友谊的颂歌一样。"

黑龙江人民广播电台的《冰雪情》中的评述就更加具有抒情性，也很有感染力。

男主持：各位听众，现在夜空里星光闪烁，冰雪大世界内更是繁星一片。
女主持：天上人间融为一体，就像一条相融相谐的彩链，编织着人们无数的憧憬与企盼。
男主持：此时此刻，冰雪大世界到处都是欢声笑语，到处都是观灯赏雪的游人。
女主持：让我们一起赞美冰雪，共同谱写人与自然和谐的音符。
男主持：因为有了冰雪，哈尔滨的冬天才不会寂寞。
女主持：因为有了冰雪，北方人在冬季里才更加欢乐。我们祝愿哈尔滨冰雪节在新的世纪里越办越好！
男主持：祝愿我们的听众朋友在新的世纪里幸福快乐！……

②怎么说

广播电视现场报道的语境就是自然空间,环境氛围会影响记者、主持人的情感乃至阐述方式。在这个过程中,既要保留现场的真实感,也需要从受众感知的角度考虑,适当有所节制。这样才能在各种情况下,有条不紊地报道事件的来龙去脉,不至于因过于情绪化而失去理智地表达。

第一,注意抓动感,用行进式语态。边看边说的报道特点是因为记者、主持人所面对的是一件正在发生、发展的新闻事实,所以给人以现场感很重要。有了现场感才能够对受众产生吸引力。《隆福大厦火灾目击记》记者是在十分紧急的情况下赶赴现场,还没等喘过气来就气喘吁吁进行报道,浓烟呛得咳嗽不断,情境和语言连贯和谐,毫无做作之感。当记者采访市长时,市长说:"哎呀,现在你还来采访我,现在把火救完了,就算了吗,小伙子!"……这段话十分真切,既说明了事态的严重,也反映出市长的焦虑和不安。中央人民广播电台获得2000年中国广播电视一等奖的作品《漫步悉尼》。前方记者和后方主持人密切配合,妙语连珠,生动形象。记者在奥运会的各个角落,边看边说,边走边播,现场感极强;主持人灵活调动各个场地最精彩的内容,使听众在优先的时间里,身临其境般地领略了奥运赛场的气氛。

王健:下一个上场的就是我国选手林伟宁,她要的重量跟报名表上稍微不太一样,报名表上她报了135公斤,现在她要了132.5公斤。这是林伟宁今天晚上挺举的第一次试举,是132.5公斤。林伟宁现在已经上场了。可能有的听众能够听到,现场有很多人在喊加油,许多华人来给中国选手助威。好的,林伟宁现在一翻腕,把杠铃压在双肩上站了起来。教练在旁边大声喊着动作的要领。好的,举起来了,举起来了,全场一片掌声。林伟宁举这个重量也显得很轻松。三盏绿灯亮起,林伟宁第一次试举132.5公斤成功了。……

王健:听众朋友,大家好!我现在在澳大利亚悉尼国际会议中心举重馆内向您介绍第27届奥运会女子举重69公斤级颁奖仪式的情况。今天颁奖的嘉宾是国际奥委会的委员和国际举重联合会的秘书长。名字我没有看清楚,对不起。林伟宁目前还是该级别的世界纪录的保持者,总成绩252.5公斤的纪录是她去年在我国武汉举行的亚洲举重锦标赛上创造的。现在林伟宁走上了高高的领奖台,举起双手向全场致意。我们看见场内有很多中国的观众拿着五星红旗在向她示意。金光闪闪的奖牌已经戴在了林伟宁的脖子上。这是中国举重队在本届奥运会,目前为中国代表团贡献的第三枚金牌。我们为中国举重队能培养出这样优秀的体育人才、体育健儿感到高兴。林伟宁手举鲜花向全场示意,林伟宁现在擦了一下双眼,看来也是激动万分。今天这枚金牌得的的确是不容易。……

一些国外的直播报道,也都十分注重事态发展过程的纪实性。如曾获得普利策新闻奖的作品,美国哥伦比亚广播公司1940年6月21日播出的现场报道《法德两国在贡比涅谈判》中,就比较好地表现了这种追求动感和时态的手法。

3时15分,在1918年签定停战协定的同一个地方,谈判开始了,希特勒在他的使节陪同下出现了。在离我们265米,贡比涅林间空地的那一头,有一座法国人树立的阿尔萨斯——洛林纪念碑,就在这个纪念碑前,希特勒下了汽车。这个著名的用雕像装饰起来的纪念碑上挂满德国军旗,因而你既看不到雕像,也无法读碑文。第一次世界大战结束以来,记者曾多次看过这个纪念碑——毫无疑问,许多听众也见过它,碑上雕着一把剑,这是协约国的象征,这把剑插进一只鹰的胸部,这只鹰,代表昔日的德意志帝国。……

> 在望远镜中,我们看到了元首(指希特勒),在纪念碑前停下来,用眼光扫了一下雕像,并向印有"万"字标志的德国军旗致敬。接着,他缓步向我们这个方向走来……

记者威·舍勒以娴熟的报道技巧对这一重大历史事件进行了准确、真实的报道。语言形象生动,时空调度得当,具有强烈的现场感和动态感。

第二,语言简洁,句子要短。现场报道应尽可能选用洗练、明确的词汇,多用短句,减少附加成分,这是由现场报道的时态性和动态性所决定的。事态的发展不可能等我们从容描述,但又不能语焉不详。所以,这种语言必须是简洁、明快、生动、准确的。譬如:《朱建华再次打破男子跳高世界纪录》中,对我国著名跳高运动员朱建华在破2米38的世界纪录的瞬间所作的报道,只用了30个字就十分生动形象地报道了这个历史性的时刻。随着突然爆发的雷鸣般的现场欢呼声,听众的情绪完全被带到了现场。

> "开始助跑了,助跑有力!起——,过——,过去了,成功了,朱建华再一次打破了世界纪录。"

语言的简练主要应注意四个方面的问题:一是导语简明,尽快把受众带入"现场";二是背景的介绍也应要言不烦,紧扣现场;三是按事件发展的脉络取舍,紧扣主题;四是结尾见好就收,干净利落。尽可能不用空泛的口号和浮泛的感叹。

第三,紧扣音响、画面。现场报道一般是对受众直观的音响、画面效果,进行深入阐述,揭示事件的内在联系。音响、画面已经说明的就不必赘述,但是音响、画面表现不足的就需要及时加以补充说明。所以记者、主持人在观察现场的同时,必须冷静地组织语言,准确地把现场情况传达出去。不可因为过于激动而语塞哽咽,错过了关键的音响和画面;也不要因过于激动而大喊大叫,淹没了现场音响、影响画面的辨析。现场报道《胡耀邦总书记在日本岚山瞻仰周总理诗碑》就处理得比较好。

> "现在胡耀邦总书记向诗碑敬献鲜花,全场鼓掌。他深深地向纪念碑鞠了躬。(现场掌声、《怀念周总理》隐隐歌声……)这是日本文艺工作者唱《怀念周总理》的歌曲。现在我们看到日本文艺工作者已经掉下了眼泪。(歌声:人民想念你,鱼水情谊深,永远不能分……)中国同志绕着诗碑走了一圈。我们默默地读着周总理的诗,敬仰周总理的革命生涯,回忆周总理的音容笑貌。"

事实上,当记者口述"我们默默地读着周总理的诗,敬仰周总理的革命生涯"时,已经激动得热泪盈眶、声音颤抖。可以感觉到她是在努力控制住自己,因而取得了意想不到的震撼效果。

2. 动态报道语言特点

① 口齿清楚、表达流畅

目前存在的主要问题是:从事口头报道的广播电视记者比较注重报道手段,却往往忽视了语言表现能力。经常会出现吐字不清、语音失范,甚至夹杂着方言土语的现象。国家规定:普通话"是以汉语传送的各级广播电台、电视台的规范语言,是汉语电影、电视剧、话剧必须使用的规范语言"。但是,目前只对播音员、主持人提出了必须达到的上岗标准,对记者语言却没有提出明确等级要求。这既不利于媒体用于推广普通话,也不利于口头报道的清晰、流畅、准确。譬如:边鼻音不分,就会把"老汉无奈",表达成"老汉无赖";"一年到头"说成"一连到头";平翘舌音不分,把"栽桃"变成"摘桃","阻力"变成"主力","私人"变成"诗人";前后鼻音不分,把"成就"说成"陈旧","金鱼"变成"鲸鱼",如此等等。出现这样的情况就谈不到清晰和准确,也不可能流畅。我们之所以把它纳入"播音"的范畴,就是因为它们都是媒体语言,都应遵循共同的语音规范和表达要求。

口头报道中应以高频语音发声为佳,也就是所谓的具有"穿透力的声音"。事实证明高频语音的抗噪能力比较强,在噪音干扰较大的自然环境中,可以保持较为清晰的传达效果。

②通俗生动、简洁准确

口头报道是一种调动听觉感受的形象语言。不但要求通俗易懂,还必须简洁准确,这样才能给人以真实感、亲切感。口头报道切忌拿稿子照着念,实践证明这样的效果很不好。因为稿子只能阐述已经发生过的事实,无法说明瞬息万变的事态发展过程,与现场事件完全剥离,会给人造假的感觉。

"各位听众,今天是3月1日,是全民文明礼貌月的第一天。一大早我们就驱车来到××市的繁华街道——××路。我们将在这里向诸位作文明礼貌月的现场报道。(音响突现……压混……)今天的××路,路面打扫得干干净净;车辆行人各行其道、秩序井然;商店营业员满面春风;饭馆里服务员服务热情周到;投递员像辛勤的鸿雁传递着春天的信息……(音响:'民警说'请走横道线……走……)"

这段报道既不口语也不真实。首先,用词上很多都不是口语,如"驱车"、"诸位"……,应改为"乘车"、"大家"。其次,记者在现场不可能同时目睹"营业员"、"服务员"、"投递员"的活动,给人留下了虚假的印象,很可能这就是一篇事先写好的稿件。

通俗化的一条重要原则就是要具体化,避免抽象化;通俗化的另一层含义就是要采用符合规范的、大众的口头语言。这里既需要遵从普通话的词汇、语法规范,也主张尽可能少用或不用俗语、俚语、行话、术语。生动就是要形象化,避免概念化。具体化、形象化的语言,给人以实感,实的东西可以看得见、摸得着,很快在脑子里形成印象。只有感觉到了的东西才能激发人的情感。简洁准确,就是要删繁就简,言必有中,这是由现场报道的时效性和动态性所决定的。任何一种语句繁杂、缓慢冗长,多修饰,隐讳曲折的语言形式都不适宜用于口头报道。

③明察秋毫、反应机敏

新闻现场纷繁复杂,千变万化。记者、主持人必须时刻保持冷静的头脑,敏锐的观察力。这样才能在事件突变的情况下,镇定自如、随机应变。临场慌乱常常是在缺乏细致观察、心理准备不充分的情况下发生的。一旦发生这种情况,就会失去一些重要的报道细节,造成难以弥补的损失。所以,当记者、主持人身处报道现场的情况下,要不断地提醒自己镇静、细致,从而使自己始终处在稳定、积极的心理状态中。上海台记者和播音员曾一起对宝钢一号高炉出铁现场进行报道。当时出现了意外的情况,难以保证现场报道的真实效果。在离出铁还有几分钟的情况下,播音员改变原来的方案,迅速爬上十多米高的炉台,来不及喘一口气就手持话筒,冷静而有节奏地报道起来。这位播音员在事后写的体会文章中说:"播音员(记者)还要培养自己的'应变能力'、'语言组织能力'、'语言表达能力',才能在投入现场报道时,处于主动积极的姿态。当然,有些情况可以事先了解,也可以打腹稿,或作点文字准备。可是,一般来说,能使整个报道更生动、更有真实感的往往是现场捕捉的东西。"[①]

④情绪饱满、真情实感

进行现场报道时,如果记者、主持人处在此情此景中无动于衷,就会给人以置身其外的不真实感觉,当然也就失去了"现场"报道的意义。人们对爱德华·默罗当年的《这里是伦

---

① 辰锋.一次现场报道引起的思考.上海新闻广播,1985(11)

敦》的报道之所以印象深刻,还有一个原因是充满感情。"他在楼顶上第一次广播,据说是以嘶哑的、颤抖的声音播出的。有时还突然发出呜咽之声。这次广播肯定具有强力的感情冲击力。"①由此可见,默罗生动的语言和真挚的感情对这次报道起了重要的作用。

　　口头报道时,记者、主持人的感情应融入现场氛围中,掌握好基调和节奏。这种基调与节奏也反映在音响和画面中,使得语言、情绪、音响、画面都能和谐一致。像朱建华破跳高世界纪录的报道,记者的节奏感非常好,几乎是按朱建华跑步的节拍,越说越快,最后和起跳一样喊了起来,动感很强,感情基调也把握得恰如其分。常见的不和谐情况,主要是一些脱离画面、音响气氛的,莫名感伤、兀自抒情,反而起不到感染的作用。语言的节奏和感情的张弛也应该是一致的,所以真情实感自然会从语言的抑扬顿挫中表现出来。

　　记者、主持人的感情表达又必须是有所节制的。《胡耀邦总书记在日本岚山瞻仰周总理诗碑》报道的记者刘振敏同志,谈到自己报道体会时说:

　　"……这时,我完全沉浸在歌声中了,我看着一个个日本青年热泪盈眶,一个个中国随行人员激动万分。我对周总理的怀念之情也达到了高潮。我没有能控制好自己的感情,只解说到'敬仰周总理的革命生涯,回忆周总理的音容笑貌',声音哽咽了。事后,一位同行给我提出,如果当时把感情'收'一下,再加上一句话,就能使中日人民怀念周总理之情,与世世代代永远友好下去的心愿糅合在一起,报道的主题思想会更加突出。是的,在那种场合,如果记者把自己置于现场之外不动情,是不可能把现场的情景真切、感人的传送给听众的。然而,如果记者把自身沉浸在感情中,不能自制,就难以准确、完整地反映现场、体现主题。"②

(二)现场解说

　　它是在现场直播或实况转播的情况下,伴随现场活动的过程进行的解说和评述。主要有现场解说、球赛解说、演出文艺解说等等。它与现场报道不同,它不是在活动中进行报道的,而是位置相对固定在现场的一种播报方式。当然也会有与现场报道相互配合的情况。但是作为现场解说具有不同的特点。

　　一是,与新闻活动在时间上是同步的,它是在事件发生、发展的同时用解释性话语报道现场实况。这与现场报道有类似之处。所不同的是,现场解说主要是对宏观场面的直播,而现场报道兼有微观动态的报道。

　　二是,新闻一般是组织活动,所以报道是完整的。现场解说的对象一般不是突发事件,而是事前有所组织和安排的活动过程。按照活动程序需要做些必要的准备,如撰写解说基础稿或提纲,尽可能占有与活动有关的材料和资料,进行一些事前的采访,制定直播计划,采取一些技术措施等等。

　　三是,现场直播的解说是与事件发展同步,一切技术工作的重点都在现场。一般来说,现场直播的技术要求比现场报道要求高。使用的设备,动用的人力也要复杂一些,在大多数情况下要使用转播车等直播设备。现场画面的剪接,音响的调度等都在现场完成,由转播导演来进行切换组接。现场解说配合导演意图,对切换的场景进行解说,不可游离或跳脱。

　　四是,现场直播是一次完成的,不可重复。现场的实况是同步直播的,如果重播或再做事后处理,就属于现场实况录音而没有了直播的意义。在这种情况下,也可以在后期制作时做配音处理。

---

① [美]芭芭拉·马图索.美国电视明星.杨照明等译.北京:中国广播电视出版社,1987:16
② 刘振敏.一次难忘的采访.中央台编播业务,1984(4)

现场解说主要有两种形式,大型活动解说和体育解说。

1. 大型活动解说

大型活动解说的基本特点主要表现在四个方面。

①紧扣主题,突出重点

现场的解说稿或提纲需要有一个比较清晰的脉络,尤其要突出对典型场面和典型事例的报道。在转播的过程中恰如其分地插入背景材料和情况介绍。

中央人民广播电台在国庆五十周年庆典的天安门,现场直播,解说主题就比较突出、严谨。

我们看到游行队伍簇拥着毛泽东主席在开国大典上的巨幅画像,毛泽东的神情庄严而从容,50年前的今天,这位伟人用浓重的乡音,宣告了一个终结、一个起点。

(毛泽东同志讲话音响)

"中华人民共和国中央人民政府今天成立了!"这声音,震撼了世界;这一刻,凝聚着中华儿女的希望与梦想,中国历史从此掀开了崭新的一页。

"1979年那是一个春天。有一位老人在中国的南海边画了一个圈"。这是一位不平凡的老人,他放眼看世界,把握时代的风云,荡起改革的春潮。让我们重温邓小平同志1978年的一段讲话。

(邓小平同志讲话音响)

"今天我主要讲一个问题,就是解放思想,开动脑筋,实事求是,团结一致向前看。……如果现在不实行改革,我们的社会主义事业就会被葬送。"

那是一个隆冬,冰雪还没有消融,但人们已分明感觉到了早春的脚步。解放思想,拨乱反正,一扫阴霾,走过风风雨雨的历程,我们迎来改革的春天,谱写春天的故事。

承前启后,继往开来,"十五大"的召开,标志着中国的现代化事业进入新的历史关头,江泽民同志的报告,为中国的改革列车照亮了道路——

(江泽民同志讲话音响)

"让我们高举邓小平理论伟大旗帜,紧密团结在党中央周围,同心同德,不屈不挠,艰苦奋斗,把建设有中国特色的社会主义伟大事业,全面推向21世纪。"

"总想对你表白,我的心情多么豪迈;总想对你倾诉,我对生活是多么热爱……"

游行队伍滚滚向前,全国人民满怀信心;新世纪曙光在前,新时代前景灿烂。①

通篇解说贯穿了"开国、创业"、"改革、辉煌"、"世纪、腾飞"三个主题,展现了社会主义建设事业继往开来的美好前景,具有强烈的感染力和感召力。

②语言表达要形象生动

现场实况既要依托音响、画面来表现,同时更需要生动形象的语言来描绘。这样在阐发主题的基础上,还需要深化和拓展主题,给人以强烈的感染力。中国国际广播电台在《香港回归之夜现场直播节目》中的几段描述就比较生动。

男:我们所在的直播场地有几家电台正在不间断地播音。

女:紧邻我们的前排是摄影记者的场地,所以,相机快门声和闪光灯的亮光,简

---

① 中央人民广播电台.广播业务研究(增刊),1999-10-15

直是此起彼伏,不知道今晚他们会消耗多少个胶卷,不过可以肯定的是,中英两国政府,香港政权交接这一历史时刻,会在他们的手中变成永恒的画面。

……

女:听众朋友,现在是北京时间23点59分16秒,现在英国国旗和港英旗正在徐徐降落,它标志着英国对香港155年的殖民统治彻底结束了。

男:它宣告香港百余年屈辱史的终结。

(英国国歌扬起至终)

(中华人民共和国国歌出完整)

(掌声,混)

男:听众朋友,现在,中华人民共和国国旗和香港特别行政区区旗高高飘扬。

女:香港回到了祖国的怀抱!从这一刻起,中华人民共和国对香港恢复行使主权。

男:听众朋友,现在我们已经跨入了北京时间1997年7月1日,这一刻,必将载入历史。

女:香港,在每一个中国人热切的期盼中,在全世界的凝神关注下,昂首跨入它新的纪元。

男:香港的明天更美好!

…………

女:听众朋友,现在中英双方领导人依次握手告别,他们告别一段历史。

男:告别一个时代。……

女:听众朋友,从鸦片战争开始的中国近代史,是一部帝国主义列强侵略、瓜分中国,中国人民饱受屈辱、苦难的历史,也是无数志士仁人高举爱国主义旗帜,唤起千千万万民众,为实现国家的独立、统一和富强进行艰苦卓绝斗争的历史。"起来,不愿做奴隶的人们,把我们的血肉,筑成我们新的长城……"国歌中这几句话,正是这段历史的真实写照。

男:今天,香港155年之后回归中国,宣告了香港百年屈辱史的终结。

…………

上面这几段解说声情并茂,描绘、抒情、议论都恰到好处,把现场的氛围也表现得十分形象、生动。

③报道解说需要随机应变

虽然在大多数情况下,都会准备解说稿。但是现场情况是经常变化的,如出席名单、活动程序、典型细节的出现等等都需要我们随机做出调整。不能够完全按照文本,机械宣读。解说语气也需要根据现场气氛的变化而变化,既要和音响配合,也需要与画面协调。

请看中央电视台、浙江电视台获得中国广播电视节目一等奖的《2000年钱塘江潮》的一段现场解说。

…………

现在从我站的这个位置上可以看到从杭州湾方向有一条白色的飘带向我们舞动过来。潮声已经告诉我们它离我们不远了,潮声总是一路首先报信,真可以说是潮水未到声先行。我在当地听到一个传说,说是这潮水在最早的时候是没有声音的。我猜想,是不是因为千百年来,人们一直惧怕而又欣赏关注着涌潮,涌潮也就逐渐地对人类有了感情,提前发出声音来,好让欣赏它的人们尽早避开,免得受到伤害。

现在我来介绍一下今天在这第一个观潮点上您能看到什么。在这里您可以欣赏到钱塘江涌潮中唯一的南潮,潮水从东面逆流而上之后,因为在前方碰到了一个大弯子,结果东潮就变成了南潮了。也就是说本来从这面过来的潮水,瞬间变成了从对岸奔涌过来,让你能够体验到正面迎击潮头的感觉。另外,在这里我们还有可能欣赏到著名的交叉潮。交叉潮不像一线潮、回头潮每一次来潮水时都可以看到,它的出现没有规律可循,相对于其他潮景来说,交叉潮更难得一见,但偏偏它又是最为奇特的一个潮景。

它形成的原因是因为江面从100多公里宽,一下子收缩到我们这个位置的3.5公里宽。江面的突然缩窄,就会造成这一带泥沙淤积,也就是人们所说的会形成沙洲,也正是因为有了这个沙洲,交叉潮的形成才有了可能。

形成的过程是这样的,潮水因为碰到了沙洲就分成了两股,从那边过来的叫东潮,从这边过来是南潮,东南两股潮头在绕过沙洲后,就会在这个位置相撞交叉,就会形成交叉潮。然后它们会融合在一起,继续向西边挺进。

据了解,离我们最近看到交叉潮的时间,分别是在1995年和1998年,看看我们今天有没有这个眼福,让我们共同期待它的出现吧。

从测距仪上看到,潮水现在距我们只有两三百米远了,再过三四分钟,潮水就要淹没我所在的丁字坝,现在我和摄像师马上转移到上面的堤坝上,在那儿我们继续为您报道。

(潮到大缺口)

章伟秋:现在潮水已经迅速逼近了。刚才我所站的48号丁字坝已经成了横贯水面的江中瀑布了,涌潮的声音也越来越强烈。让我们往潮水前进的方向看,江面已经隐约地形成了一个"一"字,到了下一个观潮点您就可以领略到一线潮的风采。南潮正面冲击海塘是我们这个观潮点看到的最大的一个特色,很多朋友可能没看够,让我们再来欣赏一下。

(一段直升机跟拍潮水的镜头)

(精彩回放)

章伟秋:很遗憾,我们今天没有看到一开始介绍的交叉潮,是什么原因呢,请专家解答。

(采访专家什么原因没有形成交叉潮)

章伟秋:今天现场的朋友没有看到交叉潮比较遗憾,但是对于电视机前的朋友们来说,我们已经作了准备来弥补您的遗憾。我们把近几年来所拍摄到的一些最精彩的交叉潮的画面编辑成了一只小片子,请您欣赏。

从这段解说中可以看出,当人们期待的"交叉潮"没有出现时,主持人所做的临时处理,也满足了电视观众的要求。

中央电视台在《香港回归CCTV 72小时现场直播》中,主持人白岩松负责解放军进驻香港的报道,但是出现了意外的情况,不得不做临时处理,他回忆说:"车到大桥另一端的香港海关出口,CCTV的报道准备都已做完,我下了车便接过话筒,开始了这一头部队正式进入香港的报道,本来时间只有10分钟,但由于部队入港时间要符合事先谈好的时间,我的报道被延长到20多分钟,事先的准备显然是不够的,只能根据现场的情况作应急报道。时间好像很长,直到摄像告诉我:'好,不用说了。'我才从直播状态中释放出来。……"尽管白岩松对自己还不够满意,可事实上这一段解说还是很精彩、十分成功的。这次报道经验使他明白了一个道理,"现场直播考验的决不仅是一个人的业务能力,而是心理素质。"①语言节奏与现场效果和谐一致。

现场直播主要是由现场实况和语言解说两部分组成的。这两个部分各有其表现功能,但在节目中两者必须协调起来,才能取得相得益彰的效果。因为音响、画面是客观存在的,而且稍纵即逝,所以主要还是解说去适应音响、画面,以求得和谐统一。如:《国庆五十周年》现场直播中,当广场上走过文艺队伍时,开始解说。"腰鼓、铜镲尽情地敲,手持黄色斗笠的人们尽情地舞。优美的舞姿,欢快的锣鼓,传达着中国人心中奔涌的激情。……

她们舞动着绚丽的花篮,舒展着轻盈的手臂,向祖国、向母亲表达衷心的祝福;她们展现着青春的英姿,迈动优美的舞步,向世界、向未来展示着靓丽的风采。……"②当时的解说语言节奏与现场气氛十分融合、协调,给人留下了深刻的印象。

2.体育解说

体育解说与现场解说的性质与作用基本相同,所不同的是体育解说面对的是更多不可预知的因素,赛场的风云千变万化,输赢得失难以预料。所以解说者必须具备丰富的体育知识、临场应变能力以及伶俐的口才。搞好一场赛事的解说,需要做好以下几方面的基本工作:

①赛事前的准备

在每场赛事开始前,解说者都必须对该体育项目的比赛规则、基本战术和参赛队的情况有比较全面的了解。还要对双方参赛队员的姓名、年龄、体格、技术特点、爱好、历次赛事的表现等做详尽的了解。中央台著名的体育解说员张之在谈到自己的体会时说:"在很短的时间里,怎样认识外国运动员,并记熟他们的名字,是件困难的事。我的做法是,在外国队来访之前,先从体委要到外国队员名单,在外国队到京时,就到机场和火车站接他们,在跟他们一起去饭店的汽车上,我就抓紧时间访问运动员,从他们的肤色、脸型、头发颜色和身高找出特点以供记忆。当天就要把主力队员的名字记住。第二天去采访外国队员练球时,无论是在公共汽车上,或骑着自行车去,我手里都捏着运动员名单,不时地看,不时地记,还联想他们的特征,直到记住为止。有时候,外国运动员去故宫、天坛或其他公园参观游览,这是我们采访运动员的好机会。我就利用这个机会跟运动员接触交谈,借以熟悉他们,搜集更多的报道材料。"③在每场解说开始前,还要准备好开场白和结束语,以及适时插入各种比赛的背景材料等,材料充分了,解说就会更加全面、准确。

②解说需要表现体育精神

体育比赛是对抗性的,比赛双方竞争都很激烈,受众的情绪也会因之而有较大的波动。解说员的感情当然会随着现场气氛而不断变化。但是在任何情况下,都不宜过于偏袒一方,说出过激的言辞,甚至伤害一方队员的感情。解说员也应该始终本着"友谊第一,比赛第二"的体育精神,对各方队员做出实事求是的评价。当出现场内违反体育道德的现象时,及时做出客观公正的评议。出现赛场新风时,无论是哪一方都应该做出积极评价。

③普及推介体育知识

体育运动项目很多,体育中的战术、技术纷繁复杂。体育解说仅仅满足了解一些竞赛规则和一般的战术、技术,是不能满足听众、观众的要求的。解说员还必须具备丰富的体育知识,以及形象化的语言表达能力。著名解说员宋世雄说:"1978年10月,在中国青年杯足

---

① 白岩松.痛并快乐着.北京:华艺出版社,2006:138
② 中央人民广播电台.广播业务研究(增刊),1999-10-15
③ 张之.球赛实况转播札记.播音创作漫谈(第一辑).北京:北京广播学院出版社,1983:46

球赛期间,我同上海足球队的教练坐在一节车厢里从南京返回上海,他给我上的那堂生动的'旅途足球课'打开了我新的视野。他告诉我,一讲到足球比赛,人们都会提到前锋精彩的射门,守门员轻巧的扑救,而把足球场上重要的传、接球抛在一旁。可是,在一场比赛中,有百分之八十的时间是在传球和接球。运动员把传接球比喻为足球场上的语言。'足球场上的语言'说得多么形象啊!的确,在激烈的足球比赛中,队员是没有办法用语言表达自己的思维和意识的,那么他们靠什么进行思想交流呢?靠传球、接球。比如,头脑清楚的控制球的队员把球传到了左边,就等于告诉同队接球的人'快,往左边跑,那里没有人防守,从那里发起进攻最合适'。以后,我在转播中,介绍运动员打什么位置,有什么特点;报道体育战术,介绍体育项目等等,尽量做到形象化。"①

④思维敏捷,口齿伶俐

体育比赛紧张激烈,赛场形势瞬息万变。体育解说始终都处在高度紧张兴奋的状态下,用最快的语速,清晰、准确地报道赛场形势的变化。口齿伶俐、吐字清晰、反应迅速、声音圆润,这些是体育解说的基本要求。宋世雄在谈到自己的体会时说:"我刚开始练习时,感到很难。话说快了,就说不清楚,不是吃字就是结巴;说话时间长了,声音又容易嘶哑。为了提高音素质,我用多种办法进行练习。有时一个人在空洞洞的房子里练习演讲;有时召集一群小朋友给他们讲故事;有时看一幅画练习口头作文;有时站在繁华的街头路口,描述来往的车辆和行人,训练我立意构思、布局谋篇以至遣词造句的能力。到比赛现场进行转播练习之前,我先把转播当中的常用术语背得滚瓜烂熟。比如足球转播中的这段话,'现在中国队前卫任彬在中场得球。他一脚长传,把球递给右边锋丛者余。丛者余沿着右边线带球,对方后卫上来阻截,丛者余过了一个人,到了底线,突然一脚传中,张宏根在禁区里抬脚射门,球进了!……'我背了几百遍。这样一天又一天地练,一遍又一遍地说,终于掌握了体育播音的技巧。1981年我在日本转播7场世界杯排球赛实况时,在20天的时间里要熟悉9个队的100多名运动员。1982年在转播第12届世界杯足球赛时,我要熟悉24个队的600名运动员,这确实是比较难的。有些运动员名字很长,从语音结构上来看,也很复杂,转播时要念快,真有点'绊嘴'。但由于平时坚持背诵'吃葡萄不吐葡萄皮儿,不吃葡萄倒吐葡萄皮儿'等各种绕口令,做声母、韵母、声调对比练习及气息吐字综合练习,有了播音的基础,所以转播中不管比赛场上情况怎么千变万化,仍能做到运用自如。"②

⑤从文学中吸取营养,提高语言表现能力

优秀的体育解说不仅把体育赛事说得明明白白,而且在解说语言中表现出较高的文学素养,给人以美感享受。我国球赛解说的老前辈张之的解说就具有这样的特点,他在自己的体会中说:

"为了使体育广播做到生动有趣、引人入胜,还必须在语言方面下工夫,需要阅读古今中外的文学名著,从中吸取营养。

白居易的长诗《琵琶行》给了我很大启发。他用通俗优美的文字把在浔阳江边送别的环境、地点和人物介绍得鲜明如画。特别是那一段弹琵琶的描写,非常生动、形象。像'大弦嘈嘈如急雨,小弦切切如私语,嘈嘈切切错杂弹,大珠小珠落玉盘','银瓶乍破水浆迸,铁骑突出刀枪鸣'等等,想象力多么丰富啊!我觉得要学习白居易的白描手法,通俗易懂,不咬文嚼字,虽不浓艳,却很动人。更值得学习的是

---

① 张颂主编.中国播音学.北京:北京广播学院出版社,2003:188
② 李瑞英等.广播电视播音与节目主持人.沈阳:辽宁人民出版社,2001:210

他用各种形象比喻描绘弹琵琶,把供人听的音乐,改换成供人看的文学诗句,使人读了永志不忘。我们完全可以借鉴这种手法,把供人看的球赛,用形象有趣的语言传达给听众,把他们引到特定环境里,就像坐在体育馆里看比赛一样。

我国古诗词中有不少用形象表现感情的描写,也可供球赛解说借鉴。比如对忧愁的形象,李煜有,'问君能有几多愁?恰似一江春水向东流';李清照有,'只恐双溪舴艋舟,载不动许多愁';贺铸更是用三个画面表现愁,他写道,'问君闲愁都几许?一川烟草,满城风絮,梅子黄时雨。'人的喜怒哀乐都可以用形象化的语言表现出来,使听众的脑子里出现立体画面。

在实况广播中,有时我直接引用一些诗句,来丰富解说语言。如用李白的诗句'一将当关,万夫莫开'来形容足球守门员的防守严密;用'黑云压城城欲摧'来形容足球场上的重兵压境;用'山重水复疑无路,柳暗花明又一村'来形容场上战局的变化。……"

"为了丰富实况广播的语言,我也试着从听众熟悉的我国古典小说《三国演义》、《水浒传》和《西游记》中找借鉴。这几部著名小说中都有很多描绘得栩栩如生的战斗场面。我就用听众所熟悉的古典小说情节,来形容比赛场上的形势。譬如把足球前锋冲进对方禁区,形容为他单枪匹马冲入重围,好像长坂坡前的赵子龙;讲一个运动员身体魁梧有力就说他好像有倒拔垂杨柳的劲头;对一个运动员一开球就连抽几板,我说他一上阵就使出了程咬金的迎面三板斧。这种描绘方法,听众觉得熟悉,也感到亲切。除了我国的古典文学外,外国著名作家的技巧,也值得学习。像巴尔扎克的人物描写,入木三分,应该引为楷模;像杰克·伦敦的短篇小说《墨西哥人》里写的拳击场面,是很激动人心的。

为了学习生动的语言,我读了不少著名的语言大师老舍的著作,特别是他的剧本。他写的台词通俗、简练,生动有趣。《龙须沟》、《骆驼祥子》里的对白,写得多好啊!他还善于用简短的出场台词交代出每个人物的精神面貌,像话剧《茶馆》的第一幕,出出进进二十多个人物,有的只有两三句台词,但是观众就可以从这两三句话中了解这个人物。为了学习这位语言大师在运用语言方面的高超技艺,我除了注意读他的剧本以外,还到剧院,去看他剧作的演出,来加深我对使用语言的理解和印象。"[①]

张之的这段体会很能说明问题,所以球赛解说并不是一般的赛事转播,还是一门独特的语言艺术。

(三)口头评论

口头评论一般是指记者或主持人在新闻现场,针对某种新闻事实或社会现象即席所做出的评论。从夹叙夹议的表达特点上很类似于"新闻述评"。但是与一般"新闻述评"所不同的是,这种评论往往是带有个性特色和口语色彩。所以他们并不是一般的主持人,在媒介中的影响和作用也非同一般。国外把具有这项工作特点的媒介人物,称为"新闻评论员",在英文中表述为"Ancherperson",俄文中则称为"Комментатор"……譬如:美国的电视机构中的代表人物有 CBS 公司的迈克·华莱士,NBC 公司的约翰·钱塞勒,ABC 公司的彼得·詹宁斯;英国的大卫·福罗斯特;日本朝日电视台的久米宏,TBS 电视台的筑紫哲也等等。近几年,我国也出现了一大批带有评论员特点的节目主持人,如敬一丹、白岩松、董倩、水均益等。

---

① 张之.球赛实况转播札记.播音创作漫谈(第一辑).北京:北京广播学院出版社,1983:51

1998年3月九届人大一次会议期间中央电视台推出的评论节目《政府工作报告要点分析》中,白岩松在3月19日朱总理记者招待会直播之后的评述中,乐观、自豪又不无轻松幽默地说:"随着精彩招待会的结束和两会的胜利闭幕,我不知道股市是否又该上涨了?我想,随着中国在世界上影响越来越大,这种上涨可能是世界性的。"中外媒体对这样的报道给予了高度的评价。

口头评论一般有两种形式:一种是三言两语的"点评",就是在对事件的客观报道后或报道过程中,就新闻事实所发表的随感式的简短言论;另一种就是短评,它是就某种社会现象或新闻事实所发表的较为系统的见解或论述。一般在节目中占有专门的时段,辟有固定的栏目,如中央电视台的《面对面》等。

1. 点评

它主要反映为主持人在报道过程中对新闻价值的一种提示,要言不繁、点到为是。可以从以下几方面入手:

①解析——既有解释作用,又有提示的意义

中央电视台《焦点访谈》栏目中,《走近好人——一座雕像的诞生》节目中敬一丹议论说:

"一位普通医生的故事讲完了,这座患者们自发捐助的雕像如今已经安放在温医生生前工作的岗位上。人们需要这样的好医生,我们的社会呼唤这样尽职尽责的好人。反过来想一想,如果我们每一个人都很好地担负起社会赋予的责任,能为社会多做一些有益的事儿,那么谁还会说我们的身边好人太少呢?"

这段点评就是对故事的含义的深刻揭示,说明了"人人都应增强社会责任感"的真正意义。

②表态——凡是评论都是具有鲜明观点的,反之没有观点也就无从评论

点评也就是在叙事说理的过程中恰如其分地点明自己的观点而已。在中央电视台《洋河污染导致大片农田绝收》节目中,主持人章伟秋在报道过程中说了这样一段话:

"从上午8点20分我们就来到张家口市政府,要求采访市长,可到了中午12点,市政府办公室负责人还不知道市长到哪去了,说因为地市合并,工作太忙。但是,我们以为,老百姓的吃饭问题也是很重要的,也需要忙一忙。"

这个点评和观众心中的看法相吻合,可以说是入木三分,既表明了自己的观点,也给人以更多的启迪。晓之以理的同时,还要动之以情,往往会取得意想不到效果。中央电视台《焦点访谈》栏目"李欢:弹奏生命赞歌"节目中,主持人敬一丹和着李欢弹奏的乐曲声说出了这样一段激动人心的话语:

"现在由于疾病的原因,李欢还不能够站立起来。但是就精神而言谁又能说她没有站立起来呢?在采访中李欢告诉记者,她最喜欢弹奏的曲子是贝多芬的《欢乐颂》。那么,现在就让我们一起来感受《欢乐颂》那富于生命力的旋律吧。"

③阐发——点评不仅仅是就事论事,还需要说明事件以外的含义

它的特点总是"叙与议"、"事与理"相互交融在一起的。但是"议"的目的是为了深化"叙"的内容,"理"又是"事"的必然结果。1996年,在市场上出现了许多美化侵略、炫耀日本军国主义的玩具,使许多不谙世事的儿童在游戏中浑然不知的混淆了是非观。《小玩具大是非》中主持人王利芬在玩具柜台前的一段点评发人深思。

"观众朋友,有意思的是这两样玩具出现在同一个柜台上并放在一块儿,这个

玩具是旧日本海军特型潜水艇。它是旧日本海军炫耀自己的海军力量的一种玩具,这让我们想起了100多年前的甲午海战,邓世昌驾驶这艘'致远号'在孤立无援的情况下,冲向敌舰的悲壮情景。当然我们并不是说孩子们的每一个玩具都要具有这种教育功能,我们只是在面对自己的历史的时候,一定要教孩子们区别正义与非正义,不能模棱两可,像这个玩具一样,侵略者以这个方式出现在这里。"

记者此时的点评可谓是对事实的升华,这种评述不仅具有导向作用而且发人深省。

④引导——对一些现象,主持人不是直接做结论,而是留下悬念,由人们去思考

许多人都在书摊上看到过形形色色的《脑筋急转弯》,这些书籍通过一些所谓的趣味性的问题对儿童的基本判断进行误导,干扰了正常的教学和正常的思维。同时一些低级趣味的内容给孩子的道德价值判断和行为举止带来了潜移默化的副作用。

小学生:我说一道题吧,有钱人最怕什么?
记者:最怕什么?
小学生:不知道钱放哪儿。
记者:你觉得这个问题好玩吗?
小学生:好玩!
记者:小偷的最大特征是出手不凡?
小学生:可以。
记者:你觉得呢?
小学生:我觉得也可以。
小学生:有一次小明从楼上往下扔垃圾,小英却没有反应,因为答案是小明他们家楼底下就是垃圾站。
记者:贝多芬给你们最大的启示是什么?
小学生:背了多分,一背得分就多。

节目播到这里,记者又一次即兴点评道:

"听了孩子们刚才的回答,我不知道那些出版单位是不是还会因为自己制造这样一些'幽默'而发出会心的微笑。在《脑筋急转弯》上还有这么两个问题:一个是女孩子怀孕之后,首先应该注意什么?答案是:是否结婚。还有一个问题,什么是大人们用来玩,偶尔又用来睡觉的地方?答案是:一张床。面对这样一些问题,我们很难明白那些出版单位究竟想把孩子们的脑筋转到什么地方去?"

这样的点评,掷地有声,荡气回肠。

⑤协调——调节舆论温度、平衡社会心态、对报道中的偏差进行补正等作用

一次《东方时空》的子栏目"生活空间"播出了一集《王子梦》,讲了河北一名叫"王子"的女孩练网球的事。结尾处,母亲问:"你最喜欢吃什么?"王子答:"法国大餐!"母亲说:"将来咱得了世界冠军就可以吃真正的法国大餐。"王子说:"要包专机去法国吃,把餐馆包了,买车自己开。"母亲问:"要什么样的车?"王子答:"至少得奔驰以上的"……主持人白岩松敏锐地感觉这样的结尾会导致负面的影响,破例做了点评:

"如果王子夺得冠军时,面对的只是鲜花和奖杯,没有法国大餐,也没有奔驰以上的轿车,不知她是否还能一拍接一拍地打下去?"

这样的点评既给人们留下了思考,也起到了纠偏补正的作用。

2. 短评

以主持人身份做出的短评,主要还是随感式、探讨式、启发式、商榷式的,而绝不能居高临下、以势压人。因为他主要还是代表着民意,而不是法令。所以它应该具备这样一些特点:

① 深入浅出,微言大义

由于广播电视具有受众广泛和线性传播的特点,就必然要求我们的评论语言是通俗易懂、朴实流畅,但又是富有内涵的。从另外一个角度来看,尽可能使用大家都能听得懂的语言,实际上也是叙事说理中一种待人以诚的表现。古人说:"精诚所至,金石为开"。无数事实说明,"诚"是取得对方信任,达到说服目的的基础和前提。"诚"的含义,首先,态度真诚。要"存实事求是之意,去哗众取宠之心"。其次,语言热诚。要说服人,先要尊重人,不可出语轻浮,巧言令色,给人以不信任感。最后,襟怀坦诚。应该自己首先敞开胸怀,推心置腹,以心换心。例如,甘肃甘南人民广播电台的广播评论《不能鼓了腰包,秃了山包》议论的是乱砍滥伐的危害,这篇配发新闻的口头评论,语言十分质朴平实和口语化。

"听众朋友:这两年,洮河林区的一些村民,靠一把斧子两只手,钻山沟,毁林致富,发木头财,吃现成饭,这种杀鸡取蛋的作法实在不可取。林区群众中,有这样一句顺口溜:'要想快快富,进山砍松树'。乍一听,'生财有道';细细一想,却不是个正道儿。常言说:靠山吃山。问题是怎么吃法。吃山首先要养山,只吃不养,只能坐吃山空。农谚讲得好:'山上松柏青,胜过捡黄金;山上没有林,有地不养人'。大自然的惩罚是无情的。就说今年吧,卓尼和临潭的一些地区遭受暴雨、洪水袭击,庄稼被冲,房倒屋塌,给当地群众的生命财产造成了严重的损失,这和大面积森林被毁,植被遭到破坏直接有关。现实告诉我们,只抓'材宝',就会伤了'绿宝'。秃了山包,到头来,腰包也鼓不起来。毁林致富,也是国家法律不允许的。前不久,临潭、卓尼两县依法处理了几起毁林案件,毁林者分别受到没收木材、罚款、行政拘留、判刑等处罚。这不,吃亏的还是自己。致富路有千万条,靠毁林致富,既不正当,又不长久,何必偏走这条道呢?"

这篇评论的口语色彩很浓,如"杀鸡取卵"改成"杀鸡取蛋","实不"说成"不是个正道儿";变长句为短句,如"钻山沟,毁林致富,发木头财,吃现成饭","靠毁林致富,既不正当,又不长久,何必偏走这条道呢?"其中还引用了熟语和农谚,听后给人以亲切、真诚的感受。评论朴实、平易的语言中蕴含着"护林就是护家"的大道理。

② 以事醒人,以理服人

以理服人首先要以事实为依据,事实胜于雄辩。所以好的评论总是依托具体的新闻事实,阐发其中的道理,增强评论的说服力,用事实说话,往往胜过连篇累牍地去讲大道理。但使用不好,有时还会起到适得其反的不良效果,所以应该注意三点:一是要以理为本,叙事说理要相互补充;二是以精取胜,应该点到为是,见好就收;三是以新为贵,要引用新事例、新角度、新观念,即使是司空见惯的事物,也需要常说常新。中央电视台《焦点访谈》中播出的《铲苗种烟,违法伤农》社会反响十分强烈,引起了中央领导的高度重视。报道中主持人的短评都是穿插在采访画面中的。

"……最近我们的记者到重庆市巫山县官阳区采访的时候,在当地发现很多地方都贴着这样一条标语,写着'全面实行烤烟净作',净是干净的净,作是工作的作。跟当地人一了解呢,所谓的烤烟净作就是说地里头不许种别的东西,只能种烤烟。为了实现这样的目标,当地的乡乡镇镇可是想尽了办法。(采访)……今年二、四月份,在重庆市巫山县官阳区,苗圃里和地里农民精心培育的一些青苗被用来检查的人无情地铲掉了。(采访)……农民说,来检查的是官阳区个乡镇的干部,他们铲掉青苗是为了强迫大家种烟。官阳区的农民在1998年续签了30年的土地承包合同,签订合同时,并没有任何种植品种的约定。按农业法规定,农民在承包土地期间,享有生产经营决策权,产品处分权和收益权,也就是说农民有权决定在承包的土地上种什么。很显然,官阳区各乡镇干部铲掉青苗强迫农民种烟的做法是违反农业法的。(采访)……据了解,一些农户是因为家中没有劳力,不便于种烟。更多的农民认为,虽然政府发动种烟,但最后是由烟草公司根据市场情况来收购,没有硬性保障。如果在收购时再遇上压级压价,那么不但一年白辛苦,甚至无法维持生活,因而也不愿意种烟。这些农民希望能够种一些玉米、土豆,虽然收入不会太好,但可以解决自身的温饱问题。农民种烟有后顾之忧,如果真是为农民着想,就应该从解决农民忧虑入手。可是官阳区却不顾实际情况,今年再次向各乡镇下达种烟指标,各乡镇为了完成任务,就强迫下属各村签下了种烟合同,农民们也被迫在草签的种烟计划单上摁了手印,签了字。(采访)……面对压力,又迫于生计,为了能够维持基本的生活,许多农民只好在种烟的同时种上一点玉米、土豆等可供自家食用的农作物。但是3月中旬,官阳区委区政府和各乡镇的干部们却组成了几个工作小组,走村串户检查农民种烟的情况,检查组铲除了不按规定种烟的农户地里的玉米、土豆等青苗,在遇到阻力的情况下,一些检查组使用了违法手段。这位农民家里只能杀上一头猪,做成腊肉供全家一年食用。现在她家的腊肉连同电视机都被检查组扣走了。(采访)……不种烟的就提前收你的农业特产税,种烟的收获之后再收取你的农业特产税。原来官阳区要求农民种烟,其根本目的是为了收钱,据了解,烟草的税收是当地最主要的财源收入。(采访)……在农村实行的是土地承包制,承包期间,地里到底种什么,卖什么,怎么去卖,决定权在农民自己手里。如果官阳区的有关领导真想帮助农民尽快致富的话,应该做的是,尽量多地给农民提供市场导向的意见,普及相应的农业科学知识,让农民自己作出选择,而不该采取强制的手段,逼着农民非得去种烤烟。这样种出来的烤烟如果卖得好还可以,如果卖亏了钱,你到底赔不赔钱给农民呢?据了解,在我们的记者采访以后,巫山县的领导已经作出了决定,要迅速调查此事,对体罚殴打群众的镇干部进行查处,同时给有关的镇领导作出了相应的党纪和政纪的处分。"

这段评论举事说理,以事显理,就很有说服力。

③夹叙夹议,情理交融

口头短评都是在采访过程中有感而发的议论。既要晓之以理,还需要动之以情。古人尚且懂得"感人心者莫先乎情",用真挚、深沉、丰富的感情去打动对方,根本的问题在于要有平等而诚恳的态度和鲜明的是非观念。"情"通才能"理"达,人同此心,才能心同此理。中央人民广播电台《新闻纵横》节目"不该忘却的纪念"系列报道,其中的短评就很有特色,的确起到了振聋发聩的作用。

"……步入中年的人们再重提王杰这个名字的时候,还能想起王杰那句'一不怕苦,二不怕死'的誓言,那幅王杰为掩护民兵战友扑向炸药包的油画,还有自己当年被王杰事迹激荡起来的山风海涛般的情怀,同时,也许为自己现在的坚强、正直找到一个精神支点。而现在的青少年当中,王杰这个名字要么陌生,要么显得遥远。(采访)……看来,我们的时代的确有点要把王杰这位英雄给忘却的样子了。对英雄个人来说,这种遗忘也许算不了什么,但是,对那曾经迸射出灿烂光彩的英雄精神来说,遗忘则不能不说是一种悲哀。(采访)……各位听众,人没有一点吃苦精神是不行的,但没有人天生爱吃苦;人固有一死,但没有人生来不怕死。当苦不可回避,死突然降临时,是把苦和死留给自己,还是把甜和福留给自己,人的选择是不一样的。因此也就有了见义勇为和见义不为之别,有了言行一致和言行不一之别,有了挺身而出和围观起哄之别,有了仗义执言和敢怒不敢言之别,但是,有一点恐怕谁都清楚,这就是,如果没有像雷锋、王杰、徐洪刚这样的千千万万的好人和英雄的见义勇为、言行一致、挺身而出,那我们社会的文明程度、稳定程度、道德水准肯定会下降不少。鲁迅先生说过:'中国自古以来就有为民请命的人,有舍身求法的人,有拼命硬干的人,这些人才是真正的中国的脊梁'。历史证明,一个民族总是需要一点气节和精神的。如果被一些短期行为,急功近利蒙住了双眼或伤了心,忘却英雄,丢掉传统,到头来是要吃苦头的。我们现在所以大声疾呼公民意识、公民素质、社会公德,和淡忘英雄的情形不能说没有关系。不管于公于私,于己于人,于中华民族的现在还是将来,我们都要呼唤一句:英雄,魂兮归来。"

(四)阐说新闻

"说新闻"曾在 20 世纪五、六十年代的广播电视中风行一时,譬如:上海广播电台的《阿福根说新闻》(沪语)、江苏广播电台农村节目《老农说天下事》、天津广播电台的《快板新闻》等。到了九十年代"说新闻"再度兴起,说明它有存在的价值,需要认真借鉴并加以研究。最初人们只是要求把文字稿变成自己说的"话","读"起来像"说"的。但是,仅仅满足于"读"得像"说",显然不是"说新闻"的初衷。我们从各国广播电视新闻传播经验中得到某种启示,广播电视与报刊不同,它在说明新闻事实的同时,还可以阐发新闻价值,使得人们更容易理解新闻的意义,这也正是广播电视新闻所具有的独特优势之一。实践表明,"说新闻"不但是可行的,而且很受大家的欢迎。我们可以看出,"说新闻"实际上就是主持人对新闻事实的一种阐释方式,所以把它说成是"阐说新闻"可能更准确一些。美国 CBS 的名牌新闻杂志节目《六十分钟》(Sixty Minutes)的创始人和制片人唐·休伊特对新闻主持人的素质曾做过这样的描绘:"我认为,要想成为一个优秀的报告员,必须兼有两种能力……一种是能够发现新事物;另一种是能够把所发现的新事物通俗易懂地传达给别人。这两种能力兼而有之的人,也就是既能发现又能传达的人,实际上是很难找到的"。[①] 可以说沃尔特·克朗凯特就是他物色到的具备这种素质的新闻节目主持人。而这家广播公司多年来一直都在致力于网罗这样的人才,先后出现了沃尔特·克朗凯特、丹·拉瑟、迈克·华莱士、彼得·詹宁斯等等,他们的工作方式就都反映出了"阐说新闻"的基本特征。近来,大家比较推崇香港凤凰卫视中文台陈鲁豫的新闻播法,中国传媒大学叶凤英教授在介绍陈鲁豫"说新闻"的情况时说:"陈鲁豫在'说'新闻的时候,不是简单地把'播'的形式改成'说',而是一种真正意义上的角色转换。她不是在念别人给她拟好的稿子,而是在说她自己的语言,她是选择新闻、提炼新闻、报道新闻的记者、编辑和主播。这种角色的转换已经把播新闻的播音员角色转换为记者、编辑的角色。"据陈鲁豫介绍,她每天五点半开始工作,阅读当天报纸,并与主编一起选择当天播出的重要新闻,边看边记录,并在半小时之内将要点背下来。在节目直播时,并没有提示器,也不会照念报纸原文,而是将报纸内容转化为个人的叙述,因此,整个播出过程是一个不断加工编辑的过程。这种将幕后编辑过程与播出过程的合一,加快了制作周期,提高了时效,同时使节目具有个人的风格。"说新闻"并不简单,它不仅仅是语言表达方法的问题,还关系到

---

① 任远.名主持人成功之路.北京:中国广播电视出版社,1999:61

传播者个人素质和新闻体制的问题。

1."说新闻"适应现代广播电视语境条件

"说新闻"虽然是在演播室中进行的。但是现代广播电视已经能够运用"双视窗"、"时空连线"、"模拟演播室"、"卫星电话"、"热线电话"等传播技术把现场氛围引入到演播室,给人以如临其境的感觉。对以这种方式传来的新闻,是需要加以适当评点和阐说的,这种解析新闻事实的语体形式仍然带有阐说的意味和基本特征。

广播电视与报刊不一样,报刊是"以字传意、以文传情",广播电视则是"以声传意、以形传情"。由于广播电视的语境氛围更接近日常生活,传情达意的非语言讯息远远多于语言文字,传播学者伯德惠斯特尔甚至认为,在这种语境交流氛围中,非语言成分就占据了65%,即使"一字不错",它也能够表示出完全相反的意思。这种情况,在电视中表现得比广播更为明显。当我们面对清晰的电视屏幕时,实际上获得的是"面对面,一对一"的感觉,这样一种语境只适合交谈,而不适应宣读。我们经常看到正襟危坐的电视播音员,在直播新闻时错了再改的极度尴尬(大多数情况下,电视播音员事实上在借助"提示器"照稿播读,给人以"脱稿"的假象)。如果是"说新闻",说错了为什么就不能改呢,这只会让人感觉错的自然、改的也从容。

2."说新闻"需要改变制播体制

颇具权威的英国著名新闻学教授安德鲁·博伊德曾引用加拿大广播新闻著作中流行的一句话:"多年来,编辑们总是告诫记者,'不要向我讲述,写出来'。这句话调过来就成为广播记者的一条很好的规则,'不要只是描写,讲出来'。"他同时还说:"现在对信息的需求日益增长,信息服务的方式也要相应的去适应当今的快餐时代。播音员身着晚礼服、像宣布国宴上贵宾的到来一样朗读新闻的日子已经一去不复返了。近些年,人们努力尝试使新闻变得更加轻松和非正式化。对收视(听)率的竞争已使美英两国的新闻业流行起一种亲切、可爱而又有些絮絮叨叨的'愉快谈话'的风格。"本来"说话"是最具个性的生活语言现象,它通常只能由一个行为主体来完成,为什么在广播电视中变成"说双簧"了呢?无非是因为现有的播出体制的约束,在这种体制下,采、编、播是严格分离的,各司其职。在那样一种体制下,新闻播音只能采取"不能更动一个字"的朗读方式,解释新闻不是播音员分内的事,如果要求朗读得像"说出来"的,也并不是一件很容易的事情。因为,语言是讲求个性的,只有编写、播音相互迁就,才能形成一种统一的风格。这需要播音员努力去"播"得像"说";编辑除了想好要"说什么"以外,还要揣摩播音员"怎么说",这实在是费力而不讨好的事情。请设想,如果我们的播音员学会自己采编,我们的记者颇具语言功力。那么为什么不能让他们自己"说"起来呢?关键是,我们究竟怎样才能培养出这种素质全面的人才,需要一种什么样的体制来保障这种工作方式。

我们在借鉴国外新闻节目主持人形式时,却往往忽视了他们的工作保障体制。1981年5月14日克朗凯特访华期间,曾介绍自己的工作情况时说:"我们有专门撰写华盛顿新闻的编辑,有专门负责外交新闻的编辑,还有专门编辑飞机事件、地震之类新闻的人,还有经济新闻"。譬如,克朗凯特在回忆自己的工作经历时说:"我给他们分配写稿的题目,我自己也编写一些新闻,大家分工动手编写。我用铅笔修改、重新改写,主要是这里改几个字,那里改几个字,不是说我比别人写得好,而是用我的风格改写,改用我的口气播出。我还经常向他们提出一些问题,我经常把稿件退给他们。我说这条新闻没有用我讲话的方式进行编写,这条新闻没有讲这一部分或那一部分,这一问题或那一问题。他们还要重写。……"[1]由此可见,在这样的工作体制下主持人的责任不轻,他不仅仅是新闻节目的主播,实际上也承担了主编的职责。应该说,实行"主持人责任制"是一种"说新闻"的理想体制。但关键问题是,这个主持人能不能承担"新闻把关"的责任?成为这样的"把关人"应该具备什么样的素质?应该说不同的新闻传播机构,不同的栏目会有不同的要求。但由于责任不轻,对这样的主持人理所当然地会提出更高的要求。他不仅应具备组织信息、传播新闻的能力,还应该有组织群体、协调业务的能力。客观上他就是这个创作群体的"中心人物",这个"中心人物"要有丰富的阅历、很高的造诣、较强的亲和力。在这个群体中,大家都能心悦诚服地做他的配角。借用传播学的一个概念,他应该在群体关系中成为大家能够接受的、公认的"意见领袖"。所以实行"主持人中心制"也要看各台所具备的条件,不会是普遍适用的。但既然它是一种积极有效的宣传方式,我们就应该努力创造条件,大力培养并发掘这样的高素质人才。

3."说新闻"需要合理的知识结构

大家都知道,"写"与"说"截然分开的广播电视体制已经与广播电视改革的现实要求不相适应,那种既能"写"又会"说"的复合型新闻人才,难以脱颖而出。再者,选才不易、成才更难,这样的复合型人才一般都要经过多年的积累,不会太年轻。大家都能看到,世界各国的广播电视中能真正"说新闻"的几乎大多是老成练达、颇具资历、富有涵养的传播者形象。如美国三大广播公司中六个最著名的新闻节目主持人克朗凯特(CBS)、丹·拉瑟(CBS)、亨特利(NBC)、布林克利(NBC)、布罗考(NBC)、詹宁斯(ABC),只有布罗考是36岁起担任主持人,其余的均是40岁以后才开始的,平均起始年龄为43岁。詹宁斯年轻时曾因"太年轻,像个男模特",大家不愿接受他,直到经历了十多年的记者生涯后,才重又走上新闻节目主持人岗位。谈到我们的主持人,一位新闻工作者深有感慨,"每天看着20多岁的俊男倩女在电视屏幕上预测经济前景,纵论国家大事,我就体会着在大街上遇到卖假药的心情[2]。"这句话虽然尖刻,但也揭示了"说新闻"并不容易!现在各地也都在尝试"说新闻",但只要随便例举一二,就可以看出我们的主持人是多么的随意和不成熟。譬如:一家省级电视台的年轻主持人在有关"八国首脑会议的召开"和"意大利频发抗议活动"这两条新闻,她串联道"年年召开八国峰会,都是旧账还未还清,又有新问题出现。有关人士分析今年的峰会也结不出与往年不同的果子。但是在峰会召开地意大利,恐怖事件却在毫不含糊地发生着。"谈到南联盟局势,她说:"塞族政府想拿米洛舍维奇换大米,现在人是交出去了,大米却没有换来,这搞得塞政府很丢面子……"看得出,主持人在这里正力求说出些"噱头"来哗众取宠,但却失之浅薄,由于缺乏必要的思想深度,无意扭曲了新闻事实并贬损了新闻价值。所以,能不能真正地"说新闻",决定于我们有没有或是不是着力培养了思想上比较成熟,业务上又能够通才练识、见解深刻、富有口才。

"说新闻"并不简单,不仅要"说"得准确、"说"得客观、"说"得真实,还能够"说"得自然、"说"得亲切、"说"得深入浅出……如果说"有稿播读"是一门专业、一项艺术,那么毫无疑问,"阐说新闻"是一门更深的学问,更值得探讨的一种艺术。我们切不可误以为只要会"侃大山"就可以"说新闻",也不要简单地诠释"说新闻"的全部含义。应该把它看作是在新时期努力改善广播电视的新闻质量、提高宣传水平,促进宣传改革的重要措施。只要我们力戒形式主义,更加实事求是,勇于创新和探索,"说新闻"带给我们的就不仅仅是节目的更新,还会培

---

[1] 李彩英.美国著名电视新闻主播.中国广播电视学刊,1982(2)
[2] 白岩松.渴望年老.北京青年报,1997-10-03

养出一批高素质的新闻人才。

第三节 谈话艺术

随着社会的进步和发展,广播电视正在顺应现代社会民主政治建设的需要,越来越多的广播电视节目中都在创造一种双向交流的情景。譬如:广播热线电话节目、信箱节目、对话节目,以及电视中的谈话节目、嘉宾参与节目、访谈节目等等。这一类节目,目前已经成为收听、收视率较高的节目,深受群众的欢迎。当广播电视中出现这样的情景时,必然要求使用相应的谈话语体。

一、谈话的语境特点

谈话一般都是在和睦、愉快的语言环境中进行的交流活动,俗话说"话不投机半句多"指的就是无法深入交谈的消极语境。谈话主要具备三个特点:

1. 言来语去

谈话是一种双向交流的过程,没有对象的谈话,只能是心理独白。所以,它是以言来语去的方式组成这种交流关系的。这种交流亲切、真诚的,所以不应该是"背对背"而是"面对面"的。这种交流又是一种允许别人回应的平等关系,所以它应该是"一应一答"或者说"一对一"的关系。尽管谈话的场合有时常会人群聚集,或者出现"一对众"的谈话情况。但是谈话交流的目的只能针对具体的"一个人"。如果转对"众人",谈话就变成了阐说或演说。换句话说,谈话与阐说在语境上的最大区别就是"一对一",还是"一对众"。

2. 情境宽松

邀请对方谈话,一般都会选择适宜的场所,不同的场所会提供谈话的不同意趣和氛围。朋友相聚,总是轻松愉快的,一般会选择家居客厅、风景胜地等;工作谈话比较严肃,一般选择办公室、会议室等正式场合;邀约谈话,则会在一些茶馆、饭店等非正式场合……。不同的场合对谈话的效果都会发生一定的影响。另外,谈话场景中可以利用的因素是很多的,人物、自然景物、实物、情境气氛等,都可以利用,只要选择恰当,使用适切,就会形成特有的表达效果。

3. 意趣相投

俗话说:"话不投机半句多"是说没有共同语言很难谈到一块儿去,即使凑到一块儿,也无话可说。生活中经常会出现这样的情况。所以,谈话是一种完全自发自愿的交流活动,没有共同语言当然就不能够构成谈话的动机,无论是邀请嘉宾,还是现场群众都应有所选择,既要具有一定的代表性,也必须是具有共同兴趣的。在广播电视谈话节目中,也曾出现过因话不投机而导致谈话中断的情况。譬如:北京电视台2001年10月27日播出的《国际双行线》被邀嘉宾因与另一位嘉宾在艺术观点上见解不同,拂袖而去,使得事先安排好的节目程序被打乱,谈话无法继续。更多出现的情况是,嘉宾虽有不同观点还是硬着头皮应付下来,但是谈话的效果很不好。由此看来,谈话的语境必须是轻松的、随意的,不能一相情愿,更不能强加于人! 这种谈话是一种由交流到交心的过程,所以应该是客随主便、主遂客意的那种关系。

二、谈话的基本规律

谈话既然是交流，就不是自说自话，更不是喋喋不休。它既是言来语去的关系，也是心领神会的默契，一般呈现以下的基本规律。

1. 通俗口语

由于谈话是随想随说，来不及字字推敲，句句斟酌，所以不仅句子简短，而且经常采用熟语、俗语等句子和词汇。语法上多采取口语结构，口语句式一般表现简练、松散、灵活。这样的话语都是日常生活中大家耳熟能详的，所以一听就懂，当然它也同时存在着重复、啰嗦、词序颠倒、易受环境干扰等缺陷。

2. 形象生动

由于是面对面的交流，一般都会出现大量副语言的成分。相互间会借助手势、姿态、表情、眼神等帮助表达。同时谈话对环境的依赖性较强，环境对语意的传达也会产生一定的影响。在日常生活中，谈话地点的选择一般总是和话题有关。广播电视的谈话节目也会根据内容和话题的需要，设计适宜的环境来增加大家的谈兴。这些环境因素与谈话内容融合在一起，就形成一种浓郁的亲如家人的情感氛围。

3. 适于交流

由于句式结构比较自由，根据对象对语意的理解程度可以灵活调整，应对如流。谈话的双向性，使得反馈及时，可以不断矫正表意不足的缺陷，做出补充性的说明。所以，这种语体，沟通及时、便于理解。有许多书信往来难以表达、不能解决的问题，往往通过面谈取得共识、达成谅解。特别是许多重大的社会争端或疑难问题，往往就是通过谈判最终得到解决的。

从谈话内容上分析，它主要是由话题、谈资、观点三部分组成。首先需要针对不同的谈话目的，选择适宜的话题；为了使谈话积极有效，还要搜集足够的谈话资料；而要实现谈话的目的，就要表明基本的观点。谈话是人类交往和思想交流最基本的一种社会行为，也是维系各种社会关系的主要方式。实践证明，广播电视中的谈话节目在促进民主政治建设、发挥舆论监督作用等方面是积极、有效的。目前它已经成为广播电视中最受欢迎的一种节目形式，所以很有深入研究的必要。

三、不同对象的谈话方法

目前广播电视中谈话形式多种多样，但是大体上可以区分为"访谈"、"交谈"和"侃谈"三大类。

（一）人物访谈

就是采访性的谈话活动。主持人访谈实际上就是由记者采访演变而来的。也就是说，当记者采访报道被固定在每个新闻栏目中经常出现时，它就是"主持人访谈"。特别是在国外，这类访谈节目比较多。如美国有线广播网（CNN）的《拉里·金现场访谈》，英国BBC的资深主持人蒂姆·萨巴斯蒂安的《新闻人物访谈》等等；国内中央电视台的《东方之子》、《焦点访谈》，北京人民广播电台的《时事对白》等都属于这类访谈。

与一般的采访活动不同，访谈既是记者（主持人）与被采访对象之间的谈话过程，也是一种面向受众公开的谈话交流活动。资深记者艾丰同志提出采访的"取予观"对我们很有启发意义，他认为："在采访过程中，记者要向采访对象索取情况，采访对象要给予记者一些情况，这种情况的取和予，是记者和采访对象之间关系的内容和实质。可以说，记者在采访活动中所进行的一切活动,都是为了顺利地解决这个矛盾,把新闻报道所需要的材料'取'到手。"①事实上,这仍然是广播电视访谈活动的基本规律。艾丰同志还提出了"取"和"予"的六项条件。

从取方(主持人)对予方(采访对象)的要求来看,他希望自己的对象一是具有他所需要的情况或材料;二是原意谈出这些情况或材料;三是善于表达或传达这些情况或材料。可以把它们简单地表为"有情况"、"愿意谈"、"善表达"。

从予方对取方的要求来看,他希望从对方那里知道,一是对方想知道哪方面的情况;二是我的谈话在他那里引起什么样的反应;三是这次谈话会有些什么样的后果。简言之,希望主持人"要求明"、"反应灵"、"交底清"。我们可以简要的表示为下面的形式。

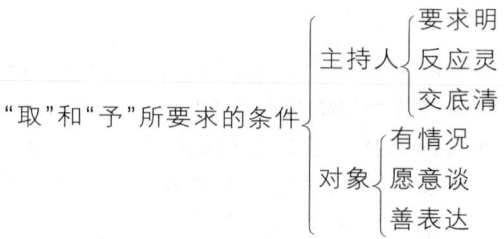

理想的访谈活动就是由这六项条件来决定的,缺乏其中的任何一条都会发生障碍,使访谈不能正常进行。其中"有情况"是最重要的一项条件。

1. 要求明

看起来这是对采访对象的要求,实际上决定于采访者的准备程度。如果对采访对象不甚了解,采访所要涉及的情况知之不多,自然就不会有明确的方向和重点,从而导致泛泛而谈。美国著名记者约翰·布雷迪曾说:"经验丰富的记者一致认为,每采访一分钟至少要准备十分钟。认真调查之后(不是之前)进行的采访几乎总是更有成果。"②主持人在访谈前掌握相关的材料十分重要,一般都需要经过三个阶段:搜集材料、分析材料、制定提纲。搜集的材料越广泛、研究的问题越集中,则采访提纲就会越明晰。有了明晰的采访思路自然也就会向采访对象提出明确的要求。主持人通过占有材料、分析材料才能比较容易与谈话对象取得共同认识、产生共同语言。譬如:北京人民广播电台《时事对白》节目主持人胡杨,就1998年大洪水对我国国民经济发展的影响,采访中国社会科学院欠发达经济研究中心主任袁刚明博士,他紧扣大家都很关心的"年初国家制定的8%的经济增长指标能否完成",在采访提纲中列出的四个问题都十分明确。水灾的负面影响具体表现在哪些方面?许多人都说"大水淹不了8%,您认为如何?为什么?水灾之后保八的意义何在?如果保不了八,意味着什么?要达到实实在在的8%,有哪些因素值得特别关注?如何避免失误?"从列出的采访提纲中我们也可以看出,主持人事前是做了充分的调查和研究,才能集中起这样几个比较敏感而有内在联系又十分紧密的问题。

2. 反应灵

这主要是指记者、主持人在访谈中,及时把握受访者的真实思想,以便做出及时反应。"听话听声,锣鼓听音"大概也是指的这个意思。我们常说,要"善于倾听",只有认真地倾听才会有真诚的交流。在访谈中有时会出现"言不由衷"或"答非所问"的情况,往往就是误听

---

① 艾丰.新闻采访方法论.北京:人民日报出版社,1989:233
② [美]约翰·布雷迪.采访技巧.范东生等译.北京:新华出版社,1986:48

话语、曲解原意导致的结果。访谈前的充分准备十分重要,但是谈话中有可能会偶得更有价值的信息,这就需要随机应变,改变原定的话题方向了。中央电视台主持人与前联合国秘书长加利的访谈就饶有兴味,参与这次访谈的李群英回忆说:

"原定采访加利的时间只有20分钟(下午5点30分至5点50分),在这之前我们已经把问题传到了加利手中,但这只是一部分,关于涉及他个人的问题被我们'扣'了下来。5点30分,加利面带微笑地准时来到了钓鱼台国宾馆18号楼1层大厅,身后跟着联合国的随员和中国外交部的工作人员。当'对话'开始之后,离5点50分规定的时间只差2分钟的时候,加利的女新闻官从座位上站了起来,对李小萍做手势,意思是快到时间了。当5点50分的时候,这位新闻官又再次指着手表跟李小萍打手势,李小萍轻轻地走到水均益的斜对面,打着与这位女新闻官同样的手势,可水均益却视而不见,继续谈笑风生地提问。加利似乎也不着急,在水均益问完最后一个问题之后,加利也非常幽默地反问了水均益一个问题:'你的问题在哪里?你总是说,这是一个小男孩、小女孩的问题,或者一个老人的问题,你的问题呢?'水均益也不无幽默地回答:'我把我的问题都藏在他们的问题中间了。'加利听了笑着说:'那下一回我也把我的回答藏起来。'我看旁边的女新闻官真像'热锅上的蚂蚁'一样'上蹿下跳',直到加利说完最后一句话之后,这位女新闻官才如释重负地松了口气,簇拥着加利离开了房间。与联合国秘书长的对话就此结束。"①

3. 交底清

交底的主要目的是为了解除对方提供情况的顾虑,努力建立一种相互信任的关系。有了这个基础,就为访谈创造了良好的氛围。水均益在谈到采访基辛格的体会时说:

"基辛格是一个国际级'大腕',见多识广,长于外交,所以要想使他开口,迫使他和我合作,就要一上来向他发难。而一些轻松的、有关个人的问题放在后面用于拖延时间。采访开始后,第一个问题我就问他中国和美国现在是朋友还是敌人。博士先生听完后愣了一愣,也许他没有想到我会上来就这么问他。于是,他认真分析了冷战后的国际关系,包括他的大国平衡论。在此之后,我便根据我们事先的设计,接连问了他美国能否当世界警察,对华最惠国待遇问题,中东问题,中国的改革等问题。由于这些都是基辛格的长项,他乐此不疲,开始滔滔不绝。当他用一个极幽默的方式回答了我问他为什么美国议会总是通过有关中国内政的议案问题后,我将话题转向了轻松而又简短的个人问题,包括他的乒乓球球技,家庭、子女、近期著作。这里要感谢当时在场的方宏进编导,'方导'不失时机地插问基辛格来北京有没有吃烤鸭,使当时的气氛一下子活跃了许多,71岁的基辛格显得格外兴奋。"②

原本只答应接受5分钟采访的基辛格博士,这次居然兴致勃勃地谈了20多分钟。下面就是这次访谈的节选。

主持人:基辛格博士,在冷战前以及冷战后,国际关系显然发生很多变化,您认为冷战结束后中美两国是一种什么样的关系,是朋友呢还是敌人?

基辛格:应该这么说,即使是在冷战时期呢,中国也处在一个很特殊的地位,美国在那个时候同共产主义是对立的,但是从政治上讲我们同中国是友好的。现在

---

① 孙克文.焦点外的时空.北京:三联书店,1997:45
② 孙克文.焦点外的时空.北京:三联书店,1997:38

我们在意识形态领域上和政治制度上都有很大的不同,但是我们在政治上的友谊仍然是有基础的。我相信在冷战之后中美关系仍然可以在这个基础上进行合作。

主持人:既然您认为我们两国在冷战前后都是政治上的朋友,那么,您认为我们两个大国应该怎样协调关系呢?

基辛格:首先我认为两国高层领导人之间对话应该经常进行。去年江泽民主席对美国的访问是十分重要的,同时我也希望克林顿总统在不久的将来来中国访问,中美两国在维护亚洲和平方面有着共同的利益,同时有助于防止该地区任何一个国家成为军事强权。

主持人:23年前您第一次来中国访问,您还记得那次访问吗?您这次来中国,看到中国发生了很大变化,请您做个对比。

(回答略)

主持人:我们注意到美国国会经常对中国国内的一些事情通过议案,您能否告诉我们这是美国国会的一种习惯吗?

基辛格:美国国会不仅对中国这样做,他们对许多其他国家也是这样做的。

主持人:您作为一个著名的国际关系方面的专家,您赞成这种做法吗?

基辛格:我认为从原则上讲,我们同中国的关系应该依据于中国在外交上的所作所为,而不应该依据中国的内政情况。当然美国有自己的价值观,美国要维护它的这些价值观。但是我认为在处理同中国的关系问题上,美国不应该向中国随意地指手画脚,而正确的办法应该是进行协商。

主持人:基辛格博士,既然您认为冷战前后中美两国都是政治上的朋友,为什么这么多年以来,我们两国一直存在着一些分歧和争论,特别是像在最惠国待遇问题上?

基辛格:许多美国人认为,美国应该在全世界范围内促进人权状况的改善,他们有时不一定理解在其他一些国家,当然不仅仅是指中国了,这是一个内政问题,所以在这个问题上,中美两国有很大的分歧。然而我相信在未来的几周里,最惠国待遇问题会得到解决的。

主持人:在当今世界上许多人觉得美国在国际事务上一直在充当世界警察的角色,您认为美国是否应该扮演这个角色呢?

基辛格:不,不,不,美国不能充当世界的警察,如果说美国试图充当这个角色的话,美国应当对世界的力量均衡作出贡献,而这种均衡的作用就是保持世界的稳定。

(回答略)

主持人:乒乓球在中美关系上起了媒介作用,您会打乒乓球吗?……有没有吃过烤鸭?……请您谈谈家庭情况?美国议员是否经常旅行?……您能经常与家人团聚吗?

主持人:中国人从电视上见过的您都比较严肃,现在您笑容可掬。我们知道再过10天是您的生日,我们代表中国几亿观众祝您生日快乐!请您对观众说几句,我们一起向观众说声再见。

4. 有情况

在访谈之前,访谈对象除了提供采访者可以预料的情况以外,还希望能够挖掘出更多有价值的带有个性特点的信息,可以进一步丰富访谈的内容。一位著名美籍华裔学者加记者赵浩生先生说:"人物访谈要有内容,有深度,有新闻价值,更要有历史价值,记者的人物访谈,其格调应该有大政治家畅谈天下事、大学者纵论人生与宇宙奥秘的高度,访问者与被访问者要有同等交流的智商,才能使读者和观众感到意味无穷。"① 赵浩生对邹家华的访谈中就颇"有情况"。

（前略）

赵：韬奋先生是去世之后才追认为党员的,但事实上,他生前一直受到党的照顾。

邹：是的,后来我们知道的很多情况,证实了这个事实。他在1937年至1938年间,已经向周恩来提出入党的要求。周当时考虑,从党员的条件上来讲,那没有问题,但是从当时历史的情况来看,还是在党外做工作更加有利。因为如果你是党员,别人会以为你当然是代表党来讲话,但作为一个党外人士,从客观的立场讲话,就更具有说服力。在这个问题上,父亲一直是按着这个要求来做工作的。在这个过程中,譬如在重庆时期,他跟党组织的关系非常多,周恩来、叶剑英都曾到生活书店去做过报告,宣传抗战,对他都有很大的教育与影响。……

父亲去世以后,组织上就派人到上海跟我母亲商量,是不是把我接到根据地。我母亲同意了。……我1944年12月到了根据地,当时18岁。以后整个的历史就是在党的培养教育下成长。……到了1948年,新的局面越来越大,中央决定派一些人到苏联去学习,其中我们这一批是党内一些烈士的子女,一共21人。

赵：李鹏总理是不是跟你同时？

邹：对,他是我们21人中间的一个。

…… ……

赵：如果没有听到你的故事,我还以为韬奋先生一生从事文化工作,经过许多困苦颠连,所以或许是韬奋先生觉得不要你走他的旧路,才要你学机械的。听了你说的经过,才知道这完全是国家的安排。

邹：组织上也考虑到他的遗嘱。他写遗嘱的时候问过我们愿意搞什么,我说我愿学机械。因为他自己得了癌症,也希望有一个孩子学医,要我弟弟学医,妹妹嘉骊搞文学。遗嘱是这么写的。后来因为形势的变化,弟弟去了延安,那时他年纪还小,后来就搞气象,到现在已经搞了几十年。

赵：你要搞机械的动机是怎么来的呢？

邹：因为我从小就喜欢玩机器,对什么专业并不清楚。这也是组织上考虑到这是我父亲的愿望。我在建设大学念的是财经系,和机械还算接近点,其他如做群众工作的民政系,以及教育系,距离就更远了。以后到山东省政府建设厅,修路、造桥,搞各种土木工程,和机械又近了一点。到苏联学习的时候结合过去的经验就很自然地走到机械这条路上来了,现在所作的都是些组织工作。

赵：你这个部是国务院下属最大的一个部。如果韬奋先生地下有知,他对他自己曾参与缔造的新中国一定感到万分欣慰,对你的成就也一定感到非常骄傲。

邹：这都是党组织的培养。为党为人民做工作,这就是我父亲和我个人的愿望。

赵：作为韬奋先生的私淑弟子,我今天能听到韬奋先生这个光荣的家庭的革命

---

① 赵浩生.赵浩生名人采访录.北京：新华出版社,2001：2

故事,我也感到很光荣。①

5. 愿意谈

一般来说,要使访谈对象自愿说出心里话,还需要访谈者坦诚相见、以心换心。当对方不愿说出自己的真实想法时,总是有一定原因的。但是只要你用真诚打消了他的顾虑,拨动了他的心弦,他就会情不自禁地向你倾诉衷肠。在西方记者中惯用"激发式"的问题来使对方难以回避而谈出他们需要了解的情况,其中也不乏一些可资借鉴之处。譬如:1980 年 8 月 21 日和 23 日,意大利著名女记者奥里亚娜·法拉奇对邓小平同志访谈时提出的几个问题就有明显"激发"的意味。

▲天安门上保留的毛主席像,是否要永远保留下去?

▲对西方人来说,我们有许多问题不理解。在中国人民讲起"四人帮"时,把很多错误都归咎于"四人帮",说的是"四人帮",但他们伸出的却是五个手指。

▲你说在后一段时期毛主席身体不好,但刘少奇被捕入狱以及死在狱中时,毛主席身体并不坏。比如还有其他错误。大跃进难道不是错误?照搬苏联的模式难道不是错误?对过去这段错误要追溯何时?

▲据说,毛主席经常抱怨你不听他的话,不喜欢你,这是否是真的?

▲中国有那么一个人,他在任何时候都没有被碰到过,这就是周恩来总理。为什么周总理一直在台上、一直在掌权?虽然有的时候他也处在很困难的地位,他又不能纠正当时那些错误?

▲西方很多人都希望了解,我也想了解,即在 1976 年 9 月 18 日毛主席的追悼会上,华国锋主席为什么讲了这么一句话:毛主席亲自发动和领导的文化大革命,粉碎了刘少奇、林彪、邓小平的阴谋,夺回了他们的权力?

▲那么毛主席纪念堂不久是否要拆掉?

▲为什么你想辞职?

…… ……

法拉奇对中国领导人是尊重的、友好的,提出这些问题的动机也是善意的。但这些问题又是十分尖锐、令人无法回避。所以,1986 年 9 月 2 日美国 CBS 公司的资深节目主持人迈克·华莱士再次采访邓小平,当问到"你有没有接受过一对一的电视采访?"时,邓小平回答说:"电视记者还没有。与外国记者谈得比较长的是意大利的法拉奇。……她考了我。我不知道她给我打了多少分。她是一个很不容易对付的人。基辛格告诉我,他被她克了一顿。"但是从法拉奇的问题中起码反映出,她对有关的问题有着深刻全面的了解,而且对访谈对象的情况也十分清楚,因而能够比较准确地抓住问题的要点;更为重要的是,她所提出的这些问题代表了很大一部分人的愿望,同时也能激发被采访者的兴趣,但又是不容回避的问题。真正做到了具体和概括的高度统一。

6. 善表达

虽然这里指的是访谈对象的语言表达能力问题,但是主要还取决于访谈者的引导和提问艺术。"'提问'是什么?提问的实质是由记者抛出的联系记者和采访对象'取''予'双方的纽带。提问的方式,即是'取''予'的联系或联结的方式。"美国哥伦比亚大学教授麦尔文·曼切尔把提问分为开放式问题和闭合式问题两种基本类型。所谓开放式问题,就是问

---

① 赵浩生.赵浩生名人采访录.北京:新华出版社,2001:13

题提得比较笼统、概括,没有严格的限制范围,自由发挥的余地比较大。所谓闭合式问题,就是问题提得比较集中、具体,有明确的界定范围,一般只能就事论事地给予回答。开放式问题,一般适于转入话题、调节气氛、纠偏补差等等;闭合式问题,则适合重点突破、层层深入、揭示实质等。这两种方式交替使用的效果比较好。

下面我们分析一下中央电视台《东方之子》中,主持人白岩松对国学大师季羡林的访谈片断。

<u>主持人:张中行先生在写您的时候曾经提到先生有三个特点。一个是学问精深;一个是为人朴厚;一个是有深情。他以为在这三者中最难得最重要的就是先生身上的为人朴厚。因为他觉得,在他见过的很多学者大师里头,在这方面再也没有超过您的了。</u>

季羡林:这个事情是这样的,我认为人应该有自知之明,一般人缺乏自知之明,我这个自知之明恐怕过了头,总觉得自己不行,不是自己故意装,你装也装不出来,只觉得好多方面自己不行。在这方面我自己的解释是说自知之明过了头。过了头也不好,应适可而止。

主持人:我听说过这样一件事,有一个书商卖您的书,希望您签上名那么他会好卖一点儿。您非常高兴地给他签了名。签名之后,您又听说他在楼下等着,您又跑到楼下去感谢那个书商,结果搞得那个书商自己都不知所措。

季羡林:是有这回事,现在每个作者都希望他的书被人读,那书商找上门来,当然我要感谢他了。这个当时也没有什么思想活动,只是感觉当时听说人家在门口,要赶快出去感谢人家。

主持人:在这世纪末的时候先生提出了一个"三十年河西,三十年河东"的论断。认为到了下一个世纪,以中国为主的东方文化一定会在世界文化中占主导地位。

季羡林:过去在唐朝,就是在穆斯林运动初期,在波斯、阿拉伯就流传一句话,说世界上古代希腊人有一只眼睛,中国人有两只眼睛,了不起哦,而世界上其他的所有民族都是瞎子。我觉得这话是穆斯林讲的,而且是在我们唐朝,在7世纪时,中间必然有它的道理。

主持人:季先生是国学大师,我非常钦佩,然而到这儿来,看到两套房子基本上都被书占据了,而季老仍然非常委屈自己,住的地方很小,家里也很乱,我们的感觉是心疼。

季羡林:不要心疼,我现在在北大有两套房子,这套房子在北大还是大的,学校已经对我很照顾了,再想多要那是非分妄想。我也不想。

主持人:是您养的猫吗?

季羡林:是,我养了三只猫。……

上面五个提问中,下划线的可以看做是开放式问题,而其他显然就是闭合式问题了。在这简短的问答中,采访者已经达到了访谈的目的,它把学术大师的精神风貌全面逼真地表现了出来。

总结上面所列出的六条访谈基本规律,艾丰同志认为这就是记者和采访对象之间取予关系的辩证法。记者"为取而予",采访对象"为予而取"。正应了一句古语:"如若取之,必先予之"。"予"的内容,就是记者的要求,记者的思想、感情,记者的见闻,记者的思想工作,记者的组织工作……

(二)深入交谈

如果说访谈是"一对一"、"取"和"予"的关系,那么交谈就是多方交流,"共享"和"分享"的关系。话题是大家"共享"的,感受是"分享"的。没有共享的话题,就会"话不投机半句多",谈不到一块儿去。感受不能分享,心灵就难以沟通,不能形成交流的氛围。以交谈为主要特征的节目形态就叫谈话类节目。国外把这类节目称为"Talk Show",按字面直译可以解释为"交谈的展示"。香港则把它音义结合,称之"脱口秀",实际上这种译法并不准确。"秀"在粤方言中有"作秀"的意思,按照普通话的理解"作秀"类同于"表演"。如果"作秀"就不可能有真诚的交流。假如只是要求主持人语言做"秀"的表现,似可理解,但决不能把自己凌驾在"舞台"上居高临下。中央电视台《实话实说》节目主持人崔永元是我国谈话类节目的典型代表,我们就以他及他所主持的节目《实话实说》为例进行粗浅的分析。

1. 言达人意

如何选择大家共同感兴趣的话题,是"共享"的前提条件。关于选题,它有三个基本的要求:重要性、普遍性、相关性,也有人概括为"群众关心、领导重视、有普遍意义"。美国电视学者威利斯和艾利恩佐也得出了相似的结论,他们说:"一个有意义的话题需具备三个条件。其一表述的生活观点应是重要的;其二应对尽量多的人有意义;其三是人们能共同感悟的、生活中永存的健全情感、生命困惑等永恒话题。那么好的话题在可操作性上还要同时具有两个特点:一是普通人能以自己的生活经验为基础发表见解;二是足以引起专家学者的兴趣,换句话说,就是浅显性与深刻性、普遍性(广泛性)与典型性、通俗性与专业性的巧妙结合。英国语言学家克里斯特尔说得好,'成功的交谈不是一场比赛;成功的交谈不过是一种相互满足的语言交际。……除了争辩和辩论之类型的交谈外,谈话中不会有谁胜谁负的问题。'"①从社会学的角度来看,这不过是让大家消消气、交交心的"言语场"、"公众论坛",当然主持人在其中要起到重要的疏导和协调作用。他可以帮助大家启发心智、广开眼界、更新观念、理清思路……。

选什么样的话题才能引起大家共同的兴趣,使得大家都能有话可说,这是谈话节目首先需要解决好的重要问题。中央电视台的《实话实说》节目总导演时间认为:"如果你有关心社会、关心百姓的心,如果你具备尊重每一个人、引人向上的思想,如果你不是仅把兴趣放在取悦观众、揭人隐私上,实话实说永远有说不完的话题。因为社会变化给人带来的困惑需要交流,需要与人分享自己的经验;长期的封闭使人少有所思或思有偏颇,需要沟通,需要得到他人的理解;而面对未来,人们似乎永远处于选择之中,渴望答案……其实我们干的事儿很简单,就是告诉你别人想什么和怎么想的。"②譬如这个节目有几个选题很有代表性。

话题之一"谁来保护消费者":这个话题提出了"假冒伪劣商品为消费者所深恶痛绝!消费者的正当权益由谁来保护?怎样看待'王海现象'?消费者怎样正确运用法律来保护自己的正当权益?"等等。围绕这些话题,人们站在不同的角度,带着各自不同的观点,展开了一场热烈的讨论,甚至激烈的争论。

话题之二"为什么吸烟":每一位烟民都有着自己学吸烟或开始吸烟的小故事……。在我国,今天的烟民已达3亿。然而吸烟究竟对自己、对他人、对环境、对社会有没有危害呢?它的危害有多大?非烟民又是如何看待烟民的呢?这个话题会引起大家普遍的关心。

话题之三"喝酒的利与害":酒,是礼的使者,也是谋的仆从。它能壮人心胆、催人振奋,

---

① [英]戴维·克里斯特尔.剑桥语言百科全书(中译本).北京:中国社会科学出版社,1995:322
② 时间.实话实说.北京:华龄出版社,1997:4

使你灵感勃发、文思奔涌;也能乱人心智、荒唐无稽,使你败家毁誉、遗恨终生。怎样才能趋利避害,适度、适量,这也会引发大家共同的感受和不同见解。

话题之四"子女眼中的父母":两辈人的相互理解,历来是一件困难的事情。这不仅仅因为他们存在年龄上的差别,主要还是他们所处的社会环境和曾受过的教育不同。当社会物质文明和精神文明都进步发展的情况下,是否会带来两代人价值观的变化?两代人之间需要沟通、需要理解,这也是涉及千家万户的敏感话题。

此外,还有"不打不成才"、"父母眼中的孝子"、"面对孩子的谎言"、"儿女的婚事"、"结婚的钱由谁来出"、"家里的旧东西"、"人约黄昏后"等等,都能引发大家的同感,也能让人有话可说。

2. 语随境迁

交谈总是在一定的场景中进行的,要么是演播室内,要么在演播室外。演播室的环境是刻意布置的,而演播室外环境是可以选择的。谈话双方言语形式的采用、言语内容的理解,都要受到这个场景的影响。这种影响,既有被制约的一面,也有可利用的一面。如何利用语境作用来改善、提高交谈的效果,是谈话节目不能不考虑的重要问题。

① 语境规约

人们在使用语言时常会发生这样的情况,词语上并没有什么不妥,但在表达效果上却不好。究其原因,无非是忽视了人们交往中约定俗成的语境意义。譬如:

"记得西城的一个三岔路口,曾经立着一块硕大的运动健儿你追我赶的宣传画,我心里就犯嘀咕:这画挪到不远的首都体育馆前有多棒!可放在这交通要道,同交通警察'注意安全,不要抢行'的劝告相衬,就显得很不协调。"①

"不久前,我到八宝山去参加追悼会,在火葬场入口处见到这样一块标语,'经济搞上去,人口降下来。'这标语内容挺好,但不知怎么此时此地见了,反叫人感到不大舒服,问问同伴,感觉一样,这就有点问题。"

"按我们家乡的风俗,新婚那天,新郎要入席吃茶用饭,然后分桌敬酒,当我和爱人在众人的簇拥下入席,各位来宾也入席之后,第一盘盛满喜糖和糕点的金色塑料盘由一个帮忙的伙计端了上来。就在他把盘子放在餐桌上的刹那,只听'咔嚓'一声脆响,盘子破裂了。……端盘子的伙计吓了一跳,慌了神,脱口而出地说:'怎么是个破货!'这句话就像一声惊雷……顿时气氛一下子紧张,所有人的呼吸都仿佛停住了似的。"②

"……一台汽车撞死了一名19岁男青年。死者家属要求重金厚葬。……当时在事故处理会议上,有位干部说:'你们家属要想开一点,人总是要走这条路(指死亡)的,何必把安葬搞得那么隆重呢?'死者家属一听此话,拍案而起,十几个小时的协商白费了。"③

---

① 北京晚报.标语的位置,1983-05-23
② 朱溪.巧粹妙语,化尴尬为从容.北京晚报,1983-05-23
③ 王建朝.保险业务中的语言运用.北京晚报,1983-05-23

以上几个例子都是违反语境规约形成的不良表达效果。一般来说,语境主要在四个方面对言语的使用具有限定作用。

第一,时间。广播电视节目都有严格的时间限制,什么样的话题可以展开,什么样的话题不宜展开,都要受到时间的限定。时间仓促紧迫,话语就要简短扼要;时间充裕,言语可以舒缓,话题可以谈得从容些。不顾言语交谈时间,而喋喋不休。不仅表达效果不好,还会引起别人的反感。在谈话节目中,一般主持人的话语都比较简短,点到为要。重在操控话语节奏、把握节目时间。

第二,地点。谈话节目大都安排在演播室内进行,还有一些谈话节目则是安排在特定环境中进行的。如《心连心》的谈话就是安排在外景场地的演出现场进行的。即便是在演播室,室内的布景和格局给人的感觉也是不一样的。如《实话实说》的场景很类似大客厅,《聊天》很像小客厅,《艺术人生》既有客厅效果,也有舞台效果,《对话》则更像一个论坛或会议室……选择什么样的交谈场所既和节目宗旨有关,也需要和节目风格统一。这些对语言方式都有制约作用。

广播电视中采取的"双视窗"、"网络连通"、"热线电话"等,都有效地延伸了谈话节目的时间和空间,也都会有不同话语方式的要求。

第三,情境。虽然广播电视节目都是面向大众的,但是节目中所提供的情境还是有所不同。交流和谈话的方式当然也会有所区别。情感是一种人际因素,而环境则是一种自然因素,自然因素和人际因素一旦结合,就会形成某种交际的氛围。谈话的内容和形式只有与一定的情境氛围融合,才能实现和谐的交流,否则就难以取得谈话的良好效果。譬如:《实话实说》需要宽松、民主——畅谈的情境;《聊天》需要随意、平等——漫谈的情境;《对话》需要探讨、沟通——恳谈的情境……广播电视谈话语境的特点往往就在于它的公开性和私密性的统一,既是对"小众"敞开心扉,又是对"大众"开诚布公,这种情况在广播"夜话"、"热线"等谈话节目中表现得更为明显。

从广义来讲,情境意义还包括社会背景。某种生活场景,总是一定社会生活的缩影。因而或多或少受到社会环境的影响。西方的一些媒体中的谈话节目,主持人往往口出不逊,频频引发司法诉讼,这是在商业利益的驱动下,一味猎奇搜异的恶果。我们更看重媒体的社会责任,主张正确处理好社会效益和经济效益的关系,反对片面追求轰动效应来哗众取宠。

第四,对象。既然"交谈"是双向的,所以嘉宾、来宾的谈吐,对节目的成败也起着决定的作用。如果嘉宾不善言谈、来宾不够踊跃,或者嘉宾心存疑虑、来宾参差不齐……都会影响到谈话的正常进行,所以谈话节目选择好嘉宾和来宾十分重要。但是作为主持人还应该针对不同的嘉宾、来宾,采取不同的话语方式,是保障交谈积极有效的关键条件。譬如:要充分考虑嘉宾、来宾的文化、身份、经历和特点,需要回避对方的一些敏感话题等等。

例如:《实话实说》节目一开场,主持人改变了过去总是"隔在一方"的出场惯例,改为坐在群众中,随意交谈,首先就给人以"共享"和"分享"的空间,营造了一种浓浓的平等交流氛围。在电视演播现场,更可以通过镜头的运用来解决景别的问题,没有必要摆出"位尊位卑"的格局。

②贵在适切

我们仍然以《实话实说》主持人崔永元在《睁大你的眼睛》节目中的几段话为例。

A. 明确与模糊

模糊:

"如果我要告诉现场的观众,司马南还会耳朵'听'字,你们信吗?信吗?半信半疑,是吧?!我们试一试好不好?现在我身上带着纸,我把这个纸发给大家。多少人都行,是吗?"

明确:

"这是个假的,这依然是个骗术。"

B. 直言与委婉

委婉:

"司马,我觉得这个目的达到了。就是说如果以后,我们这个现场的观众见到有特异功能的人,就这样去怀疑他,可能就没有他的活路了。"

直言:

"现在告诉大家这个是怎么骗人的。第一张我是找了一个'托儿',我说,看出来一个什么字。问是谁写的啊?他说,是我写的。因为我已经说出结果了,现场的观众就不再怀疑我了,这张纸条已经没有必要再怀疑它了。于是我打开就看了一眼。"

C. 正言与反语

反语:

"现在我就有一个想法,我想把这个话筒给司马,我到江湖上去骗钱去。"

正言:

"这是个假的,这依然是个骗术。"

D. 质朴与文雅

质朴:

"今天大家借这个机会,懂得了一点儿心理学的知识。其实我们做节目没有更高的要求,就希望大家每次看完这个节目,能得到一点儿知识,或者一点儿有价值的信息,就足够了。"

文雅:

"我觉得今天这个《实话实说》像一堂心理教学课,只不过在学校里面心理教学课没有这么多人上。"

E. 简约与繁复

简约:

"每个人都不是大师,每个人也不会什么都懂。"

繁复:

"今天大家不能白来,结束的时候,司马再表演一个绝技,好不好?"

F. 庄重与幽默

幽默:

"没想到做节目这几年,引起了这么多观众的不满。更多的不满是对你,你说手里有一十万,下了战书,江湖上就全动起来了,有一百多个高手准备和你挑战,挑战书我们都送到你手里了。……最厉害的是我们在我们的办公室接待了一位,也是来挑战的。他说,听说能挑战,我特别高兴,我从精神病院直接跑出来找你们。"

庄重:

"孙先生您给大家提提建议,我们怎么防微杜渐,以后不被这样的人欺骗?他掌握一点儿这方面的知识很容易就把我们控制,把我们掌握了。"

③利用场景

我们注意到《实话实说》的演播现场,组织了一个小型乐队。不断根据节目的需要而恰到好处地调节现场气氛,增加了一些谐趣。现场还经常会运用背景音乐、屏幕演示、实物展示等来补充节目内容。这些都是利用情境的一些表达方法。从《睁大你的眼睛》节目中,我们可以清楚地看到崔永元利用场景几乎都实现了以下几方面的作用:

第一,利用情境意义可以把话说得十分精练,省去许多话语。

第二,利用场景中的人、物作证,可以把话说得真实可信,富有说服力量。

第三,利用场景中的景物作喻,可以把话说得浅显明白、形象生动。

第四,人们在言语交际中有碍于某种心理,不好直接表情达意,借助场景中的景、物或情境气氛,形成委婉曲折的表达方式,既使言语韵味蕴藉,也实现了交际的目的。

第五,利用场景的景物作喻,可以把复杂抽象的情感表达得更加具体。

第六,利用交际场景中景物组织言语,常可以变被动为主动,解脱一时的窘态。

第七,有时可以利用特定场景,借题发挥,收到理想的交际效果。

3. 心相照,言相通

英国语言学家克里斯特尔认为:"成功的交谈不是一场比赛;成功的交谈不过是一种相互满足的语言交际。……除了争辩和辩论之类型的交谈外,谈话中不会有谁胜谁负的问题。"① 节目中要形成充分交流和亲切恳谈的氛围,有四个必不可少的重要因素:真诚相待、充满关爱、善解人意、轻松愉快。这种氛围主要是靠主持人去营造,但是选择好嘉宾和群众也是不可忽视的重要因素。

①真诚相待

"倾听"是一种真诚的表现,"将心比心"是真诚的内涵。只有真诚的态度才能把谈话变为"谈心"。1998年"六一"节《实话实说》播出了《童言无忌》的话题,孩子们很活泼,但是注意力不够集中。崔永元和小主持人一起与小嘉宾们交流,他十分细心地观察他们的想法,又非常耐心地倾听他们的意见。当听到一个小女孩说"真没劲"时,立刻坐到小女孩旁边让她说出了心里话。由此可以看出,"倾听"并不是不要说话,而是要根据对方的话头,有针对性、有目的地说。谈话节目中最忌讳的是主持人自说自话、喋喋不休,这种谈吐方式不给别人说话的机会,显然是不尊重对方的表现。话说得多并不一定就是口才好,善于听话的人,最会说话,正所谓"桃李无言,下自成蹊"。

真诚也意味着真正的理解,对人的理解是谈话节目主持人必不可少的基本素质。《爱的教育》中崔永元有这样一段推心置腹的话,表现得十分真诚。

"许琴,是这样。这个节目我已经做了四年了,现在还是特别有干劲,就是我觉得每次坐在这儿谈话的时候,我都能找到一种特别好的感觉。今天现场来了100个朋友,是自己的知心朋友,他们陪着我一起笑,陪着我一起掉眼泪。我觉得那是真正的朋友,我也希望今天你在这个现场能找到这种感觉,把来现场的所有的朋友都

---

① [英]戴维·克里斯特尔.剑桥语言百科全书(中译本).北京:中国社会科学出版社,1995:322

当作自己的亲人,好不好? 我们再鼓励一下许琴。因为《实话实说》从来都是即兴的谈话,没有台本,也没有什么演练,大家都是敞开心扉,实话实说。所以每个人的性格不一样,我想可能有些话听着会比较刺耳,可能会让你觉得受到伤害,如果有这样的情况,你当时就可以说出来,你也可以批评我们,好不好? 那我们从哪儿谈起呢? 你的性知识是从什么渠道获得的,从这个角度开始谈起?"

再如:在《儿子吸毒以后》也同样是表述了一番肺腑之言。

"我们在准备这期节目的时候,大家在想,可能是贾宏声和张杨不爱听的。在想这个节目有什么意义? 我们一直在想,觉得可能这个家庭的经历会有很多含义在里面,让观众去理解。但是今天说来说去,又说到了那个古老的话题,就是理解和沟通。看来这个理解和沟通真是太重要了。还有我觉得贾宏声的经历还告诉我们,电视机前的朋友,尤其年轻的朋友,在你们困惑的时候,遇到挫折的时候,一定要注意远离毒品,因为那个给你们带来的可能是灾难。我还有一个建议,等到张杨的电影上映的时候,国产电影,大家都去支持。大家都去电影院买票,不要买电影院门前的盗版光盘。谢谢贾宏声一家,谢谢张杨一家,谢谢大家。"

②充满关爱

孔子曾说:"仁者,爱人也"。平等相处,相互关心,就是爱的开始。所谓关心,就是"推己及人,将心比心"。我们截取《学会关心》中崔永元的几段话,也许能说明这个问题。

"闵先生,不知您听明白没有,我刚才在仔细听,顾老师是说,孩子们确实有不关心别人的地方,不过那不是学校造成的,而是家长造成的。"

"我觉得顾老师应该感到高兴,因为现场这么多观众觉得我们谈关心是在挑孩子的毛病,他们把责任都纷纷推到家长的身上,没有找老师的毛病。"(笑声)

"您关心她和她关心您,肯定是没法比的,那么我们现在来比一比……"

"我们做了一个小小的测试,让一个班上的50位同学用'关心'造句。这个测试结果大家恐怕都想不到,在50位学生当中,有30位写的是爸爸、妈妈或者是老师非常关心我们。有关心身体的,有关心学业的。只有一个孩子写着:'我非常关心我亲爱的妈妈',剩下的学生写的是'我要'关心谁谁谁。也就是说,他们已经有这种意识了,应该关心别人,但付诸实践的只有一位孩子。闵先生,我们的调查,是不是为您的研究提供了一点依据?"

"胡教授深入浅出的谈了自私的危害,而且谈了孩子要学会关心,要由小处向大处做起,好像闵先生也是这个观点。但是这么小的孩子怎么样从小处做起呢?"

"教孩子从小处做起,从关心自己最亲近的人开始,学会关心。"

"要想让孩子关心自己,自己就得关心自己的上一代。(笑声、掌声)有没有简便易行的方式,让孩子很快就学会关心?"

"今天的孩子就是下个世纪的主人。如果到了那个时候,我们的孩子不会关心,没有同情心,也没有爱心,我想那个世界简直难以想象。我们在这个问题上统一认识后,我想,在孩子学会关心、表现爱心方面,学校、社会、家长都应该尽一份努力。"

主持人的这些话虽然是劝导别人培养爱心的,但是主持人的言语中也都充满了关爱之情。

③善解人意

崔永元在《共同面对艾滋病》的节目里,面对两位患上艾滋病的青年,充满了同情。从他们的对话中就反映出了对病人的充分理解。

  主持人:各位好。在三年前我们在这个现场谈过艾滋病,现在三年已经过去了,大家对艾滋病有什么更深的了解?这就是我们今天《实话实说》要谈的话题。……我要特别介绍,我们请到的两位客人,小李和小张,因为他们是感染了艾滋病的朋友,今天他们鼓足了勇气到现场和大家一起交流,我们鼓励他们一下。谢谢小李和小张。小李你是什么时候知道自己感染了艾滋病病毒的?

  小李:在上高中的时候,因为意外,在医院接受输血治疗,然后在大学的时候义务献血检查的时候查到了。

  主持人:你当时是个什么心情呢?

  小李:当时的心情一句话概括就是无缘无故就给判了一个死刑。

  主持人:那到现在有多长时间了呢?

  小李:六七年了吧。

  主持人:这六七年你是怎么生活的?

  小李:刚上大学的时候,当时知道了就有一种自己对自己的期望值的破灭,因为这种破灭感到很绝望,所以大学就没有念来到北京。治疗一段时间之后有了改善,当时认识了联合国艾滋病规划署(UNAIDS)的孙刚,还有其他人,包括协会的一些人,然后我在医生、护士的鼓励下开始学习这方面的防治知识,后来我就开始做一些"防艾"的宣传工作。

  主持人:周围的朋友知道这件事情吗?

  小李:在北京有几个人知道。

  主持人:那些朋友知道了以后他们是什么反应呢?

  小李:他们知道之后没有任何反应,大概有两个月之后吧,他们还和我一起合住,然后他们说了一句话让我非常感动,他们说如果我对你有看法的话我就不会两个月之后再告诉你,之所以这个时候告诉你就是想用行动告诉你我们没有歧视你的感觉。

  主持人:小李我冒昧地问一个问题,你今年多大了?

  小李:我今年25岁。

  主持人:你有没有想过女朋友,谈女朋友的事。

  小李:不管人在什么样的状态下都会对感情上的生活有渴望的,也会有自己喜欢的人,可是当你知道这个病,你不可能对她负起一辈子的责任的时候你就不可能去接近她,换句话说你每次看见她的时候,或者说每次想接近她的时候心里总有一种矛盾的力量把你拉开,那种折磨很痛苦。

  主持人:小张你是不是觉得压力更大一些呢?

  小张:是。社会上的压力,家庭的压力,1995年生孩子输血,后来才知道他们医院刚开始工作,做得很不负责任,他们首先通知我单位领导,后来他们医院里的人为了逃避责任到处乱说,说我不知道是怎么得的,后来一传十,十传百地传开了。

主持人：我听我的朋友说，好像你在生活中，有时候能够感到歧视，是吗？

小张：是。刚开始爱人还挺理解我的，对我还不错的，后来因为其他方面的原因对我就不好了，非要和我离婚。

……………

④轻松愉快

主持人的插科打诨往往会增加谈话的情趣、活跃气氛，使大家感到自然、亲切、轻松、谐谑。崔永元就很有幽默感，他在《实话实说》中常常会引起大家的哄堂大笑。在《喝酒的利与害》节目中他说：

"我有一个朋友牙疼，就到医院去看病，医生看了说不行，你这牙得拔掉。后来医生拿起手术钳刚想给他拔，他突然说不行，我怕疼。医生忽然想了一个主意说，那你喝口酒吧！我那位朋友喝了一口，刚要拔的时候，他又说还是不行，还是怕。医生又允许他喝了一口酒。等到医生第三次拿起手术钳准备拔的时候，医生没办法，只好说，那你就喝3口吧！没想到，他喝完第三口以后，'砰'的一声把酒瓶砸在桌上，说：'我看你们今天谁敢拔我的牙！'（笑声）后来我们大家就知道了，这个酒是可以给人壮胆的。……"

(三) 随意侃谈

四川成都茶馆有一种生活现象叫做"摆龙门阵"，茶馆环境宽松，氛围随意，可站可坐可躺，时时茶水伺候，说者不累，听者不乏，此为"得地利"；茶客多为熟人常客，意趣相向，话必投机，说者有心，听者有意，语笑喧哗，此为"得人和"。天时、地利、人和三者兼得，"龙门阵"自然富聚人气，越摆越火。至于谈话的内容，从来就没有一定之规，想说什么就说什么，碰到什么就是什么。因为说话的目的不是要研究什么问题，解决什么问题，而是要畅叙抒怀。因此，只要说得开心，说得有趣，就行。作为巴蜀文化现象，四川电视台就有一个电视节目叫《天府龙门阵》。无独有偶，《摆龙门》也是重庆电视台推出的以地方方言为主的大型谈话节目。北京人管这种谈话叫"侃大山"，东北人则称之为"拉呱"，南京人则称之为"韶韶"……金文明先生在一篇《说"侃"》的文章中说到："最近十多年来，'侃'字除了形容词外，又出现了新的动词意义：闲谈，闲扯。"陈刚先生编的《北京方言词典》就收了"侃大山"词条，并注释为："高谈阔论（带有吹牛意味）。"其实各地都有类似的语言文化现象，譬如扬州评话、苏州评话中也都带有这样的成分，当地也都在广播电视节目中应用了这种话语方式。

这是指那种带有调侃、谐趣、幽默的谈话方式，也可以把它理解为"清谈"。事实上国外电视中早就存在这样一种节目形式。苗棣教授认为："清谈型谈话是一种较为特别的谈话形态，它追求谈话本身的乐趣，是在电视这一大众媒介上对日常生活中的'闲聊'、'侃大山'等随意性很强的谈话方式进行模仿的一种节目形态。"[1]这是一种富有智慧的谈话方式，它可以调节气氛、化解矛盾、活跃情绪，比那些直白的谈话形式更容易沟通感情。幽默、趣说是一个人的学识、才华、智慧、灵感在语言表达中的闪现，是一种"展现出内心十分豪爽的情操，一种使人感到亲切的情操"[2]。幽默语言可以使我们内心的紧张和重压释放出来，化作美谈笑料。在人际交流中，幽默语言如同润滑剂，可有效地降低人与人之间的"摩擦系数"，化解冲突和矛盾，并能使我们从容地摆脱沟通中可能遇到的困境。侃谈主要具有四个方面的特点：

---

[1] 苗棣，王怡林.脱口成"秀".北京：中国广播电视出版社，2006：80
[2] 陈华中.幽默与喜剧.北京：艺术百家，1987（4）

一是随意漫谈。既不同于目的明确的访谈,也不同于言来语去式的交谈。它可以兴致所致,娓娓道来,但并非就是漫无边际地海阔天空,只要是围绕某一个共同感兴趣的话题,都可以娓娓道来,各抒己见,随意调侃。

二是妙趣横生。谈话一定是引发大家共同关注的逸闻趣事,谈话以"笑谈"为主。即便是严肃的话题也需要加以"稀释"后,融入诙谐幽默的成分,以适合这种宽松的话语氛围。

三是闲适安逸。谈话的环境氛围一定是轻松自然,无拘无束的。人们也只有在紧张的工作之余,才能够有闲情逸致,彼此逗乐,相互调侃,以放松身心。

四是乡音浓郁。方言是一种地域文化现象,非常接近老百姓的日常生活。俚俗方言往往能够传达出我们难以表述的民俗风情。我们并不是反对使用普通话,但是推广普通话会有一个比较长的过程。如果超现实地强调一概使用普通话,就会使我们的节目远离朴素的生活现象,语言就会"夹生",感情就会疏离,乡情就会淡漠。

近几年我国广播电视谈话节目中采用侃谈方式的逐渐多了起来,除了上述四川台的《天府龙门阵》,重庆台的《摆龙门》以外,还有武汉电视台的《都市茶座》,湖北经视推出的《口天》,深圳电视台侃谈类节目《八通街》,山西台的方言侃谈类节目《老西儿谝吧》等等。而较早在香港凤凰卫视播出的《锵锵三人行》可以看做是这类节目的典型代表。下面我们就以《锵锵三人行》为代表,分析"侃谈"式谈话节目中语言所具有的特点。

1. 语妙绝伦

在平淡的叙事中常常会波澜迭起,主持人妙语连珠,风趣幽默,让人忍俊不禁。香港凤凰卫视中文台2008年8月24日播出的《锵锵奥运行》中有这样一段侃谈。

梁文道:没错。牙买加的速度从何来?喝蓝山咖啡,听雷鬼音乐!

窦文涛:这是不是跟牙买加是一路的,牙买加的博尔特,我的天啊。

梁文道:因为他呢,我从来没见过有这种跑法的,100米一定是到最后,那个冲刺是最快的。

许子东:龇牙咧嘴。

梁文道:对,没见过人到那时候减速的。

窦文涛:最后20米,真是张开双臂往后看,追不上来,"咣咣咣",网友会挑眼,有一种演绎的解释,为什么最后20米减速呢?你以为雄心万丈,实际是鞋带开了,所以是借坡下驴,知道吗?鞋带松了。

许子东:这个人类的短跑纪录,居然鞋带松了。

窦文涛:这真是跟玩儿似的,就是9秒69吧。你说科学家研究,你看这个人类一直在挑战极限,科学家研究从9秒90到9秒80,他先跑进9秒70的。

许子东:而且他一下子从9秒72,跳到9秒69。

窦文涛:对。

许子东:一下子进了0.03秒。

窦文涛:这次评论员就说他最后20米如果不减速,不这么逍遥,他能跑9秒50,可是科学界过去有一个最快速。

梁文道:能达到极限。

窦文涛:人类最快速能达到9秒64有两个说法,一个说法是9秒64,说是你要超过了9秒64,人的韧带可能就会断裂。但是还有一个荷兰籍的数学家,近年来提出一个新的速度,认为人类百米的极限是9秒29,博尔特拉断大腿肌肉,给我们完成这个。

许子东：反正全世界记者现在都盯着他来撒尿。

窦文涛：没错。

许子东：所以一个是他，一个是菲尔普斯，现在这个药检是最关键、最关键。

窦文涛：你没听见菲尔普斯这两天都坐在沙发上说，我都被抽干了。我一边抽，还要我还怎么参加运动会。

梁文道：但是科学家向他保证，放心，有六公升血液是抽不干的。

窦文涛：对，我们每次就抽你五到七毫升。

梁文道：可是我跟你讲，他好玩的地方是哪儿？现在很多人都在讲这种挑战，人类本来过去有一个想法，就是20世纪二三十年代说有一个想法，就是透过这种运动，我们再推动整个种族的演进，可是后来发现就有问题了，什么问题呢？因为都是他们这帮人在跑而已，我们大部分人都是挺着个大肚子，说你真牛，你真厉害。

窦文涛：没错。

梁文道：所以我们大部分人在退化，只有他们在进化。

窦文涛：没错，这个种族问题，但是牙买加的故事，你不能不承认。

许子东：这个是喝蓝山咖啡喝的。

梁文道：对。

窦文涛：对啊，我就要给你放雷鬼音乐，就是牙买加，我为什么喜欢这个音乐？因为有一个我最爱的雷鬼音乐的大宗师Bob Marley，你知道吗？所以我爱牙买加，说牙买加参加京奥会的51个选手里面，39个都是短跑悍将，男的女的，包括这个博尔特，200米也是他。为什么？科学家也研究。

2. 亦庄亦谐

用不仅严肃端庄，而且诙谐有趣的方式娓娓道来，往往能够产生引人入胜的效果。主持人的表现常常故作矜持，话语中却隐含讥讽，让人觉得既可叹又可笑。

窦文涛：现在呐，我们点到为止。但是咱们说说，马上就闭幕了嘛，闭幕式这方面两位有什么感触？

许子东：闭幕式说是要出现什么巴士是吧，英国的什么。

窦文涛：我给你看看照片，就是英国伦敦的一个标志，双层巴士。你看有点像，香港也有一个标志叫什么"叮当叮当"，列车嘛，据说就在这个双层巴士顶上，贝克汉姆"咣"家伙一脚，打灭奥运圣火，是吗？

许子东：不是。

许子东：打灭奥运圣火，有一届奥运会。

窦文涛：我看网上的事儿太多了。

许子东：有一届奥运会我不记得哪一届，那个场面非常感动，就是说它圣火在音乐当中熄灭了嘛。

许子东：一熄灭以后，突然有人点着了一支蜡烛，然后又一支蜡烛，然后又一支蜡烛，然后全场出现一片蜡烛，就是这样的一个圣火的传递的精神。奥运有两种办法，一种叫倾城，一种叫倾国。

窦文涛：怎么讲？倾城是什么？

许子东：倾城就是一个城市的全面的力量嘛，一个是倾国。

窦文涛：咱们就是倾国了嘛。

许子东：凡是像日本的、中国的、韩国这种和希腊这个肯定是倾国。但是像西方的,他们是倾城,伦敦已经投资了50亿欧元呐,趁机,他们也是学北京,要把整个伦敦的交通全部要好好地翻一番。

窦文涛:然后伦敦市长这次来了之后阿谀奉承北京,他说太成功了,但是我们伦敦也不服。我们要用什么大概是172亿美元呐,我们要做到跟北京一样好,伦敦市长讲。据说咱们这个花了430亿,还是450亿美元。

梁文道:这个也有争议,这个争议在哪儿?我觉得我们闭幕式可以留着看点,记不记得上一届,张艺谋不是弄了《北京八分钟》吗?

梁文道:这一届我们看看伦敦的八分钟,人家怎么搞,对不对?

窦文涛:我听说了,几百位伦敦英国皇家芭蕾舞团的那个dancer。

窦文涛:还有街舞的"稀里哗啦"跳。

许子东:那有一点可以肯定的,上次不都是裙子比较短吗,那皇家芭蕾舞团裙子一定更短。

窦文涛:更短。

许子东:没错,一代比一代短。不过在闭幕式之前,我们还有两个拳击的金牌,还有陈忠的跆拳道,中国能不能过50,明天要为他们加油。

窦文涛:见分晓了。

许子东:中国要是最后拿到拳击的金牌,那是最后的一个高潮。

窦文涛:你甭说跆拳道,就上次闭幕式不是露大腿吗?这次我们张艺谋学乖了,就是少林腿,你知道吗?这次听说大概有200个。

梁文道:听说了。

窦文涛:少林塔沟武术学校。

梁文道:你怎么知道这么多秘密?

窦文涛:穿的那个鞋叫弹跳鞋30斤重。我估摸着那种鞋啊,像里装着弹簧,神行太保戴宗大概叫"弹跳龙",好家伙"嘣"一下这样表演少林,就是开幕式是太极掌嘛,闭幕式是少林腿。

3. 自我解嘲

有时用挖苦、嘲笑的方式来自醒,并非就会贬损自己的人格,反而会取得意想不到的幽默效果。譬如中央电视台1990年春节晚会上台湾著名主持人凌峰有这样一段开场白。

"在下凌峰,我和文章(台湾影星)不一样,虽然我们都得过'金钟奖'和'最佳男演员'称号。但是,我是以长得难看而出名的(掌声)。两年多来,我们大江南北走了一趟——拍摄《八千里路云和月》,所到之处呢,观众给予我们很多支持,尤其男观众对我的印象特别好,因为他们认为本人的长相像中国(笑声、掌声),中国五千年的沧桑和苦难全都写在我的脸上(笑声、掌声)。一般说来,女观众对我的印象不太良好,有的女观众对我的长相已经到了忍无可忍的地步(笑声、掌声),她们认为我是人比黄花瘦,脸比煤球黑(笑声)。但是我要特别表明,这不是本人的过错,实在是家父母的错误,当初并没有征得我的同意就把我生成这个样子(笑声、掌声)。但是时代在变、潮流在变、审美的观念也在变,如果你仔细地归纳一下,你就会发现,现在的男人基本上分为三种:第一种——你看上去很漂亮,看久了也就那么一回事儿,这一种就像我的好朋友刘文正这种;第二种——你看上去很难看,看久了以后是越看越难看,这种就像我的好朋友陈佩斯这种;第三种——你看上去很难看,看久了以后你会发现,他另有一种男人的味道,这种就是在下这种(笑声、掌声)。鼓掌的都表示同意了!鼓掌的都是一些长得和我差不多的(笑),真是物以类聚啊!接下来按规矩迎接挑战,带来了一首歌曲,叫做《小丑》。在我的人生观看来,我认为每个人都在扮演许多次的小丑,有的是在爱人面前,有的是在领导面前,有的是在孩子面前,有的是在父母面前。我呢,是在鼓掌面前,给大家带来一首《小丑》——掌声有没有就无所谓啦(笑声、掌声)!"

4. 故弄玄虚

这类侃谈往往会先务虚,再叙实,给人"抖出个包袱"来,令人恍然大悟。在简单的叙述中一波三折,故弄玄虚,却留下了许多令人回味的道理,引得人们兴味盎然。

  窦文涛:奥运在即,咱们又把反恐专家请来了,我觉得他们说这个奥运,你看经历一个什么呢,过去说奥运走向政治化,或者走向商业化,我看现在是走向军事化。最近有人说了,鸟巢旁边架导弹算什么,前几届都架导弹了。

  叶海林:必须的。

  窦文涛:然后还说中国的红旗7型导弹,从法国响尾蛇那抄来的。我发现北京人侃大山,他这个侃大山有意思,最后我查证,我听着北京市民侃大山全是谣言,但是这些谣言全都有那么一点谱,你看我听着这个原版的聊天,东突要恐怖袭击,这次要发动,要核打击。然后说为什么让布什来啊?那不是摁着他们美国做人质吗?如果敢跟我们发难,那不就是跟美国老大为难吗?后来那个说了,那不能那么说,布什要来了,恐怖组织还增加一个,机器都来了。

  许子东:布什要来了危险性增大,你知道现在全世界旅游,美国护照是最危险的。

  叶海林:对。

  窦文涛:但我跟你说,我查证了一下,为什么都有点边,你看确实FBI局长低调访华,跟北京这边有合作,美国驻华使馆里头有一个FBI的小组,里头有俩特工,一个工作人员,平常经常跟中国政府互动。关于放射性的问题,实际上是什么呢?《华盛顿时报》讲,美国派出了一个核专家小组帮助中国反恐,这个小组是由核武科学家技术员组成的,主要防止脏弹。

  叶海林:放射性材料。因为到目前为止虽然这个苏联解体到现在有核国家的数目不断的变化,但实际上并没有任何人确证有人偷走过原子弹,并且能够使用上。

  窦文涛:那天我还听一个的士司机说,好家伙全世界反恐,以色列最牛,现在北京反恐,以色列接管了。

  许子东:还有一个的士司机说鸟巢周围导弹,要有飞弹来了,咱们就打飞弹,没有飞弹就打乌云,他说要下雨了,上去飞弹,雨就不下来了。

  窦文涛:北京人工降雨,说要洗灰尘,咱们反恐专家给求证一下。

  叶海林:是这样,你刚才说的几个消息,首先第一点大家把FBI看的很神秘,实际上按照美国的法律制度,FBI是美国司法部下设的一个机构,是它的联邦警察机构,仅此而已。

  许子东:就咱们公安局嘛。

  叶海林:对。它只是联邦的公安机构而已,因为美国警察是州警察和郡警察,以至于往下都是由地方办的,它的联邦有,就是联邦警察局来执行这个职能的,其实它只不过是个警察机构,而且联邦的警察局在中国设立,在使馆中设立代表人员,不是近一两年的事情,这已经有些年了。

  许子东:他们很多人穿T恤了,都写着FBI,不过那意思不是联邦调查局。

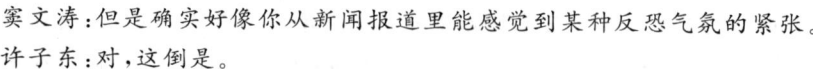

窦文涛：但是确实好像你从新闻报道里能感觉到某种反恐气氛的紧张。

许子东：对，这倒是。

5. 俗不伤雅

情调高雅的幽默总是于诙谐的谈吐中隐藏着真理，体现着一种真善美的感人力量。所以幽默必须是乐观健康、情调高雅的。一般认为，雅为体，俗为用，雅俗共赏；庄为骨，谐为肉，庄谐并用。

幽默虽隐含着引人发笑的成分，但它绝不是油腔滑调的故弄玄虚或矫揉造作的插科打诨。大凡有幽默感的人，都不乏文化教养和品德修养，而一个不学无术的人是不会有幽默感的，只会说一些浅薄、低级的笑话，博取人们同情的笑声。真正的幽默，必定是以健康高雅的基调，轻松愉快的形式和情绪去揭示深刻、严肃、抽象的道理，使情趣与哲理达到和谐统一。

窦文涛：《锵锵奥运行》，今天马博士加入战团，欢迎马博士。

马家辉：中国加油。

窦文涛：马博士，胡子在掩饰上唇出的汗。

梁文道：直播恐惧。

马家辉：不是紧张是兴奋，中国女足2比1。

窦文涛：我跟你讲，今天我看了奥运会的第一场比赛，中国女足首战瑞典，2比1。所以我老说中国姑娘你没法不爱她，中国男足你就没法爱。

为什么？我看完全场，开头五分钟，进球这俩姑娘，这个时候你瞧这姑娘的美，徐媛，8号她进第一个球。然后再看下一个韩端，这第二个球，人家说她第二球是强心针。你知道吗？一个排名世界第十四，一个排名世界第三，开场五分钟，就那个徐媛。

梁文道：徐媛先进了一球。

窦文涛：怎么进的？我就要说，没法不跟男足对比。我就发现，虽然我看足球是外行，但我看得能兴奋。我觉得体育审美里面有一个东西，叫前赴后继。就好比你看篮球的时候，什么兴奋？就一个人直冲上去一投，在三米之外，有一个飞人已经腾空升起，然后这个球，一碰到篮筐没进去，好家伙这一下进去，你看那种节奏感。这第一个球就是这样嘛，一脚打门框上出来，要是中国男足那就后继无人了，中国女足白马，穿白的嘛，"哗"出来，"哪"一脚进去了，全场都炸了，因为开场五分钟赢瑞典嘛。

马家辉：而且尤其是8号来进球，对，这个数字吉利。很好的象征。

梁文道：所以我跟你说，中国男足，就我们大家一直觉得很不像话，你看中国男足那么多人关注，中国女足相对来讲是很少人去看的。中国男足明明拿的薪水是全国运动员里面当然是最高的。可是问题是，踢出来这个数值大概是我们所有运动员项目里面排最后的，怎么会搞成这样呢？

窦文涛：所以我问这个问题，我今天看女足，我就想起来，就说中国阴阳，现在是不是真的是阴气上升阳气下降，发现这么些年集体性的项目，为什么都是女排精神，女足精神？怎么也没听说，男足精神，男什么精神呢？而且真是精神，我跟你说，到后来，到下半场，其实看看要输了，就是跑不动了，明显看着姑娘跑不动。瑞典那些女的……

梁文道：她们体力派。

窦文涛：人高马大多壮啊，他们说瑞典男人吃公牛肉，瑞典女人吃母牛肉，能比嘛。你要就在那个时候，就是死熬，最后要不为什么说韩端进那个球，打了一个强心针。高兴的都抽筋了,进完这个球,韩端这个姑娘抽筋了。

梁文道:对,在地上抽筋了。

窦文涛:当然跟男足也有点不同,韩端进球之后,无比兴奋,无比兴奋的运动员往往有一个姿势就是扯这个嘛,一想自己是女的不能扯。本来是要这样的,然后抽筋了。

马家辉:我们是文学人,所以假如用文学的描述,我们看到中国女足那么有耐力、持久力,我们现在是看到中国千千万万妇女的身影。因为在中国都是这样嘛,通常说,特别说一个家庭,你有没有注意到,假如一个家庭遭遇不幸,通常很多时候那个男的跑掉了,一跑了之,结果那个女的一个人扛着,一个人出去赚钱养全家,养五个儿子,六个女儿。那么有耐力,所以我们看到中国妇女的身影,在球场上。

梁文道:所以天地正义只见于妇女。

窦文涛:虽然你们都骂中国男足,其实我老觉得中国男足有点像我,真的。你看现在这个阴阳,就是你看我身边的女人,我觉得一个一个都是干劲十足、雄心勃勃,她要干事业。但是你看我就表现在工作、生活上,越来越消极颓废,所以我觉着我跟中国男足一家亲,是不是阴阳有变化?

梁文道:也有可能,就是稍有成就之后,就喜欢溜达。

窦文涛:小富即安,对不对?

马家辉:而且有时候,不愿意去尽力表现,特别在于说,假如知道自己几乎一定输的时候,就故意放慢脚步,让人家感觉说,其实我不是技艺不如你,我只是放轻松了而已。

梁文道:没错,他就说我为什么赢不了呢?我故意的,你知道吗,我是不尽力。好像我实力很雄厚,但我永远保存它。

窦文涛:所以不公平,男足就是世界第一运动。他们说中国女足为什么踢得好?因为艰苦,挣不着钱,艰苦奋斗的精神就出来了。男足百万百万的挣钱。

梁文道:不过这个东西,就牵涉到我们讲运动有没有一个性别歧视的问题?你比如说好几种运动,都是世界上最受欢迎的运动。有好几种是男性占优势的,比如说足球,比如说篮球,你有没有发现女足、女篮相对来讲没什么人看,唯一例外大概是网球,女子网球是很多人看的。

马家辉:女排呢?

梁文道:排球没有达到这种程度,职业化的程度不像这几种运动那么牛嘛。你看男篮跟女篮,我觉得最大差别在哪儿?比如说我以前在美国住的时候,看篮球,美国都爱看篮球,在美国住的华人看篮球,NBA男子篮球大家看得爽!比如说看灌篮,厉害。但为什么大家一看女篮就提不起劲儿?

6. 出人意表

幽默的语言,没有直接说出来的,而是用曲折、含蓄的方式表达,使人一想而悟。从效果看,使人一听就觉得说法出奇,出乎意料才觉有趣。但虽出奇,却也合情理。出奇自然是一种矛盾,是人的主观想法和客观现实的矛盾。但其中又有合情合理之处,便是矛盾中又有所协调,可以理解。人都好奇,出奇才会使人觉得有趣。当然,这种现象必须是与人无害的,令人担心的事是不会逗笑的。

窦文涛:奥运闭幕了。

许子东:胜利结束。

窦文涛:我们《锵锵奥运行》也是最后一集了。现在很多观众已经后遗症,我们这个世界,不光物理是服从惯性定律的,心理也是在惯性定律上。你知道现在有的观众说,今天早晨起来上网,各国金牌榜都没长。还有网友说,现在一天看不着夸北京的奥运会的文章就闷得慌。

梁文道:这两天还在夸,今天外国媒体都在夸中国奥运。

窦文涛:我觉得这个闭幕式,光有观众山呼海啸和烟花已经成就了,所以说就像张艺谋导演本人事先好像也讲过,就是说因为种种原因,这个闭幕式比开幕式当然是要逊色一些。包括也有香港报纸。我也有点感觉,设计非常好,火炬熄灭,可是也有人说是机位调动、转播问题,还是什么问题? 据说咱们看电视还好一些,现场观众大家可能都盼着会有一个什么熄灭!

梁文道:高潮。

窦文涛:真的就这么熄了,好像还有点失落。

许子东:电视里还在说话,有一些解说词类的,没有掀起一个熄灭的高潮。

窦文涛:但是我觉得可以了,真的太可以了,中国已经超额完成任务了。

梁文道:尤其我特别喜欢运动员进场,就那个部分我反而特别喜欢,不知道为什么,看着觉得很高兴。

许子东:那个是很晚才出现的,据说是一个小朋友的建议。

梁文道:17岁的小孩。

窦文涛:而且还是一个华裔的小朋友。

许子东:他建议不分国籍。最后他们还是以国家在走。

梁文道:怕走乱了嘛,后来挺好玩,各个国家的人在一块。

许子东:什么东西,闭幕式比开幕式好? 就是焰火,"啪"一个五环。九、八、七、六、五、四、三、二、一,打下来。

窦文涛:太牛了。

许子东:太牛了,这是火箭炮啊,火箭炮能打成那个程度。

窦文涛:说到家,我觉得中国人民太伟大了。我今天在报纸上看到,好像北京有个部门,就叫人工影响天气部门。就是说这个城市能给你弄成一个大空调,这方面我们的科技相当先进。罗格事先说,该找一个什么词夸中国呢!

梁文道:来来去去就那几个词,史上最成功。

许子东:真的无与伦比。

窦文涛:罗格是特别真诚的赞美。因为你知道北京都流行段子,据说罗格说北京办奥运办得这么好,伦敦不是有压力嘛,下届奥运还在北京办吧,北京官员听了立马晕倒了。向工作人员,北京奥组委的致敬。要再办一届,不是晕倒那么简单,我早就听他们内部人说过,说这个奥运会办完之后,北京奥组委那帮人只有两个去处,去两个院,一个叫法院,一个叫医院,去医院是累病了,去法院离婚,长期没法回家跟老婆在一起。

许子东:你没看到报道嘛,奥运期间中国的离婚率下降40%,都忙着拿金牌了,结婚率大大上升,到8月8号结婚的人比运动员还多,单北京一个城市。

窦文涛:所以我觉得中国真是,这回可牛了。

思考题

1. 广播电视语体的基本概念是什么?
2. 简述广播电视中朗读的一般规律。
3. 什么是语势?
4. 试述广播阐说的语境特点。
5. 说明广播电视口头报道语言的基本要求。
6. 简述现场解说的基本特点?
7. 简述谈话的语体特点。
8. 电视访谈有哪些基本要求?
9. 电视交谈的要点有哪些?
10. 电视侃谈的特点有哪些?
11. 朗读实践。(按照教师布置进行)
12. 阐说实践。(按照教师布置进行)
13. 谈话实践。(按照教师布置进行)

◎ 附录4　主持人的语言表达训练

一、朗读训练

[诗词]

黄鹤楼

崔　颢

昔人已乘黄鹤去,此地空余黄鹤楼。
黄鹤一去不复返,白云千载空悠悠。
晴川历历汉阳树,芳草萋萋鹦鹉洲。
日暮乡关何处是?烟波江上使人愁。

朗诵建议:该诗借景抒情,生发出对故人的思念之情。"乘鹤远行"本属虚无,却有象征意义,似有"仙去楼空,唯有天际白云悠悠千载,表现世事茫茫之慨。"诗的总体基调是气概苍茫,意境深邃。朗诵时应把握节奏舒缓、语调悠长、语气真切,以表现诗人满怀的离愁别绪。

春江花月夜

张若虚

春江潮水连海平,海上明月共潮生。
滟滟随波千万里,何处春江无月明!
江流宛转绕芳甸,月照花林皆似霰。
空里流霜不觉飞,汀上白沙看不见。
江天一色无纤尘,皎皎空中孤月轮。
江畔何人初见月?江月何年初照人?
人生代代无穷已,江月年年只相似。
不知江月待何人,但见长江送流水。
白云一片去悠悠,青枫浦上不胜愁。
谁家今夜扁舟子?何处相思明月楼?
可怜楼上月徘徊,应照离人妆镜台。
玉户帘中卷不去,捣衣砧上拂还来。
此时相望不相闻,愿逐月华流照君。
鸿雁长飞光不度,鱼龙潜跃水成文。
昨夜闲潭梦落花,可怜春半不还家。
江水流春去欲尽,江潭落月复西斜。
斜月沉沉藏海雾,碣石潇湘无限路。
不知乘月几人归,落月摇情满江树。

朗诵建议:该诗紧扣春、江、花、月、夜的背景来抒发情怀。凭借对春江花月夜的描绘,尽情赞叹自然风光的绮丽景色,借景抒情。讴歌人间纯洁的爱情,探求人生的哲理,寻觅宇宙的奥秘,从而汇成一种情、景、理水乳交融,幽美而深邃的意境。该诗的朗诵应注意借景抒情,情理交融,疏放自如。

卖炭翁
白居易

卖炭翁,伐薪烧炭南山中。满面尘灰烟火色,两鬓苍苍十指黑,卖炭得钱何所营?身上衣裳口中食。可怜身上衣正单,心忧炭贱愿天寒。夜来城外一尺雪,晓驾炭车辗冰辙;牛困人饥日已高,市南门外泥中歇。翩翩两骑来是谁?黄衣使者白衫儿。手把文书口称"敕"。回车叱牛牵向北,一车炭千余斤,宫使驱将惜不得!半匹红纱一丈绫,系上牛头充炭值!

朗诵建议:诗人通过卖炭翁的遭遇,深刻揭露了"宫市"的本质,对官府掠夺平民的罪行予以无情的鞭挞。这首诗具有深刻的思想性,艺术上也很有特色。诗人以"卖炭得钱何所营,身上衣裳口中食"两句展现了几乎濒于生活绝境的老翁所能有的唯一希望,这是全诗的诗眼。全部的朗诵手段都需要集中表现这个诗眼。灵活地运用陪衬和反衬的对比方法来突出表现社会的黑暗和不平。

念奴娇·赤壁怀古
苏 轼

大江东去,浪淘尽,千古风流人物。故垒西边,人道是:三国周郎赤壁。乱石穿空,惊涛拍岸,卷起千堆雪,江山如画,一时多少豪杰!

遥想公瑾当年,小乔初嫁了,雄姿英发。羽扇纶巾,谈笑间,樯橹灰飞烟灭。故国神游,多情应笑我,早生华发。人生如梦,一尊还酹江月。

朗诵建议:这首词共分上下两部分。上部描写古战场的景色,并以此联想出当年激烈的战争场面。下部抒发作者有志不得酬的惆怅的情不。苏轼的词以豪放闻名,朗诵时应该挥洒自如、跌宕起伏,尽情展现词人宽广、豁达的情怀。

满 江 红
岳 飞

怒发冲冠,凭栏处、潇潇雨歇。
抬望眼,仰天长啸,壮怀激烈。
三十功名尘与土,八千里路云和月。
莫等闲、白了少年头,空悲切。
靖康耻,犹未雪;臣子恨,何时灭!
驾长车,踏破贺兰山缺。
壮志饥餐胡虏肉,笑谈渴饮匈奴血。
待从头、收拾旧山河,朝天阙。

朗诵建议:这首词可以说是岳飞"精忠报国"的誓言。全文充满了"还我河山"的浩然正气和雄壮气概。词的上半部表达了岳飞急于立功报国的宏愿,后半部则表达出爱国杀敌的豪情。诗词朗诵的总基调是充满豪情壮志的爱国主义热情。为表现"壮怀激烈"的豪情,应该语调铿锵、节奏明快。

天上的街市

郭沫若

远远的街灯明了，
好像闪着无数的明星。
天上的明星现了，
好像点着无数的街灯。
我想那缥缈的空中，
定然有美丽的街市。
街市上陈列的一些物品，
定然是世上没有的珍奇。
你看，那浅浅的天河，
定然是不甚宽广。
那隔河的牛郎和织女，
定能够骑着牛儿来往。
我想他们此刻，
定然在天街闲游。
不信，请看那朵流星，
那怕是他们提着灯笼在走。

朗诵建议：这首诗风格恬淡，用自然清新的语言、整齐的短句、和谐优美的韵律，表达了诗人纯真的理想。那意境都是平常的，那节奏也是缓慢的，如细流，如涟漪。但就是这平淡的意境带给了我们丰富的想象，让我们的心灵随着诗歌在遥远的天空中漫游，尽情驰骋美好的梦想。

我爱这土地

艾青

假如我是一只鸟，
我也应该用嘶哑的喉咙歌唱：
这被暴风雨所打击着的土地，
这永远汹涌着我们的悲愤的河流，
这无止息地吹刮着的激怒的风，
和那来自林间的无比温柔的黎明
——然后我死了，
连羽毛也腐烂在土地里面。
为什么我的眼里常含泪水？
因为我对这土地爱着深沉……

朗诵建议：《我爱这土地》一诗写于抗日战争开始后的1938年，当时日本侵略军连续攻占了华北、华东、华南的广大地区，所到之处疯狂肆虐，妄图摧毁中国人民的抵抗意志。中国人民奋起抵抗，进行了不屈不挠的斗争。诗人在国土沦丧、民族危亡的关头，满怀对祖国的挚爱和对侵略者的仇恨，写下了这首慷慨激昂的诗。"土地"象征着生他养他而又多灾多难的祖国。对"土地"的热爱，是艾青作品咏唱不尽的旋律。最后两句是全诗的精华，它是那个苦难的年代,一切爱国知识分子对祖国的最真挚的爱的表白。朗诵感情真挚、深沉。

桂林山水歌

贺敬之

云中的神呵,雾中的仙,
神姿仙态桂林的山!
情一样深呵,梦一样美,
如情似梦漓江的水!
水几重呵,山几重?
水绕山环桂林城……
是山城呵,是水城?
都在青山绿水中……
呵! 此山此水入胸怀,
此时此身何处来?
……黄河的浪涛塞外的风,
此来关山千万重。
马鞍上梦见沙盘上画:
"桂林山水甲天下"……
呵! 是梦境呵,是仙境?
此时身在独秀峰!
心是醉呵,还是醒?
水迎山接入画屏!
画中画——漓江照我身千影,
歌中歌——山山应我响回声?
招手相问老人山,
云罩江山几万年?
——伏波山下还珠洞,
室珠久等叩门声……
鸡笼山一唱屏风开,
绿水白帆红旗来!
大地的愁容春雨洗,
请看穿山明镜里——
呵! 桂林的山来漓江的水——
祖国的笑容这样美!
桂林山水入胸襟,
此景此情战士的心——
江山多娇人多情,
使我白发永不生!
对此江山人自豪,
使我青春永不老!
七星岩去赴神仙会,

招呼刘三姐呵打从天上回……
人间天上大路开,
要唱新歌随我来!
三姐的山歌十万八千箩,
战士呵,指点江山唱祖国……
红旗万梭织锦绣,
海北天南一望收!
塞外的风沙呵黄河的浪,
春光万里到故乡。
红旗下:少年英雄遍地生——
望不尽:千姿万态"独秀峰"!
——意满怀呵,情满胸,
恰似漓江春水浓!
呵!汗雨挥洒彩笔画:
桂林山水—满天下!……

朗诵建议:《桂林山水歌》既是一首优美的山水诗,又是一曲深情的祖国颂。诗的开篇就把读者引向一种让人神往的艺术境界。神姿仙态,如情似梦,山环水绕,令人陶醉。诗句既抓住了桂林山水的自然特征,又富有浪漫主义的传奇色彩。歌咏桂林山水,显然适于采用清新明快、委婉抒情的民歌体,以构成一种近于咏叹调的形式。诗句均由两行一节组成,语言自然流畅,有如行云流水,音韵节奏和谐。朗诵应最大限度地表现出该诗的音律和节奏,舒展自如地表达赞美祖国山河真实情感。

周总理,你在哪里

柯 岩

周总理,我们的好总理,
你在哪里呵,你在哪里?
你可知道,我们想念你,
——你的人民想念你!
我们对着高山喊:
周总理——
山谷回音:
"他刚离去,他刚离去,
革命征途千万里,
他大步前进不停息。"
我们对着大地喊:
周总理——
大地轰鸣:
"他刚离去,他刚离去,
你不见那沉甸甸的谷穗上,
还闪着他辛勤的汗滴……"

我们对着森林喊：
周总理——
松涛阵阵：
"他刚离去，他刚离去，
宿营地上篝火红呵，
伐木工人正在回忆他亲切的笑语。"
我们对着大海喊：
周总理——
海浪声声：
"他刚离去，他刚离去，
你不见海防战士身上，
他亲手给披的大衣……"
我们找遍整个世界，
呵，总理，
你在革命需要的每一个地方，
辽阔大地
到处是你深深的足迹。
我们回到祖国的心脏，
我们在天安门前深情地呼唤：
周——总——理——
广场回答：
"呵，轻些呵，轻些，
他正在中南海接见外宾，
他正在政治局出席会议……"
总理呵，我们的好总理！
你就在这里呵，就在这里。
——在这里，在这里，
在这里——……
你永远和我们在一起
——在一起，在一起，
在一起……
你永远居住在太阳升起的地方，
你永远居住在人民心里。
你的人民世世代代想念你！
想念你呵，想念你，
想——念——你……

朗诵建议：《周总理，你在哪里》是一首现代抒情诗，是当代女作家柯岩为纪念周总理逝世一周年而创作的。诗人高度评价周总理光辉的革命一生，对周总理的英灵急切地反复呼唤，反复寻问，真诚地倾诉了亿万中国人民的无限热爱和怀念的深情，抒发了人民总理人民爱，人民总理爱人民的思想情感，这是全诗的基调。诗中的山川、大地、松涛、海浪是天地万物的代表，因为它们是总理为人民辛劳一生的见证人。这种拟人手法的运用，使全诗具有革命浪漫主义色彩,便于表达周总理虽死犹生的立意,增强了诗歌的感染力。朗诵应用虚实结合的表现方法,吟诵出人们对总理的深切思念。

颂　歌

〔德〕海涅

我是剑,我是火焰。
黑暗里我照耀着你们,
战斗开始时,
我奋勇当先
走在队伍的最前列。
我周围倒着
我的战友的尸体,
可是我们得到了胜利。
我们得到了胜利
可是周围倒着
我的战友的尸体。
在欢呼胜利的凯歌里
响着追悼会严肃的歌声。
但我们没有时间欢乐,
也没有时间哀悼。
喇叭重新吹起,
又开始新的战斗。
我是剑,我是火焰。

朗诵建议:这首诗以"剑"与"火"自喻,表现了诗人要为理想奋斗不息的精神,是一首具有高尚而庄严的人生宣言意义的著名诗篇。这首诗音调整铿锵、气势豪迈,具有动人心魄的力量和巨大深刻的社会意义。这首时代的诗篇是战斗的呐喊,冲锋的号角是在那个革命的年代发出的时代最强音。该诗的朗诵应注意表现出深沉的内在力量,切忌声嘶力竭地空喊。

假如生活欺骗了你

〔俄〕普希金

假如生活欺骗了你
不要忧郁,也不要愤慨!
不顺心的时候暂且容忍:
相信吧,快乐的日子就会到来。
我们的心永远向前憧憬,
尽管活在阴沉的现在:
一切都是暂时的,转瞬即逝,
而那逝去的将变为可爱。

朗诵建议:《假如生活欺骗了你》写于普希金被沙皇流放的年月。那时俄国革命如火如荼,诗人却被迫与世隔绝。在这样的处境下,诗人仍没有丧失希望与斗志,他热爱生活,执著地追求理想,相信光明必来,正义必胜。诗中阐明了这样一种积极乐观的人生态度。诗人表达了永远怀着对未来美好的憧憬。当越过艰难困苦之后再回首往事时,过去的一切便会变得美好起来。这是诗人人生经验的总结,也是生活的真谛。诗句清新流畅,热烈深沉,有丰富的人情味和哲理意味。诗的朗诵应该尽可能表达出诗人真诚博大的情怀和坚强乐观的思想情绪。

我愿意是激流

[匈]裴多菲

我愿意是激流,
山里的小河,
在崎岖的路上
岩石上经过……
只要我的爱人
是一条小鱼,
在我的浪花里
快乐的游来游去。
我愿意是荒林,
在河流的两岸,
面对一阵阵狂风
勇敢地作战……
只要我的爱人
是一只小鸟,
在我稠密的树枝间
作巢、鸣叫。
我愿意是废墟,
在峻峭的山岩上,
这静默的毁灭
并不使我懊丧……
只要我的爱人
是青青的长春藤,
沿着我荒凉的额,
亲密地攀援上升。
我愿意是草屋,
在深深山谷底,
草屋的顶上
饱受风雨的打击……
只要我的爱人
是可爱的火焰,
在我的炉子里
愉快的缓缓闪现。
我愿意是云朵
灰色的破旗,

在广漠的空中
懒懒的飘来荡去……
只要我的爱人
是珊瑚似的夕阳,
傍着我苍白的脸
显现出鲜艳的辉煌。

朗诵建议: 裴多菲是"伟大的抒情诗人,匈牙利的爱国者"。《我愿意是激流》一诗,诗人借助一系列自然物象,通过一连串鲜活生动的比喻,围绕同一主题,表达出诗人纯洁而坚贞、博大而无私的爱。全诗五个章节,围绕同一中心,反复吟唱,但反复而不重复。这首爱情诗,诗人,点燃起炽烈爱情的火焰,发出的爱的誓言,可谓震天动地、情真意切。整个朗诵的基调应该是炽热、深情、奔放的。

[散文]

白杨礼赞(节选)

茅 盾

那就是白杨树,西北极普通的一种树,然而实在是不平凡的一种树。

那是力争上游的一种树,笔直的干,笔直的枝。它的干通常是丈把高,像加过人工似的,一丈以内绝无旁枝;它所有的桠枝,一律向上,而且紧紧靠拢,也像加过人工似的,成为一束,绝无旁逸斜出;它的宽大的叶子也是片片向上,几乎没有斜生的,更不用说倒垂了;它的皮光滑而有银色的晕圈,微微泛出淡青色。这是虽在北方风雪的压迫下却保持着倔强挺立的一种树。哪怕只有碗来粗细罢,它却努力向上发展,高到丈许,两丈,参天耸立,不折不挠,对抗着西北风。

这就是白杨树,西北极普通的一种树,然而绝不是平凡的树!

它没有婆娑的姿态,没有屈曲盘旋的虬枝。也许你要说它不美——如果美是专指"婆娑"或"横斜逸出"之类而言,那么白杨树算不得树中的好女子;但是它却伟岸,正直,朴质,严肃,也不缺乏温和,更不用提它的坚强不屈与挺拔,它是树中的伟丈夫!当你在积雪初融的高原上走过,看见平坦的大地上傲然挺立这么一株或一排白杨树,难道你就只觉得它只是树?难道你就不想到它的朴质,严肃,坚强不屈,至少也象征了北方的农民?难道你竟一点儿也不联想到,在敌后的广大土地上,到处有坚强不屈,就像这白杨树一样傲然挺立的守卫他们家乡的哨兵?难道你又不更远一点想到这样枝枝叶叶靠紧团结,力求上进的白杨树,宛然象征了今天在华北平原纵横决荡用血写出新中国历史的那种精神和意志?

白杨树不是平凡的树。它在西北极普遍,不被人重视,就跟北方的农民相似;它有极强的生命力,磨折不了,压迫不倒,也跟北方的农民相似。我赞美白杨树,就因它不但象征了北方的农民,尤其象征了今天我们民族解放斗争中所不可缺的朴质,坚强,力求上进的精神。

让那些看不起民众,贱视民众,顽固的倒退的人们去赞美那贵族化的楠木(那也是直挺秀颀的),去鄙视这极常见,极易生长的白杨树吧,但是我要高声赞美白杨树!

朗读建议: 该散文采用象征手法,通过对白杨树不凡形象的赞美,歌颂了中国共产党领导下的抗日军民和整个中华民族紧密团结、力求上进、坚强不屈的革命精神和斗争意志。更直接地感受作者直抒胸臆的语言风格。朗诵总的基调是昂扬向上的。

海上日出(节选)

巴 金

在船上,为了看日出,我特地起个大早。那时天还没有亮,周围是很寂静的,只有机器房的声音。

天空变成了浅蓝色,很浅很浅的;转眼间天边出现了一道红霞,慢慢儿扩大了它的范围,加强了它的光亮。我知道太阳要从那天际升起来了,便目不转睛地望着那里。

果然,过了一会儿,在那里就出现了太阳的一小半,红是红得很,却没有光亮。这太阳像负着什么重担似的,慢慢儿,一步一步地,努力向上面升起来,到了最后,终于冲破了云霞,完全跳出了海面。那颜色真红得可爱。一刹那间,这深红的东西,忽然发出夺目的光亮,射得人眼睛发痛,同时附近的云也添了光彩。

有时太阳走入云里,它的光线却仍从云里透射下来,直射到水面上。这时候,人要分辨出何处是水,何处是天,很不容易,因为只能够看见光亮的一片。

有时天边有黑云,而且云片很厚。太阳出来了,人却不能够看见它。然而太阳在黑云里放射出光芒,透过黑云的周围,替黑云镶了一道光亮的金边,到后来才慢慢儿透出重围,出现在天空,把一片片黑云变成了紫云或红霞。这时候,光亮的不仅是太阳、云和海水,连我自己也成了光亮的了。

这不是很伟大的奇观么?

朗读建议:1927年1月,巴金从上海踏上法国邮船"昂热号",赴巴黎留学,他将沿途的见闻写成《海行杂记》,于1932年出版。《海上日出》便是其中的一篇。文章分别描写了天气晴好、白云飘浮和乌云蔽日三种不同自然内心的赞叹,也是对文中大量"奇观"事实的精辟概括,写乌云蔽日和太阳终于冲破生围,普照天地的情状,最后归结到作者自身的感受,为"海上日出"作一礼赞,表达作者向往光明,积极进取的精神。朗诵以叙事的抒情为主,不宜过分渲染。

秋色赋(节选)

峻 青

时序刚刚过了秋分,就觉得突然增加了一些凉意。早晨到海边去散步,仿佛觉得那蔚蓝的大海,比前更加蓝了一些;天,也比前更加高远了一些。回头向古陌岭上望去,哦,秋色更浓了。

多么可爱的秋色啊!

我真不明白,为什么欧阳修作《秋声赋》时,把秋天描写的那么肃杀可怕,凄凉阴沉?在我看来,花木灿烂的春天固然可爱,然而,瓜果遍地的秋色却更加使人欣喜。

秋天,比春天更富有欣欣向荣的景象。

秋天,比春天更富有灿烂绚丽的色彩。

你瞧,西面山洼里那一片柿树,红得是多么好看。简直像一片火似的,红得耀眼。古今多少诗人画家都称道枫叶的颜色,然而,比起柿树来,那枫叶却不知要逊色多少呢。

还有苹果,那驰名中外的红香蕉苹果,也是那么红,那么鲜艳,那么逗人喜爱;大金帅苹果则金光闪闪,闪烁着一片黄橙橙的颜色;山楂树上缀满了一颗颗红玛瑙似的红果;葡萄呢,就更加绚丽多彩,那种叫"水晶"的,长得长长的,绿绿的,晶莹透明,真像是用水晶和玉石雕刻出来似的;而那种叫做"红玫瑰"的,则紫中带亮,圆润可爱,活像一串串紫色的珍珠。……

哦!好一派迷人的秋色啊!

我喜欢这绚丽灿烂的秋色,因为它表示着成熟、昌盛和繁荣,也意味着愉快、欢乐和富强。

在这里,我们根本看不到欧阳修所描写的那种"其色惨淡,烟霏云敛……其意萧条,山川寂寥"的凄凉景色,更看不到那种"渥然丹者为槁木,黟然黑者为星星"的悲秋情绪。看到的只是万紫千红的丰收景色和奋发蓬勃的繁荣气象。因为在这里,秋天不是人生易老的象征,而是繁荣昌盛的标志。写到这里,我忽然明白了为什么欧阳修把秋天描写的那么肃杀悲伤,因为他写的不只是时令上的秋天,而是那个时代,那个社会在作者思想上的反映。我可以大胆地说,如果欧阳修生活在今天的话,那他的《秋声赋》一定会是另外一种内容,另外一种色泽。

我爱秋天。

我爱我们这个时代的秋天。

我愿这大好秋色永驻人间。

朗读建议:峻青同志一九六二年写的《秋色赋》,是一篇优秀的抒情散文。这篇散文以"赋"作题,通过秋天的景色特征的描写,赞美了胶东半岛的灿烂绚丽,欣欣向荣的秋天景色,赞美了胶东人民在党的正确领导下战胜自然灾害的英雄业绩,赞美了我们伟大的时代。以欣喜、舒展的基调,表现秋天的收获、秋色的凝重。

宣扬友爱的民族传说

秦 牧

在海南岛五指山区的时候,我曾经通过翻译,亲自向几位黎族青年询问过当地关于民族起源的传说。

因为这一类的传说里面常常包藏着各族的先民对于世界的认识,原始社会的风貌,以至人们生活的愿望等等。

正在念师范的一位黎族青年告诉我,他所听到的关于黎族起源的民间传说是这样的:在古代一次洪水泛滥之后,世上只留下一对兄妹,他们在到处寻不到其他配偶的情形下结了婚。婚后产下一个大肉球,羞愤的哥哥把它斩成十块,五块抛上高山,五块丢下流水。丢上山的给乌鸦吃了两块,丢下水的流向平原。山上的肉块变成了黎人。因为有一些给乌鸦吃了,所以黎族人少。水里的肉魂冲向平原,变成了汉人。

因为这些肉块没有受到什么损失,所以汉族比黎族人多。

另一个黎族青年告诉我的却又是另一种传说:据说最初的人类都是一对巨大的老猴子夫妇生下来的。老猴子夫妇因为做工,所以渐渐具备了人形。他们原来生的大批子孙都在一次洪水中死去了。老猴子夫妇坐在大龟壳里漂流,得以避过灾难。洪水退后,他们又生下了三对儿女:第一对是黎族的祖先,第二对是汉族的祖先,第三对是苗族的祖先。

这种看似离奇怪诞的传说,里面实际上蕴藏着一些很值得注意的东西。

世界各个民族都有各自关于"创世纪"的神话。埃及神话说人类是大神赫鲁木用粘土塑造成的。希伯来神话说上帝用泥土造成了男人亚当,又抽亚当的肋骨造成了女人夏娃。希腊神话说大神宙斯用粘土塑成了人。中国汉族的神话说盘古用斧凿开辟了天地……。这些著名的传说,如果剥去了神话的外衣,我们是很可以看到一些东西的。这就是:制陶技术的发明对古代人类生活影响的深广、人们对于劳动的赞美、氏族社会崩溃后男性中心思想在神话中的反映等等。

同样的,黎族人民关于民族起源的传说,如果剥去了那神话的外衣,我们也可以看到:除了这里面有古代人们对洪水时代的恐怖的回忆(全世界各民族关于创世纪的传说几乎都谈

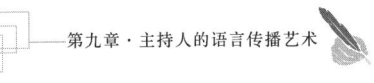

到了洪水,这些传说正和一些饱历沧桑的石头同样记录了真实的历史)、对于劳动创造了文化这一真理的隐约的感觉、对于生活艰苦的咏叹等等之外,还有宣扬民族友爱的朴素的声音。瞧,在黎族人民关于创世纪的传说中,不是都提到了所有的民族都是弟兄的这一回事么?

同关于洪水的传说那样的普遍,国内各个少数民族的神话传说中,讲到各个民族是弟兄的,数量很是不少。如彝族,他们就有不少这一类的故事。

彝族中的一支,阿细族的神话史诗中,也提到一对经过洪水泛滥劫后仅存的兄妹,结婚繁衍了人类的故事。在阿细族的故事中,讲的是妹妹结婚后生下了一个大南瓜,里面发出了人声,后来哥哥用斧头把它剖开,里面跳出了许多的人,有汉人、有苗人、有彝人……汉人向平原走去,苗人向草原走去,彝人向山岭走去。这就成为他们以后各自居住的地方。

云南彝族的传说竟和海南岛黎族的传说这样的相像,这真是意味深长,值得民族学者深入钻研的一回有趣的事!这些天南地北,遥远相隔的民族有着这样如出一辙的民族传说,真不禁使人想起也许在遥远的年代中,他们原曾发生过极密切的关系,此后有一个支系漂洋渡海了,这才使他们分道扬镳,越离开越远了。这类的事情我们外行人是没法弄明白的。

我想讲的只是,在这些神话中,有一个声音是多么嘹亮啊,它通过那些奇特的情节,不断地在呼唤:"民族和民族之间应该是弟兄!应该相爱!"

通过长期间的民族压迫的历史,这些藏着一个庄严的正义声音的民族故事居然能世代流传下来,可以想见:就在那些惨淡的岁月里,也有无数民族弟兄怀着他们的善良的愿望,奏着芦笙、吹着洞箫,在回忆祖先传说中寄托他们的感慨和理想:"我们应该像兄弟一样啊!"先民们的声音就这样世世代代响在许多人们心头,就像奥林匹克大会中的火炬传递一样,一代代的人们把这火炬从暴风雨中传递下来了!

这是一个庄严的正义的声音!这比较那些在世界许多地方曾经出现过的,表现民族偏见的谬说,如说什么什么民族最优秀,什么什么民族是下等民族之类的观念,不知要伟大崇高多少万倍了。固执着民族优越偏见的人们,也许过着文明人的物质生活,然而在民族关系上的思想感情,却和"猎头部落"的野蛮人没有什么分别。宣扬民族友爱的人们,也许过着朴素简陋的生活,然而他们在民族关系上的思想感情,却和共产主义时代的人类息息相通。这民族友爱的火炬,曾经为一切民族的有智慧的祖先所燃点,它们一代代被传递下来,经历过晦冥风雨,有时几乎熄灭,然而它终于传下来了,并在新时代中燃起了长明的美丽的篝火。

人类比较普遍明白生物进化的道理的历史还不过一百年左右,各个民族有一些关于创世纪的离奇传说是很自然的事。

从这些离奇传说中,我们仍不禁想起了国内各个民族的那些智慧和正义的先人。想起他们仁爱的眼睛,温和的声音,他们心头的烈火和美好的思想。想起这些人,想起马克思主义的民族关系的原则,我们就会更坚决地去唾弃那可鄙的大汉族主义,或者踢开那可怜的狭隘的民族主义!

朗读建议:该散文的朗诵与上文的朗读要求相似,所不同的是"宣扬友爱的民族传说"更富于叙事说理的特点,语气稍显凝重一些。

假如给我三天光明
[美]海伦·凯勒

我们知道自己难免一死。但是这一天的到来,似乎遥遥无期。当然人们要是健康无恙,谁又会想到它,谁又会整日惦记着它,于是便饱食终日,无所事事。

有时我想,要是人们把活着的每一天都看成是生命的最后一天该有多好!这就更能显出生命的价值。如果认为岁月还相当漫长，我们的每一天就不会过得那样有意义、有朝气，我们对生活就不会总是充满热情。

我们对待生命如此怠倦，在对待自己的各种天赋及使用自己的器官上又何尝不是如此？只有那些瞎了的人才更加珍惜光明。事情往往就是这样，一旦失去的东西，人们才会留恋它，人得了病才想到健康的幸福。

我有过这样的想法，如果让每一个人在他成年后的某个阶段瞎上几天、聋上几天该有多好。黑暗将使他们更加珍惜光明，寂静将教会他们真正领略喧哗的欢乐。

我多么渴望看看这世上的一切，如果说我凭我的触觉能得到如此大的乐趣，那么能让我亲眼目睹一下该有多好。奇怪的是明眼人对这一切却如此淡漠！那点缀世界的五彩缤纷和千姿百态在他们看来是那么平庸。也许人就是这样，有了的东西不知道欣赏，没有的东西又一味追求。

假如我是一位大学校长，我要设一门必修课程："如何使用你的眼睛"。教授应该让他的学生知道，看清他们面前一闪而过的东西会给他们的生活带来多大的乐趣，从而唤醒人们那麻木、呆滞的心灵。

请你思考一下这个问题：假如你只有三天的光明，你将如何使用你的眼睛？想到三天以后，太阳再也不会在你的眼前升起，你又将如何度过那宝贵的三天？你又会让你的眼睛停留在何处？

朗读建议：《假如给我三天光明》是海伦·凯勒的散文代表作，她以一个身残志坚的柔弱女子的视角，告诫身体健全的人们应珍惜生命，珍惜造物主赐予的一节。它摘引自海伦·凯勒的本自传性作品《我的人生故事》，被誉为"世界文学史上无与伦比的杰作"。这篇散文的朗读是需要用心体会，并细腻表达的。尽可能表现出作者深切的感受和美好的憧憬。

[寓言]

猴子、熊和镜子
伊索寓言

猴子和熊在路上走着，突然，看见路边有一面镜子，正面朝下地倒在那里。它们俩谁也没见过镜子，于是把镜子扶起来，靠在树干上。

猴子朝镜子里瞧了一眼……

"哈哈哈哈！"它笑得上气不接下气，"这是哪儿来的丑八怪！哈哈哈……瞧那眼睛，多像贼的眼睛。瞧那鼻孔，翻到天上去了。哈哈哈哈……"猴子笑得喘不过气来，赶紧捂上眼睛。

熊走向镜子，照了一会惊奇地说："没有丑八怪呀！只有一位老兄，就是我每次去喝水，在水塘里准碰见的那位。咦，它的鼻孔没有朝天啊。"熊摇摇头，走开了。

猴子回到镜子前，忍不住又大笑起来："哈哈哈哈……这么丑，竟然好意思活着！哈哈哈哈……"它擦了擦笑出来的眼泪，回过头去对熊说："要是我长得这么丑，我一定会难过得上吊自杀的。"

熊傻眼了，弄不明白是怎么回事，决定再好好看一看。

猴子还在嘲弄地大笑，一边指着镜子说："我的亲戚本家中，确实也有长得这么丑的。算一算，好像有那么五六个吧……"

熊站在猴子的身边，一块儿往镜子里看。这一看，就什么都明白了。

熊捅了捅猴子："我说，老弟，关心一下你自己吧。"

朗读建议： 与上述的寓言故事表现手法相同，尽力刻画出猴子那种狂妄和无知的可笑状态。

狗的友谊
[苏联] 克雷洛夫

黄狗和黑狗躺在厨房外的墙脚边晒太阳。虽然在院子门口守卫要威风得多，但是它们已经吃饱了，不想再冲着来来往往的人大叫了，于是就彬彬有礼地攀谈起来。它们谈到人世间的各种问题，自己必须做的工作，恶与善，最后谈到了友谊问题。

黑狗说："人生最大的幸福，就是能和忠诚可靠的朋友在一起生活，有什么患难，就互相帮助；睡啊吃啊，都在一块儿；彼此相亲相爱，就像英雄好汉一样互相保卫；并且抓紧机会使朋友高兴，让它的日子过得更加快乐，同时也在朋友的快乐里找到自己的欢乐，——天下还能有比这更加幸福的吗？假如你和我结成这样亲密的朋友，日子一定好过得多，就会连时间的飞逝都不觉得了。"

"太好了，我的宝贝，就让我们做朋友吧！"黄狗热情地说道。

黑狗也很激动："亲爱的黄狗，过去我们两个白天黑夜都在一块，简直没有一天不打架，我好几回都觉得非常痛心！真是何苦呢？主人挺好的，我们吃得又多，住得也宽敞，打架是完全没有道理的！人类把我们当作友谊的典范，就让我们用行动给人类证明：要结成友谊是没有什么障碍的！来吧，握握爪吧！"

"赞成，赞成！"黄狗嚷道。

两个新要好起来的朋友立刻热情地拥抱在一起，互相舔着脸孔，那个高兴劲儿，简直不知道拿什么来比拟。

"友谊万岁！""让吵架，妒忌，怨恨都滚开吧！"

就在这时候，天哪！厨子扔出来一根香喷喷的骨头。两个新朋友立即闪电似的向骨头直扑过去。友好和睦像蜡一样的融掉了。"亲密"的朋友"亲密"地滚在一起，相互撕咬，搞得一蓬一蓬的狗毛满天乱飞。

直到一桶凉水浇到它们背上，才把这一对宝贝拆开了。

人世间充满了这样的友谊。听他们讲话，你以为他们是同心同德；丢给他们一根骨头，就全成了狗了。

朗读建议： 这篇寓意深刻的短文，辛辣地讽刺了那种虚伪而又贪婪的"友情"，朗读这篇寓言要绘形绘色地刻画它们"友情"的虚伪和内心的贪婪。最后的转引则揭示了人间的真实的道理。

[杂文]

阳光，是一种语言
雷抒雁

早晨，阳光以一种最明亮、最透彻的语言，和树叶攀谈。绿色的叶子，立即兴奋得颤抖，通体透亮，像是一页页黄金锻打的箔片，炫耀在枝头。而当阳光微笑着与草地上的鲜花对语，花朵便立即昂起头来，那些蜷缩在一起的忧郁的花瓣，也迅即伸展开来，像一个个恭听教诲的耳朵。

明朗的日子，走在街上，你不会留意阳光。普照的阳光，有时像是在对大众演讲的平庸演说家，让人昏昏欲睡；到处是燥热的嘈杂。

阳光动听的声音,响在暗夜之后的日出,严寒之后的春天,以及黑夜到来前的黄昏。这些时刻,阳光会以动情的语言向你诉说重逢的喜悦、友情的温暖和哪怕是因十分短暂的离别而产生的愁绪。倘若是雨后的斜阳,彩虹将尽情展示阳光语言的才华与美丽。赤、橙、黄、绿、青、蓝、紫,从远处的山根,腾空而起,瞬间飞起一道虹桥,使你的整个身心从地面立刻飞上天空。现实的郁闷,会被一种浪漫的想象所消解。阳光的语言,此刻充满禅机,让你理解天雨花,石点头,让你平凡生活的狭窄,变成一片无边无垠的开阔;让你枯寂日子的单调,变得丰富多彩。

可这一切,只是一种语言。你不可以将那金黄的叶子当成黄金;江河之上,那些在粼粼波里晃动的金箔也非真实;你更不要去攀援那七彩的虹桥,那是阳光的话语展示给你的不可琢磨的意境。瞬间,一切都会不复存在。可是,这一切又都不是空虚的,它们在你心中留下切切实实的图画,在你的血管里推涌起浪潮,在你的耳边轰响着不息的呼喊,使你不能不相信阳光的力量和它真实的存在。

和阳光对话,感受光明、温暖、向上、力量。即使不用铜号和鼙鼓,即使是喁喁私语,那声音里也没有卑琐和阴暗,没有湿淋淋的、怯懦者的哀伤。

你得像一个辛勤的淘金者,从闪动在白杨翻转的叶子上的光点里把握阳光的语言节奏;你得像一个朴实的农夫,把手指插进松软的泥土里,感知阳光温暖的语言力度。如果你是阳光的朋友,就会有一副红润健康的面孔和一窗明亮清朗的心境。

阳光,是一种语言,一种可以听懂的语言。

朗读建议:作者能把平凡生活中的阳光描述得有灵性,比喻为语言,因为语言充满玄机,它会在不同的时刻,不同的场合展现给人不同的面目,阳光也如同语言。阳光与语言的另一共同之处:稍纵即逝,阳光给你的享受是一瞬间的,如同一句话在你耳边一晃而过,不过它能在你心里留下深刻的印象,如同一句话有可能改变人的一生一样。

珍惜自己的存在价值

佚 名

一次,仪山禅师洗澡。

水太热了点,仪山让弟子打来冷水,倒进澡盆。

听师父说,水的温度已经刚好,看见桶里还剩有冷水,做弟子的就随手倒掉了。

正在澡盆里的师父眼看弟子倒掉剩水,不禁语重心长地说:"世界上的任何东西,不管是大是小,是多是少,是贵是贱,都各有各的用处,不要随便就浪费了。你刚才随手倒掉的剩水,不就可以来浇灌花草树木吗?这样水得其用,花草树木也眉开眼笑,一举两得,又何乐而不为呢?"

弟子受师父这么一指点,从此便心有所悟,取法号为"滴水和尚"。

万物皆有所用,不管你看上去多么卑微像棵草,渺小得像滴水,但都有自身存在的价值。

科学家发明创造,石破天惊,举世瞩目,然而,如果没有众人的智慧和积累,便就终将成为空中楼阁,子虚乌有。

鲁迅的那段话也掷地有声?"天才并不是自生自长在深林荒野里的隆物,是由可以使天才生长的民众产生、长育出来的,所以没有这种民众,就没有天才。"

"落花水面皆文章,好鸟枝头亦朋友。"当年朱熹就曾这样说过。

如果你处在社会的底层——相信这是大多数,请千万不要自卑,要紧的还是打破偏见,唤起自信。问题不在于人家怎么看,可贵的是你的精神面貌如何?三百六十行,行行出状元。关键还是在于,怎样按照你的实际,为社会,为人类多作贡献,从而在这个世界找到自己的一片绿洲,一片天空。

朗读建议：这虽是杂文,也是一篇演讲稿。后面三个自然段形成三层转折,表达出层层深意。表达这几层含义应从容不迫,侃侃而谈。

路
曾林祥

路,世界上有各种各样的路：大路小路,弯路直路,公路铁路,山路水路,沙路石路……纵横交错。路把高山和河流联结在一起,路把村庄和田野联结在一起,路的花纹镶遍了祖国的大地,使江山更添锦绣,使人生充满活力。

路,有平坦的,有险阻的。平坦的路上,留下了开拓者的艰辛的足迹；险阻的路,也拦不住勇敢者前进的脚步。

谁说山间没有路？抓着草根,攀着古藤,抠着石缝,勒着石棱,一步步,一寸寸,爬着攀着,攀着爬着,跳涧越崖,向大自然迈开阔步。前面是理想的山巅,努力吧,朋友,无限风光在险峰。

山顶上看来没有路了,然而,天上还有路,是的,天上还有路！鹰不就是在云天拓路吗？……

路啊,没有尽头的路——

朗读建议：这里指的是地上的路,却寓意着人生的路。正入鲁迅所说的"希望的本无所谓有,无的。这正如地上的路,其实地上本没有路,走的人多了,也便成了路。"说的就是,只有美好的愿望而不去探索实践,希望必然落空。虽然实现"希望"会困难重重,但只要去探索实践,就有实现的可能。从而得出一个结论,希望之路是走出来的路,是实践出来的路,它是没有尽头,需要努力探索的路。朗读时的语调节奏需要沉稳、坚定,意味深长。

二、谈话训练

训练谈话能力,常用的方式有：

(一)叙说训练

1. 叙说训练的特点

叙述训练离不开思维训练,思路清晰,叙述才能有条不紊；叙说训练离不开心理训练,学生的心理因素,往往制约他们的开口说话；叙说训练离不开语言环境,叙述必须适应语言环境的变化。

2. 叙说训练要点

要把叙述训练与思维训练结合起来。在交流思想时,常常出现的问题是内部言语快于外部语言,想说脱节,顾此失彼的现象,考虑问题也带有一定的片面性。因此在说话训练时必须注意与思维训练结合,保持内部言语与外部语言的协调,想与说的统一。

要把消除心理障碍与叙述训练结合起来。内向性格的人往往不愿多与人们交往,不愿多开口说话,一说话就紧张、羞怯。因此说话训练必须帮助他们克服这种心理障碍,增强心理素质,提高说话意识,逐步培养说话的兴趣与习惯。

要把创设语言环境与叙述训练结合起来。尽量为学生创造当面讲话与相互交流的条件,并帮助他们消除口语中的不规范、不健康现象,提高口语的素质与说话的质量。

(二)读说训练

1. 读说训练的特点

读说训练,可以促使眼、耳、口、手、脑的相互感应,既可加深阅读印象,抑制遗忘,又能为说话训练创造条件,提高效率。读说训练,可以边阅读边思考,读后叙谈内容;可以边阅读边笔记,而后进行口头述评;也可以阅读一部分,谈论一部分,也可以阅读全文后再进行口头评论,等等。

2. 读说训练要点

要根据本次读说训练的目的,提出相应的训练要求。例如"读—说—评"训练,如目的在训练鉴赏性的读说能力,应宽限阅读时间,并以课内外结合的方式进行;如目的在训练速读能力,则宜严限阅读时间,当堂进行读说训练。

读说训练要有针对性,从学生的实际出发安排训练。如:学生读书不求甚解,就指定作品或文章,并提出思考题,布置他们作评论性的读说训练,等等。

(三)评说训练

1. 评说训练的特点

评说需要具体的对象,明确的目的与所要解决的问题;评说重在说理,以理服人,这就需要具体问题具体分析,就事论事;评说需运用逻辑思维,讲求表述的逻辑性。

2. 评说训练要点

要帮助学生选择评说对象,明确评说目的。评说训练应联系学生的生活,选择他们所熟悉、关心的事物和现象进行评说。例如:春节刚过,就可让学生对各地春节民俗现象进行评说。这容易激发学生评说的兴趣,有利于提高思想认识。

要引导学生学会就事论理、分析说理的方法,反对简单粗暴的做法。例如,对某些违背社会道德的现象进行评说,就应联系和谐社会建设、推进社会文明等进行实事求是的具体说理,而不能采用扣帽子的方法来评说。

要指导学生学习运用求异思维来认识问题,提高思维的灵活性与评说的质量。

(四)想说训练

1. 想说训练的特点

想说训练可以发展求异思维,培养创造意识;想说训练可以作为口头作文的一种形式。

2. 想说训练要点

想说训练可以随机进行,也可进行专项训练。随机训练,得根据教学的实际需要来安排。例如,在组织阅读《儒林外史》以后,让学生运用想象与联想,口头描述旧时代考场、官场中的趣味故事。专项训练需要创设情景,设计想象或推想的线索,并对学生进行必要的启发引导。例如,为了培养学生讲故事的兴趣与能力,可以设计几个故事,先由教师开讲其中的一个故事,讲述部分内容后突然中止,而后让学生运用想象、联想,把故事讲下去,讲完进行评议,然后再讲第二个故事。

想说训练也可以与文学评论结合起来。

(五)轮说训练

1. 轮说训练的特点

轮说训练可以扩大口语训练的覆盖面,提高大家的说话意识,有利于培养学生们的说话能力与习惯。

轮说可以在全班训练,也可在小组训练。

2. 轮说训练要点

轮说可采用常规与随机两种训练方式。常规训练是有目的、有步骤、有计划进行的。如,正式上课前的几分钟,规定为学生口练时间。每次由一两名学生上讲台讲话,讲话内容由轮到讲话的学生根据预设话题、谈资与要求自行准备,自拟讲话题目。一人讲话,全班静听,讲究评议。随机训练带有一定的灵活性,但也应事前计划。如,在什么教学阶段使用轮说训练,要解决什么问题,如何指导训练等,都应有所考虑。

轮说训练要注意对象。一般来说,对那些内向性格、不善言辞的同学要循序渐进,不要急于求成,以免欲速则不达,引起逆反心理。除了要注意场合,讲求方式以外,重点在于引发兴趣,尽可能选择能够引发共同兴趣的话题。

(六)续说训练

1. 续说训练的特点

续说训练的内容是多方面的。如:叙事续说、论理续说、评人续说、说物续说,等等。

续说可用于集体训练,也可以用于单独训练。

续说能运用所学知识,还可训练创造性想象。

2. 续说训练要点

续说训练可与读书会相结合。例如:《项链》的结尾,当路瓦栽夫人听到佛来思节夫人说那挂项链是赝品之后,有什么反应,还会产生哪些故事情节,可让学生续说下去。

续说训练可与研讨会结合。例如:让学生写一篇论文,论点确立后,该用哪些论据,可让学生用续说方式一一提出,以集思广益,共同提高。

续说训练可与故事会结合。例如:在讲故事活动中,可采用续说方式,以培养集体讲故事的兴趣与口头创作的能力。

续说训练要引导学生发展求异思维,对于有创新的续说,应予肯定鼓励。

(七)复述训练

1. 复述训练的特点

复述可以促使耳、眼、脑、口相互感应,有利于培养口头表达的能力,并能促进思考,加强记忆,加深理解,具有智力训练的价值。

复述根据不同的训练目的,采用不同的训练方式。复述的主要形式有详细复述、简要复述、部分复述、片断复述、综合复述与创造性复述等。

2. 复述训练要点

复述除作为说话训练的方式,还可运用于听、读、写的训练中。例如:重点在检验听力的听后复述,加深理解、加强记忆的读后复述,组织材料、整理思路的写前复述等。

复述应根据学生的年龄特征与知识水平,采用不同的训练方式。例如:如果学生的逻辑思维能力不强,知识水平有限,训练复述就应以详细复述、简要复述为主,逐步地把两种复述结合起来,进行综合性复述,而后再过渡到创造性复述。

复述语言表达要求做到:第一,发音准确,吐字清楚;第二,口语连贯而有条理;第三,说话讲求语气、语调,有快慢变化,有抑扬顿挫;第四,表达层次分明,重点突出,中心明确,结构完整。

复述训练应做好对学生的方法指导与小结讲评。

三、阐说训练

(一)辩论训练

1. 辩论训练的特点

辩论是甲、乙两方对某一论题的争论。辩论产生于意见分歧,而且是较大的意见分歧。

辩论使思维与语言处于紧张状态。它可以训练思维的敏捷性、灵活性、周密性、逻辑性与流畅性,可以培养批判思维与求异思维,从而有利于创造性思维的发展;它可以促使内部言语与外部语言快速同步,从而有利于认识能力、应变能力与口头表达能力的发展。

辩论的过程是驳论与立论并用的过程。在驳斥对方论断中,提出自己的论断。驳斥对方的论断,或批驳论点,或批驳论据,或批驳论证,而确立自己的论断,同样需要明确提出论点,摆出事实的和理论的论据以论证论点。要做到:以理批驳,以理立论,以理服人。

2. 辩论训练要点

要选好辩论题目。辩论题目应选择大家感兴趣、存在认识分歧,并有争论价值的论题。题目可事先公布,意在让学生做好准备,亦可临时宣布,旨在训练学生敏捷思考与表达的能力。

要抓住对事物认识的分歧点进行论辩。辩论双方如不在分歧点上交锋,各说各的,就不能称之为辩论。这就要求在辩论过程中,认真听取对方的发言,记住要点,抓住矛盾,找出破绽,立即予以针锋相对的驳斥。论辩中,双方都会遇到新问题,这就要求论辩者头脑清醒,反应灵敏,善于思考,巧于言辞,这样才能随机而应变。

要有良好的论辩气氛。在辩论中,要引导学生积极发言,勇于交锋,敢于坚持真理,但不强词夺理,体现实事求是的学风。论辩交锋,要讲求礼节,相互尊重,互相学习,不感情用事,不讽刺挖苦,从而能使辩论产生积极的效应。

(二)演说训练

1. 演说训练的特点

演说可以训练论辩能力。它具有说理性、逻辑性、鼓动性等特性。

演说有专题与即兴之分,专题演说事先有所准备,即兴演说则临时有感而发,带有随机性。

2. 演说训练的要点

要指导学生写好演说稿。演说当众发表对某问题或事件的见解,当然一定是自己的见解,因此,要演说,总得要求自己写好演说稿。写演说稿的要求是:第一,演说题目,要切合听众的要求与兴趣;第二,演说材料,要切合实际并有新鲜感,从而能受听众欢迎;第三,演说顺序,要有纲有目,层次分明,能使听众易于掌握;第四,演说语言要简洁、明快,并有感染力与鼓动性;第五,演说态度要诚恳,说知心话,从而能引起听众的共鸣。

要从易到难,分步实现演说训练。第一步,先让学生选用别人文章,加以修改后作为演说稿,在小组内演说;第二步,待学生有了训练基础,就要求他们自己写演说稿,在班上演说。演说有成绩的,要奖励。

要重视演说的体态语言训练。讲求演说的表情与手势,以姿势助说话,提高演说语言的形象性、生动性与鼓动性,增强演说的效果,并使学生受到美的教育。

(三)即兴发言训练

1. 即兴发言的特点

即兴发言必须有"即兴"。兴之所至,事出有因。因此即兴发言必须找到事物,作为感情的触发点,才能产生兴致。兴之所至,也就有了要说的话。

即兴发言要求发言人必须敏捷运思,十分快速地捕捉说话题材,确定说话中心,考虑说话技巧,使用生动、得体的口头语言。这是一种高难度的说话训练与智力训练。

2. 即兴发言要点

即兴发言须有平时一般发言训练的基础。缺乏说话训练的学生,当众发言已属难事,要他们即席发言就更感畏惧。这就要求多为学生创造当众说话的条件,在他们具备了当众说话的能力与习惯后,再过渡到即兴发言的训练。

即兴发言须有一定的规范:第一,它必须当场准备,而不能事前准备;第二,它必须有题目,有观点,有材料,有层次,有中心,有首尾,有完整的表达形式。第三,它必须符合当场发言要求。语言简洁,声音响亮,思路清晰,态度端庄,并配以适当的手势与表情。

第十章 主持人的非语言传播艺术

播音主持是一项语言传播活动,然而在主持过程中,也存在着大量的非语言传播现象。特别是谈话类、娱乐类等带有人际传播特点的节目中,主持人非语言传播的作用显得更加重要。美国的社会心理学家雷·伯德惠斯特尔(Rayl Birdwhistell)认为,人的大部分动作就像组成词的字母和音素,是意思表达的组成部分,他把这叫做"体语的最小单位表述",这些最小单位结合在一起就组成体态语言。他说:"光人的脸就能做出大约25万种不同的表情。"[1]他估计,在人际传播中有65％的"社会含义"是通过非语言手段传送的。伯德惠斯特尔认为"体态语言"与人类有声语言(言语)或无声语言(文字)一样都有特定含义。目前,对非语言的分类众说纷纭,为了便于阐述,我们采用美国心理学家巴克所确定并已被大多数研究者所接受的分类法,就是把非语言传播分为无声的动态、无声的静态和有声的类语言三种,并分别讨论它们在广播电视主持人节目中的运用。

---

[1] 毕一鸣.论播音中的非语言传播.中国广播电视学刊,1990(2)

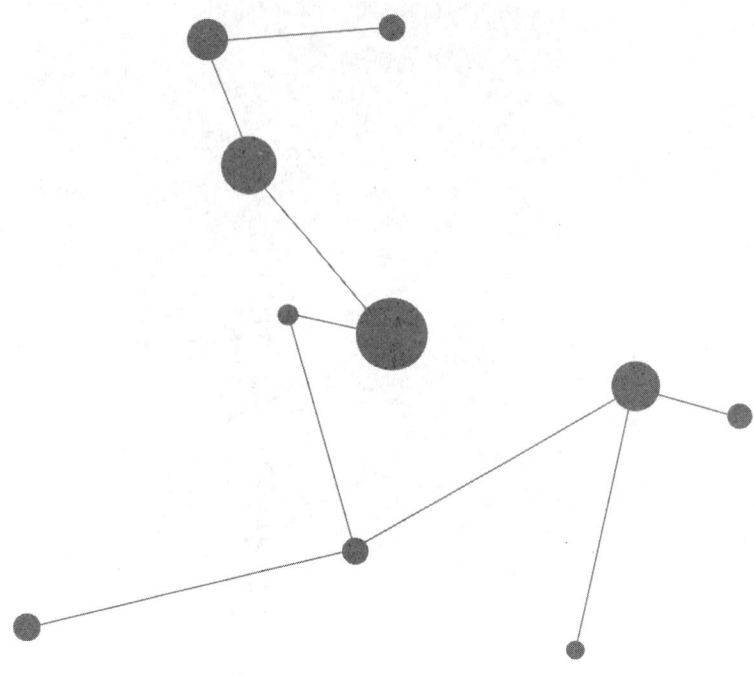

　　无声动态的非语言是以"体语"和"眼语"构成的以动态为基本形式的非语言方式。

　　无声静态的非语言,指不动的身体的各种不同的姿态,都传达一定的信息,它们主要是由环境语、服饰语和姿态语组成的。

　　那些超出语言学范畴,尚有隐含意义的声音,其实就是类言语。那些被过度夸张、渲染的停顿与重音,超出常规的节奏变化和语调色彩,就应该看做是类语言现象。

　　我们在主持广播电视节目时,不论怎样运用语言或非语言的方式与受众进行交流,目的都在于沟通思想、情感,使传播活动处于最佳状态。这是运用语言和非语言行为的基本原则。

◎ **本章要点**

◆ 无声动态的非语言艺术是以"体语"和"眼语"构成的以动态为基本形式的非语言方式

◆ "不动的身体的各种不同的姿态,都传达一定的信息。有的研究者说,至少有一千种不同的体态语言。"

◆ 有声的非语言——类语言学一般研究两大部分:声音要素和功能性发声

第一节　无声动态的非语言艺术

它是以"体语"和"眼语"构成的以动态为基本形式的非语言方式。

古代画论中所谓:"近取其神,远取其势"的说法,其实与非语言传播现象是相通的。"近取其神"是指能够传情达意的眼神和表情。在影视拍摄中取中景、近景镜头时,最能通过主持人的眼睛及笑容,传达出他的真实情感和含义,主持人的任何心理活动通过面部表情的细微变化都能够被镜头放大表现出来。眼神中表露出来的温情、睿智、真诚和幽默都能够打动观众的心扉,产生积极的传播效果。如果言语是喜悦的,目光却是冷漠的,语气是真诚的,脸色却是麻木的,那么受众会对这个主持人产生不信任感。

所谓"远取其势"则是指主持人身姿给人的总体感觉,也能够传达某种讯息。如在汶川大地震中,记者、主持人的采访活动频繁,但是从他们采访的姿势上往往能够表现出与灾民血脉相连的程度。在经历了地震灾区那惊心动魄的第一现场报道之后,灾区归来的央视记者、主持人张泉灵说,汶川的路,比珠峰难。与此同时,她被誉为"灾区最美的记者",并且入选2008年度"中国十大杰出青年"。央视主持人赵普在荧幕上为汶川地震灾情潸然泪下的一幕记在了不少观众的心里。他让我们看到,央视直播节目主持人在面对灾区惨况的时候作为"人"的另一面,正如他自己说的,"我首先是一个人,然后才是传媒人"。"举国上下,共渡难关",这是赵普在每一次直播报道里都会提及的一句话。随着救援情况的发展,赵普开始平复自我的情绪,更理性地去面对、去反思这一场灾难。然而经过连续几天的直播工作,无论主持人还是记者都已经到了身心交瘁的时候,但没有人说累,没有人说苦,"因为,在这样的报道中,他们不只是在作节目,他们一直是和人民在一起的,他们是在发挥着传媒人的作用,在传播信息。"①

一、体语

一般地说,情动于中必形之于外。人的表情、动作、仪态,总是反映着人的某种思想、感情。按照体态语言的表达作用,它又可以分成四种。按照民俗习惯和特定语境表达出的象征性体语;对言语补充,强调,渲染的说明性体语;显示内心情感的面部表露性体语和暗示某种意味的调整性体语。电视播音员可以有意识地把这些体语在镜头前加以运用。比如,可以用点头、手势、抬颔等等代替自然语言来表达对受众的示意,也可以借助特殊的手势辅助说明,从而起到吸引受众注意力,等等。

1. 象征性体语

象征性体语往往以身势语为主,既遵从民族习惯,也受到文化语境的影响。身势语是一个民族文化的组成部分,在全球化传播中,跨文化交流越来越频繁,语言不通,可以会意。通过非语言行为也会有助于相互理解与国际交流,避免误解和尴尬。

一般认为,用点头表示同意,用摇头表示反对,用挥手表示再见,用竖起的大拇指表示赞赏等。但是受民族习惯的影响,这些动作含义,不同的对象会有不同的理解。譬如:对那些

---

① http://www.sina.com.cn,上网时间:2008-05-22,14:43

怀有敌意的对象,往往点头含有威胁的意味——"你当心点儿!"摇头也未必就是反对,也可能是一种极度的夸赞。同样是竖起拇指,对于不同的民族却有着不同的含意,日本人表示"男性同伴",西班牙人表示"巴斯克人万岁",印度旁遮普邦则表示"无事可做"等。但是,我们还是可以从肢体和躯干的动作上多少能够领会一些"言外之意"。

▲小幅度的摇动脚部或抖动腿部,意味着将不安、紧张、焦躁的情绪传达给对方。

▲频频变换架腿姿势的动作是情绪不稳定或焦躁的表现。

▲张开腿部而坐是一种开放型的姿势或动作,表明富有自信,有接受对方的倾向。

▲当你阐述问题时,对方开始架腿,这就表示他对你的话题开始不感兴趣了。如果对方频繁地变换架腿的动作,就表明他已经不耐烦了。

▲性格豁达的人往往是张开双腿坐着,性格内向的人常常习惯性地把手脚靠拢自己的身体,如果别人对自己有好感,就会不自觉地把双腿交叠,等等。

▲微微弯腰动作,是谦恭有礼的表现。

▲昂首挺胸往往带有坚强不屈的意味,在特殊场合也有目空一切的意味。

▲趾高气扬,形容骄傲自大,自得意满的样子。

▲昂首阔步,步子有弹力及摆动手臂显示一个人的自信、快乐、友善及雄心;走路时拖着步子,步伐小或速度时快时慢则相反。偏好支配人者,走路时倾向于脚向后踢高。性格冲动的人,则像鸭子一样低头急走。而拖着脚走路的人,通常是不快乐及内心苦闷。

▲点头哈腰常常被譬喻为阿谀奉承,缺乏自尊的姿态。

▲卑躬屈膝则是屈从权势的表现,等等。

2. 说明性体语

说明性体语主要以手势语为主。实际上它是体语的重要组成部分,因为人的手部动作最多,可以表示多种多样的意思(如下图表示数字的各种手势)。在聋哑语中主要就是依靠手语来表达的。在澳大利亚的土著部落里常常会看到妇女们用手势长时间地交流。而手语中存在的文化差异也比较大,譬如:拇指和食指隆成圈,竖起其他手指所表示的"OK",在英国美国表示"行、对"等,在法国,一般情况示意为"微不足道、毫无价值",而在日本人看来则是"金钱"的意思,斯里兰卡佛教徒用右手做同样的动作,放在胸前,同时微微欠身颔首,表示希望对方"多多保重",而在巴西、希腊和意大利的撒丁岛,这却是一个令人讨厌的下流手势。又如,一个大拇指,方向不同,意义相去甚远。朝右"我要搭便车,请您带上我";竖起拇指,欧美人有时用来表示数字"一",中国人意蕴"顶呱呱",日本人则看做"老爷子"的意思;拇指下压,英美人意为"完全控制了某人",再向上挑起,表示惩罚或将某人撵出去;向内自指,傲气十足,有时也就给人缺乏教养的印象。

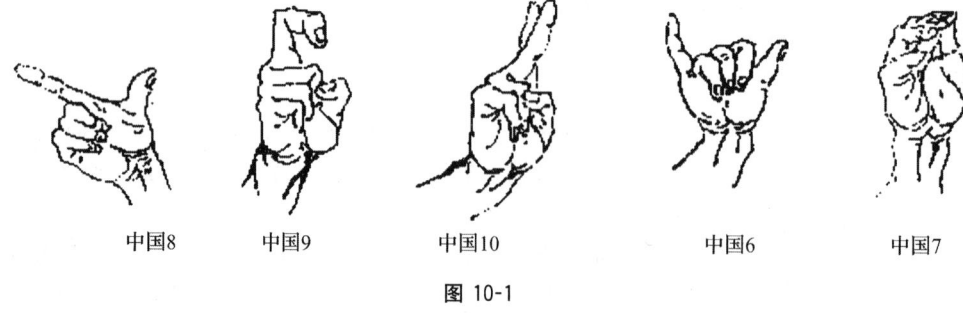

中国8　　中国9　　中国10　　中国6　　中国7

图 10-1

在中国人的习惯中,握手言欢,常表示出团结和睦的友情;拱手相送,表示依依惜别的情怀；手舞足蹈则常常譬喻为得意忘形的情态；挥拳警告常有威胁、恐吓的意味，等等。

3. 表露性体语

表露性体语主要是指人的面部表情，我们把它称为"表情语"。在正常情况下，人的面部表情是极为丰富的，喜笑颜开、愁容满面、泪眼愁眉、怒目切齿等都是人类情感在面部的表现。光是笑的方式就多达几十种，有苦笑、傻笑、假笑、冷笑、奸笑、狞笑、暗笑、陪笑、仰天大笑、无人自笑、不笑强笑、皮笑肉不笑，等等。可以说，笑是人类的共性。我们不停地微笑，因为它不仅表示幽默和满足，也表示歉意、防卫，甚至是一种托词，因此也有人把它看成是人际交往中的"假面具"。但是，人们总是把

图 10-2

"笑"看成是对美好生活的向往。当然，文化不同，在交际中笑的含义也常常不尽相同。有的外国人对中国人的微笑就心存疑虑，有人认为这种笑比"蒙娜丽莎的笑"还要令人不可捉摸。美国人不习惯那种没有来由的笑，对别人那种宽慰式的微笑会当成是嘲笑。同样是"哭"，表现却大不一样。亲人去世，中国人可以放声大哭，而西方人士则必须忍住眼泪，因为在人前号啕大哭被认为是没有休养的表现。一般情况下，人们在悲痛的时候才哭，可是在美国的一个小岛上，哭是最好的礼节，因此，在举行婚礼或接待贵宾的时候，所有的人都要"开怀大哭"。

"笑与无表情"是面部表情的核心，因此任何面部表情都发生在笑与无表情两极之间。英文中有去"读"他人的脸（to read one's face）之说，汉语中也有"鉴貌辨色"这种说法。意思就是说，我们可以识别一个人的面部表情所显示的含义。下面就是几类"笑与无表情"的基本含义。

▲无表情是将一切情感掩盖或隐藏起来的态度。

▲无表情的脸比露骨的困惑或厌恶更深刻地传达出拒绝的态度。

▲情感的变化不明显，喜怒不形于色者，一般头脑比较冷静、清醒，能周详地考虑问题。

▲不说话也没有什么表情地坐着，但凭脸部肌肉是否处于轻松状态（若如此，脸部就会浮现出安心、恬适的样子），便可以判别其与邻座的人有无亲密关系。

▲露出笑容以后，随即收起，或把笑容突然收起，随即沉下脸来，说明此人不好对付，对他不可掉以轻心。

▲停止露出笑容，是一种向对方表示无言警告。

▲不置可否的微笑表示一种婉转的拒绝或进退两难的意思。

▲与陌生人相遇或相撞时，露出微笑是为了向对方表示自己没有敌意（服务行业的从业人员脸上常带微笑除表示没有敌意外，还进一步表示欢迎和友善的意思。由此可以想见，一个对顾客板着脸的服务员会产生何等恶劣的效果）。

▲哑然失笑，是企图掩盖自己内心失望，乃一种自我嘲解的笑。咬嘴唇也可以传达同样的信息，但克制程度比哑然失笑强。

▲没有必要露出不高兴神情的场合，却做出不高兴的样子，是不愿被人发现其内心喜悦的意思。"假作嗔怒"就是在这种场合做出来的表情，它的对立面是"强作欢笑"，用来掩饰自己的内心痛苦。此类"假作"或"强作"表情的秘密都可能被眼睛或瞳孔传达出来的信息所"揭穿"。因为一个人在高兴和喜爱的时候瞳孔会放大，眼睛就显得有神，反之就会现出眼光

滞迟、暗淡的样子。表情不仅会因文化背景的不同而有所差异,同时也会受到性别和地位的影响。

▲社会地位高的人的笑容比地位低的人要少得多而且前者比后者更少用非语词传播方式(即动作、手势和表情)来表达意思。

▲女性比男性喜欢笑,也容易笑,而且大部分在传达信息。

▲女性和男性的微笑意义不同:男性在掩饰自己的感情时,大多会露出微笑;女性常面带笑容,会被认为是缺乏自信、实力不足或有求于人。

▲男性对谈时,微笑能弥补话题的中断或润滑两人之间的关系。女性对谈或男女对谈时,女性露出微笑,反而会使谈话中断。①

4.调整性体语

它以隐讳的体语发出的暗示作用,通常以眼语和手势语为主。手,是人的心灵之镜,往往表现、反应得比脸部表情更为率直。所以它也被称为是"人的第二张脸"。主持人可以有意识地在不同的语境氛围中,提示嘉宾或受众。譬如,可以用点头、手势、抬颌等等,表露出赞赏、肯定、鼓励等含意;当对方做出不符合常规的举动时,也可以显出不满、期待、调整的神情等。如当主持人与嘉宾就某个话题展开交流时,对方往往不顾有限的时间,滔滔不绝地神聊海侃,既偏离了话题,也可能会影响节目

图10-3

的完整。主持人硬性打断,显得不够礼貌。大多情况下都是用暗示的方法来提醒对方"注意节制"。当对方发表错误观点,除了引开话题以外,就是要表示出诧异和不理解,提示对方注意纠偏匡正。

当节目中遇到突发情况,陷入彼此尴尬境地时。仅仅依靠主持人的能言善辩还不够,还需要幽默谐趣,这些有时还要靠体态语言来完成。他们还可以通过一些体语,如耸耸肩、搓搓手、笑一笑等来机智地自我解脱,在难堪的情况下转化危机。譬如:国庆之际,《实话实说》请来了参加全国少数民族传统运动会的56个民族的代表们,他们既是观众,也是嘉宾。崔永元说了几句开场白之后,走向观众席,首先介绍的是新疆维吾尔族青年阿迪利。为让观众了解这位青年,崔永元说道:"如果没听说过他,我做个动作,你们就知道了。他是干这个的"。然后双手横握话筒(比喻走钢丝的平衡杠),身体左右摇摆。嘉宾们不约而同地脱口而出:"走钢丝的"。在与新疆回族摔跤队员交谈时崔永元说:"(面向队员)敢不敢和谁摔一下?"运动员正在犹豫时,崔永元干咳了两声,双手抖了抖敞开着的衣襟,做了一个欲与这位运动员比试的动作,场上立刻响起了掌声。崔永元用他幽默的谈吐及形象诙谐的体态与场内外喜庆、祥和的氛围十分协调。

人类从原始至近代,一直沿袭着一种让手势、足姿成为礼仪与传媒的手段。古代人就有行握手礼、跪拜礼等,在丹麦西兰岛与瑞典南部之间的松得海峡地区,还盛行一种举足迎客

---

① 庄继禹.动作语言学.长沙:湖南文艺出版社,1988:80

礼仪。人们遇到婚嫁，便有互赠礼戒、手镯、足链、绣花鞋等习俗。然而无论形式如何，均系利用手势、足姿相互传递着信息及情感。尤其进入到了商品社会，更令手势、足姿成为商品交流、礼节往来的必不可少的媒介与代言物。

二、眼语

眼睛被人们誉为"心灵的窗口"，表明它具有反映深层心理活动的功能。电视播音时，对播音员一般都推出近景特写镜头，因此，一双"会说话的眼睛"尤显重要。美国传播学者威尔伯·施拉姆在《传播学概论》中有这样一段描述："广播员洛厄尔·托马斯上电视时，有时向观众眨眨眼，好像是说，'我们对这种严肃的新闻不要太认真了，我们也来看看事情富于人情味的一面吧'。"这是善于用"眼语"的一个例子。一般来说"眼语"应该从注视的时间、方式和方向以及视线交流的角度等方面去读解。准确地理

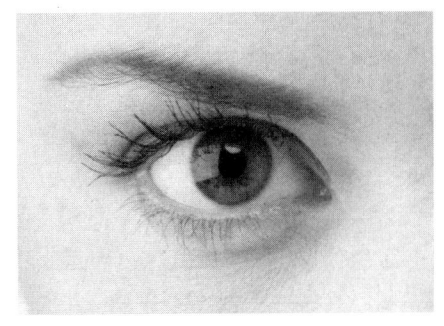

图 10-4

解，并熟练地运用目光，便能微妙地表达出内心的思想、意图、情感等种种信息。

传情莫过于眼。晋人顾恺之认为"传神写照，正在阿堵中"。曹雪芹笔下的贾宝玉"天然一段风韵，全在眉梢，平生万种情思，悉堆眼角"，而宝玉看到黛玉时，首先吸引他的便是那双明眸，"两弯似蹙非蹙笼烟眉，一双似喜非喜含情目，态生两靥之愁，娇袭一身之病，泪光点点，娇喘微微"。作家之所以重视挖掘目光中的精神内涵，其原因诚如鲁迅总结的那样，"要极省俭地画出一个人的特点，最好是画他的眼睛"。一个人就是沉默寡言，我们也往往能通过他的眼神看到他的内心世界。古希腊人相信眼睛有特殊的力量，认为死盯着的眼睛会让人患病，甚至置人于死地。还有人作过一个实验，在一个超级市场的角落安上一双大大的、恶狠狠的"眼睛"之后，发现偷窃行为居然大大减少了。总的说来，世界大多数国家的人都忌讳大眼瞪小眼地死死盯视别人。在美国，即使两个男人之间也不允许对方盯视自己，他们把这看做是暧昧或恶意的举动。当然，不同的民族用眼语交流的习俗也是不一样的。与阿拉伯人谈话时，一定要看着对方，瑞典人交谈时，习惯于频送秋波，而日本人在谈话时，直瞪瞪地瞧对方的脸就是失礼了，他们通常只能看着对方下巴底下一点的脖子，使对方的脸和眼睛处于自己视界的边缘。南美印第安人部族图托和保罗人交谈时，眼睛要朝四面八方看，若在公众场合下讲故事，讲话者要背向听众，眼睛要盯着屋角。肯尼亚的洛人部落更奇特了，规定女婿与丈母娘讲话时必须背对着背。

中国人说，"眼睛是心灵的窗户"；西方人说"眼睛是灵魂的窗口"。认识如此一致，皆因"二目传神"。一般说来，你越是喜欢某人，就越爱用眼睛同他接触。解读眼睛的非语言信息时，应该从注视的时间、方式和方向以及注视所及的部位等多方面去获取。眼睛具有独立的表达各种情感的功能，比如，深切的注视是崇敬的表示；眉来眼去、暗送秋波是情人的感情交流形式；横眉冷眼是仇人相见的目光较量；眼球移动迟钝、痴呆说明内心忧愁或悲伤；低垂的双目传播着颓丧、害羞和失望……

研究证明，在各种感官对刺激的印象过程中，眼睛对刺激的反应最为强烈，因此，在交际过程中，眼睛有着极为重要的传情达意的功能。比如，讲演中，讲演者扫视全场，会使听众更加严肃认真；在艺术活动中，用眼睛说出心底的话，用眼睛体现感情的波澜是演员努力追求的艺术功力；情侣久别重逢，无尽的相思不用说，"你的眼睛已经告诉了我"……所以眼睛有"心灵的窗户"之称。

美国心理学家赫斯经过长期研究后得出如下结论：瞳孔的收缩与放大,既与光线刺激有关,也与心理活动的机制有关。在男子面前出示美女的照片,他的瞳孔会放大;在女性面前出示女性照片效果就不明显,但出示婴儿或健壮的美男照片时,她的瞳孔反应也十分明显;赌徒拿到一张好牌,瞳孔也会放大。

图 10-5

一般而言,瞳孔的放大传达出正面的信息,缩小则传达出负面的信息。比如,表示爱、喜欢、兴奋时,瞳孔会放大;表示消极、戒备、愤怒时,瞳孔会缩小。然而,瞳孔的非言语言传播行为是无法用意志去控制的。所以,许多企业家、政治家、职业赌徒、保镖、黑社会杀手为了不使对方从自己瞳孔的变化中解读到重要的非言语信息,往往戴上有色眼镜。

用眼睛注视事物的方式有多种,如斜视、扫视、窥视、正视、环视等。斜视表示轻蔑,扫视显得不尊重,警视表示鄙夷,直视与长时间的凝视可理解为对私人界域或势力圈的侵犯,是不礼貌的行为。在拥挤的电车里、电梯中,我们总是暗中匆匆地瞥上一眼与自己同行的人们,然后迅速将目光转向别处,如果长时间注视一位素不相识者,会使对方感到极为不舒服,使对方感到受到了冒犯。

视线所及的部位不同,传播的非言语信息就不同,反映出的人际关系也不一样。比如,视线停留在双眼与嘴部之间的三角形区域,为社交注视,是社交场合常见的目光交流位置;视线停留在对方前额的一个假定的三角形区域,为严肃注视,这种注视方式能造成严肃气氛,使对方感到你有正经事要谈,并使自己保持主动;视线停留在两眼与胸部之间的三角形区域,则叫近亲密注视,如果交际双方未达到亲密的程度而注视这个区域,则是一种轻佻的表现,会使被注视者感到不舒服和受到侵犯。

然而,跨文化传播中必须记住,不同的文化素养有不同的注视方式。在美国,说话时正视对方表明自己行为坦诚,而在其他国家,比如波多黎各,说话时不直视对方的眼睛,是尊重别人和顺从的表现。

第二节 无声静态的非语言艺术

"不动的身体的各种不同的姿态,都传达一定的信息。有的研究者说,至少有一千种不同的体态语言。"[①]

有人研究认为,身体放松与否,可以体现出人的种种内心状态,并表露出人际信息沟通

---

① 韩向前.传播心理学.南京:南京出版社,1989:91

状况。麦拉宾说:人身体最大限度的放松,是上身后仰超过20°角,向左或向右倾斜超过10°角是最不放松的情形,可以从手部肌肉的紧张与姿势的僵硬程度观察到。一般来说,身体的种种姿态可以传达各种微妙的信息。

人的穿着、服饰、打扮有时也会给人以强烈的印象,表明某种含义。比如,有一则外电报道说:"中央政治局6名常委都没穿'毛式'上衣而穿西装打领带,显然是要中外观众放心,中国将继续坚持开放政策,坚持经济改革"。因此,服饰本身也成为一种符号体系。这个符号体系能够传达出国民气质,时代风尚,文化特色以及个人的文化素养,知识水平,风度气质与社会地位等信息。

一、环境语

俗话说:"到什么山上唱什么歌",指的就是环境因素对传播效果的影响。广播电视主持人节目往往是在多重语境条件下的传播活动,选择什么样的环境,展开什么样的话题,这些都是提示我们要注意环境因素对信息传播和交流活动的心理影响。

1. 空间

空间观念的核心是私密空间的所有权及对这种权力的维护。文化不同,隐私观念也往往不同,这种差异往往会形成社交冲突。西方国家极重视私密空间的保护。在家中,每个人几乎都有他人不可侵犯的区域。厨房、卧室等一般是属于妻子的,工作室、车库、院子等则是丈夫的领地。丈夫的坐椅通常也是其他家庭成员不可随意占据的。至于工作环境,尤其是在美国,只要可能,每个工作人员都尽量有自己的办公室;如不可能,也要想法将一间大房子用活动板隔开,至少也要将办公桌分开。所以他们不理解为什么中国人可以两个办公桌拼在一起,工作人员整天面对面,大眼瞪小眼。领地观念最突出的是反映出对待个人隐私权的态度。在广播电视中选择什么样的演播空间,实际上会给受众造成一种与节目

图 10-6

主题密切相关的心理氛围。现在越来越多的电视演播可以采用虚拟演播室的技术,在灯光、布景、陈设等方面都要设计出与节目氛围相一致的场景。"观众对很多节目的第一印象往往来自于场景,而那些好的设计,从节目一开始就能向观众传递出节目的意图、基调和气氛,它们与演员在演播室中成为一个整体,为节目创造出相应的意境和气氛,并为演员提供一个表演的环境。与演员、主持人等人物相比,场景是陪衬,处于背景、环境的地位,但是它仍然是

主要的视觉因素,起到参与确立节目视觉风格和视觉形象的作用。"①

美国著名的社会心理学家、传播学奠基人之一库尔特·卢因(Kurt Lewin)曾建立了"人类行为场理论"。他有个著名的公式:B=$f(P·E)$。

B 是行为(behavior),f 是函数(function),P 是自我(personality),E 是环境(environment)。这个公式说明行为是个人与环境(外部环境和内部心理环境)之间关系的函数。也就是说,人类行为是随着个人与环境两个因素的变化而变化的,个体所处的环境不同就会有不同的反应,而个体不同,虽处于相同的环境,也会有不同的反应。卢因所创造的这个公式,就是以他的场理论(field theory)为基础的,他所说的"场",实际就是指人们的生活环境。"在此空间,一个人的行为乃是他个性、动机、心向及兴趣等产生的内在感受及外在环境刺激所促成的。"②

空间方面的文化差异还表现在"近体距离",即人们在交谈中往往根据交谈双方的关系及交际的需要而保持不同的距离,并相应调整音量。学者们把这种距离分为四类:亲密区、个人区、社交区及公共区。这里提一下亲密区,相互之间的距离不超过46厘米,关系不亲密者不能进入这一范围,否则会引起威胁感。如果在拥挤的公共场合怎么办呢?比如在公共汽车、火车上,在电梯里,一般也有约定俗成的法则,如避免与他人目光接触;在看书报必须全神贯注;别人不得偷看或凑过来看你的书报;在电梯中,眼睛只能盯着楼层号显示板,等等。

美国西北大学人类学家爱德华·霍尔博士因此把人与人交往中的个体空间领域划分为四种:③

表 10-1

类 别	区域距离	类语言特点	交往情况
亲密空间	近区:身体接触 远区:15~46 cm	无声 低声或耳语	能进入这一空间的为夫、妻、父、母、子、女、恋人等,如拥抱、爱抚、保护等
个人空间	近区:46~76 cm 远区:76 cm~1.22 m	语气和语调亲切、温和	即便不是最亲密的人,也是相当亲近的人才能进入这一空间。谈话内容常为无拘束的、坦诚的或个人私事(丈夫与另一女子以这一距离交谈,就会引起风波)
社交空间	近区:1.22~2.13 m 远区:2.13~6.10 m	声音一般,措词温和 声音较高,措词客气	在社交、应酬、公务、谈判等场合,人们一般保持在这一距离。参加交往的人在这种距离内较自由,可随时加入或离去
公共空间	社交空间外均为此空间	声音响亮,注意措词的规范化和风格	演讲者与听众;表演者与观众;迎接旅客等

2. 颜色

颜色和空间一样,是能够对人的心理施加影响的环境因素。古代诗人常常以此抒发情怀,如宋朝周邦彦的《留客住·无题》:"昨见花红柳绿,处处林茂。又睹霜前篱畔,菊散馀香,看看又还秋暮。"色彩本身是没有灵魂的,它只是一种物理现象,但人们却能感受到色彩的情感,这是因为人们长期生活在一个色彩的世界中,积累着许多视觉经验,一旦视觉经验与外来色彩刺激发生一定的呼应时,就会在人的心理上引出某种情绪。无论有彩色的色,还是无

---

① 徐威,李宏虹.电视演播室.北京:中国广播电视出版社,2006:246
② 李茂政.人类传播行为大系通论.台北:美国教育出版社,1988:167~168
③ 周士琳.你我他——现代人际关系.济南:山东科技出版社,1994:125

彩色的色,都有自己的表情特征。每一种色相,当它的纯度和明度发生变化,或者处于不同的颜色搭配关系时,颜色的表情也就随之变化了。因此,要想说出各种颜色的表情特征,就像要说出世界上每个人的性格特征那样困难,然而对典型的性格作些描述,总还是有趣并且可能的。

这里所说的心理感受是指视觉对色彩的反应,随外在环境而改变。视觉受色彩的明度及彩度的影响,会产生冷暖、轻重、远近、胀缩、动静等不同感受与联想。色彩由视觉辨识,但却能影响到人们的心理,作用于感情,乃至左右人们的精神与情绪。色彩就本质而言,并无感情,而是经过人们在生活中积累的普遍经验的作用,形成人们对色彩的心理感受。

①冷暖感

色彩的冷暖感被称为"色性",色彩的冷暖感觉主要取决于色调。色彩的各种感觉中,首先感觉到的是冷暖感。在绘画与设计中,色彩的冷暖有着很大的适用性,故得到广泛的应用,如表现热烈欢乐的气氛,多考虑用暖色调。

②轻重感

色彩的轻重感,主要取决于明度。明度高的色,感觉轻,富有动

图 10-7

感,暗色具有稳重感。明度相同时,纯度高的比纯度低的感觉轻。以色相分,轻重次序排列为白、黄、橙、红、灰、绿、蓝、紫、黑。设计家常利用色彩的轻重感处理画面的均衡,往往会收到良好的效果。

③远近感

远近感是色性、明度、纯度、面积等多种对比造成的错觉现象。亮色、暖色、纯色如红、橙、黄暖色系,看起来有逼近之感,称"前进色"。暗色、冷色、灰色如青、绿、紫冷色系,有推远之感,称"后退色"。色彩的前进与后退还与背景密切相关,面积对比也很有影响。进退效果在画面上可以造成空间感觉,是设计家重要的造型手段之一。色彩的远近感能产生千变万化的美妙构想,并使主题得以突出强调。

④胀缩感

色彩的胀缩感是一种错觉,明度的不同是形成色彩胀缩感的主要因素。运用色彩的胀缩感,典型的实例要算是法国的三色国旗设计了,其红、白、蓝三色的宽度百分比为:白30%、红33%、蓝37%,三色虽不等分,但在视觉上却造成了感觉上的等分,这是一个很有说服力的例子。

⑤动静感

色彩的动静感也称"奋静感",是人的情绪在视觉上的反映。红、橙、黄色给人以兴奋感,青、蓝色给人以沉静感,而绿和紫属中性,介乎两种感觉之间。白和黑及纯度高的色给人以紧张感,灰色及纯度低的色给人以舒适感。动静感也来源于人们的联想,它与色彩对心理产生作用有密切关系。色彩的动静感与画面色调气氛和意境有着紧密的关系。色彩的运用应服务于主题,在进行色调设计时,色彩的动静感效果是必不可少的思考因素。

由于人们的年龄、性别、经历、修养、性格、情绪及民族传统、宗教信仰、地区风俗、环境的不同,人们对色彩心理反应也不尽相同,所以不能把色彩的心理反应绝对化。西方英语国家也极为重视颜色环境的情感反应和交际作用,这是因为颜色可以产生很多联想意义,也往往

会对人的情感产生很大影响,譬如:
▲红色是一种较具刺激性的颜色,它给人以燃烧感和挑逗感;
▲黄色是人出生最先看到的颜色,是一种象征健康的颜色;
▲橙色能产生活力,也是代表健康的色彩,它也含有成熟与幸福之意;
▲绿色是一种令人感到稳重和舒适的色彩,绿色还代表积极且充满青春活力;
▲粉红是温柔的最佳诠释,意味着"似水柔情";
▲蓝色是一种令人产生遐想的色彩,蓝的环境也使人感到幽雅宁静;
▲金色是一种豪华的色彩,令人有目不暇接之感,如此等等。

人们对不同的色彩表现出不同的好恶,这种心理反应,常常是因人们生活经验、利害关系以及由色彩引起的联想造成的,此外也和人的年龄、性格、素养、民族、习惯分不开。例如看到红色,联想到太阳,万物生命之源,从而感到崇敬、伟大,也可以联想到血,感到不安、野蛮等等。看到黄绿色,联想到植物发芽生长,感觉到春天的来临,于是把它代表青春、活力、希望、发展、和平等等。看到黑色,联想到黑夜、丧事中的黑纱,从而感到神秘、悲哀、不祥、绝望等等。看到黄色,似阳光普照大地,感到明朗、活跃、兴奋。人们对色彩的这种由经验感觉到主观联想,再上升到理智的判断,既有普遍性,也有特殊性;既有共性,也有个性;既有必然性,也有偶然性,虽有正确的一面,但并未被科学所证实。因此,我们在进行选择色彩作为某种象征和含义时,应该根据具体情况具体分析,决不能随心所欲,但也不妨碍对不同色彩作一般的概括。

3. 沉默

沉默在这里指的是在讲话和交谈中做出无声的反应或停顿。它在人际交往中经常被用到,甚至在一些非常正式的场合。比如,在抗美援朝战争的第二次停战谈判陷入僵局时,双方代表曾以沉默对峙了整整132分钟。中国人很重视沉默的作用,认为它可能会有丰富的含义,既可以表示无言的赞许、欣然默认,也可表示无声的抗议、保留己见。所以我们常常体会到"此时无声胜有声"的艺术魅力。但西方人士最不习惯的就是我们的沉默态度,他们往往会产生一种受到极大污辱的感觉。在他们看来,成人之间在交谈时最忌讳的就是沉默不语,他们强调,在任何情况下都要做出反应,哪怕你说一句"我没听清"或"我不告诉你",也比沉默好得多。因此在与这样的对象打交道时,最好要做出有声的反应。与此同时,目光要与讲话人接触,或微笑或点头,或茫然不解,或惊奇万分。

当然沉默并非就是东方人的表达习惯。西方人也认为,"静默,似乎是一种人们强加于自己或他人的观念或思想过程,绝对的沉默是不存在的。纵然人不再讲话,或未听外界的声音,还会有不停的内心的对话。布鲁诺认为,把静默看成说话的对立物,是一个很大的误解。可以把静默看成是衬托讲话或语言的环境,这对讨论静默的某些用途是适当的。"①

二、服饰语

不同场合下的着装,往往会产生意想不到的社交效果。文明社会的交往,使得人们越来越在意服饰在改善人际关系方面所产生的影响。特别在外交场合、工作场所、盛大活动中等,总会要求人们文明着装,得体配饰,以营造与环境、对象、主题相适应的情感氛围。服饰语中最具表现力的就是着装和配饰。

(一)着装

衣服是人类的第二皮肤,也是一种非语言讯息。它以色彩、款式和质地构成了一种造型

---

① 洛雷塔·A·马兰德罗,拉里·巴克. 非语言交流. 北京:北京语言学院出版社,1991:282

语言和表达某种文化含义的符号。比如，嬉皮士的奇装异服反映了英美国家的一些年轻人对现实生活的不满；现在流行的 T 恤衫，上面印着不同的字或画，如"别理我！""我是一只来自北方的狼！"等，多多少少也反映了着衫者的某种心态。服饰在人际交往中对交往对象的影响是显而易见的。正如意大利影星索菲亚·罗兰所说："你的衣服往往表明你是哪一类人物。它们代表你的个性。一个和你会面的人往往自觉不自觉地根据你的衣着来判断你的为人。"生活中不乏这样的例子。那么我们如何来解读服饰语言呢？心理学家研究后，得出了一些结论：如服装整齐的人，性格较好，对社会的适应性一般比不注重外表的人要强；一天内换数套衣服的人，重面子，无主见；从头到脚统一格调色彩的人，刚毅、自信、学识较广，通常是个可以信任的人；喜欢穿大花图案的人，则活泼好动，喜欢说话。至于文化差异，比如，在欧洲，妇女的贞洁往往由颜色和衣着来体现，按传统惯例，处女结婚必穿飘飘欲仙的白色婚纱，而已有身孕的新娘则须在白礼服上佩戴一朵红玫瑰等等。

电视节目主持人的着装曾引起过大家不少的议论和关注。比如 1987 年 1 月 16 日，一位人们很熟悉的中央电视台《新闻联播》节目中一位男主播，由于"播出服"带回家洗熨，匆忙赶来上班，平时常穿的那套西装没带来，万般无奈之际，只得穿起临时借来的一套崭新的、也比较合身的米色中山装。他万万没有想到，当晚西装改为中山装引起了一些观众敏感的猜测和议论。有人立即致电询问为什么"改装"；有的人甚至以西装是开领的，意味改革开放，中山装是封领的，是不是与当前的某种政治动向、现行政策的微妙变化有关，他们还与当晚播出的某条新闻内容联系起来，进行漫无边际的臆测，推测政治经济形势的发展趋势。这位播音员在服装上的细微疏忽，使新闻信息出现了令人啼笑皆非的曲解。[①] 所以电视主持人的着装是需要格外在意的，一般都有以下几方面的要求：

1. 新闻类节目主持人服装造型

电视新闻类节目包括各种形式，其中新闻播报类和新闻评论类同样是严肃的内容，但主持人服饰形象却有些区别。

新闻播报依据事先撰写的新闻稿件播读，较少自由发挥，形体动作较少，只能在面部表情中稍作变化。这类节目主持人更重要的是语言，因此这类节目需要成熟稳重型的主持人，能给受众信任感和权威感。这类主持人对外表要求较高，一定是穿着正式套装。女主持人穿着西服套装，色彩以柔和为主，减少饰品；男主持人一般穿西服、白衬衣，相配的领带一般不用鲜艳色彩，但在深浅和光泽中可以出现变化。这些都是为了把受众的目光集中到新闻上面，而不是欣赏主持人。

中央电视台《新闻联播》的主持人是最典范的例子之一。但重大节日的新闻节目，如春节期间的新闻；主持人服装在色彩和款式上随社会氛围而变化，如着红色的唐装，增添节日气氛。

图 10-8

新闻评论类主持人多以调查者的身份出现，探究事件原委经过，作出评价，包括深度报道类新闻或专题节目。他（她）们的角色身份是主持人、记者与评论员的结合，节目中还可能对相关人士的采访，可以在主持节目时适当加入动作表情。这类节目需要干练型主持人。着装依然是正式套装，女主持人可穿着套装，款式可以不必拘泥于西服式，但款式不宜过于

---

① 应天常.电视新闻演播态势微观分析.载中国广播电视学刊,1998(5)

新潮新奇,男主持人依然是西服。

2. 经济、社教类节目主持人服装造型

这类节目内容较宽泛,包括经济、文化、社会、医学、科技等。其谈论话题虽不能与新闻类相提并论,但也是一些较严肃的内容,形式也与新闻类一致,需要成熟稳重型主持人。

这类节目主持人穿着较为正式。访谈类由于内容不一,可能有较为轻松的主题,这时需要庄重典雅型主持人,在着装上也较为宽松,色彩选择可以丰富一些。男主持人的西服与领带色彩也可以有较多的选择,但依然有一定限制,不能过于耀眼,款式不能过于新潮奇特。

图 10-9

3. 生活类节目主持人服装造型

生活类节目话题较为轻松,与百姓较为贴近,因此受众希望与主持人的距离拉近,就像是听朋友或亲人在谈话,这类节目需要亲切和蔼型主持人,有亲和力。

在着装上,主持这类节目没有必要穿着正式套装,可以随意一些。如中央电视台二套节目的《为您服务》栏目中两位女主持人的服装都是衬衣、针织衫、牛仔裤等休闲类服装,开衫和套衫皆可,款式的变化可以较大一些。由于这类节目的布景强调生活化,并且色彩比较鲜艳,服装用色也可以相对艳丽、多变。比如中央电视台《生活》栏目中的男主持人,他的穿着比较新潮(但不奇特),色彩比较鲜亮,如明黄色、浅蓝色。这样的服装选配,使人们感觉到生活的五彩缤纷。

图 10-10

4. 文艺类节目主持人服装造型

文艺类节目需要的是时尚类的主持人。他们的着装要符合流行时尚的趋势,色彩丰富多变,款式需要有一定的新颖性,比如《娱乐现场》、《天籁村》、《魅力前线》等节目的主持人都拥有靓丽的容貌、装饰性较强的时髦服装,使受众感受到轻松、自在、时尚的愉快气息。

但是文艺类节目内容也不是单一的,包括音乐、影视颁奖晚会、节日晚会、文艺演出等。颁奖晚会由于节目内容的流行性也需要时尚类主持人,如果是盛大的晚会,主持人的服装就应典雅庄重,女主持人穿着华丽的晚礼服,男主持人甚至可以穿着燕尾服,在面料和装饰上可以用反光或闪光的材质,体现晚会辉煌灿烂的气氛,体现众星云集的现场气氛。

每年全国人民十分关注的《春节联欢晚会》,需要多种类型的主持人,例如端庄典雅型、青春活泼型、时尚新潮型,等等。服装以礼服为主,中式晚礼服,唐装也经常被选用,烘托出中国传统节日风俗,色彩多变,增添喜庆气氛,也反映了我国宽松的文化环境。

综艺游戏节目,一般是主持人与观众互动的节目。这类节目主持人可以是亲切谦和型或端庄典雅型,如《综艺大观》的两位主持人倪萍、周涛;也可以是干练潇洒型,如中央电视台参与性强的节目《欢乐英雄》主持人李咏;还可以是青春时尚型的,如湖南电视台游戏娱乐性节目《快乐大本营》主持人李湘、何炅等。由此可见,即使是同一类节目,由于节目内容和性质的微小差异,主持人的形象设计也是不尽相同的。

5. 体育类节目主持人服装造型

这类节目包括体育新闻播报、体育专题、体育评论等,主持人需要有丰富的专业知识,是干练型主持人。由于体育新闻一般属于"软新闻",所以这类主持人着装比较自由,但在有的电台的体育专题节目中也采用了青春活泼型,节目主持人年轻而有活力,符合体育的性质和精神。

图 10-11

6. 少儿类节目主持人服装造型

这类节目传播的对象是少年儿童,主持人一般都是青春活泼型,甚至需要带有一些稚气。主持人可以穿着色彩鲜亮的休闲类服装;有的"人偶型"主持人或装扮成童话人物和各种动物,造型富有大胆的想象力,让孩子们沉浸在充满幻想色彩的儿童世界中。例如中央电视台的《大风车》栏目的主持人刘纯燕,她扮成"金龟子"的形象,活泼可爱,童趣十足,是我国第一位获得孩子们喜爱的"人偶型"儿童节目主持人。然而,少儿节目也有亲切和蔼型主持人,如"鞠萍阿姨"和"董浩叔叔",就深受少年儿童的喜爱。他们穿着的服装偏于休闲。女主持人服装的色彩淡雅,也可有鲜艳色作点缀,男主持人可以穿T恤衫或衬衣,不必带领带。[①]

(二)配饰

自古以来用珠宝显示权贵的屡见不鲜,如英帝国皇冠的珠宝钻石,查理二世的王位金球上也镶嵌着大量珍贵珠宝,以显示大不列颠帝国的权威。但在珠宝业大发展的今天,世界政治舞台的风云人物,有的却用首饰来表达自己的政见或国家的政策。

1. 胸针

胸针是胸部首饰的一种,我国古代称别子。它与衣着领带相搭配,可起到良好的装饰作用,表现主人的气质及美学追求。

图 10-12

克林顿在任职期间,国外媒体对美国奥卿的胸针特别关注。美国前任国务卿奥尔布赖特女士,曾是世界上有权威的铁腕人物。她和英国前首相撒切尔夫人一样,钟爱珠宝首饰,她们都自信珠宝首饰能衬托女性的美丽、文雅、庄重。但不同的是奥卿还有一套自己的"胸针哲学"。在她担任美国驻联合国大使时,为波斯湾战争与伊拉克政府要员开始接触。她的作风强硬,被伊拉克人形容像一条蛇一样。一个月后,当他和前伊拉克外长阿齐兹会面时,就戴着一枚蛇形胸针。当她与前俄罗斯总统叶利钦会面时,佩戴的是

图 10-13

---

① 孙世甫等.主持人形象设计.主持人技艺教程.武汉:武汉大学出版社,2003:194~197

一枚象征美国权威的雄鹰胸针。她每次出使中东地区，通常会戴着象征和平的金色鸽子，或不达目的绝不罢休的山羊造型的胸针。2000年10月23日，为促使朝韩两方统一而会见金正日时，奥卿佩戴的是美国国旗的胸针。在欢乐的场合，奥卿会戴个热气球胸针，有时为表达诚意就别个小天使胸针。奥卿所佩带的胸针多属于模仿型的设计产品，对其蕴含的哲理及外交语言，可根据其原型的性质特征及当时的外交形势加以诠释。

英国前首相撒切尔夫人的服饰搭配有着"柔和的秋色"之美誉。深色面料的服装，式样大方而优美；珍珠项链相配搭，下系一个松软的蝴蝶结以强调作为女性的魅力；微曲后梳的"达拉斯"发型，与服饰一起衬托出雍容而不过度华贵、庄重而不显老相的绰绰风韵，备受世人称赞。

图 10-14

当然，我们的衣着打扮还受着语境的制约，交际情境对我们的衣着选择起着决定作用。比如，参加正式宴请、外出旅游、出席婚庆典礼或参加殡葬仪式等，我们都得选择"合适"的服装来传播信息。这时，衣着作为一种非言语传播符号所起的作用，比我们言行本身的信息更为重要。

2. 戒指

戒指戴在不同的手指上有约定俗成的含义。未婚夫将订婚戒指套在未婚妻手指上，喻示此女已是名花有主；丈夫戴上结婚戒指显示夫君的身份；太太出席晚宴时总是戴上最大、最耀眼的钻石戒指，因为晚宴是太太们炫耀身价的最佳时机；而一些独身女士故意戴上一枚婚戒，目的是避免来自异性的纠缠。

3. 眼镜

眼镜除了矫正视力的功能外，还有塑造某种形象的功能。因此，不同的眼镜折射出人们内心深处不同的思想。比如，戴金丝眼镜者希望人们觉得他斯文颇佳，有学者风范；戴平光眼镜者试图以平光眼镜投射出某种气质和形象，掩饰一些自认为不够理想的面部轮廓；戴墨镜者试图隐匿本来的面目，他可以看任何东西，而不会令人察觉；而戴隐形眼镜者可以保留其姣好面容，给人以目光敏锐之感。

4. 帽子

帽子不仅仅只有御寒的功能，而且还有美观装饰作用。当你出入任何一家大酒店都会看到衣帽间的牌子，这足以说明帽子在树立形象、展示个性方面的重要作用。西方妇女穿着较为正式的服装时，多半要佩戴一顶讲究的帽子。英国查尔斯王子举行结婚典礼时，在圣保罗大教堂内，成千的客人，男士个个免冠，女士则无一不戴帽子，这不仅仅是礼节上的要求，也是身份的象征。这些帽子千姿百态，用毛皮、绒缎、皮革等制成，还饰有羽毛、花朵、珍珠等，配合五光十色的衣服，争奇斗艳。我国云南爱尼族姑娘成年时，要脱掉童年和少女时戴的小圆帽，庄重地戴上插满彩色羽毛、缀满银币、野花、高高耸起的帽子，这种峨冠高耸的帽子标志着女性已经成熟，可以谈婚论嫁了。

5. 手表

在当今大多数的成人手腕上都戴着手表，说明人们有很强的时间观念。手表除了报时功能外，还传播着身份、性格等信息。比如名牌手表用来衬托名牌衣服，意在显示自己的身份地位。那些总是戴着老式怀表的人会表现出浓郁的怀旧情结。

人们常将服装和饰物配置在一起,统称为服饰,说明饰物总是与服装相伴而生,是对服装的修饰和补充,饰物的大小、颜色、形状等应与服装相匹配。著名服装设计师麦凯曾为奥斯卡奖最佳女配角设计了一套肃穆而典雅的长礼服,衣料是肉色纺绸,用彩色丝线缀饰着水晶细珠,这种朴素简单的面料与色泽配以华丽而不过分的珠光宝气的装饰,既切合获奖者的身份、地位,引人注目但又不喧宾夺主、自命不凡,谦逊平凡之中透出适度的自豪感和耀眼的光华。

三、姿态语

在交际场合,相互之间摆出不同的待客、待人姿势,会显现出一定的含义。至少会对交流双方施加一定的心理影响。一个人的气质风度、文化涵养也会通过这些姿势得到表现。

1. 坐姿

图 10-15

心理学家对一个人坐姿的分析,称为测验心理学。纽约一家医学中心的心理卫生专家经测验认为,坐姿能显露一个人的个性。坐时翘起一条腿:相当自信,个性懒散,不容易幻想,任何私人问题或烦恼都不能使之困扰,信心形之于外。坐时双腿并拢,双脚平放地上:坦率、开放而诚实,具有洁癖和守时的习惯,喜欢有规律的生活,按照时间表行事会觉得比较自在。坐时双腿伸前,双脚在踝部叉起:希望成为中心人物,有保守且近乎愚蠢的意志,喜欢求取稳定。坐时一脚盘在另一脚下:个性独特,凡事漠不关心,无责任感,喜欢受人注目,有创新力,作风不拘于传统。坐时两膝并拢,两脚分开约三十厘米:对周围事物非常敏感,观察入微,由于深谙人情世故,相当体贴别人,也能原谅别人,多愁善感。坐时双脚在膝部交叉,一脚勾另在一脚后:逗人喜爱,非常得人缘,个性好静,容易与别人相处,不善夸耀或虚饰。此外,坐下后摸嘴巴者,往往情绪不安,猜疑心颇重;摸膝盖者往往以为将有好事临身,自负之心颇高;摸下巴者是为某种事而烦恼;刚坐下就不断抓头发的人,性子较急,喜欢速战速决,情意不一,容易见异思迁;坐下后喜欢由下而上摸额的人,能言善道,说服力强,但这种人手段也往往比较狡诈。

2. 步姿

从一个人的步姿可以了解他的快乐或悲痛,野心勃勃或懒散,以及是否受人欢迎。心理学家史诺嘉丝曾经对 193 个人做过三项不同的研究,发觉不但某种性格或某种心情的人会用不同的步姿走路,而且观察者通常都能由人的步姿探测出他的性格。走路大步,步子有弹力及摆动手臂显示一个人的自信、快乐、友善及雄心;走路时拖着步子,步伐小或速度时快时慢则相反。偏好支配人者,走路时倾向于脚向后踢高。性格冲动的人,则像鸭一样低头急走。而拖着脚走路的人,通常是不快乐及内心苦闷。女性走路时手臂摆的愈高,便显示她愈精力充沛和快乐。精神沮丧、苦闷、愤怒及思绪混乱时女性走路时很少摆动手臂。走路习惯摆动手臂者往往会有所成就。

3. 谈话姿势

人们往往根据说话的时间、地点、谈话对象的不同,而选择谈话姿势中的一种。如果一下子说出究竟具有什么样性格的人容易表现出某种姿势,这似乎难以概括。但是,有时人们会重复某种特定的动作或做出某种特定的姿势,这种习惯性的姿势动作,就与性格发生了一定的联系。譬如,有的人上半身松松垮垮、无力的耷拉着头说话,这种姿势,是羞怯的或者怀着自卑感或犯罪感的人常做的姿势。有的人在与别人对话时将身体向后微仰,好像是以后仰姿势在探视着对方的态度,持这种姿势的人,自高自大,想要把自己身上的优越性加倍夸张地从中向别人炫耀,是具有虚荣心和自我表现欲这样性格的人。还有,在与别人相对进行谈话时,身体总是不停地动一动或是微微地动一动自己的手脚的人,他们是属于情绪不安,脾气暴躁,容易发火着急的人。抱着两臂或将两手背在身后与人讲话或听对方讲话,表现出一种自高自大的优越感。拄着拐杖或两手支在桌上讲话或听人讲话的姿势,显示出了一种轻蔑对方的傲慢态度。如果坐在你对面的谈话对象,由开始时的普通姿势,转换成抱着胳膊,架起二郎腿的那种姿势,并且终于想要发言了的时候,你应该预感到,他也许要一反常态,准备发表不同意见,大唱反调了。如果对方抱起胳膊,架起二郎腿后,又做出挺胸,腰向前滑这样的姿势,那么,这就反映出他既有想从这种谈话的场合逃脱出来的愿望,同时也表示情绪低落,兴致索然,当这两种心理混杂在一起时,就会用这样的姿势加以表现。如果他的上身向前屈的话,则表示他终于忍耐不住要发言了。

谈话对方持不友好态度时的姿势,往往是这样一些动作:在胸前把两只手握在一起或双掌合一,两手互握,胳膊紧贴在腋下,胳膊肘用力向身体压、手掌贴在胸前等。这一类的持续紧张的动作所表现出的心理,一般来讲,不大可能是与"开朗"、"明快"有关的心理和情绪。他表现的大多是颓唐和自我防线的心理,以及稍稍带些气馁的忧郁心理和踌躇不快的心理。

图 10-16

4. 站立姿势

早在查尔斯·达尔文开始研究肢体语言之前,1872 年他就曾写过一篇题为《人和动物情感表达》的文章。他认为能读懂肢体语言无论对学习和工作都很有用。

国际上著名的心理分析学家、非口头交流专家朱利乌斯·法斯特曾写道:"很多动作都是事先经过深思熟虑,有所用意的,不过也有一些纯属于下意识。比如说,一个人如果用手指蹭蹭鼻子下方,则说明他有些局促不安;如果抱住胳臂,则说明他需要保护。"要想抓住姿势的总特征,最容易的办法就是从站立的姿势入手。换句话说,最容易表现姿势特征的是人处于站立时的姿势。

双腿并拢站者,可靠、意识健全,脚踏实地而且忠厚诚实,但表面上显得有点冷漠。站立时两腿分开约 50 厘米,脚尖略朝外偏:果断、任性、富有进取心,不装腔作势。双腿并拢交叉站立,一脚稍后,两足平置地面者,有雄心,性格暴躁,是个积极进取、极富冒险精神的人,通常为达目的赴汤蹈火在所不辞。站立时一脚直立,另一脚则弯置其后,以脚尖触地者,情绪非常不稳定,变化多端,喜欢不断的刺激与挑战。

　　站立姿势有正(背)面与侧面之分。比较而言,正面姿势所反应的特征是人们通过学习和对自身经验的总结、累积形成的姿势特征;而侧面姿势,一般被认为是仍保留着出生时的原始姿势倾向和特征。所以,正面姿势是人们在适应了后天的生活环境而形成的,它所反映的是人们的未来和现在的状况,同时也表现出一个人克服困难的能力。而侧面姿势则表现出原始的感情、幼年、少年时期的心理活动,以及与生活有关的心理活动。如果看到一个垂头、屈膝、驼背、弯腰的侧面姿势,我们马上就可以从这种状况中判断,这个人的心理不会是处于紧张状态,而是处于一种沮丧的松弛状态。哭泣着入睡的孩子,以及怀着伤感不安、卷曲着睡觉的成年人的侧面就是这种样子。这种姿势和那些失掉了干劲或疲惫不堪的人蹲着的姿势,有许多共同之处。

　　鉴于侧面姿势会泄露人内心的心理状况,因此,我们在观察一个人的站立姿势时,要学会注意从他的侧面姿势去了解他的心理状态。比如,那种臂部抬起的、所谓的似站非站的侧面姿势,就毫不掩饰地将内心的不安感表现了出来。又如,那种挺胸直背、身体后仰、膝盖绷直着伸出的侧面姿势,乃是一种充满力和紧张的姿态,可以看出来积极努力地适应现实的倾向。

第三节　有声的非语言——类言语艺术

　　如前所述,美国心理学家艾伯特·梅拉宾经过多次实验所获得的公式中,信息总量只有 7% 是言词传播的,38% 是由类语言(副言语)传播的,另有 55% 的信息是由体语等表达的。那么,这 38% 的类语言现象及规律就是本节所要探讨的内容。专门研究这种现象的学科就叫做类语言学(paralanguage)。类语言学一般研究两大部分:声音要素和功能性发声。声音要素涉及音调(pitch)、音量(volume)、音速(rate)和音质(quality);功能性发声包括哭、笑、哼、叹息、口头语等。我们大体可以做出以下的分类:

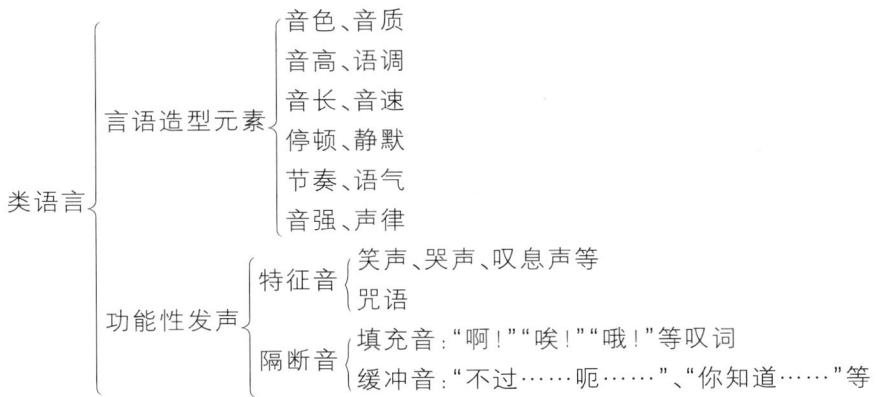

一、声音要素

著名电影理论家巴拉兹说:"人物在说话时的声调,包括声音的高低、强弱、音色、回音……是言语的一种伴奏,是一种可以听见的手势。"① 有声语言中的语音、语调、音高、音色等造型元素的各种变异与组合,会暗示出对同样言语信息的不同含义。这些非言语的、"可以听见的手势"便是副言语学研究的重要内容。

过去我们把语言表达方法中的四种手段——重音、停顿(停连)、语调、节奏,统统纳入了有声语言的研究范畴。国外一些广播理论有着不同的解释。如:苏联莫斯科大学出版的《广播新闻学基础》中说:"报道的'非口头手段'即非词语手段,在人们的口头交往中具有重要的意义。这些手段指的是语言的声调、节奏、速度、强度、停顿、逻辑重音和句子重音、语言的音色、面部表情和手势。""非词语手段的作用,随着广播节目的内容、体裁以及广播节目的感情色彩程度和讲播人的个性而变化。"② 在美国甚至出现了一门新的学科——停顿学,专门研究人们说话时停顿的频率以及停顿的长短和用意。美国第一位停顿学家奥孔诺教授说:"用停顿比用词语更能说明一个人。"在谈话中,有40%~50%的时间被停顿占去了,等等。

其实上述的有声语言表达的四种手段,都是由音高、音长、音色、音量等元素千变万化的有机结合构成的"声音",其中既有属于语言学范畴的内容,也有属于非语言学研究的对象。那些超出语言学范畴,尚有隐含意义的声音,其实就是类言语。那些被过度夸张、渲染的停顿、重音,超出常规的节奏变化和语调色彩,就应该看做是类语言现象。正如停顿分为常规停顿(或称语法停顿)和超常规停顿,常规停顿指词与词、句与句、段与段之间的正常停顿,不属于副言语范畴,而只有超常规的停顿及其所蕴含的非言语信息才是类言语研究的范畴。

我们先来看看话语声音的四要素——音色、音高、音长、音量是如何被超常使用,赋予特殊意义,使之更富有感染力的。而人们又是如何解读这些话语中的非言语信息的。

1.音色与音质

音色指各人不同的声音特色。声音如同手纹一样是千差万别的。音色的不同是因为人的生理发声器官各不相同,不会有完全一样的音色。与音色密切相关的是音质,音质指声音的清晰和逼真程度,这是可以适度改变的。譬如生理病变会形成嘶哑、变声,通过练声,也可以改良自己的音质等。

由于每个人的音色和音质各不相同,便形成了声音上的差异。通常与熟人通电话时,一听声音就可以辨别出来。每个人独特的音色和音质往往成为他的基本口音特征,传达出了他的背景信息,如广东、福建人语音中的"闽粤调",成都、重庆人普通话中的"麻辣味儿"……。"少小离家老大回,乡音未改鬓毛衰",这难以改变的乡音所承载的情感和传达的信息远非言语本身所能传达。

在国外影片的译配音工作中,我们总得根据角色的需要,聘请那些声音特色鲜明的配音演员。比如,一位矮小年迈而又弯腰驼背的乞丐和一位高大英俊、一帆风顺的富商在音色和音质方面必然存在极大的差异。李扬在为《米老鼠与唐老鸭》的配音中,他所创造出的准确而贴切地揭示唐老鸭性格的,那种带有"鸭子味儿"的音色与音质,是其他人所无法企及的。

许多著名的演员、播音员、主持人能够从作品内容出发,自由地调节自己的声音,运用发

---

① 巴拉兹.电影美学.何力译.北京:中国电影出版社,1986:212
② [苏]Э·Г·巴基洛夫,В·Н·鲁日尼科夫.广播新闻学基础.许恒声译.北京:中国国际广播出版社,1989:246

声技巧,发出刚、柔、强、弱、紧、明、暗、虚实、华丽、朴实、轻捷、内在含蓄、热情奔放等丰富多彩的声音特色,以大大增强了语言的表现能力。

2. 音高与语调

音高指声音的高低,声音高低不同,也能反映出人物的心理情境。譬如在电影《乡情》中,导演所做的处理,就很耐人寻味。田桂和翠翠发现母亲不在了,最初是翠翠在房内很随便的一声"妈",相隔几秒又是稍强一些的一声"妈",第三声"妈"音调就更高一些。田桂随后也轻轻地喊了一声"妈",当确认"妈不在屋里"后,翠翠高三度的、紧迫的"妈"一声高过一声,好似一段渐强的乐句,表现出了浓郁的亲情和乡情。

语调是音高不断变化形成的调式。基本调式为平直调、降抑调、弯曲调、昂升调等,以表现不同的情感色彩。而在实际生活语言中,这种表达是千变万化的,往往会超出这种调式的规范,所以我们就把他们看做是一种非语言因素。一般说来,感情平和时,语调比较平稳,变化不大;若语调很高,就表示说话人情绪紧张或激动;语调低沉,则可表示感情上的不快、厌倦、失望等情绪;语调弯曲变化,则往往是表示怀疑、鄙视,或故作反语等等。语调的变化可以表现出极其细微的感情色彩。俗话说:锣鼓听声,听话听音。这里的"音"主要就是指语调变化所表达的言外之意。

美国心理学家J·R·戴维茨等在19世纪60年代总结了这方面的研究材料。他认为人在气愤时,声音的特征是音量大,音调高,伴随着粗哑的嗓音,音调变化快而不规则,正所谓"气急败坏";表示爱慕时,则显得温柔、低调、缓慢,呈现微微上升的声调,做出欲言又止状。

3. 音长与语速

人们有时会有意识地改变一下某些词语的语音长度,使受传者感到异乎寻常,从而去领会、解读这些长音中的特殊含义和情感。崔永元主持的《实话实说》——"听广播"中有这样一段对话:

崔:您……好像话里有话,意思是说广播的广告太多,是吧?

嘉宾:对了,这在黄金时间不能够老谈治糖尿病、血压高。我们不是老是治病,我们应该是积极地生活,应该怎么样把自己的这个人安排生活,我们也关心国家大事。

崔:一个是广告多,一个是导向有问题。

嘉宾:对,黄金时间不能够做这个,做得太多,这是广播的黄金时间。

崔:您觉得这个时间希望听到什么?

嘉宾:也希望听到一些国家大事,经济的报道,还有希望提高。老年人不是都是治病,是怎么积极地向上,就说人永远是向上的。

因此,当我们将一个词的读音拉长时,这个词除了由固有的词义传达基本信息之外,还附加了传播者的主观态度、情感等方面的非言语信息。

语速就是说话的速度,不同的音速有时会反映出人物的性格。譬如:慢悠悠地说话显得老成持重;快言快语则显示出率直、爽朗的性格;喋喋不休表现一种偏执、狭隘的气量等等。如果一个平时比较稳重的人,突然结结巴巴地申诉一件事情,就意味着可能是发生了重大事件。反之,看似严重的事态,当事人却慢条斯理地陈述,就说明事情已经不那么严重了……。

4. 音强与节奏

音强是指声音的强弱。它类似语言表达中重音的概念。所不同的是它已经超出了语法上表情达意的要求,转变为心理情态的强烈诉求。譬如:"他简直是坏透了!"如果着意强调

"透了"这个词,那么就意味着已经达到了"深恶痛绝"的地步了。

在人际交往中,音强的变化常常传递着一些微妙的弦外之音。譬如,当要求对方回答一个问题时,他支支吾吾,低声下气的语态,往往被看成是"心中有鬼",或者缺乏自信。当回答问题时语言铿锵有力,则显得胸有成竹,等等。

我们能感受到说话者对词语重读所强调隐含的意思,但很难准确判断出他内在情感的力度。譬如电视上有这样一个画面:一个牧羊人横眉竖眼,手握柴刀向闯进羊圈咬死了他所有的羊的狼逼近,咬牙切齿地说,"你好哇!"你会感受到牧羊人的无比愤怒。如果你只是通过广播听到"你好哇!"这三个字,你仍能感觉到牧羊人的某种愤怒,但很难清楚地捕捉到他真实的心理情态。而只是从字面上来理解"你好哇!",你也可能会以为是一句问候语呢。

节奏主要就是指语调抑扬顿挫、疏密疾徐的变化趋势。如何控制主持人语言的轻重隐显和疾徐张弛,主要应考虑节目内容和受众实际。一般地说,揭示重点内容和比较深奥抽象的道理,应放慢速度,增强音量;如果是浅显易懂或节奏明快的内容,应加快语速,放轻音量。表现急切、震怒、兴奋、激昂、壮烈等基调的内容,可用快节奏的语言;表现宁静、优美、沉郁、悲哀、沉思等基调的内容,可用慢节奏的语言。这样快慢交替,急缓相间,能渲染出与播出内容相吻合的节目气氛,使受众产生情绪、情感上的共鸣,大大增强传播的效果。

5. 停顿与静默

停顿本来是语言表达中的一种手段,但是夸张性地使用这种手段,就别有用意了。譬如,在颁奖大会上,主持人往往为了留下更多的悬念,故意使用超常的停顿:"获得本次评选一等奖的是……"造成一种大家屏气静听,十分期待的效果。

语流中超常停顿,还可以使话语隽永、深刻、富有新意。据说在国共谈判时期,周恩来同志同国民党代表谈判时,对方恼羞成怒地说:"对牛弹琴!"周恩来接过话题,当即顶了回去:"对,牛弹琴!"本来敌方想借用"对牛弹琴"这一成语来攻击和侮辱对手,而周恩来却巧用停连,使其语义翻新,回击了对方,收到了奇妙的效果。

马克·吐温曾说过:"恰如其分的停顿经常产生非凡的效果,这是语言本身难以达到的。"因此,我们应重视停顿——这种类言语技巧的运用。

在美国甚至出现了一门新兴学科——停顿学,专门研究人们说话时停顿的频率、停顿的长短和用意。美国第一位停顿学家奥孔诺教授说:用停顿比用词语更能说明一个人。在谈话中往往有40%~50%的时间被停顿所占去。

有时为了更清楚表达复杂的说话内容,往往停顿就会显得格外增多。当然,如果存在表达障碍的时候,说话时的停顿也会多起来,停顿时间也比较长。人们总是认为那些说话中停顿较少的人是"思维敏捷的人",他们有迅速组织语言的能力。一般说来,解释性的话语要比描述性的话语有更多的停顿。在较长时间的停顿中,使用"嗯"、"啊"之类的习惯性语气助词,可以增强讲话人对讲话的控制和个人色彩,但也削弱了语言的魅力。

静默能形成心理距离,也可以拉近人的感情。马兰德罗认为"积极的和消极的情绪都能引起沉默,而静默往往是最强烈的感情——爱、怒、惊、惧的语言。"①

在社会交流中不存在绝对的静默,表面的静默只是为了掩饰内心的活动。静默的时间和方式往往成为人们判断其内心真实想法的依据,揣摩人们心理的类言语。

如上所述,将声音中的各种非语言因素独立出来加以研究,并不意味着各要素可以单独完成表意传情的任务。事实上,在语言表达中,语言因素和非语言因素是你中有我,我中有

---

① 马兰德罗等.非语言交流.孟小平译.北京:北京语言学院出版社,1991:282

你,共同承担着信息传播任务,可以说密不可分。比如悼词的宣读,语气是悲痛的,节奏是缓慢的,语调是低沉的……如果用低沉的语调但却使用快速的节奏或欢乐的语气,就达不到理想的传播效果。又比如,要想准确地表情达意,除了语气需要贴切以外,就得综合运用音量、音长、音色、表情语乃至身姿语。如"你真聪明"要使这个句子传播出讥讽的语气,则要使用弯曲调,拉长"真"字的语音,配以鄙夷的表情等。因此,类语言和有声语言是相类相从、须臾不可分离的,但也并非就是囫囵一体。因为这样的认识既不利于学理的分析,也不利于实践操作。

类言语是人际信息传播的重要手段,能在对方情绪上制造出许多不同的印象,其作用丝毫不逊色于言语本身。我们只有充分重视和准确掌握类言语技能,才能恰如其分地、巧妙地表达我们想要传递的全部信息和感情。

二、功能性发声

功能性发声是指有声音但无固定意义的非言语符号系统,它没有词语那样分明的音节和特定的声调。功能性发声指的就是表现心理情态的哭声、笑声、叹息声、咳嗽声、打嗝声、尖叫声等等。

人类的功能性发声不同于一般动物那种无意识的功能性发声。人类的功能性发声常常是有意识的宣泄某种情感的讯息,当这种讯息伴随着有声语言出现时,它的语义及辅助作用就更加明白、突出。

功能性发声一定要有声音,无声便不属于功能性发声范畴。比如各种各样的笑声中,只有发出声音的笑才是能够承载讯息的类言语现象,而微笑、皮笑肉不笑只是无声的面部表情语言,不属于类言语范畴。

功能性发声可分为两类:一类是情感性的,如哭声、笑声、叹息声等;另一类则是表意性的,如"嗯"、"啊"、"哦"之类。一些口头禅如"你知道……"、"我说……"等也可归为后一类。功能性发声的分类可图示如下:

$$
功能性发声\begin{cases}情感性\begin{cases}笑声、哭泣声、尖叫声、咳嗽声等\\咒语、呻吟等(有声音无语义的发声等)\end{cases}\\表意性\begin{cases}填充音:如"哦"、"唉"、"嘞"、"嗯"等\\缓冲词:"你知道……"、"呃"……\end{cases}\end{cases}
$$

功能性发声的功能主要有三个:传情、表意、调控。

1. 传情

功能性发声的传情作用是十分明显的。喜气洋洋、唉声叹气、忍气吞声、仰天长叹等等都是在特定情境的支配下,难以抑制的感情流露。遇到喜事儿时,不禁会开怀大笑;悲伤之极则会放声大哭;失意落寞就会唉声叹气;鄙视丑恶难免会嗤之以鼻……。

东汉初年王充《论据》里说孟姜女万里寻夫哭崩了长城,而且有五丈!三国时候,曹植在《黄初六年令》中说"记妻哭梁,山为之崩",又在《精微篇》中提到"记妻哭死夫,梁山为之倾"。据顾颉刚先生的《孟姜女故事研究》,梁山崩是春秋时的一件大事,从此,梁山崩与记梁妻两个传说结合在一起,除了表现出记梁妻哀哭感天以外,也因为"记梁"的名字中有个"梁"字。不过,崩山的说法后来还是渐渐沉寂了。可见,哭声的抒情作用也就自不待言了。

2. 表意

我们在影视剧中经常会看到这样的场景,地下工作者发现新情况。轻轻咳嗽一声,意思是:"嗨,有人来了!"提醒同志注意安全。在生活中我们也经常在不打扰他人的情况下,用咳嗽、鼻声等，示意别人随同行动。这些能够让人会意的举动，往往是在同伴中表示出来的，外人则往往会不解其意。

当我们和朋友倾心相约的时候，一方振振有词，另一方则往往是"嗯"、"哎"应允。十分默契地实现了心灵相通。当长辈训斥晚辈的时候，也有不服管教的情况，这种不服气会用"哼哼"的初期声来表示，当心悦诚服时，又会乖乖地用"嗯嗯"、"哼哼"，伴之点头，做出表示等等。

我们不仅应了解传播者功能性发声所传达的意蕴，而且还要善于在特殊情境下，用它们来表达不宜于用言语表达的信息。

3. 调控

功能性发声不仅可用于表情传意，而且还能用来调节和控制谈话进程。在与对方谈话过程中不断用"唔"、"啊"之类的呼应，表示我们在认真倾听，鼓励对方继续谈下去；也可用"嗯"、"啊"等声音表示自己的发言还未结束，请别人不要打断自己；在别人发言时想插话进去，我们就常在对方停顿的间歇使用"嗯，对，不……不过"或"呃……那么"这类隔断音以争取再发言的机会。

有人也将叹词所表现的声音作为类言语研究的对象之一。理由是，叹词的基本作用是表示感叹和呼唤、应答，意义具有模糊性，意义的确定受语境的制约。因此，叹词不是词语成分，而是类言语成分。

我国著名语言学家吕叔湘对感叹词有诸多精辟的论述，这里便列举出他在《中国文法要略》中对感叹词的阐释以飨读者。

"我们感情激动时，感叹之声脱口而出，此后才继以说明的语句，这些语句也必然带有浓厚的情感。表惊讶和赞叹（这两者是不能严格划分的）的感叹词，如果拿语音来归纳，就比较简单，大致以 a 音和 o 音为主而加以变化（并加以声调的变化），大致有：

a 或 ia 写作：啊、阿、呀、嗄、吓等。

o 写作：哦、喔、啊、噢等。

io 或 iou 写作：哟、唷、呦等。

a—ia e—ia ai—ia ai—io o—io 写作：啊呀、嗳呀、哎咧、喔唷等。

huo 写作：嚄等。

这些感叹词到底是偏于惊讶还是偏于赞叹，只能从后继的语句中来体会它们的语气了。

表叹息、哀伤、悔恨、愤怒等，多用 ai（哎、唉、嗳）和 hai（咳、嗨、哟）两音，也用 ai—ia, hai—ia 等。

表诧异（不信）一般用：也(ie)? ng? (er 或 ng)?

表醒悟多用：哦(o)、啊(a)、呕(ou)、哟(iou)等。

表不以为然、鄙视、斥责多用：哼(heng)、喝(he)、呸(pei)。

上面所讲的是一些表示感情的独立语气词，即所谓的感叹词，另有一些并不表示感情，它们的作用是招呼和应对。

招呼：喂、嗨、嘿，或 ei。

应对：厄异。

指点事物以唤起注意：诺(no)。

答应人家问话或表示赞成：ei、n、ng 等。

注意:叹词不跟别的词组合,总是独立成句,这就与语气词区别开来了。语气词用在句尾,表示陈述、疑问、祈使、感叹等语气,常用的语气词有:啊、啦、吧、吗、呢、罢了。"[1]

如上所述,语言文字的含义在某种程度上是可以确定的,可以度量的,而非言语信息的含义难以精确认定。它往往要参照语言的显性信息,以及情境、心理、事由等诸多隐性信息要加以综合判断,才能得出准确的结论。按照我们民族的风俗习惯,感情的表达一般都比较含蓄。在很多情况下,都是只能意会,无法言传的。只有细心揣摩交流过程中类言语的具体运用,才能正确解读出言语的真正含义。正因为如此,我们可以得出这样的结论:在人际交流过程中,非语言要比语言所蕴涵的内容要丰富得多,在主持人的传播行为中不善于运用非语言的表达手段,就会使得节目的传播效果大打折扣。

第四节 非语言运用的基本原则

我们在主持广播电视节目时,不论怎样运用语言或非语言的方式与受众进行交流,目的都在于沟通思想、情感,使传播活动处于最佳状态。这是运用语言和非语言行为的基本原则。在具体运用非语言行为时,必须遵循以下几项规则。

1. **主持人在运用非语言行为的过程中,应和受众建立正确的传受关系**

要时刻尊重受众,体察他们的情感、要求和特点,以真诚的态度进行移情体验,绝不能居高临下,盛气凌人,否则就阻断了传受双方的感情联系,达不到传通的目的。

2. **由于文化背景、民族习惯、道德规范等的不同,非语言的表现形式也不尽相同,对非语言的领会和译解也不一样**

如:俄罗斯人点头表示同意,而保加利亚人则表示否定;中国人手心向下招手,一般表示请人过来,而英国人却认为是"再见"等等。所以,非语言行为必须符合本地区、本民族约定俗成的表达习惯,它应该是传受双方都能一致领受、会意的。有些主持人盲目模仿港台或国外的一些动作、语气,如:摊摊手、耸耸肩,"港味"的"哪、罗、啦"等语气词,由于国内受众不习惯,有时造成传通无效。

3. **传播者(主持人)的非语言行为必须与时代气氛、具体情境和社会心理状况协调一致**

播音员大都是在四壁空空、声息俱无的特殊环境中进行传播活动的。他只能借助自己对传播内容的理解、生活体验、想象力等,进行传播活动。这就对播音员的心理素质提出了更高的要求。在没有直接交流对象的情况下,进行自我心理调节,创造出一种和谐的传播气氛。绝不允许把生活交际中形成的个人情绪带到传播过程中去。

4. **主持人在传播活动中应充分考虑不同节目特定的收听(视)对象**

对象不同,文化层次不同,经历不同,传播方式也不完全一样,不仅在种类上要有所选择,在程度上也要有所控制。如在电视新闻播音中,非语言传播应以"眼语"、"体态语"为主,过多的身势语和类言语都是不恰当的。在主持服务性专题节目中,情况则不同等等。另外,

---

[1] 宋昭勋.非语言传播学.上海:复旦大学出版社,2008:79~80

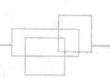

播音员的非语言表达应力求朴实、大方、简洁、明了,切不可故作高深、卖弄玄虚。非语言的表达过于繁复、无序,不但不能突出主题,反而会喧宾夺主,形成干扰。

5. 在传播实践中,主持人同时运用语言和非语言手段

这就必须从传播效果出发,对它们进行合理搭配,优化组合,声情并茂、准确鲜明生动地传达各种信息。我们知道,在播音表达中常用"读"和"讲"两种方式,前者适宜于新闻、评论等严肃题材,后者则适合于专题性稿件。在一篇稿件中有时也有并用的情况。"读"和"讲"中,语言和非语言的成分是不一样的。捷克的一位女研究者卡尔绍娃研究发现,讲的方式比读的方式词语的数量增加了约50%,减少了名词,增加了动词,虽然冗长些,信息量相对少一些,但是增加了局部的信息,具有描述性、戏剧化成分,节奏从容、自由,而且可以辅之情感(姿态、表情),因此,更适合于听者的感知和接受。

6. 每位主持人都应该清楚地知道自己在话筒前、荧屏上所充当的社会角色

他的一言一行,一举一动,一颦一笑都会给受众带去某种讯息。因此,他必须以这样一种特定的社会角色意识,去自觉地、有意识地运用非语言的手段树立自己的形象,从而影响受众,达到传播某种思想和观点的目的。但另一方面,非语言传播又带有明显的个人感情色彩,所以"如果你了解某人行为中的非语言特点,你就能知道他的真实感情"。正所谓"感人心者,莫先乎情"。然而这种感情并不是矫饰出来的,而是传播者整体素质的真实体观。从这样的认识出发,我们觉得强化传播者的素质是改善与提高非语言传播效果的关键。

总之,我们这是所说的丰富主持人的非语言表现手段,就是为了扩大信息容量,从而进一步改善传播效果所做的一种努力。

思考题

1. 无声动态的非语言有哪些方式?
2. 体语中最具表现力的是哪一类?为什么?
3. 眼语的使用对电视节目主持人有什么意义?
4. 各类节日、各类节目都应该如何着装?请试举几例。
5. 请用分析几种不同角色的类语言特点,并扮演出这类角色。

◎ 附录5　主持人的非语言表达训练[①]

一、眼语训练

眼神是能够传情达意的,有人称之为"眼语"。我国的孟子早在两千多年前就有过详尽的描述:"存乎人者莫良于眸子。眸子不能掩其恶。胸中正则眸子了(即明亮)焉;胸中不正则眸子眊(即昏浊)焉。听其言也,观其眸子,人焉廋(即藏)哉?"

眼睛处于面部最突出的部位,眉眼时时都在传达丰富的信息。虽然眼神可以传达出内心的真实信息,但眼神与表情不一致则会乱情害义。例如目光闪烁,会让人觉得你故弄玄虚;目光游移,会使人觉得你心猿意马;如果眼眨个不停,会使人觉得你言不由衷。对主持人来说,目光要自然真诚,既不能太冷,也不能太热,否则会给人冷漠或虚假的感觉;同时要有交流感,不能"目中无人"或眼神游离不定。

(一)训练设计

第一,主持人将前方一固定物想象成你最喜欢的人或拿一面镜子对里面的自己说话,进行目光语的练习。

第二,主持人登台面向全体同事做3~5个不同的目光语,并口述含义,请同事们共同评议。

第三,坐在讲台上,一边念稿,一边和同学们进行目光交流。

第四,讨论:下面的眼神可能透露了什么?

听着听着,目光凝滞了。

听着听着,眼睛忽然湿润了。

听着听着,身子不停地扭动起来。

听着听着,忽然眼睛闪动了一下,向别处看去。

听着听着,眼珠转动,不自觉地搓着双手。

听着听着,一面点头,一面打起哈欠来。

第五,下列视角的正、仰、斜、俯,透出的信息可能是:

正视,一般表示什么?

斜视,一般表示什么?

仰视,一般表示什么?

俯视,一般表示什么?

第六,下列视线的长、短、软、硬,透出的信息可能是:

长而硬的视线(直视)一般表示什么?

长而软的视线(虚视)一般表示什么?

短而硬的视线(盯视)一般表示什么?

短而软的视线(探视)一般表示什么?

视线忽然消失(短暂闭目)一般表示什么?

(二)训练提示

眼神训练时,不要死盯一个人或一个目标,目不转睛,适当时候做一些活动和调整;不要盯着观众的脖子、下颌或其他什么地方,应注视观众的眼睛;眼神要注意与头及身体的协调。

---

① 胡黎娜等.形体与体态语训练.主持人技艺训练教程.武汉:武汉大学出版社,2003:142

看前面的目标,不能只抬眼皮不抬头或抬头转头无眼神儿。

练习题中关于视角、视线的知识,在我们实际运用时切莫机械套用,它只是提供了表达中的一种调控依据。

二、表情语训练

一个人的思想、情绪、喜怒哀乐以及种种复杂的情感都能从面部表情上找到答案。表情主要指面部肌肉的收展、脸面的光泽、气色及肤纹的细微变化,这些都微妙地折射出一个人内心世界的变化。人们形容某人不高兴时,往往说"脸拉得很长,脸色铁青",形容某人得意兴奋时,常常说"满面春风,笑逐颜开"。微笑是阳光,它能消除人们脸上的"冬色";它能给人留下宽厚、谦和、含蓄、亲近的好印象;能表现出对别人的理解、关心和爱;还可缩短人们之间的距离,使奋进者得到激励,使后进者得到努力的勇气,使冰冷的心沐浴和煦的春风。因此说,主持人面对观众,与他们交流的基本表情应该是微笑。当然,微笑不是"挂"在脸上的,它的内心依据是对受众的一片热诚。

节目主持人运用面部表情时应注意:

第一,要真诚,忌矫饰。英国有句民谚,叫"去'读'他人的脸"(to read one's face)。在我们中国也有"鉴貌观色"之说。因此真诚的心理状态很重要,因为"诚于衷而形于外",不真诚的虚假表情,观众是会"读"得出来的。

第二,要灵敏,忌呆滞。有的人为了体现所谓个性,就把面部肌肉绷得很紧,对所表述的内容无动于衷,显得呆滞。面部表情应当与所说的内容合拍,这是主持人表情运用的准则。

第三,要鲜明,忌晦涩。表情应当明朗,面部肌肉要协调,不要用似笑非笑一类的表情叫人家难以捉摸。

第四,要适度,忌夸张。面部表情不要变化太快,更不能过分夸张,"表情泛滥"会扰乱受众的注意指向,令人反感。

第五,要丰富,忌单调。丰富的表情可以形成一种富有感染力的"情绪辐射",但是,表情丰富并不是要表情变化不停,它是针对表情单一而言的。比如始终固定于面部的"笑眯眯",可能是另外一种形式的表情苍白,因为其他应当随表达内容变化的表情,完全被淹没在单一脸谱化的"笑眯眯"中了。

(一)训练设计

第一,对着镜子做微笑的练习,注意面部肌肉上提,唇齿相依,鼻翼微张。

第二,播放优秀主持人节目片段,指出在节目过程中,主持人使用了哪几种典型的面部表情,并解释每个表情的含义。

第三,熟背一篇播报稿件后,对着同事们讲述,并点评表情的运用是否自然、合适。

第四,进行电视新闻播报的练习,体验一下在表情语的运用上,怎样体现新闻感、专业感,如何做到"人而不陷,淡而不离"。训练时进行录像,然后重复播放,并进行评议。

第五,从以下"笑"的表情中,可以"读"出什么?

摆出一种固定的笑容。

哑然失笑。

露出笑容,随即收起并沉下了脸。

笑得很吝啬。

在任何情况下都是面带微笑。

面部不对称的笑,或者半个脸笑。

(二)训练提示

微笑训练要与心理感受同步,切忌皮笑肉不笑。

注意表情与稿件内容、基调、节奏的协调一致。

表情要有所控制,不要"眉飞色舞",过于夸张。

三、手势语训练

对节目主持人来说,为了加强或弥补口头语言的表达效果,总会自觉或不自觉地使用手势语。一定的手势是吸引观众不可缺少的手段,它可以使语言表达更加生动活泼,更富感染力。而且"手势语"也是构成主持人多彩的主体形象的重要因素之一。

(一)训练设计

第一,讨论:集中观看中央电视台和本省、市电视台的主持人节目,研究目前我国主持人运用手势语的共同特点和存在的问题。请3~5人作中心发言,大家做补充,也可以争论。

第二,分析主持人王小丫手势语的特点。

第三,给下面的每一句话设计一个手势。

"大家安静,安静!"

"我讲的这个问题非常重要!"

"这么一讲,我们不就完全明白了吗?"

"注意,有一点切不可大意!"

"有人想这么办不行,这是触犯刑律的,绝对不行!"

(二)训练提示

手势不可过多,避免同一种手势反复使用。

鼓掌忌右手指尖放在左手手掌上"拍"。

握手时,用力要恰当,同时身体微微前倾。

拿话筒的手不要翘"兰花指"。

四、坐站走姿训练

节目主持人在主持节目时,有三个常规姿势:一是坐着,二是站着,三是走动着。

(一)坐姿训练

"坐要有坐相。"坐姿文雅、大方是主持人必须具备的基本要求。主持人坐姿的要领是:上体自然挺直,坐在椅子前端,躯干有支持力,身体稍前倾,两肩放松;两腿自然弯曲,双脚平落地上,双膝并拢或稍稍分开。但是女士的双膝和脚跟必须靠紧,或双脚踝前后交叉。这是一种收敛型的演播坐姿,显得稳重大方,比较适合我国人民传统的审美习惯。坐姿的整体躯干造型的一般要求是:身正肩平,立腰收腹,挺而不僵,松而不懈。

另一种是开放型坐姿,手势幅度较大,位移较多,头部有小幅度晃动,显得活泼轻松。它多用于我国的主持人新闻评论类或谈话类电视节目。现在有越来越多的主持人采用这种坐姿,是由于它有助于内容的表达和与观众的交流,使画面富于美感,容易体现主持人的个性特征。

1. 训练设计

第一,讨论:集中观看中央电视台和本省、市电视台的主持人节目,研究目前我国主持人坐姿的共同特点和值得注意的问题。请3~5人进行中心发言,大家做补充,也可以争论。

第二,请同学走上讲台坐在座位上,说几句简短的话,再回到自己的座位上,然后谈谈自己的"知觉造型"如何体现内心情绪的自在与自为的心理过程。

第三,两人一组,模拟专访节目主持人的坐姿。

2. 训练提示

入座起座动作要轻盈舒缓,从容自如,切忌猛坐猛起。

落座要保持上身平直,如果含胸驼背,会显得委靡不振。

不要玩弄桌上东西或不停抖腿,给人无修养之感。

(二)站姿训练

我国人民的审美习惯,不但看坐相,还要求"站有站相"。作为传递美的节目主持人,在站姿方面也要注意。

主持人的标准站姿,要求上半身挺胸收腹,直腰,双肩平齐、舒展,双臂自然下垂。下半身双腿应靠拢,两腿关节展直,身体重心落于两脚中间。身体中心微微倾向于前脚掌,后跟同时用力下踩,头顶心感觉往上顶,似乎身体被拉长,有挺拔感。

坚持正确的站姿训练,可以帮助男性宽肩、平腹、窄胯;女性窄肩、细腰、宽胯。节目主持人的站姿要求大方、自然、优雅,不能僵硬,以免看起来呆板拘谨,当然也不能随意,要时刻保持腿的直立和脚位的正确。

1. 训练设计

第一,讨论:集中观看中央电视台和本省、市电视台的主持人节目,研究目前我国主持人站姿的共同特点和值得注意的问题。请3~5人进中心发言,大家做补充,也可以争论。

第二,请一人站在讲台上,大家当场指出站姿是否规范。

2. 训练提示

女人站立双脚成"V"型,双膝和双脚后跟尽量靠紧。

男人站立时,双脚可稍稍叉开,最多与肩同宽。

一般情况下,不要把手插在衣服或裤子的兜里。

(二)走姿训练

人的走姿千姿百态,每个人都有表现自己个性的步态,所以对走姿不像对站姿和坐姿那样要求,可以各见风采,但总的要求是轻盈、稳健。起步时上身略向前倾,身体重心放在前脚掌上。行走时双肩放松、展开。头端正,目光平视,下颌微收。挺胸收腹,腰背要直,步幅适当,一般是前脚的脚跟与后脚的脚尖相距为一脚长。行走时,脚不宜抬得过高,也不宜过低,以免脚底与地面产生摩擦。

节目主持人的走姿可以根据节目内容灵活掌握。轻松的节目,步子可以快一点,内容沉重的节目,步子要慢一些。一些娱乐竞赛节目或少儿节目,有时需要主持人走到一定位置后弯腰或蹲下,这时应注意不要撅臀,以免损害形象。

1. 训练设计

第一,请每位同学绕教室走一圈,老师和其他同学指出其是否合乎要求,问题在哪儿。

第二,男女同学一对一对地走上讲台说几句话,再走下来。

2. 训练提示

不要左右晃肩,不要左右晃胯。

同行注意调整步幅,尽量同步行走。

保持膝关节和脚尖正对前进的方向,避免双脚成内八字或外八字。如果已经有了这样的行走习惯,一定要努力纠正。